中国地方志“一体两翼”工程

The “One Body Two Wings” Project of China's Local Chronicles

中国年鉴发展报告

2018

主　编　冀祥德

副主编　刘永强

方志出版社

Publishing House of Local Records

图书在版编目（CIP）数据

中国年鉴发展报告 . 2018/ 冀祥德主编 . -- 北京 :
方志出版社，2018.12

ISBN 978-7-5144-3461-3

Ⅰ. ①中… Ⅱ . ①冀… Ⅲ . ①年鉴—研究报告—中国
-2018 Ⅳ . ① Z52

中国版本图书馆 CIP 数据核字（2018）第 286905 号

中国年鉴发展报告（2018）

主　　编：冀祥德
副 主 编：刘永强
责任编辑：李　静

出 版 人：冀祥德
出 版 者：方志出版社
地址　北京市朝阳区潘家园东里 9 号（国家方志馆 4 层）
邮编　100021
网址　http://www.fzph.org
发　　行：方志出版社图书经销中心
电话　（010）67110500
经　　销：各地新华书店
排　　版：北京纺印图文设计制作有限公司
印　　刷：北京盛旺世纪彩色印刷有限公司

开　　本：700 × 1000　　1/16
印　　张：29.5
字　　数：529 千字
版　　次：2018 年 12 月第 1 版　　2018 年 12 月第 1 次印刷

ISBN 978-7-5144-3461-3　　**定价：**88.00 元

《中国年鉴发展报告（2018）》编委会

编辑说明

一、指导思想　以马克思列宁主义、毛泽东思想、邓小平理论、“三个代表”重要思想、科学发展观、习近平新时代中国特色社会主义思想为指导，坚持辩证唯物主义和历史唯物主义的立场、观点和方法，继承和发扬我国优秀文化传统，对年鉴事业的发展现状和热点问题进行年度研究，以专业的角度、专家的视野和实证的研究方法，针对年鉴领域现状与发展态势展开分析和预测。

二、断限范围　主要以2017年度年鉴事业发展情况进行分析研究，但考虑内容的连贯性、完整性等，故在具体论述时作适当上溯或下延处理。

三、内容要求　全书由一系列研究报告组成。要求报告具有原创性，主题鲜明，具有较高的理论价值和实践意义；在科学实践与调查研究的基础上统计、分析、评价年鉴界的客观情况，并提出具有较强针对性、可行性的对策建议，预测分析未来发展的趋势；既立足重点，同时又站在全国年鉴界的角度分析问题，力争研究视角、思路或方法有所创新。

四、总体结构　全书总体分为七个部分：第一部分为总报告，第二部分为区域报告，第三部分为专题报告，第四部分为探索与创新，第五部分为年鉴成果选介，第六部分为研究与借鉴，第七部分为附录。

五、体例要求　全书大部分报告除了对所研究年鉴的历史和现状作出文字描述外，部分报告积极采用图表等形式对各类问题进行梳理，为读者提供直观明晰的资料。

六、注释方式　为符合通行的学术规范，本书所参考的重要资料，采取随文标出，集中在页下注释的方式，一一注明出处。

七、数字标点　遵循国家标准规定，数字书写以GB/T 15835—2011《出版物上数字用法》为准；行文使用标点符号以GB/T 15834—2011《标点符号用法》为准。

摘 要

《中国年鉴发展报告（2018）》是全国地方志“一体两翼”用志工程的重要一翼，由总报告、分报告、年鉴成果选介、附录组成，重点反映2017年全国年鉴系统推进全国年鉴事业转型升级的有益探索和创新举措，贯彻落实“一纳入、八到位”、加快实现“年鉴全覆盖”目标和积极推动年鉴质量建设、开发利用、信息化建设等方面的经验和做法，以及工作特点亮点等。

总报告共两篇：第一篇指出2017年全国年鉴事业在进入新时代的大背景下，呈现快速、稳步发展态势，在各方面都取得了新的显著成绩，但仍存在一些制约发展的问题，并提出对策与建议；第二篇总结梳理2016—2017年中国年鉴精品工程实施情况及阶段性成绩，为下一步发展指明方向。

分报告由区域报告、专题报告、探索与创新、研究与借鉴组成。区域报告选取介绍北京、山西等10个省（区、市）2017年年鉴事业发展情况及特点亮点；专题报告选取介绍教育、财政等8类专业年鉴2017年发展情况及特点亮点；探索与创新部分延续介绍跨区域年鉴、乡镇村年鉴、年鉴简本、年鉴英文版、年鉴数字化与网络化2017年发展情况；研究与借鉴部分综述2017年国内年鉴理论研究情况，选介部分英国年鉴、非洲研究年鉴。

按时保质完成“年鉴全覆盖”目标、围绕“三大主题”开拓创新、如何让年鉴“用起来”“立起来”“活起来”“热起来”等问题，既是国务院办公厅要求的法定任务，又是关乎年鉴事业转型升级的重大问题，更是关乎推动我国从年鉴大国向年鉴强国迈进的时代课题。本卷报告以专业的角度、专家的视野和实证的研究方法，通过对年鉴工作的探索和思考，把工作的实践经验上升到理论高度，是广大年鉴工作者编鉴用鉴所必需，是供广大读者不断开发和研究有关问题的资料宝库，堪称一部权威的年度性重要文献。

Abstract

*"Report on the development of China's Yearbooks (2018)"*is an important wing of The "One Body Two Wings" Project of China's Local Chronicles,consists of General Reports,Sub-reports,Selected Introduction of Yearbooks Achievements and Appendix.This report emphasizes on recording the explorations and innovations done in 2017 to promote the transformation and upgrade of the Chinese Yearbook career,the implementation of the strategies of "One in consideration, eight in preparation", accelerate the realization of "full coverage of yearbook",promotion of quality and informatization construction, features and highlights of the yearbooks.

There are two general reports. The first report indicates that, under the background new era in 2017, the yearbook career shows a fast and steady development trend. The significant progresses have been made in all aspects of yearbook career, but some problems are hindering the development. The writer proposes some countermeasures and makes some suggestions.The second report gives whole summary to the implement of the High Quality Project of China's Yearbook and periodical result, indicating the direction for next step development.

The Sub-report is composed of Regional Report, Special Reports, Exploration and Innovation, Research and Reference. In the Regional Report, the career development and characteristics in 2017 of 10 provinces (districts and cities) including Beijing and Shanxi are introduced. The Special Reports introduce the development situation and characteristics of 8 majors yearbook, including education and finance in 2017.The Exploration and Innovation section introduce the development of cross-regional yearbooks, township yearbooks, simplified yearbooks, English yearbooks, digital yearbooks and network yearbooks in 2017. The Research and Reference part summarizes the theoretical research situation of the 2017 domestic yearbook, and introduces part of the British yearbook and African studies yearbook.

Completing the " Yearbook full coverage" target on time and with high quality, innovating around the "Three Big Theme", how to make the yearbook "using up" "stand up" "live up" and "hot up", they are not only the legal tasks required by the General Office of the State Council, but also some major issues related to the transformation and upgrading of Yearbooks. They even are era subjects to promote our country become more and more powerful on Yearbook. *"Report on the development of China's Yearbooks (2018)"* improves the work of practical experience to the theoretical level through exploration and thinking of the yearbook work from a professional angle and the view of experts with empirical research methods. This report is essential for the yearbook workers,and it is a treasure data base for the readers to continuously develop and research relevant issues. It can be called an authoritative and important annual report.

目录

I 总报告

II 区域报告

III 专题报告

Ⅳ　探索与创新

Ⅴ　年鉴成果选介

VI 研究与借鉴

Ⅶ 附录

编后记

I General Reports

II Regional Reports

Ⅲ Special Reports

IV Exploration and Innovation

V Selected Introduction of Yearbooks Achievements

Ⅵ Research and Reference

Ⅶ Appendix

Postscript

I

总报告

年鉴进入新时代：牢记新使命　迈上新征程
——2017 年全国年鉴事业发展的形势和任务

刘永强 ①

提要：2017 年，以贯彻落实《全国地方志事业发展规划纲要（2015—2020 年）》确定的“年鉴全覆盖”目标为中心任务，全国年鉴系统积极开展新的探索，年鉴事业快速、稳步发展。但诸如事业发展不平衡、对年鉴工作重要性的认识不够、地方志法规规章落实不到位等制约年鉴事业发展的一些老问题尚未得到根本解决。中国特色社会主义进入新时代，年鉴事业也进入了新时代，迎来了新的历史起点和新的历史方位。《全国年鉴事业发展规划（2016—2020 年）》应运而生，明确了到 2020 年全国年鉴事业发展的主要任务。要如期完成这些任务，下一步就要既立足当前又放眼长远，在依法治鉴、精品建设、理论研究、队伍建设、开发利用、扩大宣传等方面科学谋划，扎实推进。

关键词：年鉴事业　新时代　“年鉴全覆盖”　精品建设

2017 年是中国年鉴事业发展史上的关键一年。全国年鉴系统在中国地方志指导小组（以下简称中指组）及其办公室的有力领导下，喜迎党的十九大，认真学习贯彻习近平新时代中国特色社会主义思想和党的十九大精神，以贯彻落实国务院办公厅《全

① 中国地方志指导小组办公室年鉴处处长、副研究员。

国地方志事业发展规划纲要（2015—2020 年）》（以下简称《规划纲要》）确定的“年鉴全覆盖”为中心任务，深入思考谋划进入新时代的全国年鉴事业，开拓创新，奋勇拼搏，奋力推进全国年鉴事业转型升级。总的来看，2017 年全国年鉴工作在综合年鉴编纂进度、各级各类年鉴种类和数量拓展、质量建设、队伍建设、理论研究、开发利用、信息化等方面都取得了新的成绩，呈现出良好的发展态势。年鉴事业进入新时代，但制约年鉴事业发展的一些痼疾尚未得到根本解决，仍然需要通过科学发展和深化改革来加以解决。

一、新的探索与创新

2017 年，全国各级地方志工作机构、年鉴编纂单位和广大年鉴工作者立足年鉴工作实际，充分思考和认识党的十九大精神在全国年鉴事业转型升级过程中的重大指导意义，充分思考和认识中国特色社会主义进入新时代大背景下年鉴工作的地位和作用，充分思考和认识年鉴人在把我国建成富强民主文明和谐美丽的社会主义现代化强国过程中所肩负的新使命，乘势而上，主动作为，在积极探索中推动全国年鉴事业快速、稳步发展。

（一）顶层设计不断强化，工作任务更加清晰

紧紧围绕贯彻落实《规划纲要》，2016 年 12 月 22 日中指组印发《全国年鉴事业发展规划（2016—2020 年）》（以下简称《年鉴规划》），明确到 2020 年实现“年鉴全覆盖”核心任务，提出 2016—2020 年年鉴事业发展的总体目标：到 2020 年，全面实现省、市、县三级综合年鉴全覆盖，推动年鉴工作改革创新，加强对各类专业年鉴编纂的业务指导和管理，加快信息化建设，基本形成包括年鉴编纂体系、理论研究和学科建设体系、质量保障和评价体系、资源开发利用体系、工作保障体系在内的年鉴事业综合发展体系，努力实现全国年鉴事业发展新跨越。《年鉴规划》在系统梳理全国年鉴事业发展取得的成绩、分析研判年鉴事业迎来重要发展机遇的基础上，确立了今后年鉴事业发展要坚持正确方向、坚持依法治鉴、坚持全面发展、坚持改革创新、坚持质量第一、坚持编鉴为用六条基本原则，并提出了主要任务。《年鉴规划》是《规划纲要》中大力加强年鉴工作有关要求的具体化，是第一个全国年鉴工作的规划性文件，第一次对全国年鉴工作作出系统的顶层设计，对年鉴事业的发展将产生非常深远的影响。

为贯彻落实《规划纲要》《年鉴规划》，部分省市还根据本地实际情况，研究制定本地的年鉴事业发展规划性文件或政策性文件。2017 年，《北京市年鉴事业发展规划（2018—2020）（征求意见稿）》起草完成，《江苏省贯彻全国年鉴事业发展规划（2016—2010）实施意见》《贵州省年鉴工作管理办法（试行）》等正式印发。

（二）“年鉴全覆盖”成为中心任务，督促检查力度加大

《规划纲要》明确要求“到 2020 年，做到地方综合年鉴由地方志工作机构组织编纂，一年一鉴，公开出版，实现省、市、县三级综合年鉴全覆盖”（简称“年鉴全覆盖”）。这是法定任务、硬性任务，必须不折不扣地完成。中指组及其办公室立足方向引领，着力在强化依法治志、加大督查检查力度等方面采取了一系列的积极举措。2017 年 2 月，中指组印发《关于制定到 2020 年实现“两全目标”“时间表”“路线图”及转发西藏青海相关材料的通知》，要求各省（区、市）制定包括“年鉴全覆盖”目标在内的“两全目标”推进的时间表、路线图。2017 年 8 月，全国地方志系统“两全目标”工作推进会暨援藏援疆工作座谈会在伊犁市召开，通报全国地方志系统截至 2017 年第一季度“两全目标”推进工作情况，深入分析“两全目标”推进工作存在的困难和问题，对完成“两全目标”进行再动员、再部署，统一思想，协调步骤。会后，中指组成立“两全目标”督查小组，并组织力量研究起草《关于全国地方志系统支援西藏、新疆地方志工作的意见》。2017 年 5 月，为解决少数民族地区和部分经济欠发达地区因经费紧缺出现年鉴公开出版困难的情况，落实“精准扶贫”，中指办印发《民族地区与贫困地区年鉴资助工程实施方案》，启动年鉴资助工程。2017 年 11 月、2018 年 2 月，中指办公布年鉴资助工程两批资助书目，确定资助出版年鉴 18 部。

各省（区、市）将包括“年鉴全覆盖”目标在内的“两全目标”推进工作当作中心工作和首要任务，想方设法，积极采取既符合地方实际又切实可行的有力措施。一是高度重视。如山西省政府工作报告第一次明确提出“做好修志编鉴工作”；江苏省政府工作报告中明确提出“做好地方志和年鉴的编修工作”，省政府还将“《江苏年鉴》和 99 部市县区综合年鉴编纂出版”列入省政府年度十大主要任务百项重点工作之列；山东省政府工作报告明确要求“完成省市县三级第二轮修志和一年一鉴任务”，首次强调年鉴工作。二是签订责任书。如天津市制定区县综合年鉴公开出版时间表，各区县立下军令状；山西省政府同进展缓慢的 5 个市和 21 家省直单位签订责任书；内蒙古自治区政府与各盟市签订《地方志工作目标责任书》，自治区政府办公厅还印发《全

区地方志工作“三全目标”任务“时间表”和“路线图”的通知》，明确“三全目标”（二轮志书编纂、年鉴全覆盖、志书蒙文翻译）完成的各个节点和最终时限；广西壮族自治区政府与各市、县（市、区）人民政府签订志鉴编修“两全目标”承诺书；贵州省志办与尚未启动年鉴编纂工作或未实现“一年一鉴、公开出版”的8个县签订年鉴编纂出版责任书；新疆生产建设兵团党委与各师市分管史志工作的领导签订“两全目标”责任书，并印发《关于落实“‘两全’目标责任书”精神，加快推进师（市）综合年鉴编纂工作的通知》。三是加大督查通报力度。如河北省志办继续联合省政府督查室对全省年鉴编纂工作进行执法检查；山西省人大常委会教科文卫开展《地方志工作条例》执法调研，省政府督查室对全省志鉴“两全目标”完成情况开展专项督查，省政府将修志进展缓慢的部分省直单位和县市区列入13710督办系统，省政府办公厅印发《关于全省修志编鉴“两全目标”完成情况的通报》，省志办针对进展缓慢的部分市县（市、区）建立季通报制度，部分市级政府也开展了地方志工作专项督查；黑龙江省委办公厅、省政府办公厅印发《关于开展全省第二轮修志工作和地方综合年鉴编纂工作督查的通知》，在将年鉴编纂工作列入省委、省政府督办事项开展督查的同时，对督查时间、范围、内容、方式、意见反馈和通报结果作出明确规定；江西省志办联合省政府法制办公室对全省11个设区市开展地方志工作督查，并对19个县（区）进行抽查；山东省史志办继续与省政府办公厅、省政府督查室组成省政府督查组，开展史志工作专项督查，建立了常态化的督查落实机制；广西壮族自治区志办根据自治区政府关于组织开展志鉴编修“两全目标”专项督查的要求，牵头组成3个督查组，在全自治区范围内开展历年规模最大的“两全目标”专项督查；贵州省志办与省人大法工委、省政府法制办公室组织联合执法检查组，对全省各地修志编鉴工作开展行政执法检查活动；西藏自治区志办与自治区党委、政府督查室组成督查考核组，开展两次覆盖全区范围的地方志工作督查考核。四是召开推进会。如广西壮族自治区政府、青海省政府分别召开全省“两全目标”推进会，各市级、县级政府主管领导参加会议；青海省主管副省长还专门约谈志鉴编纂滞后地区和单位的负责人，省志办领导专门约谈6个县的政府分管领导。各省（区、市）地方志工作机构纷纷通过召开推进会或专题调研指导等方式，强化责任意识、担当意识，加速推动“年鉴全覆盖”推进工作。

据统计，截至2018年11月30日，全国省、市、县三级综合年鉴2017年卷应编纂出版3221种，启动编纂2815部、覆盖率为87.40%，公开出版2019部、覆盖率为62.68%。其中，省级综合年鉴应编纂出版32部，全部启动编纂、实现一年一鉴、公开出版；市级综合年鉴（含兵团所辖师级年鉴）应编纂出版348部，启动编纂337部，实现一年一鉴328部，实现公开出版298部；县级综合年鉴应编纂出版2841部，启动编纂2446部，实现一年一鉴2138部，实现公开出版1689部。北京、上海、广东3省（市）2017年卷年鉴公开出版率覆盖率均达到100%，福建、山东、江苏、海南、贵州、广西、浙江、吉林、云南9省（区、市）2017年卷年鉴公开出版覆盖率均超过80%。

（三）编纂范围不断扩大，向基层延伸势头不减

2017年，除三级综合年鉴继续创办外，在中国地方志指导小组办公室（以下简称中指办）及各省级地方志工作机构的大力推动下，解放军师以上单位与武警部队各总队、各机动师普遍开展年鉴编纂工作，行业、部门、企业、高校创办年鉴的积极性不断提高。据不完全统计，截至2017年底，全国编纂军事年鉴320多种、武警及全国性专业年鉴1000多种、地方专业年鉴1300多种。同时，乡镇村和街道（社区）年鉴、跨区域年鉴、英文版年鉴等继续发展。

乡镇村和街道（社区）年鉴。2010年出版的广东省东莞市《大朗年鉴（2010）》是全国首部乡镇综合年鉴，2015年出版的东莞市《巷头年鉴（2015）》是全国首部村级年鉴、深圳市《坪山办事处年鉴（2015）》是全国首部街道（办事处）年鉴。2017年，广东省东莞市继续出版《大朗年鉴（2017）》《虎门年鉴（2017）》《长安年鉴（2017）》等8部，创刊出版《石碣年鉴（2017）》《樟木头年鉴（2017）》《凤岗年鉴（2017）》《桥头年鉴（2017）》等4部；深圳市持续出版《坪山街道年鉴（2017）》（原《坪山办事处年鉴》）、《坑梓街道年鉴（2017）》、《龙城街道年鉴（2017）》、《大浪街道年鉴（2017）》，创刊出版《龙华办事处年鉴（2017）》；上海市创刊出版《南翔年鉴（2017）》《华亭年鉴（2017）》；江苏省持续出版泰州市永安洲镇《永安洲年鉴（2016）》，创刊出版扬州市仪征市新集镇《新集年鉴（2016）》、张家港市南丰镇永联村《永联年鉴（2016）》。

跨区域年鉴。据不完全统计，截至2017年底，除跨区域性统计年鉴外，已经编纂出版的跨区域性年鉴有《长江三角洲城市年鉴》《长江三角洲年鉴》《长三角年鉴》《武汉城市圈年鉴》《珠江三角洲城市群年鉴》《长株潭试验区年鉴》《环渤海区域经济年鉴》7部，另有跨国区域性年鉴《俄罗斯和东欧中亚国家年鉴》《中国—东盟年鉴》2部。2017年，《武汉城市圈年鉴（2017）》《长株潭试验区年鉴（2017）》《中国—东盟年鉴》出版，《珠江三角洲城市群年鉴》更名为《粤港澳大湾区城市群年鉴》出版。

英文版年鉴。随着对外文化交流的需要，一些地方选取地方综合年鉴最能反映地方经济社会发展情况的内容，翻译成英文版出版。2017年出版的英文版年鉴有《北京年鉴（2016）》《上海年鉴（2017）》《浦东年鉴（2017）》《江苏年鉴（2016）》《南京年鉴（2016）》《广州年鉴（2016）》《深圳年鉴（2016）》《成都年鉴（2016）》等。

（四）质量建设更加有力，精品意识不断强化

质量是一切事业发展的根基。党的十九大报告中强调“质量第一”和“质量强国”，充分体现出党中央对质量工作的高度重视。习近平同志1989年在宁德地区地方志工作会议上的讲话中就曾谈到：“志书要注意质量，能经得起时间和历史的检验……要把质量放在第一位，对社会负责，对事业负责，对子孙后代负责。”当全面推动“两全目标”推进工作之时，仅有数量上的达标是远远不够的，更重要的是要有一批能够充分展示地方志的当代价值及永恒魅力的高质量地方志成果，以此来引领地方志事业的发展壮大。2017年，中指办在抓年鉴质量建设方面主要采取了三项措施：一是修订出台《地方综合年鉴编纂出版规定》。《地方综合年鉴编纂出版规定（试行）》于2012年7月经中指组四届三次会议通过，印发各地施行，与《地方志书质量规定》是姊妹篇。随着时间推移，规定试行文本的一些条文出现了一些不适应性，迫切需要加以修改。2017年12月，在广泛征求意见的基础上，《地方综合年鉴编纂出版规定》修订出台，在质量要求、精品标准等方面规范性更强、准确性更高、可操作性更大。这次修订在规模和篇幅上都属于微调，修订后的规定文本共48条、2500余字，较原稿的46条、2100余字增加2条、400余字。二是开展第四届全国地方志优秀成果（年鉴类）评审活动。结合在全国范围内全面推进包括年鉴事业在内的地方志事业转型升级的大形势，中指组及其办公室作出自2017年起每年开展一次年鉴评审活动的决定。经过动员、推荐申报、初评、复评、终评等环节，中指组、中国地方志学会印发《关于对全国地方志优秀成果（年鉴类）的通报表扬》，通报表扬2015—2016年公开出版的年鉴370部。三是扎实推进中国年鉴精品工程。在积极推进中国年鉴精品工程试点工作的基础上，2017年5月印发《中国年鉴精品工程实施方案》，继2016年卷打造出《山西年鉴（2016）》《温州年鉴（2016）》《北京海淀年鉴（2016）》3部中国精品年鉴之后，2017年卷又精心打造出《山西年鉴（2017）》《辽源年鉴（2017）》《南京年鉴（2017）》《北京海淀年鉴（2017）》《海安年鉴（2017）》5部中国精品年鉴，取得了重要进展，充分发挥了示范引领作用。

各级地方志工作机构和年鉴编纂单位坚持质量第一原则，不断运用各种方式、采取各种措施狠抓年鉴质量。一是制定年鉴质量规范文件。如山西省志办印发《志鉴质量检查办法》，江苏省志办修订印发《江苏省地方综合年鉴编纂规范》，福建省地方志编委会印发《福建省地方综合年鉴编纂质量评审标准（试行）》和《福建省地方综合年鉴编纂图照使用规范（试行）》，山东省史志办印发《山东省地方综合年鉴编纂出版业务规范》，湖北省志办印发《湖北省地方综合年鉴编纂出版工作规定》《湖北省地方综合年鉴备案管理办法（试行）》，四川省志办印发《四川省地方综合年鉴编纂出版规范》，贵州省志办印发《贵州省地方综合年鉴编纂质量规范》等。二是开展质量评审活动。配合第四届全国地方志优秀成果（年鉴类）评审活动，大部分省（区、市）开展本省（区、市）年鉴质量评审活动，认真做好推荐报送工作，江苏省还以省政府办公厅名义印发评审结果。三是实施年鉴精品工程。如北京市志办启动北京市精品年鉴工程，印发《北京市打造精品年鉴工作实施方案（试行）》，经过认真筛选与审查，确定《北京海淀年鉴（2017）》《中关村年鉴（2017）》《北京工业大学年鉴（2017）》为打造对象，聘请专家进行评审；福建省继续开展年鉴精品工程试点工作，根据首批试点《福建科技年鉴》《三明年鉴》《集美年鉴》《晋江年鉴》《漳浦年鉴》5部年鉴的工作情况，召开全省年鉴精品工程试点工作总结会议，探讨试点工作经验；广西壮族自治区继续实施广西年鉴精品工程，安排专项资金，每年选定3—5部基础较好、可塑性强、有代表性的年鉴作为项目实施对象，进行培育打造。四是召开年鉴评议会。如北京市选取《北京朝阳年鉴（2017）》《北京大兴年鉴（2017）》2部年鉴初稿作为互审对象，由各区、部分委办局年鉴编纂人员进行审读修改；山西省志办聘请专家、学者组成年鉴评审团队，完成8部市级综合年鉴审核任务；上海市继续组织业内专家开展区县年鉴、专业年鉴审读工作；江苏省志办组织召开中国年鉴精品工程申报单位座谈会，并组成中国年鉴精品工程江苏协作组专家评审组，对4部申报年鉴分别召开初评会，放大创建精品年鉴的示范效应；广东省有序开展年鉴评议审读工作等。五是从全省高度统筹解决地图出版问题。如福建省地方志编委会与省制图院签订统一制作地方综合年鉴行政区划图的协议，为全省综合年鉴地图插图制作和审批事宜提供统筹协调和联系服务，为23个省级扶贫开发重点县提供免费制作服务，其余市、县按1000元成本费收取编制费；福建省地方志编委会根据分片挂钩的办法，指导和帮助各责任片做好年鉴编纂有关地图制作工作的落实，保证年鉴地图有审图号，当年制作，规范出版。

（五）队伍建设逐渐制度化、常态化，内容更具针对性

人才队伍是事业发展长盛不衰的重要基础和根本保障。针对年鉴编纂专业性强、年鉴编纂人员知识结构不够多元等特点，中指办在 2016 年 8 月举办第一期全国年鉴主编培训班的基础上，2017 年 10 月在常州市举办第二期全国年鉴主编培训班，邀请中国地方志指导小组秘书长，中指办党组书记、主任冀祥德以及中国社会科学院、年鉴界的专家，从法律问题、发展形势、框架设计、精品年鉴编纂、实例分析等方面进行了讲授。

各地继续坚持必要的常规培训，如北京、天津、山西、内蒙古、吉林、江苏、福建、重庆等省（区、市）举办年鉴业务人员培训班，讲授年鉴编纂的基本理论和基础知识。此外，还开拓思路，注重分层分类培训的针对性，如北京市将往年每月分散性培训改为集中培训；山西省组织力量对全省修志编鉴相对滞后部门的编纂人员进行培训指导；吉林省针对年鉴未创刊或创刊不久单位的编辑人员以及近两年新入职的年鉴编辑人员举办年鉴编纂业务培训班（初级班），针对连续编纂出版年鉴 3 年以上、年鉴质量有较大提升空间单位的编纂人员举办年鉴编纂进修班（中级班），针对在全国年鉴质量评审中取得过等次、在全省年鉴质量评估中取得优秀等次以及其他年鉴质量较好单位的编纂人员举办年鉴编纂研讨班（高级班）；福建省坚持每年办好《福建年鉴》撰稿人培训班、全省地方综合年鉴主编培训班、全省地方综合年鉴编辑培训班 3 场全省性业务培训班；山东省史志办召开年鉴工作改革创新座谈会，围绕《山东年鉴》进一步改革创新、提升编纂水平进行研讨；重庆市分 3 个片区对全市所有年鉴编辑人员进行年鉴业务培训等。

（六）理论研究不断深化，学术平台建设取得新突破

为贯彻落实《规划纲要》提出的“力争到 2020 年形成较为成熟的方志学和年鉴学学科体系”要求，中指办在推动年鉴理论创新上取得了可喜成绩。一方面，经过多方努力，创刊出版《中国年鉴研究》，并于 2017 年 10 月在常州市举行创刊发布座谈会，年内出刊 2 期。该刊以“立足中国年鉴理论研究的制高点，掌握年鉴评价的话语权，引领中国年鉴事业发展方向”为核心理念，旨在搭建学术争鸣平台，刊载反映年鉴研究最新成果的学术论文，通过理论阐释、学术探索、学术评析、专业评论、年鉴点评、评价方法探索和成果展示等方式，在正确的政治导向、理论导向、学术导向引

领下，加强年鉴学学科建设，引领年鉴事业发展。下一步，要进一步强化期刊的学术阵地功能，将《中国年鉴研究》期刊打造成在全国具有重要影响力的学术刊物。另一方面，充分发挥中国地方志学会年鉴分会的组织和引导作用，分别于 2017 年 8 月在齐齐哈尔市召开精品年鉴与年鉴编纂创新研讨会、2017 年 12 月在深圳市举办首届全国年鉴论坛，积极开展年鉴基础理论、应用理论研究，力求做到理论研究和工作实践的紧密结合。举办首届全国年鉴论坛的初衷，就是要整合各种年鉴学术研讨会，形成论坛制度，希望像中国地方志学术年会那样，全力打造一个具有品牌意义的年鉴理论研讨平台。

各地年鉴工作者深入开展年鉴理论研究，年鉴学术理论研究氛围日益浓厚。如北京市志办与北京联合大学档案（校史）馆联合开展《年鉴可持续发展研究》论文集公开征稿活动，市地方志课题在 2016 年两项年鉴课题结项的基础上又有“北京市网络年鉴建设方案研究”“探索年鉴数据库及网络化建设”两项年鉴课题立项，同时北京市志办开拓性开展外国年鉴选介工作，对涉及 7 个国家 6 个语种的外国年鉴进行购买、翻译和介绍文章的撰写；《湖北方志》《史志林》等地方志期刊设置年鉴理论研究专栏，积极刊发年鉴研究论文。

（七）开发利用水平逐渐提高，社会影响力扩大

创新驱动是引领发展的第一动力，包括《中国年鉴发展报告》在内的中国地方志“一体两翼”工程就是中指办因应新时代要求在开发利用地方志资源方面主动作为的一项重大创举，也是以创新思维、勇于开拓的精神参与现代国家治理体系建设的积极尝试。“一体两翼”中的“一体”是《中国地情报告》，“两翼”分别是《中国方志发展报告》《中国年鉴发展报告》，目的在于系统分析上一年度中全国各地地情概况、志鉴编修状况，以及地方志资源开发利用等方面工作开展情况，针对全国以及某一区域地方志事业发展状况和热点问题进行年度性的分析与研讨，以专业化的角度、专家学者的视野，开展系统性回顾、理论性分析和前瞻性预测。《中国年鉴发展报告（2017）》是《中国年鉴发展报告》的首卷，记述 2015—2016 年的相关内容。2017 年 12 月出版，并在深圳市召开了出版座谈会。

各地区不断研究新办法，探索新方式，发挥年鉴资源优势，全面提升年鉴开发利用水平。主要表现在：一是精选综合年鉴资料，出版年鉴简本。据不完全统计，截至 2017 年底，先后编纂出版的年鉴简本有《北京年鉴（简本）》《河南年鉴（简本）》《广

东年鉴（简本）》《深圳年鉴（简本）》等 19 部。与年鉴简本类似，为适应群众生活需要，一些地方还编纂与老百姓生活息息相关的年鉴，如北京年鉴社以收集百姓衣食住行游购信息为主，以贴近市民生活为目标连续多年编纂《北京市民生活年鉴》。二是选取综合年鉴资料，编写地情手册、地情概览或实用指南等地情资料书籍。如大连市史志办编纂《数字看大连》；伊春市志办编纂《数字伊春》、《伊春年鉴》口袋书、《伊春市情》；江苏省地方志系统编纂《淮安手册》《盐城年鉴·市情手册（2017）》《扬州通》《苏州纪事（2017）》《无锡施政纪事》《鼓楼微鉴（2018）》等；山东省史志办编纂《山东省情概览》，济南、淄博、济宁、泰安、莱芜等市编纂市情手册，泰安、日照等市编纂年鉴袖珍本，烟台市逐月编纂大事记；河南省史志办编辑《河南大事月报》，辐射带动河南省 18 个省辖市、60 多个县（市、区）开展大事月报工作，同时郑州、信阳、濮阳、新乡等地分别编纂《概览郑州》、《信阳年鉴》简编手册、《市情手册》简本、《新乡图鉴》、《新乡影像年鉴》；湖北省志办编纂《湖北年鉴简明省情手册》和《湖北概览》（英文版），武汉、黄石、襄阳、宜昌等地编纂《武汉年鉴实用手册》《武昌区情手册》《黄石年鉴实用手册》《襄阳年鉴简本》《宜昌年鉴简明市情手册》等；广西壮族自治区志办编纂《广西图鉴》，以图片记述为主，与以文字记述为主的《广西年鉴》形成姊妹书。三是汇辑历年综合年鉴资料，编纂资政特刊。如北京市志办为迎接北京市第十二次党代会的召开，编纂《砥砺前行——〈北京年鉴〉特刊》，记录从 2012 年 1 月至 2017 年 5 月北京市经济发展情况；湖北省志办对历年出版的 29 部《湖北年鉴》资料进行分类加工整理，汇编完成《湖北年鉴资料汇编》。四是运用信息技术，建立年鉴资料数字库，上传到地情网站，方便社会公众使用，如很多省份将年鉴或年鉴资料在地情网站上刊载发布。

（八）编纂方法不断创新，工作手段更加多样

不少地区针对年鉴编纂中出现的稿源匮乏、编辑人员不足等问题，大胆创新，不仅积极建立并使用 QQ 群、微信群加强相互联系，还采取了很多新的办法。北京市的部分年鉴编纂单位开发年鉴编纂平台，编辑制作区县综合年鉴参考模板，并逐步开展按季度报送稿件工作。山西省志办加强与高校合作，继续将《山西年鉴》编辑部确立为山西大学研究生实习基地，吸纳研究生参与年鉴编辑和提升编辑水平。内蒙古自治区志办对年鉴在线编纂系统改版升级，改版升级后在设计上更加简约大方，主要功能模块更加突出，整体编纂流程更加符合要求，加强了年鉴编纂稿件流转速度，有效降

低文本错误率的发生。安徽省淮北市、马鞍山市探索运用“志鉴在线编纂管理平台”编纂年鉴，进行了有益的尝试。《福建年鉴》《山东年鉴》《苏州年鉴》等在编纂中使用二维码等技术，提高了纸质年鉴对视频资料的承载力。

二、存在的困难与问题

2017年，全国年鉴事业虽取得非常突出的成绩，呈现出良好发展态势，但制约年鉴事业发展的一些老问题尚未得到根本解决。

（一）年鉴事业发展不平衡现象仍比较突出

总体来看，东部地区年鉴事业发展好于中部，中部又强于西部，经济发达地区优于贫困地区。从行政层级来看，省级好于地市级，地市级优于县区级。当然，就全国来看，地域和上下层级的区别也不是绝对的，一些中西部地区、贫困地区和县（区），由于领导重视，当地文化氛围浓厚，年鉴工作无论是编纂进度、编纂质量还是理论研究都走在全国前列。据统计，截至2018年11月30日，2017年卷三级综合年鉴仍有青海、内蒙古、辽宁、黑龙江、新疆5省（区）公开出版覆盖率尚未达到30%。从地域上来讲，西北地区、东北地区的公开出版覆盖率滞后于其他地区，而同为东北地区，吉林省达到81.43%，辽宁、黑龙江却仅为16.52%、15.49%，差别较大。

（二）少数地区和部门对年鉴工作重要性的认识仍然不够

少数地区的主管领导认识不到位，使得政府部门在落实依法治志、履行《地方志工作条例》《规划纲要》确定的领导职责、主体责任等方面不到位，还有一些市、县停留在地方志工作机构主业就是修志的旧观念上，缺乏对年鉴工作的高度重视，致使年鉴工作严重滞后。

（三）地方志法规规章落实不到位

《地方志工作条例》明确了各级地方志工作机构组织编纂地方综合年鉴的职责，《规划纲要》明确到2020年要“做到地方综合年鉴由地方志工作机构组织编纂”。目前，省级综合年鉴中仍有《天津年鉴》《辽宁年鉴》《浙江年鉴》《云南年鉴》仍未划归地方志工作机构编纂，编纂工作体制没有彻底理顺，致使省级综合年鉴与市级、县级综合年鉴在编纂工作体制上分属不同的两条线，示范引领的作用无法有效发挥。

（四）年鉴编纂机构、人员、经费不到位

年鉴编纂机构、人员、经费不到位，是各级地方志工作机构、年鉴编纂单位普遍遇到的困难。少数地市级和部分县级年鉴编纂，存在机构、人员和经费都短缺的情况，尤其是一些县（区），还出现年鉴编纂无机构、无人员、无经费的极端情况。有的地区虽然有经费、有机构，但人员不稳定，同样给年鉴编纂造成负面影响。以工作基础较好的江苏、福建为例，江苏省一些已经启动年鉴编纂的区，年鉴编纂保障机制没有完全走上正轨，而是靠一些临时外聘人员在支撑；福建省 9 个设区市和平潭综合实验区有 7 个常设年鉴科（编辑部），86 个县（市、区）只有不足 10 个单位设有年鉴股或年鉴编辑部，年鉴编纂工作既没有承担的实体，也没有专业人员。另如，山西省大多县级地方志工作机构多则七八人、少则三四人，无专门的年鉴股室；内蒙古自治区呼和浩特市、乌兰察布市下辖旗县（市、区）无专设地方志工作机构，由党委办或政府办负责年鉴工作，同样黑龙江省部分县（区）年鉴工作也由本级政府办承担，人员流动性较大，年鉴工作很难开展；河南省多个县（区）地方志工作机构分配有驻村、包村扶贫任务，人员被抽调派出下乡参加扶贫工作，年鉴编辑工作人手严重不足，甚至无人可用；新疆维吾尔自治区维稳压力大，各级地方志工作机构普遍人手少、工作多，个别年鉴因人员、经费问题出现停刊情况。

（五）年鉴质量仍有待进一步提高

质量是年鉴事业发展的生命线。结合近年深入推进中国年鉴精品工程、全国地方志优秀成果（年鉴类）评审活动，虽发现了很多高质量的精品佳作，但也不容忽视，大多数年鉴在质量上还存在比较多的问题。主要表现在以下方面：编纂理念和思路因循守旧，创新意识不强；框架设计不合理，领属关系不当、栏目编排混乱、上下层次不清等问题较为突出；概念表述、标题拟定、图表使用等不够严谨、规范；年度特点和地方特色不够突出，应引起重视的教育、就业、就医、住房、养老、生态环保等有关内容反映不够；行文中工作总结、工作报告痕迹较重，空话、套话、大话多；重文字叙述，轻图照、图表使用的现象仍然存在；在依法依规、保密等方面记述还存在问题，如违规记述港澳台事务、违规记述军事涉密内容、违规记述相关政治敏感问题、不按规定标注审图号等；编校质量仍需要提高。

（六）理论研究基础薄弱

从全国情况来看，各级地方志工作机构对年鉴理论研究的重视不够，鼓励和支持也不够，年鉴理论研究滞后于编纂实践的问题比较突出；专题的学术研讨会很少，学术平台建设较为欠缺，学术交流和思想争鸣不足，年鉴理论研究还没有形成良好的氛围；年鉴工作者进行理论研究的动力明显不足，研究型人才比较少，具有深厚理论功底、丰富编纂经验、多学科多领域知识并且为年鉴界广泛认可的年鉴专家人才特别是领军人才极为稀缺，导致年鉴的发展未形成强大潮流，削弱了年鉴理论研究和学科建设、质量建设、队伍建设的基础。

（七）人员素质亟待提升

据不完全统计，全国专职和兼职年鉴编纂人员约 2 万人，参与三级综合年鉴撰稿的人员有 20 多万人，可谓数量可观。但年鉴编纂是专业性很强的一项工作，对编纂人员的专业素养有很高的要求。第一，常态化、系统化培训不足。大多数年鉴编纂人员没有经过全面系统的专业教育培训，对年鉴的基本理论、编纂理论和应用理论掌握不深，仅了解一些必要的编辑知识和年鉴编纂要求，难以满足工作需要。尤其是市、县两级年鉴编纂人员，专职人员少，还有很多聘用人员，迫切需要系统地培训教育。鉴于各方面原因，少数省（区、市）很少开展年鉴培训工作，与工作实际需求相差较大。第二，人员变动频繁。年鉴编纂需要一定的知识积累和业务素养，而人才培养不是短时间可以速成的。

（八）年鉴资源开发利用工作比较滞后

近年来年鉴资源开发利用工作取得了一些成绩，但总体仍相对薄弱，主要表现为：部分地区对开发利用的重要性认识不到位，缺乏开发利用的意识，重编纂出版、轻开发利用；开发利用形式比较简单，侧重于地情资料书籍编纂，数字化、网络化建设落后，年鉴资源得不到充分利用；人员和资金不足，教育培训滞后，开发利用工作得不到有力保障；年鉴内容的深度和广度不够，资料价值不高，影响了年鉴资源的开发利用价值。

三、新时代的发展机遇与主要任务

习近平总书记在党的十九大报告中强调："经过长期努力，中国特色社会主义进入了新时代，这是我国发展新的历史方位。"习近平总书记还明确提出："从十九大到二十大，是'两个一百年'奋斗目标的历史交汇期。我们既要全面建成小康社会、实现第一个百年奋斗目标，又要乘势而上开启全面建设社会主义现代化国家新征程，向第二个百年奋斗目标进军。"作为中国优秀传统文化百花园中灿烂绚丽的一枝，包括年鉴事业在内的地方志事业也迎来了新的历史起点和新的历史方位，全国各级地方志工作机构、年鉴编纂单位和广大年鉴工作者应发扬成绩，克服困难，以昂扬的姿态完成时代赋予的神圣使命。

党的十八大以来，党中央、国务院高度重视地方志工作，习近平总书记、李克强总理等党和国家领导人就地方志工作作出一系列重要指示、重要批示，对地方志工作提出了殷切期望和新的要求，为地方志事业发展指明了发展方向和提供了根本遵循。正是在党中央、国务院的关心重视下，2015年8月，国务院办公厅印发《规划纲要》，这是继《地方志工作条例》颁布施行之后，国家又一次对地方志事业发展作出重大战略部署。这也是我国第一份涉及年鉴事业发展的规划性文件，在年鉴发展史上具有里程碑意义。2016年3月，《中华人民共和国国民经济和社会发展第十三个五年规划纲要》中明确提出"加强修史修志"，这是继《中华人民共和国国民经济和社会发展第六个五年计划》将"地方史与地方志"列为哲学社会科学重点研究题目之后，再次在国民经济和社会发展五年规划中写明"修史修志"的内容，是全面落实《规划纲要》特别是全面落实"一纳入、八到位"的"一纳入"在国家国民经济和社会发展五年规划层面的重大突破。2017年1月、5月，中共中央办公厅、国务院办公厅先后联合印发《关于实施中华优秀传统文化传承发展工程的意见》《国家"十三五"时期文化发展改革规划纲要》，分别明确要求"做好地方史志编纂工作""完成省、市、县三级地方志书出版工作。开展旧志整理和部分有条件的镇志、村志编纂"，再次从国家层面明确了地方志在传承弘扬中华优秀传统文化，推进文化发展改革，建设社会主义文化强国中的重要作用，对在全国范围内全面推进包括年鉴事业在内的地方志事业转型升级，完成"两全目标"具有十分重要的意义。

在短短三年多的时间里，党和国家领导人如此关心关怀关注地方志工作，连续对地方志工作作出指示、发表讲话，中央的重大政策性文件如此密集地体现地方志的内容，对地方志事业发展作出部署，这在新中国地方志发展史上是极为罕见的，为地方志事业的快速发展提供了政治上、思想上、方向上的坚强保障。而作为“官书”，地方综合年鉴记载的是一方水土之上的人和事，既包括一方水土之上人民的独特创造、价值观念、精神风貌，也包括一方水土之上文化的历史渊源、传承发展、生命活力，在全面系统反映中国特色社会主义进入新时代的地情现状方面，有着无可比拟的优势，在贯彻落实好党和国家领导人重要指示、重要批示精神，贯彻落实好中央重大战略部署，在讲好中国故事，增强中华文化凝聚力、影响力和国际竞争力，提升国家文化软实力等方面是大有用武之地、大有可为的。

正是在此基础上，中指组依据《规划纲要》的有关要求，印发《年鉴规划》，结合全国年鉴事业发展实际，立足改革发展全局尤其是着眼 2020 年全面建成小康社会的目标，制定了到 2020 年年鉴事业发展的时间表、任务书、路线图，提出了 8 项主要任务：

1. 大力推进省、市、县三级地方综合年鉴工作。到 2018 年，基本实现省、市、县三级地方综合年鉴全覆盖。到 2020 年，全面实现省、市、县三级地方综合年鉴全覆盖，做到一年一鉴，公开出版；理顺管理体制，做到地方综合年鉴由地方志工作机构统一组织编纂。缩短年鉴编纂出版周期，提高时效性。有条件的地区编纂少数民族文字版年鉴和外文版年鉴。积极探索“互联网＋”背景下的年鉴编纂。

2. 重视军事、武警、行业、部门、企业、高校等各类年鉴编纂工作。加强对已开展和准备开展年鉴编纂工作的行业、部门、单位的业务指导和管理。鼓励和支持有条件的乡镇（街道）、村（社区）开展年鉴编纂，并做好业务指导和管理。支持区域性年鉴编纂。

3. 加强年鉴理论研究。制定年鉴理论、年鉴学学科建设规划，建立和完善年鉴理论研究学术规范，力争到 2020 年形成较为成熟的年鉴学学科体系。充分发挥各地地方志期刊的理论研究平台作用。发挥中国地方志学会年鉴分会及地方各级年鉴社会团体的作用，积极组织省、市、县三级综合年鉴和各类专业年鉴编纂研讨活动。加强与有关学科交流合作，开展年鉴发展史、年鉴编纂、年鉴应用、年鉴管理等理论问题研究，编写出版《年鉴大辞典》《年鉴百科全书》等年鉴类工具书和全国年鉴学通用教材。编辑出版《中国年鉴研究》期刊。

4. 加强人才队伍建设。重视人才选拔、培养和使用，加强专兼职结合、结构合理的人才队伍建设，培养和引进一批高端人才，建设一支高素质的年鉴编纂、研究队伍，造就一批年鉴理论研究专家和学术带头人。

5. 深化年鉴质量建设。严格执行《地方综合年鉴编纂出版规定》，规范编纂出版流程，完善年鉴质量评议、审查验收制度，严把质量关。实施中国年鉴精品工程，到2020年，建立覆盖省、市、县、乡（镇）、村的20个中国年鉴精品工程试点单位，覆盖各类专业年鉴的20个中国年鉴精品工程试点单位；鼓励各级各类年鉴编纂单位申报中国年鉴精品工程，打造50部中国精品年鉴。按照国家有关规定进行优秀年鉴成果评比，逐步将年鉴纳入国家及省哲学社会科学奖评比以及有关图书奖评比。

6. 加快年鉴信息化建设。将年鉴信息化建设纳入全国信息方志与数字方志建设工程，充分利用已有信息基础设施和数据资源，加快年鉴信息化建设步伐。支持民族地区年鉴信息化建设。逐步建立年鉴数据库。实现国家、省、市、县年鉴资源共享，面向社会提供优质服务。

7. 提高年鉴资源开发利用水平。加强对年鉴资源的深加工，通过编辑（写）资政报告、年鉴简本、地情书籍等，充分发挥年鉴存史、育人、资政功能。依托方志馆和地情网站，免费为社会提供地方公共文化服务。做好《中国年鉴发展报告》编纂工作。

8. 扩大学术交流与合作。采用学术调研和考察，举办学术研讨会、年鉴成果展览等多种形式，加强与我国香港、澳门和台湾地区以及国外年鉴编纂机构的学术交流与合作。服务国家文化“走出去”战略，推介一批高质量年鉴成果，充分展示年鉴的当代价值，增强年鉴国际影响力。

四、有关对策建议

《规划纲要》《年鉴规划》提出了到2020年必须完成的一系列艰巨繁重的年鉴工作任务。要如期完成这些任务，就要科学谋划，精心安排，多管齐下，扎实推进，既要立足当前，又要放眼长远。

（一）大力推进依法治鉴

《规划纲要》明确提出要坚持依法治志的原则，这是首次将“依法治志”写入国务院文件，具有非常重要的意义。“依法治志”的“志”，在外延上涵盖了年鉴，对于年鉴工作来讲，就是“依法治鉴”。《地方志工作条例》明确规定：“县级以上人民政府应当加强对本行政区域地方志工作的领导，地方志工作所需经费列入本级财政预算。”按照“法定职责必须为”的要求，年鉴工作作为地方政府的一项“法定职责”，不是想做或不想做的工作，而是必须完成好的工作。《规划纲要》又强调："国家地方志工作机构依法统筹规划、组织协调、督促指导全国地方志工作；省、市、县级地方志工作机构依法履行组织、指导、督促和检查地方志工作职责。”因此，各级地方志工作机构尤其是省级地方志工作机构要积极联合地方人大、政府法制部门和政府督察部门，通过开展督查、进行通报、印发政策性文件、签订责任书或军令状以及领导约谈等多种方式，推动《地方志工作条例》《规划纲要》的贯彻落实，一步一个脚印深入推动“年鉴全覆盖”推进工作；各级地方志工作机构尤其是市、县两级地方志工作机构要增强依法治鉴意识，紧紧扣住这些规定，注重运用法治思维、法治方式来思考谋划《规划纲要》《年鉴规划》的贯彻落实，让政府主管领导以及主要领导明白并担负起自己担负的对年鉴工作的领导责任，推动各级政府依法履行对年鉴工作的主体责任，确保认识到位、领导到位；各级地方志工作机构要加大地方志工作法规规章的宣传、执行力度，定期开展执法监督检查，适时召开工作推进会、调研指导会，推动将年鉴工作纳入地方年度目标责任制考核，同时依法纠正、查处执行不力和违法行为。

（二）大力推动精品建设

年鉴质量建设是一项系统工程，涉及创新意识、组织机构、队伍状况、经费支撑、理论研究、规范化建设、精品培育、精品评价体系等多个方面。年鉴质量的提高也不是一蹴而就的，是一个比较漫长的渐进过程。当前，中指办在质量建设上，紧紧围绕贯彻落实《地方综合年鉴编纂出版规定》（即“一个中心”），重点实施中国年鉴精品工程、开展全国地方志优秀成果（年鉴类）年度评审活动（即“两项重要任务”），着力打造有代表性的年鉴精品，以点带面，逐步扩大辐射效应，使年鉴编纂有目标、有导向、有标准，能在一个较短的时间内大范围提升年鉴编纂水平。各级地方志工作机构和年鉴编纂单位应紧扣“一个中心、两项重要任务”，科学合理安排年度工作任务，集中地方专家力量，组织实施好地方年鉴精品工程和相关质量评审活动，以便将涓涓细流汇成大江大河，在全国建立全覆盖的年鉴精品体系和网络。目前，北京、福建、广西正在推进自身的年鉴精品工程试点，吉林、江苏积极扩大中国精品年鉴的辐射影响，都取得了非常明显的效果。其他地方也应协力跟进，牢固树立精品意识，稳步创建精品品牌，扎实推进精品年鉴建设，为高质量推进“年鉴全覆盖”目标作出应有的贡献。

（三）大力深化理论研究

实践是理论的源泉，实践没有止境，理论创新也就没有止境。党的十九大报告中指出："我们必须在理论上跟上时代，不断认识规律，不断推进理论创新、实践创新、制度创新、文化创新以及其他各方面创新。"当前年鉴事业发展正处于全面推进转型升级的关键时期，更需要不断推进理论创新，并在不断推进理论创新的基础上不断推进实践创新。下一步，全国年鉴系统要重点抓好三个方面的理论创新：一是要牢牢坚持用习近平新时代中国特色社会主义思想为指导。要坚持正确的政治方向和科学的思维方式，破除落后的思想和思维模式，牢固树立与时俱进、开拓创新的理念，不断推动理论创新。二是要深入开展调研。年鉴编纂实践性很强，没有大量细致的实际调研工作，年鉴理论创新就成了无本之木、无源之水，年鉴理论研究和学科建设就会流于形式，无法起到真正指导实践、引领实践的作用。三是要充分发挥《中国年鉴研究》期刊的学术平台作用、中国地方志学会年鉴分会的学术阵地作用，团结联系全国各地的年鉴研究团体、研究人员，积极组织年鉴编纂研讨活动，开展年鉴发展史、年鉴编纂、年鉴应用、年鉴管理等理论问题研究，并加强与有关学科交流合作，通过更加积极有效的工作，争取在全国年鉴系统内形成人人争研究、个个能研究的态势，培养出一批年鉴理论研究者特别是学术带头人，营造出上下联动、内外合力的浓厚的理论研究氛围，为年鉴编纂水平的提高和年鉴事业的发展提供强有力的理论支撑。

（四）大力加强队伍建设

人才队伍是事业发展长盛不衰的重要基础和根本保障。党的十九大报告中强调，要"加快建设人才强国"，"实行更加积极、更加开放、更加有效的人才政策，以识才的慧眼、爱才的诚意、用才的胆识、容才的雅量、聚才的良方，把党内和党外、国内和国外各方面优秀人才集聚到党和人民的伟大奋斗中来"。但培育人才，特别是年鉴人才，不可能速成，需要顺应新时代的要求，及时转变观念，进行科学规划、积极创新。《年鉴规划》明确提出了具有针对性的举措，全国年鉴系统要以此为指针，继续发扬"修志问道、直笔著史"的方志人精神，大力营造爱学习、勤学习的风气，不断提升年鉴人才队伍的政治素质和业务本领。

（五）大力提升用鉴水平

年鉴时效强，内容新鲜活跃，与人民群众现实生活联系紧密，是各级党政领导和广大人民群众熟悉一地地情、了解各行各业新建设新成就新经验、借鉴人民创造历史和改造历史智慧的重要载体。因此，要站在地方经济社会发展的战略高度和全局高度来认识年鉴资源开发利用的意义，不断创新服务手段和方式，用人们喜闻乐见的方式包括新媒体传播年鉴、推广年鉴、使用年鉴。各级地方志工作机构和年鉴编纂单位要立足于充分发挥年鉴的存史、育人、资政功能，加强对年鉴资源的深加工，通过编辑（写）资政报告、年鉴简本、地情书籍等，为党委政府决策服务，为行业部门发展服务，为社会各界参考借鉴服务；要利用年鉴辑录的文献资料和记录的数据资料，建立各类专题资料库、数据库和图片库，为方兴未艾的各种智库建设提供助力；要依托方志馆和地情网站，免费为社会各界提供更加开放便捷的查阅、咨询服务；要积极探索“互联网+”发展趋势下的年鉴信息化工作，探索网络化年鉴发展新模式，加快建设年鉴资源数据库，让记载在纸上的信息“活起来”；要积极与党政机关、科研机构、高等院校等进行合作，拓展年鉴的使用范围，及时转化各项研究成果。

（六）大力加大宣传力度

实践证明，各级领导干部在认识的基础上重视了，社会各界在了解的基础上熟悉了，年鉴事业发展才会有好的土壤，才能向广度和深度拓展延伸。因此，年鉴工作者不能仅仅埋头于年鉴编纂，封闭起来开展研究，要借助各级各类新闻媒体，大力宣传年鉴工作贯彻落实党和国家大政方针的新举措、年鉴工作服务经济社会发展的新成绩、年鉴工作者投身全面建成小康社会过程中的新贡献；要采取向有关领导干部和社会人士、向地方“两会”代表赠送年鉴及相关开发利用成果的形式，积极争取有关领导干部了解年鉴、重视年鉴，提高他们履行编纂年鉴领导责任的认识和水平；要挖掘年鉴资源的现实价值，设计宣传主题，创新宣传形式，推出一批贴近社会现实、人民群众喜闻乐见、有较大社会影响力的年鉴宣传精品；要积极推动年鉴文化进机关、进农村、进社区、进校园、进企业、进军营，逐步在全社会培育浓厚的年鉴意识，在推动地方城乡文化建设、培育地方历史记忆方面作出新的更大的贡献。

中国年鉴精品工程实施报告

刘永强[①]

提要：坚持质量第一原则，树立精品意识，提高年鉴质量、打造精品年鉴，是今后一个时期全国年鉴工作的一项核心任务。在开展试点工作的基础上，中指办2017年5月印发《中国年鉴精品工程实施方案》，明确项目申报范围、评选程序、评选要求和管理、奖励和宣传、经费保障等一系列要求，全面启动中国年鉴精品工程。经过积极的探索，中国年鉴精品工程打造出两批8部中国精品年鉴，取得了阶段性的成绩，但在组织协调、质量把关、落实修改、试点作用发挥等方面也存在一些问题。今后工程实施，应在摸索精品年鉴之路、健全精品年鉴质量控制机制、完善专家指导制度、加大宣传推介力度等方面多做一些工作。

关键词：年鉴事业　精品工程　质量建设

《规划纲要》明确提出“到2020年，做到地方综合年鉴由地方志工作机构组织编纂，一年一鉴，公开出版，实现省、市、县三级综合年鉴全覆盖”（即“年鉴全覆盖”目标），同时还要求坚持存真求实，确保质量，将精品意识贯穿于年鉴编纂出版工作全过程。坚持质量第一原则，树立精品意识，提高年鉴质量、打造精品年鉴，是今后一个时期全国年鉴工作的一项核心任务。

---

① 中国地方志指导小组办公室年鉴处处长、副研究员。

一、项目实施意义

中国年鉴精品工程与先期实施的中国志书精品工程是姊妹工程，是中指办加强地方志书、地方综合年鉴质量建设的重要抓手。实施中国年鉴精品工程，是全面贯彻落实《规划纲要》《年鉴规划》的重要举措，是培育精品意识和精品年鉴、提高年鉴质量的重要手段，是发挥年鉴存史、资治、教化功能的根基所在，也是年鉴工作者紧扣时代脉搏，坚持创新发展，传承弘扬中华优秀传统文化的关键步骤。实施中国年鉴精品工程，有助于传承弘扬好中华优秀传统文化，有助于全面客观系统记录新时代、新气象，有助于为全面建成小康社会提供更多智力支持和历史借鉴，还有助于推动全国年鉴事业的转型升级，意义非常重大。

中国年鉴精品工程是一项探索工程，也是一项创新工程，是推进年鉴事业转型升级的重要内容。实施中国年鉴精品工程，就是要在全国年鉴系统进一步培育精品意识，打造精品年鉴，以点带面，在提高年鉴质量方面探索出一条切实可行之路，发挥示范引领作用。

二、项目启动情况

为深入贯彻落实《规划纲要》，中指办于2015年启动中国年鉴精品工程试点工作，将其作为年鉴编纂探索和创新的试验田。经过各省级地方志工作机构推荐和专家评审，区别不同区域和类型，中指办确定山西省志办、山东省史志办、广东年鉴社、南京市志办、拉萨市志办、温州市志办、驻马店市史志办、北京市海淀区史志办、吉林省延吉市地方志编委会、四川省威远县史志办等10家单位为首批中国年鉴精品工程试点单位。2015年12月，在2016年度全国地方志机构主任工作会议上，专门安排环节举行全国年鉴工作、中国年鉴精品工程试点单位授牌仪式，并召开试点工作座谈会，对如何开展试点工作进行深入研讨。

2016年，中国年鉴精品工程试点工作有序推进。4月13—14日，全国精品年鉴指导培训在北京召开，邀请专家对10家试点单位年鉴框架进行评议，提出修改意见。

10月27—28日，中国年鉴精品工程专家评审会议在北京召开，邀请专家围绕《中国年鉴精品工程实施方案（讨论稿）》和《中国年鉴精品工程评审办法（讨论稿）》进行讨论，确定了推进中国年鉴精品工程的一些原则性要求；对除山东、北京海淀之外的8家试点单位年鉴稿进行评审，提出修改意见。

11月13—14日，中国年鉴精品工程专家指导会议在福州召开，对除广东、南京之外的8部试点单位年鉴稿进行评析，由专家与试点单位负责人进行面对面指导交流。

2017年1月5—6日，中国年鉴精品工程第二次专家评审会议在北京召开，邀请专家对山西、温州、驻马店、拉萨、北京海淀、延吉、威远7部试点单位年鉴稿进行评审，提出修改意见。5月18日，经中国年鉴精品工程学术委员会通过，中指办印发通知，公布《山西年鉴（2016）》《温州年鉴（2016）》《北京海淀年鉴（2016）》为首批入选的中国年鉴精品工程“中国精品年鉴”。

3月16日，中国年鉴精品工程研讨会议在北京召开，邀请专家研讨修改《中国年鉴精品工程实施方案（征求意见稿）》，修改完善了实施方案文本。

5月17日，中指办印发《中国年鉴精品工程实施方案》。这样，经过一年多时间的不断摸索，中国年鉴精品工程正式全面启动。

三、项目实施情况

2017年，中国年鉴精品工程深入推进，在原先试点单位基础上，向全国年鉴编纂工作较好的单位开放。7月14日，中国年鉴精品工程试点单位2017年卷年鉴篇目研讨会在龙口市召开，邀请专家对7家试点单位年鉴篇目和计划申报中国年鉴精品工程的12家单位年鉴篇目进行评议，提出修改意见。

11月15—16日，中国年鉴精品工程2017年第一次专家评审会议在北京召开，邀请专家对4部试点单位年鉴稿和19部申报年鉴稿进行评审，提出修改意见。其中，15部年鉴稿因达不到精品年鉴质量要求建议编纂单位根据专家评审意见修改后自行安排出版。

12月14—15日，2017年第二次专家评审会议在北京召开，邀请专家对5部试点单位年鉴稿和5部申报年鉴稿进行评审，提出修改意见。其中，3部年鉴稿因达不到精品年鉴质量要求建议编纂单位根据专家评审意见修改后自行安排出版。

12月21日，首届全国年鉴论坛在深圳市召开，论坛上举行首批中国精品年鉴颁发奖牌和证书仪式，向山西、温州、北京海淀3家中国精品年鉴编纂单位颁发奖牌和证书，并专门安排“精品年鉴之路”环节，请3家中国精品年鉴编纂单位代表和第四届全国地方志优秀成果（年鉴类）评审专业类年鉴特等年鉴编纂单位代表作典型发言，进行经验交流。

2018 年 1 月 15 日，“新时代 新使命 新征程”：精品志鉴与地方志编纂创新研讨会系列之中国年鉴精品工程专家评审会议在张家港市召开，会上对 5 部试点单位年鉴稿和 4 部申报单位年鉴稿进行评审。其中，4 部年鉴稿因达不到精品年鉴质量要求建议编纂单位根据专家评审意见修改后自行安排出版。

5 月 15 日，经中国年鉴精品工程学术委员会通过，中指办印发通知，公布《山西年鉴（2017）》《南京年鉴（2017）》《辽源年鉴（2017）》《北京海淀年鉴（2017）》《海安年鉴（2017）》为第二批入选的中国年鉴精品工程“中国精品年鉴”。

四、项目推进要求

（一）申报范围

1. 中国年鉴精品工程试点单位编纂的地方综合年鉴。

2. 中国年鉴精品工程试点单位编纂的专业年鉴。

3. 年鉴工作重视程度较高、编纂基础条件（包括人员、经费、经验等）较好、连续编纂出版两卷以上年鉴、有打造精品年鉴积极性的年鉴编纂单位编纂的年鉴。

4. 在全国地方志优秀成果（年鉴类）评审或各省（区、市）年鉴质量评比中获得二等以上奖次的年鉴。

（二）评选程序

评选工作坚持公平、公正、公开原则，严格按照自下而上、择优推荐的方式进行。

1. 中国年鉴精品工程试点单位编纂的年鉴直接进入评选程序。

2. 符合申报范围的年鉴编纂单位，应于每年 8 月底前填写《中国年鉴精品工程申报表》，连同编纂成熟的年鉴稿，逐级上报。

3. 各省（区、市）地方志工作机构应组织有关保密、档案、历史、法律、经济、军事等方面不少于 5 名专家，对申报的年鉴稿进行评审。通过评审后，于 9 月底前报送中国年鉴精品工程办公室。

4. 中国年鉴精品工程办公室集中提交工程学术委员会，至少组织一次评审会议进行评审。评审通过，以中指办文件公布入选名单。

5. 入选的年鉴稿，由中指办、方志出版社向编纂单位颁发证书和奖牌。按照工程要求统一标识、统一版式、统一风格。如为以书代刊，由方志出版社统一组织出版；如为期刊，自行安排出版。

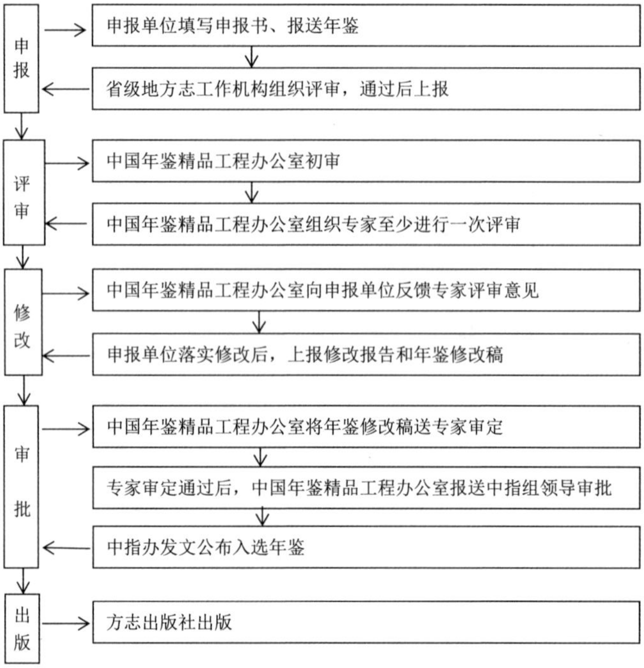

中国年鉴精品工程工作流程图

（三）评选要求和管理

1. 中国年鉴精品工程在实施过程中坚持质量第一原则，入选年鉴不设比例，成熟一部，评审通过一部，入选一部，严格标准，宁缺毋滥。

2. 各省（区、市）地方志工作机构应严把质量关。

3. 中国年鉴精品工程实行动态化管理，按年度组织申报工作，每年一次。入选的年鉴，仅限于该卷年鉴出版时使用工程的有关标识，其他卷不得使用。

4. 入选年鉴的编纂单位，应服从中国年鉴精品工程办公室在评审、修改、研讨以及专家指导等方面的统一安排。

5. 入选年鉴的编纂单位，实行专家联系人制度，由中国年鉴精品工程办公室确定两名专家进行全程指导。

6. 申报中国年鉴精品工程的年鉴编纂单位，采取自愿原则。在评审过程中，经报中国年鉴精品工程办公室批准，可选择退出。

（四）奖励与宣传

1. 入选的年鉴，在下一年度开展的全国地方志优秀成果（年鉴类）评审活动中，直接推荐进入二等以上等次年鉴的评审，不占用各省（区、市）的报送名额。同时，鼓励各地在优秀年鉴评审活动中优先推荐。

2. 入选的年鉴，由中指办在发文公布时，建议本级人民政府根据国务院《地方志工作条例》关于“对在地方志工作中作出突出成绩和贡献的单位、个人，给予表彰和奖励”的规定，对年鉴编纂单位和人员给予表彰和奖励。

3. 入选的年鉴，中指办在全国范围进行宣传推介，总结编纂经验向全国推广，并适时组织开展研讨交流活动，为入选年鉴的编纂单位提供学习交流机会。

（五）经费保障

中指办负责承担中国年鉴精品工程有关评审、研讨、宣传推介以及专家指导等费用。各省级地方志工作机构负责承担本省（区、市）组织评审、报送以及在本地开展宣传推介等相关费用。各年鉴编纂单位负责承担年鉴稿修改、印制等费用。

五、存在的问题

经过 2016—2017 年的摸索，推进中国年鉴精品工程取得了阶段性的成绩，但也存在一些问题。

一是各编纂单位在编纂进度上差别很大，协调难度也很大。《中国年鉴精品工程实施方案》规定年鉴编纂单位应于每年 8 月底前完成编纂逐级上报、每年 9 月底前完成各省级地方志工作机构组织的专家评审并上报中国年鉴精品工程办公室。但是，因编纂进度不同，各编纂单位能在 9 月底前上报年鉴稿的不多。中国年鉴精品工程办公室收到申报年鉴稿后，要至少组织一次评审会议进行评审，2016 年卷申报年鉴实际进行了两次专家评审、2017 年卷申报年鉴实际进行了三次专家评审。每次评审从开始筹备到召开评审会议大约间隔 1 个月，工程办公室、评审专家、编纂单位三方的工作节奏都非常紧张，进度调度、人员协调等方面的压力都非常大。根据两年的经验看，入选年鉴真正出版印刷都延至了跨年后的3—5月，与“当年编纂、当年出版”的要求也有较大的距离。

二是部分省级地方志工作机构质量把关不严。《中国年鉴精品工程实施方案》要求各省级地方志工作机构应组织有关保密、档案、历史、法律、经济、军事等方面不少于5名专家，对申报的年鉴稿进行评审，通过评审才能申报。结合方案要求，北京、吉林、江苏、福建等省（市）将申报中国精品年鉴与自身的年鉴精品工程相结合，组织力量严格把好质量关，上报的年鉴稿质量较好。但也有一些省级地方志工作机构应付了事，未能按照要求做好质量把关工作，上报的年鉴稿质量较差，很快就被淘汰，既浪费了评审专家的时间和精力，也使得编纂单位白白浪费了宝贵的人力、财力、物力，耽误了出版印刷时间。

三是有的编纂单位落实专家评审意见不到位。每次评审，都会邀请专家组成专家组，对每部年鉴稿分工进行审读，专家评审意见在评审会上进行充分交流，确保每条评审意见确有所据，可提可不提的意见不提，专家之间存在争议的意见不提，避免编纂单位无所适从。为避免出现因不了解地方实际情况而使编纂单位落实修改为难的情况，中国年鉴精品工程办公室允许编纂单位在确实无法落实修改的情况下，在修改报告中说明相关情况，与专家进行书面沟通交流。但各编纂单位人员力量及其专业素养存在较大差异，一直有编纂单位囿于编纂习惯、固有思维认识或修改难度压力，或坚持己见，或讲困难、谈条件从而投机取巧进行变通处理，或质疑专家评审意见，致使专家评审意见无法落实到位。

四是试点单位作用发挥有限。两年时间里，10家试点单位对参与工程的重视程度、认识程度以至参与程度有较大的差别。部分试点单位无论是篇目研讨还是专家评审都全程积极参与，如山西、北京海淀2家试点单位年鉴两次入选中国精品年鉴，温州、南京2家试点单位年鉴各一次入选中国精品年鉴，充分发挥了示范引领作用，取得了良好的社会效益。但也有少数试点单位不珍惜机会，存在不服从统一安排、自行其是的情况，个别单位不加沟通即自行安排年鉴出版，个别单位甚至参加中指办组织的有关活动表现消极。

六、今后努力方向

中国年鉴精品工程实施了两年时间，积累了一些宝贵经验，也明确了今后的工作方向。

一是进一步摸索精品年鉴之路。在2016年开展试点工作的基础上，2017年中国年鉴精品工程开始走向全国，接受更多的地方申报中国精品年鉴，并通过积极努力，逐渐摸索形成了不同区划层级、不同地域特点的精品年鉴打造之路，积累形成了各具风格、各具特色的精品年鉴工作经验，探索形成了覆盖篇目研讨、组稿撰稿、专家评审以至出版环节的精品年鉴全流程工作方法，为中国年鉴精品工程今后的推进工作奠定了坚实的基础。下一步，要积极发挥中国精品年鉴的品牌作用，协调组织更多有积极性、有条件的地方，参与到中国年鉴精品工程中来；要积极与各地的精品年鉴工程进行衔接，推动中国年鉴精品工程从以评审打造为主向全流程精心培育为主转变，从单本精品年鉴打造为主向以精品年鉴为中心的精品年鉴区域建设为主转变。

二是进一步健全精品年鉴质量控制机制。包括篇目研讨、年鉴稿评审在内的每次专家评审，都要涉及专家审读（10—15天）、评审会议交流、意见汇总梳理、意见反馈、编纂单位落实修改、提交修改报告和修改稿等环节，每个环节都有其质量要求。在中国年鉴精品工程实施过程中，逐渐形成了一整套包括精品标准、精品评价体系在内的精品年鉴质量控制机制及方法，并且一些地方也已开始进行广泛的参考借鉴。下一步，要继续建立健全这套质量控制机制，不断创新相关质量控制方法，使中国年鉴精品工程更加科学、规范、有序地推进。

三是进一步完善专家指导制度。中国年鉴精品工程实施关键在人，其中最重要的人就是指导专家，指导专家的水平直接决定了中国年鉴精品工程的实施效果。两年时间里，通过召开评审会、研讨会、面对面辅导、电话交流等方式，专家指导制度逐渐形成，总体上较为高效，但限于专家力量不足，《中国年鉴精品工程实施方案》提出的每家编纂单位由中国年鉴精品工程办公室确定两名专家进行全程指导的要求一直未能落实，在落实跟踪指导上还有较大的空间。下一步，要进一步扩大指导专家队伍，充分考虑指导专家的个人专长和研究兴趣，完善相关联络沟通机制和保障机制，探索更加符合中国年鉴精品工程实施实际需要的专家指导方式、方法，使专家指导更具针对性、更具效果。

四是进一步加大宣传推介力度。中指办和各省（区、市）地方志工作机构都高度重视对中国精品年鉴的宣传推介，采取了一系列积极的举措。中指办在首届全国年鉴论坛上为入选年鉴编纂单位颁发铜牌和证书，并专门设“精品年鉴之路”环节进行典型经验交流。北京、吉林、江苏等省（市）陆续在本省（市）的年鉴评审会、培训会上，向全体参会人员发放本省（市）入选的中国精品年鉴，通过经验介绍、品读活动等方式，进行宣传推广。其他省（区、市）也积极邀请中国精品年鉴编纂单位负责人为培训班授课,介绍先进经验。通过全国年鉴系统的齐心协力,围绕打造中国精品年鉴，产生了关于精品意识、精品态度、精品标准、精品路径、精品功夫、精品体系等方面的很多话题。下一步，要进一步推广宣传入选的中国精品年鉴，树立品牌，宣传品牌，积极推动中国精品年鉴进机关、进农村、进社区、进校园、进企业、进军营，提高中国精品年鉴的社会影响力；积极利用各种推进会、座谈会、研讨会、培训会以及报刊地方志期刊、微信公众号等各种媒体，扩大宣传，推广先进典型，充分发挥中国精品年鉴的辐射效应，引领带动全国范围内年鉴质量的全面提高。

Ⅱ

区域报告

北京市年鉴发展报告

北京市地方志办公室[①]

提要：2017 年，北京市深入学习贯彻党的十九大精神和习近平总书记系列重要讲话精神，全面贯彻落实《全国地方志事业发展规划纲要（2015—2020 年）》提出的目标和要求，坚持依法治鉴，持续推进年鉴工作。截至 2017 年年底，市、区两级地方综合年鉴全部实现公开出版，各级各类专业年鉴覆盖面进一步扩大。北京市地方志办公室通过制订年鉴发展规划，打造精品年鉴，加强培训、评比、互审等管理和指导工作，推动全市年鉴事业有序发展，不断提高年鉴质量与影响力。针对存在的问题，下一步将加强顶层设计，继续打造精品年鉴，提高年鉴工作的信息化水平，加强年鉴工作队伍建设，全面推进北京市年鉴事业转型升级。

关键词：北京市　年鉴编纂　年鉴出版　年鉴工作

一、2017 年发展概况

2017 年，在北京市委、市政府和市地方志编委会的正确领导下，北京市地方志系统深入学习贯彻党的十九大精神和习近平总书记系列重要讲话精神，全面贯彻落实《全国地方志事业发展规划纲要（2015—2020 年）》提出的目标和要求，坚持依法治鉴，树立首善标准，持续推进年鉴工作。

---

① 执笔人：王韧洁，北京市地方志办公室年鉴指导处副主任科员。

（一）地方综合年鉴编纂出版情况

2017 年，北京市共编纂市级综合年鉴 1 部和区级综合年鉴 16 部，实现市、区两级综合年鉴一年一鉴并全部公开出版的目标。

市级综合年鉴《北京年鉴（2017）》共包括 47 个类目，全面记述并展示 2016 年北京市的市情市貌。适应时代发展，首次将北京市的快递情况收录到北京年鉴中，在扩展年鉴资料来源方面进行了有益的尝试。在彩页部分，增加“数字北京”“文化大发展”“科技创新发展”“扩大对外交往”“快递行业发展”“环境保护力度加大”等专题内容，丰富了年鉴资料价值和展示形式。年鉴出版发行量为 2000 册，同时在京网上刊登全文，供社会各界免费检索使用。此外，《北京年鉴（2016）》简本和《北京年鉴（2016）》英文版在 2017 年出版。《北京年鉴（2016）》简本是抽取《北京年鉴（2016）》中的重要内容、关键资料和典型数据编辑而成，使用 48 开本，便于携带和使用。《北京年鉴（2016）》英文版在简本的基础上进行翻译编纂，增加了更多的数据和图表资料。《北京年鉴（2016）》简本与英文版的出版，提高了年鉴的实用性和宣传性，为海外人士了解北京市的经济社会建设情况以及北京市的年度变化情况，推进北京市的对外交往作出了贡献。

16 部区级综合年鉴多数在 2017 年完成出版，并有所调整与创新。北京市西城区地方志办公室编印《〈北京西城年鉴〉编辑手册》，收录地方志法规条例、年鉴基础知识、编纂知识及相关标准，分发给参编单位作为编写年鉴的业务指导书籍；首次对年鉴参编单位交稿情况进行区政府督办，交稿率大幅提升。《北京朝阳年鉴（2017）》的编纂、出版工作被列为区政府工作报告重点工作项目，朝阳区地方志办公室制订项目督查落实预案，按季度对项目落实情况进行督查并上报区政府督查室。《北京朝阳年鉴（2017）》增设“区情概览”栏目，重点记述年度各项工作的重点、要点、特点和亮点，突出反映朝阳区的区域特色和年度特色；增设有关社会生活方面的热点、焦点话题的条目，及时反映朝阳年度经济社会发展中的新情况、新变化、新挑战、新经验和新问题；增设“数字朝阳”彩页，集中展示社会公众关注度高的全区年度数据。《北京海淀年鉴（2016）》入选中国年鉴精品工程“中国精品年鉴”，成为全国唯一入选的县区级综合年鉴，也是北京市唯一入选的年鉴；《北京海淀年鉴（2017）》入选首批北京市精品年鉴工程。《北京石景山年鉴（2017）》在彩页部分增加“治乱疏解建高端”内容，在正文中增加数据、表格占比，更加清晰直观体现出前后变化。大兴区地方志办公室编印年鉴参考书和条目编纂规范手册，着力提高编纂业务水平；创新《北京大兴年鉴（2017）》篇目结构，增加新机场建设、京津冀协同发展、农村集体建设用地试点等突出大兴重点项目、重大改革的特色篇，并与大兴报社、摄影家协会等建立合作机制，提高年鉴照片质量。《北京房山年鉴（2017）》增加“数字房山”类目，增强资料性。《北京延庆年鉴（2017）》新收录北京冬奥会延庆赛区筹备办、延庆区机关事务管理服务中心两个单位的信息内容，突出年代特色。《北京平谷年鉴（2017）》首次实现公开出版。《北京密云年鉴（2017）》增加“数字密云”彩页和最新的行政区划图、城区图，突出时代特征、密云特色。

北京市的乡镇街道年鉴《燕山办事处年鉴》《大兴区亦庄镇年鉴》《青云店镇年鉴》继续编写。其中，房山区地方志办公室协助燕山办事处对 20 多名采编员进行撰稿培训，使《燕山办事处年鉴》整体编校质量得到大幅度提升。

（二）专业年鉴编纂出版情况

2017 年，北京市各级各类专业年鉴共编纂出版 100 余种，年鉴种类不断丰富，编纂与利用方式不断开拓创新。北京市环保局、北京市水务局等市级部门启动年鉴编纂工作，各区所辖的一些单位也开始启动专业年鉴编纂。《北京发展改革年鉴》等专业年鉴公开出版。《北京教育年鉴》年鉴全面改版，《北京教育年鉴简本》创刊；“北京教育年鉴在线资源平台”网站开通，网站中的“年鉴数据资源库”以检索框、分类目录检索和原书阅读三种形式，实现读者对相关内容的查找和浏览；“北京教育年鉴在线编纂系统”正式投入使用；网络年鉴首次刊发。《对外经济贸易大学年鉴》等高校年鉴进行篇目调整，增加英文目录和索引，优化年鉴内容，提高年鉴工具性与使用价值。

（三）年鉴指导工作开展情况

2017 年，北京市市、区两级地方志工作机构依据《地方志工作条例》和《北京市实施〈地方志工作条例〉办法》，分别对地方综合年鉴、市级专业年鉴，以及区县专业年鉴等编纂单位进行指导，主要围绕制订年鉴发展规划、组织培训、打造精品年鉴、年鉴互审等工作展开。同时，充分利用北京年鉴工作交流 QQ 群和微信群等平台，与各单位年鉴编纂人员保持密切联系，及时解答问题，提供所需。

1. 起草制定《北京市年鉴事业发展规划（2018—2020）》。推动全市年鉴事业科学发展，进一步开拓工作思路，创新思维模式，北京市地方志办公室（以下简称“北京市志办”）通过多次实地调研与交流学习，充分借鉴年鉴编纂与指导、网络年鉴建设、特色志书编纂、管理制度建立等的先进经验，在年内起草完成《北京市年鉴事业发展规划（2018—2020）（征求意见稿）》，为进一步加强年鉴事业管理奠定基础。

2. 打造北京市精品年鉴。为落实《北京市地方志事业发展规划纲要（2016—2020年）》要求，打造出北京市质量过硬、能够发挥示范作用的品牌年鉴，带动和提升北京市年鉴的整体质量，北京市志办在2017年开始组织实施北京市精品年鉴工程，制定并印发《北京市打造精品年鉴工作实施方案（试行）》。工程自3月开始启动，经过认真筛选与审查，最终确定《北京海淀年鉴（2017）》《中关村年鉴（2017）》《北京工业大学年鉴（2017）》入选。年内共组织召开两次北京市精品年鉴工程培训会，聘请专家分别从观点、框架、内容、资料、条目编写、检索系统、行文、编辑、版式等方面对三部年鉴进行评审。通过打造精品年鉴，树立了年鉴精品意识、品牌意识，推动了精品年鉴工程在全市的发展。

3. 加强年鉴业务培训。针对年鉴编纂单位人员业务需求和年鉴编纂中的实际问题，北京市志办继续加强全市年鉴业务培训，将往年每月分散性培训改为2次集中培训。2次培训共聘请北京市和外省（市）年鉴专家、高校教授、编辑出版界资深专家等9人进行授课，内容包括年鉴条目编纂、年鉴地图插图编辑、年鉴精品打造、年鉴开发利用、编辑出版规范等9讲，参训人员260余人次。为加强各年鉴编纂单位间沟通交流，增设理论研讨环节，围绕年鉴资料获取、年鉴资源开发利用、网络年鉴建设及北京市年鉴工作发展方向等问题进行讨论，形成重视编辑自身查找资料、大力发展年鉴的网络编纂与开发利用、制定相关规范等意见，为推动北京市年鉴理论建设与工作开展提供参考。

4. 开展年鉴互审。为提高年鉴编纂质量，加强各年鉴编纂单位之间交流学习、促进提高，北京市志办继续组织开展年鉴互审工作，进一步扩展互审范围，选取《北京朝阳年鉴（2017）》《北京大兴年鉴（2017）》2部年鉴初稿作为互审对象，分别由各区、部分委办局年鉴编纂人员进行审读修改，并提出整体建议。通过年鉴互审工作的开展，提高了参与互审年鉴的质量，编辑队伍也提高了对专业知识的认识，业务能力得到了锻炼。

5. 组织开展年鉴评比。按照中国地方志指导小组《关于印发〈全国地方志优秀成果（年鉴类）评审活动实施方案〉的通知》（中指组字〔2017〕2号）要求，北京市志办在全市组织开展全国地方志优秀成果（年鉴类）评审活动初评工作。经过申报、评议、公示等环节，推荐《北京年鉴（2016）》《北京海淀年鉴（2016）》《北京经济技术开发区年鉴（2016）》等10部年鉴参加2017年全国地方志优秀成果（年鉴类）评审活动。经过评审，10部年鉴均获通报表扬，其中《北京海淀年鉴（2016）》《北京经济技术开发区年鉴（2016）》荣获特等年鉴。

6. 各区地方志工作机构指导年鉴工作。2017年，北京市各区地方志工作机构均按照中国地方志指导小组办公室和北京市志办要求，结合自身情况，有效开展年鉴指导工作。各区积极开展年鉴业务培训与辖区内年鉴编纂单位的业务指导，召开座谈会，提高编纂人员业务水平，加强交流。海淀区地方志办公室协助区司法局全面启动《海淀司法行政年鉴（2017）》编纂工作。石景山区地方志办公室联系全国各省优秀年鉴进行交换交流，交流量从2012年的10余本扩大到2017年的86本，与全国近50家优秀、特色年鉴编纂单位建立联系。与全国第一家村级年鉴东莞市《桥头村鉴》进行交流，为指导北京市第一家社区年鉴《老古城年鉴》积累经验。

（四）年鉴理论研究开展情况

2017年，北京地区作者在《中国年鉴研究》《北京地方志》等期刊共发表年鉴类论文6篇，内容涉及网络年鉴、出版综述、高校年鉴、年鉴编校等方面。北京市志办与北京联合大学档案（校史）馆联合开展《年鉴可持续发展研究》论文集公开征稿活动，为促进年鉴理论研究搭建更多平台。

2017年，北京市地方志课题立项中有两项年鉴课题：《北京市网络年鉴建设方案研究》，立项单位北京云智网媒科技有限公司；《探索年鉴数据库及网络化建设》，立项单位北京教育志编纂委员会办公室。完成结项的2016年北京地方志课题中有两项年鉴课题：《区县综合年鉴条目设置及编写规范化研究——以〈北京东城年鉴〉编纂为例》，立项单位北京市东城区地方志办公室，该课题以《北京东城年鉴》编纂为例，从区级综合年鉴条目设置及编写规范化的重要作用入手，针对区级综合年鉴条目设置及编写规范化方面存在的问题，综合运用理论与实际相结合、宏观叙述与微观实证相结合、文本解读与调查研究相结合的方法，探讨区级综合年鉴条目设置及编写规范化的路径，对于提高年鉴工作科学化水平、完善年鉴编纂理论和加强方志学学科建设具有较强的理论价值。《中外知名高校年鉴比较研究》，立项单位中国传媒大学，该课题以牛津大学、香港大学等国内外高校年鉴为研究对象，从装帧设计、表现形式、编排特点、内容设置等多方面进行对比研究，对我国高校年鉴事业的发展具有一定的参考和借鉴价值。

为借鉴、学习优秀外国年鉴编纂经验和好的做法，提升北京市年鉴质量，加强年鉴比较研究，北京市志办开拓性开展外国年鉴选介工作。2017 年，对多部外国年鉴进行购买、翻译和撰写介绍文章，选介年鉴共涉及 7 个国家、6 个语种，多数为国内年鉴界未曾接触过的年鉴，选介文章完成初稿编辑工作。

二、年鉴工作中存在的问题

当前，北京市年鉴工作面临着新环境下的发展转型，需要解决的困难和问题主要有：一是对于全市年鉴工作的统一管理仍需加强，尤其是对占绝大多数的专业年鉴，缺少管理依据，应在实践中不断总结，积极推进。二是年鉴质量参差不齐，年鉴资料来源局限大、资料性价值不强，仍是普遍存在的基础性问题。三是年鉴开发利用工作滞后，信息化建设缓慢且方式单一，不能满足人们对年鉴的使用需求。四是年鉴编纂人员业务水平有待提高，熟悉、掌握编纂业务的骨干力量明显不足，人才培养力度不够。五是部分部门仍存在对年鉴工作重要性认识不足、重视程度不够的情况。

三、年鉴工作的发展方向

结合当前年鉴工作的实际情况，应以习近平新时代中国特色社会主义思想为指引，深入贯彻落实党和国家领导人关于地方志工作的重要指示精神，落实北京市第十二次党代会精神，进一步提高政治站位、强化首都职责，紧密结合北京城市总体规划的实施，以服务全国文化中心建设为工作重点，进一步落实“一纳入、八到位”，努力开创北京市年鉴事业发展的新局面。

一是不断加强顶层设计，积极推动依法治鉴，加大力度履行组织、指导、督促和检查年鉴工作的职责。完善、出台、落实《北京市年鉴事业发展规划（2018—2020）》，把相关法规列入年鉴工作人员的教育培训内容。组织推动重点行业、重点部门编纂专业（部门、行业）年鉴，实现市政府组成部门专业年鉴全覆盖。深入开展调查研究，提出创新思路和举措，不断完善地方志工作体制机制，提出科学合理的制度安排建议，使全市年鉴事业科学发展。

二是不断提高年鉴质量。贯彻执行《地方综合年鉴编纂出版规定》，组织全市综合年鉴编纂单位进行针对性学习，各专业年鉴编纂单位参照学习，不断促进年鉴编纂规范化。加强对已经开展和准备开展年鉴编纂工作的行业、部门、高校等的业务指导，规范年鉴编纂行为，建立健全综合年鉴编纂出版审查验收制度。深入实施北京市精品年鉴工程，支持和鼓励各级各类年鉴申报中国年鉴精品工程和北京市精品年鉴工程，逐步扩大入选范围，打造一批理念先进、质量领先、具有鲜明首都特色的精品年鉴，促进各级各类年鉴繁荣发展。

三是加大年鉴工作创新力度，适应信息化建设及互联网发展新需求，探索网络化年鉴发展新模式，提高年鉴工作的信息化水平。支持和鼓励有条件的年鉴编纂单位建设年鉴编纂与管理平台，加快年鉴资源数据库的建设与整合，为社会各界提供开放便捷的查阅、咨询服务，将年鉴资源创造性转化成为人们喜闻乐见的公共文化产品，提升方志文化服务质量和效益。

四是加强年鉴工作队伍建设，完善人才培养工作机制。统筹年鉴业务人才、管理人才、主编和志愿者等队伍建设，努力建设一支政治素质高、业务能力强、专兼职结合、老中青搭配的高素质人才队伍。建立北京市年鉴专家库，融汇社会力量，吸纳一批熟悉北京历史与现状的高层次专家人才。加强培训和交流，培养一批有志于年鉴编纂、管理和开发利用的青年骨干人才。深化年鉴理论实践研究，以举办业务研讨会、年鉴互审、年鉴成果展示交流等多种形式，探讨和解决年鉴工作中遇到的热点和难点问题，及时转化为研究成果，为年鉴事业可持续发展提供理论支撑。

山西省年鉴发展报告

中共山西省委党史研究院（山西省地方志研究院）①

提要：山西是进入改革开放以后最早编纂地方综合年鉴的省份之一。《山西年鉴》从 1985 年起已连续出版 33 部，《山西年鉴（2016）》于 2017 年获评“中国精品年鉴”。2017 年，山西省委省政府高度重视地方志工作，山西省志办制定新版《< 山西年鉴 >编纂出版规范细则》，在全省推广，以“精品工程”引领，靶向培训，加强编纂队伍建设，实行志鉴编纂出版“三关制度”，2017 年山西省年鉴事业有了跨越发展。但全省综合年鉴仍然呈现不平衡发展态势，存在认识、机构、人员、经费等诸多因素制约，下一步需要精准解决存在的问题，全面提升质量，多管齐下建设年鉴队伍，促进年鉴资源的开发利用，推动地方综合年鉴全覆盖目标的实现。

关键词：山西省　综合年鉴　《山西年鉴》　症结　着力点

山西省是改革开放以后最早启动新方志编纂、最早编纂地方综合年鉴的省份之一。到 2017 年，全省省、市、县三级综合年鉴编纂全覆盖工作正奋力推进，11 个市实现综合年鉴一年一鉴，119 个县（市、区）综合年鉴公开出版率达 61%。《山西年鉴》连续公开出版 33 卷。

---

① 执笔人：沈乔，山西省地方志办公室年鉴期刊处副处长。

一、山西省年鉴事业发展历程

（一）起步发展阶段（1985—1995年）

1979年5月，山西临汾地区干部李百玉上书中宣部，提出续修地方志的建议，时任中宣部部长胡耀邦批示“大力支持全国开展修志工作”，由此吹响了全国编纂社会主义新方志的号角。1980年5月，山西省成立由省委第一书记王谦挂帅的省地方志编纂委员会，并组建了全国最早的省级地方志办公室。次年，中国地方史志协会在太原成立。

方志与年鉴诸多方面具有相同属性。1982年，中国地方史志协会发出通知，要求各地在编纂省（区、市）志的同时，编辑出版地方年鉴，为下一次续修地方志作资料准备。1984年9月，山西省地方志编纂委员会办公室设立年鉴处。1986年5月，《山西年鉴（1985年）》正式出版，成为山西省第一部省级综合年鉴。

《山西年鉴》创刊前后，大同（始于1983年《雁北年鉴》）、阳泉、长治、太原等市，稷山、寿阳、阳高、平定、乡宁、河津、平顺、永济、黎城等县先后出版市、县两级综合年鉴，省政协及全省电力、交通、科技、卫生、经济、统计等系统，编纂出版省级专业年鉴，太原钢铁公司、太原铁路分局等大型企业也先后编纂出版企业年鉴。

1990年7月，山西省地方志编纂委员会出台《〈山西年鉴〉编纂条例》，分3章28条，对年鉴编纂工作的科学、规范进行了积极尝试。

1995年年初，在省级党政机构改革中，山西省地方志办公室与中共山西省委党史研究室合并组建山西省史志研究院。

（二）徘徊前行阶段（1996—2008年）

山西省史志研究院组建后，统管全省史志编研工作。年鉴工作被边缘化，整体上处于被动状态。随着全省首轮修志基本完成，一些地（市）、县（市、区）地方志办公室在筹备第二轮修志的同时，也开始编纂综合年鉴，但总体上，全省各级地方综合年鉴编纂工作进展缓慢。

2006年国务院《地方志工作条例》颁布后，组织编纂地方综合年鉴成为县级以上地方政府、地方志工作机构的法定职责，山西省当时受史志合一体制导致的职能弱化等因素制约，全省市、县两级综合年鉴编纂工作仍无大的起色，除《山西年鉴》不间断出版外，119 个县（市、区）仅有约 10% 坚持年鉴编纂，且时编时停、多年合编、内部刊印、管理体制不顺等问题十分突出。

（三）持续发力阶段（2009—2015 年）

2009 年 2 月，山西省地方志办公室（以下简称“山西省志办”）恢复独立建置，成为山西省政府直属正厅级建制事业单位。《山西年鉴》工作自此受到重视，年鉴期刊处随即设立，负责《山西年鉴》和《沧桑》杂志的编纂、出版及市县综合年鉴的业务指导。

2011 年 7 月，山西省人大常委会通过《山西省地方志工作条例》，全省省、市、县三级综合年鉴编纂工作在依法治鉴、创新发展的实践进程中走上了发展快车道。

2013 年 5 月，山西省志办印发《山西省地方志综合年鉴编纂规范（试行）》。12 月，省政府办公厅印发《关于进一步加强地方综合年鉴编纂工作的通知》，就编纂综合年鉴的机构、队伍、工作条件、经费、编纂质量、审查验收、人员培训等提出明确要求，对市、县地方志机构争取政府支持，解决困难，推动地方综合年鉴工作提供了政策支撑。

随之，太原市、大同市以市政府文件形式印发《关于开展县区综合年鉴编纂工作的通知》；运城市县（区）全部启动年鉴工作；临汾市 17 个县（市、区）中一年间有 13 个开展了年鉴编纂工作。

为提高年鉴编纂人员业务水平，山西省 2012 年承办全国性年鉴研讨会，2015 年举办全省综合年鉴编纂工作高级研修班，省、市、县三级综合年鉴逐步向规范化、科学化方向发展。

到 2015 年年底，全省市县两级综合年鉴全部实现由地方志工作机构组织编纂，11 个市地方志办公室有 10 个市出版年鉴，市级综合年鉴编纂工作实现全覆盖、公开出版覆率达到 91%。县级综合年鉴出版 30 余种，年鉴编纂工作覆盖率达到 84%、公开出版覆盖率达到 20%。省级专业年鉴有《山西电力年鉴》《山西交通年鉴》《山西统计年鉴》《山西军事年鉴》等 26 种。

（四）全国试点单位推动工作（2016 年至今）

2015 年，国务院办公厅印发《全国地方志事业发展规划纲要（2015—2020 年）》，中国地方志指导小组随之决定开展中国年鉴精品工程试点工作，到年底确定 10 家单位为 2016 年至 2020 年首批中国年鉴精品工程工作试点单位，山西省志办有幸成为其中之一。试点工作大大推动了山西年鉴工作进入快车道。

山西省志办以《山西年鉴（2016）》为抓手，加大创新力度，科学设置框架，精编细校，提升质量。2017年，《山西年鉴（2016）》历经一年多时间，五易其稿，入选中国年鉴精品工程“中国精品年鉴”，成为全国唯一省级“中国精品年鉴”。

2017年，山西省委省政府从全面完成“两全目标”角度出发，调整重建山西省地方志编纂委员会，在省政府工作报告中增加修志编鉴内容，省人大常委会开展地方志工作条例执法调研，省政府印发《关于全省修志编鉴“两全目标”完成情况的通报》，修志进展缓慢的部分省直单位和县市区被列入省政府督查室督办范围，这一系列措施使全省年鉴全覆盖工作达到空前发展水平。

到2017年年底，全省11部市级综合年鉴全部实现一年一鉴、公开出版；119个县（市、区）中公开出版综合年鉴73部、占总数的61%，19个县（市、区）完成综合年鉴终审稿，24个县（市、区）综合年鉴初稿正在编写修改，只有3个县（区）未启动综合年鉴编纂工作。

二、《山西年鉴（2016）》打造“中国精品年鉴”

2016年，山西省志办确立“坚持正确的指导思想、依法开展年鉴编纂工作、整体提升年鉴编纂质量、全面打造中国精品年鉴”的工作思路。以《山西年鉴（2016）》为阵地，高标准、严要求，创新发展地方综合年鉴编纂事业。全体编辑人员牢固树立质量意识和精品意识，在山西省志办党组领导下，结合各方面意见和建议，研究制定《〈山西年鉴〉编纂出版规范细则》，采用边催稿边编纂边调整的办法，严格执行“三审三校”制。

2016年4月，中国地方志指导小组办公室（以下简称“中指办”）在北京召开全国精品年鉴指导培训启动会议。中指办组织专家讨论《山西年鉴》等试点单位年鉴基本框架，并就一些具体问题给出意见和建议。11月，中指办召开中国年鉴精品工程专家指导会议，对《山西年鉴（2016）》《广东年鉴（2016）》等9部综合年鉴进行评析和研讨，为《山西年鉴（2016）》送审稿提出审读意见。根据专家意见，山西省志办逐条落实，严格修改。随后中国年鉴精品工程评审专家进一步对《山西年鉴（2016）》提出修改意见并同意推荐《山西年鉴（2016）》为中国年鉴精品工程“中国精品年鉴”。同时，方志出版社也给出审读意见。山西省志办高度重视专家和方志出版社的意见和建议，认真组织编辑逐条补充修改，五易其稿。2016 年 11 月，由方志出版社出版。

2017 年 5 月，中指办公布入选中国年鉴精品工程“中国精品年鉴”名单，《山西年鉴（2016）》与《温州年鉴（2016）》《北京海淀年鉴（2016）》成为“中国精品年鉴”。

三、山西省年鉴事业发展全面推进

（一）空前重视，年鉴列入政府工作

2017 年，山西省省长楼阳生在《政府工作报告》中明确提出：“做好修志编鉴工作，发挥资政育人作用。”志鉴写入政府工作报告，在山西是第一次，表明地方志事业空前受到重视。年内，山西省组成省委书记骆惠宁任顾问、省长楼阳生任主任的新省地方志编纂委员会；省政府办公厅印发《关于进一步加强地方志工作的实施意见》《关于全省修志编鉴“两全目标”完成情况的通报》；省政府同“两全目标”推进工作进展缓慢的 5 个市和 21 家省直单位签订责任书，要求高度重视地方志工作，切实加强领导，认真做好修志编鉴工作。

以上率下，一年中各市市级领导多次对地方志工作作出指示、批示。各地综合年鉴被列入政府经常性项目，山西省志办以检查“两全目标”完成情况为契机，全面推进地方综合年鉴编纂工作。

（二）精编细校，“精品工程”引领发展

山西省志办按照《中国年鉴精品工程实施方案》要求，以《山西年鉴（2016）》为蓝本，制定新版《〈山西年鉴〉编纂出版规范细则》，在全省推广，促进全省市、县年鉴的规范化、标准化。同时倡导创新，在工作方式、编纂手段上采用新科技，山西省志办及时与市县年鉴编纂人员、省直部门撰稿人建立 QQ 群、微信群，加强相互联系，随时解决问题，对推动和指导全省地方综合年鉴编纂起到积极作用。

2017 年 10 月，《山西年鉴（2017）》送审稿送省内外知名年鉴专家审稿，结合专家回馈意见，进行了大幅度修改，11 月 20 日，方志出版社完成终审，同意出版。随后，结合专家评审意见，山西省志办组织专人逐条逐字进行几轮修改。2018 年 5 月，《山西年鉴（2017）》再次入选中国年鉴精品工程“中国精品年鉴”，也再次成为全国唯一

省级“中国精品年鉴”。

2017 年 7 月，全省 11 部年鉴参加全国地方志优秀成果（年鉴类）评审活动，均获通报表扬。以《山西年鉴》为榜样，力争出版更多堪存堪鉴的精品年鉴正在成为各市县年鉴工作者的共识。

（三）上督下促，培养队伍夯实基础

2017 年，省政府分管副省长王赋专程赴山西省志办调研，山西省人大常委会教科文卫开展《地方志工作条例》执法调研，省政府督查室对全省“两全目标”完成情况开展专项督查，省政府将修志进展缓慢的部分省直单位和县（市、区）列入 13710 督办系统，这些举措都有力地促进了全省“两全目标”的推进工作。

山西省志办领导深入“两全目标”滞后的市县，利用志鉴启动会、推进会、评审会之机展开调研督查，破解工作难题，推进“两全目标”。在山西省志办的带动下，全省各市也积极行动起来，临汾、太原等市政府专项督查所辖县（区）地方志工作，分别印发督查反馈意见，汇总完成《督查调研综合分析报告》，精准指导推进县区修志编鉴工作。同时，为有效督促进展缓慢的部分市县（市、区），山西省志办建立季通报制度，太原、忻州等市志办建立月（双月、季）通报制度，及时通报综合年鉴编纂进展情况。

为提高编纂人员的业务能力和综合素质，山西省志办开办 17 期“晋志讲堂”，邀请专家进行专题讲座。2017 年 7 月，邀请中国地方志指导小组秘书长、中指办党组书记、主任冀祥德，中指办副主任邱新立等专家对全省修志编鉴相对滞后部门的编纂人员培训指导，请方志出版社副总编李江作《谈年鉴公开出版需要注意的问题》专题讲座，对年鉴编纂人员进行专题培训。省志办年鉴期刊处组织专家赴市县开展业务辅导 12 次，各市地方志工作机构领导赴各（市、区）调研培训 40 余次，各市、县组织志鉴业务培训 100 余次。全省三级综合年鉴编纂人员年度培训达到无遗漏，这种“靶向培训”有助于及时高效地解决年鉴编鉴工作中遇到的各种问题，达到了培养队伍、提升能力的目的。

（四）规范流程，严格审核确保质量

质量是志鉴的生命。2017 年，山西省志办出台《志鉴质量检查办法》，实行志鉴编纂出版“三关制度”，即山西省志办编纂志鉴必须经过评审关、校对关、质检关，

才能进入出版环节。

根据国务院《地方志工作条例》和《山西省地方志工作条例》，山西省志办重申并落实由省级地方志工作机构审核市级综合年鉴，市级地方志工作机构审核县级综合年鉴的制度，分级严把质量关。2017 年，山西省志办聘请专家、学者组成年鉴评审团队，完成太原、大同、朔州、阳泉、长治、临汾、吕梁、忻州市的 8 部市级综合年鉴审核任务，总字数达 800 万字，形成 16 万字的审读意见。

年内，山西省志办确立山西年鉴编辑部为山西大学研究生实习基地，吸纳研究生参与年鉴编纂，增加编辑力量。各市志办对年鉴编纂实行规范操作，稿件大致按照"三月完成征稿、六月完成一审、十月送审"的时间节点，严格实行撰稿单位领导初审、年鉴责任编辑一审、副主编二审、主编三审、山西省志办年鉴期刊处四审、出版社终审的"六审制"。各市分别组成年鉴审核组，按照《〈山西年鉴〉编纂出版规范细则》，对年鉴编纂质量严格审核把关并提出修改意见。

全省各级综合年鉴的编纂，要求在内容上力求围绕改革开放、经济建设这个中心，不断地拓宽反映社会现实的广度和深度，使得时代特色、地方特色（专业特色）、年度特色、个性特色大大增强，规范化程度大有改进，提纲编纂、条目编写有显著改进，装帧设计有很大改观，太原市年鉴首次全彩印刷，采用仿真阅览方式，新增 2012—2016 年 5 部年鉴集成电子版。《长治年鉴（2017）》积极开展条目优化尝试，首次采用全彩印刷，增加 200 幅随文插图。

四、制约年鉴发展的症结

（一）领导认识不到位

从 2017 年全省综合年鉴的整体发展情况看，虽较前几年有较大幅度提升，但尚存在着地区、进度、质量等诸多不平衡性。有个别县未启动年鉴工作，有些虽启动但一年内初稿都未完成。一些县政府没有站在传承历史文明、提升地方文化软实力的高度来加以认识，没有完全按照国务院提出的"一纳入、八到位"的工作要求履职尽责，弱化了对地方志工作的领导，还有一些市县停留在地方志工作机构就是修志的旧观念上，没有对年鉴工作引起足够的重视，致使年鉴工作严重滞后。

（二）机构人员配备不当

截至2017年年底，山西省市、县两级综合年鉴编纂机构仍较混乱，有的是政府部门，有的属党史办。忻州市和晋中市市、县两级沿用史志合一机构建置，人员编制按一套机构配置，需承担党史、地方志两大项工作。晋中市2013年前年鉴工作一直由其他科室代管，两年一鉴，直到2013年后才增设年鉴编纂室，理顺工作机制。忻州市虽然2006年已成立年鉴科，2008—2017年9年间仅1人从事此项工作，除市级年鉴外还要审核县级年鉴，工作量太大。大多县级史志工作机构多则七八人，少则三四人，还要配合完成县里的其他工作，无力设置专门的年鉴股室，年鉴编纂工作既没有承担的实体，也没有专业人员，同时修志与编鉴两项工作交叉重叠，在第二轮修志工作铺开后，只能将工作重心、人员力量集中到修志上，致使年鉴工作受冲击而停止或中断，存在等修完县志后再抓年鉴工作的片面想法。还有部分县级地方志工作机构至今仍未实行参公管理，主任职务一直空缺。各市、县（市、区）年鉴工作人员总体上相对匮乏，有的还当作临时任务，使得人员不稳定，相关知识与经验更无从谈起。

（三）经费条件保障欠缺

年鉴工作是一项常规性工作，每年都需要资金投入。山西省拥有35个集中连片特殊困难地区和国家级扶贫开发重点县、17个省定贫困县、5个插花贫困县。一些贫困县保证不了年鉴工作经费的足额及时到位。部分县（区）年鉴虽已编纂完成，但由于年鉴工作没有纳入本级政府发展规划，出版印刷费用没有列入年度财政预算，致使无法公开出版。如大同市灵丘县地方志办公室2016年财政没拨任何款项，办公费用只能靠以前结余；左云县年鉴印刷一直靠自筹资金。还有一些县（市、区）办公设施落后，条件较差，如榆社县史志办，7人共用2台电脑，打印机早已报废无法使用；广灵县志办2间办公用房和1间仓库全部是危房，办公设备陈旧老化。

（四）年鉴质量参差不齐

就已编纂的市县年鉴看，质量还有很大问题。有的是本年编本年，名称不当，有的两年乃至更长年度编纂一部，非一年一鉴；有的由于经费问题，完成编纂的综合年鉴只能内部发行，有的虽公开出版，但出版社缺乏相关资质，出版质量甚差。这些距离中指办要求的“一年一鉴、公开出版”差距尚远。

从技术层面讲，有些年鉴没有遵守综合年鉴的规范编纂要求，存在框架设计不合理，类目、分目、次分目划分层次不清晰，缺少检索系统，领属不当，不能很好地突出表现年度特色和地方特色等问题。有的年鉴内容上和社会民生贴近不够，而党政机关的一般性日常活动所占篇幅却过大。面对改革开放和社会巨大变化，年鉴的应变能力明显滞后。同时，保障年鉴质量的审核出版制度还不够完善。具体来说，市级年鉴送省、县级年鉴送市审查验收的机制还不够完善，报送不及时，有的干脆不报送，尤其是市级审验县级综合年鉴运行较差。

（五）年鉴信息化建设滞后

大多数市、县两级地方志工作机构没有建设网站，已建成的省级和部分市、县网站存在功能不全不强、更新不快等问题，有些市、县综合年鉴编纂涉及的资料征集、编辑、文稿校对、资料存储等工作还不能完全电子化、数字化，离省、市、县三级网站互联互通、资源共享的目标还有很大差距。综合年鉴多渠道、多层次开发和利用问题，至今没有得到很好的解决。

五、未来工作的着力点

（一）弘扬方志文化自信，精准解决存在问题

年鉴事业是地方志事业主业之一，需要从十九大报告中提出的“坚定文化自信，推动社会主义文化繁荣昌盛”高度认识年鉴工作。地方综合年鉴反映各地上年度政治、经济、文化及社会各个方面发生的新变化、新成就，就如同全省各地的编年史，年鉴工作的成效可以带动和开辟地方志事业的发展新局面。全省市、县（市、区）地方志工作机构要以贯彻《地方志工作条例》和《全国地方志事业发展规划纲要（2015—2020年）》为契机，全面落实“一纳入、八到位”。积极争取健全机构和补充人员，保障年鉴经费和工作条件。山西省志办积极协调帮助特殊贫困地区年鉴出版纳入中指办民族地区与贫困地区年鉴出版资助工程。各级政府督查室加大督查力度，建立行之有效的地方志工作督查制度，形成“层层负责、传导压力、解决问题、促进工作”的良好氛围，确保“两全目标”推进工作顺利开展。

（二）探索建立保证质量的制度机制

山西省志办以《山西年鉴》龙头项目为抓手，充分发挥试点示范作用，引领市、县两级年鉴提质发展。一是抓住源头，精心组稿，确保年鉴质量有一个坚实的基础。二是分线作战，分层把关，掌握工艺流程，努力提升年鉴总纂质量。三是注重细节，精心雕琢，从细微处体现年鉴品位档次（修改条目文稿时，改标题、补要素、删套话；审校时，进行拉网式查找；编排印刷，力求精美）。四是严审严核，防疏防漏，力求将差错率降至最低限度。五是总结经验，制定规范，不断形成完善的年鉴编纂质量保障体系。建立健全地方综合年鉴审查验收机制，分级严把质量关。六是建立地方综合年鉴编纂工作的考核激励机制，按季度上报工作进度，将各市、县（市、区）年鉴工作列入目标考核内容。下一步，在全省推行山西省年鉴精品工程，组织开展市、县两级综合年鉴的质量评审活动，并推荐参加全国性的质量评审，力争使“一枝独秀”发展为“满园春色”。

（三）多管齐下建设合格的年鉴队伍

建设高素质的年鉴编纂队伍，是年鉴事业可持续健康发展的根本保证。一是千方百计引入一批思想素质好、具有一定业务基础的优秀年轻人才加入到年鉴编纂队伍中来。二是要加强年鉴业务培训，既注重“雪中送炭”，也要注重“锦上添花”，开阔编纂人员的视野，提高他们的业务水平。三是特约和聘请一些科研机构、期刊报社以及退休修志人员补充年鉴编纂队伍。四是组织各市年鉴编纂人员穿插交流，多参加国内年鉴研讨会，多考察学习，吸收借鉴省外年鉴编纂的经验。通过积极努力，不断提高年鉴的编纂水平，开创年鉴工作新局面。

（四）尽快在年鉴的开发利用上有所作为

积极争取省委、省政府及有关部门支持，启动并实施“互联网＋年鉴”工程，搭建《山西年鉴》工作和内容信息化平台。一是地方年鉴信息可通过政府和其他网站面向社会、面向公众开放（涉密内容除外），促进年鉴从纸质化到网络化的转变。二是加强与山西省各级图书馆的联系，加强年鉴类出版物的征集与利用。三是山西省志办要做好全省年鉴资源情况的统计调查，及时了解和掌握地方年鉴编纂出版情况，为年鉴信息资源的开发利用提供便利条件。

黑龙江省年鉴发展报告

中共黑龙江省委史志研究室[①]

提要：黑龙江省年鉴事业经历了起步、平稳发展和快速发展三个时期，形成省、市、县三级地方综合年鉴编纂基本全覆盖和各种专业年鉴共同发展的局面。2017 年，黑龙江省在年鉴事业顶层设计、依法治鉴、省级年鉴编纂、专项督查、编鉴为用、规范化建设等方面取得显著成绩。同时，存在“一纳入、八到位”贯彻落实不到位，年鉴编纂队伍业务能力和年鉴资源开发利用水平有待提高等问题。黑龙江省将持续推进依法治鉴，贯彻落实“一纳入、八到位”，加强年鉴编纂规范化建设，促进年鉴信息化建设，全面推进年鉴事业发展。

关键词：黑龙江省　综合年鉴　专业年鉴　依法治鉴

一、黑龙江省年鉴事业发展历程

中华人民共和国成立后至改革开放前，黑龙江省年鉴事业处于停滞状态。20 世纪 80 年代，是黑龙江省年鉴事业的起步时期。1983 年，《黑龙江经济年鉴》（1986 年更名为《黑龙江年鉴》）公开出版，是改革开放后全国最早创刊的省级综合年鉴之一。20 世纪 80 年代中期以后，黑龙江省市级综合年鉴编纂出版工作逐步开展。《哈尔滨年鉴》《鹤岗年鉴》于 1987 年公开出版，是改革开放后全国较早创刊的市级综合年

① 执笔人：由岳峰，黑龙江省地方志办公室市县指导处副主任科员。

鉴。《大庆年鉴》《鸡西年鉴》先后于1988年、1989年公开出版。20世纪80年代后期，伊春市、绥化市所辖部分县（市、区）开始编纂年鉴，但未公开出版。《黑龙江商务年鉴》《黑龙江统计年鉴》于1987年公开出版，是黑龙江省较早创刊的专业年鉴。

1990—2005年，是黑龙江省年鉴事业平稳发展时期。随着全省第一轮修志工作的完成，省内一些地方志工作机构逐渐将年鉴编纂作为重点工作。市级综合年鉴《伊春年鉴》《齐齐哈尔年鉴》《大兴安岭年鉴》《绥化地区年鉴》分别于1992年、1994年、1999年、2000年公开出版，《双鸭山年鉴》《七台河年鉴》《黑河年鉴》《佳木斯年鉴》《牡丹江年鉴》分别于1993年、1996年、2000年、2000年、2002年完成编纂（内部出版）。截至2002年，全省市级以上行政单位全部开展地方综合年鉴编纂工作。县级综合年鉴《绥化市综鉴》于1991年公开出版，《上甘岭年鉴》于1993年完成编纂（内部出版）。七台河、齐齐哈尔、哈尔滨、牡丹江、大庆等市（地）所辖县（市、区）逐渐开展年鉴编纂工作。这一时期，一些市（地）专业年鉴开始出现。1994年后，《伊春公路交通年鉴》《伊春统计年鉴》《伊春军分区年鉴》《伊春农业森工多种经营年鉴》等专业年鉴相继完成编纂（内部出版），但未能连续编纂。2000年后，《绥化军事年鉴》《绥化政协年鉴》《绥化邮政年鉴》《绥化环保年鉴》等进一步丰富了市（地）专业年鉴种类。

2006—2016年，黑龙江省年鉴事业进入快速发展时期。2006年5月，国务院《地方志工作条例》颁布实施，明确将地方综合年鉴纳入地方志工作范畴，年鉴工作走上法治化轨道。2014年11月，《黑龙江省地方志工作规定》施行，对全省地方综合年鉴的管理和编纂工作作出明确规定。同年12月，黑龙江省地方志办公室（以下简称黑龙江省志办）召开全省年鉴工作座谈会，是黑龙江省地方志系统召开的第一次年鉴工作会议，对全省各级地方志工作机构管理、指导年鉴工作，促进年鉴事业健康发展意义重大。《黑龙江年鉴》主办权和《哈尔滨年鉴》整体，分别于2014年、2015年由同级社会科学院移交黑龙江省志办和哈尔滨市人民政府地方志办公室，全省地方综合年鉴管理体制基本理顺。2015年8月，国务院办公厅印发《全国地方志事业发展规划纲要（2015—2020年）》（以下简称《规划纲要》），对地方志事业发展作出重大战略部署，对全国年鉴事业发展作出顶层设计和统筹安排，提出明晰的任务书、时间表、路线图，标志着年鉴事业走上了科学规划引领发展的道路。2016年4月，《黑龙江省地方志事业发展规划纲要（2016—2020）》（以下简称《黑龙江规划纲要》）印发，明确了全省年鉴事业发展的指导思想、基本原则、总体目标、主要任务和保障措施，对全省年鉴事业发展提出具体要求。同年12月，中国地方志指导小组印发《全国年鉴事业发展规划（2016—2020年）》（以下简称《年鉴发展规划》），对《规划纲要》进行细化，为年鉴事业发展指出更为明确的方向。截至2016年年底，全省146个县级以上行政区划单位有96个开展地方综合年鉴编纂工作。同时，编纂出版《黑龙江统计年鉴》《黑龙江商务年鉴》《黑龙江金融年鉴》《黑龙江农垦年鉴》《黑龙江地税年鉴》《黑龙江公安年鉴》《黑龙江宣传工作年鉴》《黑龙江教育年鉴》《哈尔滨铁路局年鉴》等30余种专业年鉴，形成省、市、县三级地方综合年鉴编纂基本全覆盖和各种专业年鉴共同发展的局面。

二、2017年全省年鉴事业发展情况

2017年，黑龙江省志办按照《规划纲要》和《黑龙江规划纲要》要求，主动作为，全力推动年鉴事业发展。5月，召开全省地方志机构主任工作会议，对加速推进年鉴编纂工作，完成“一年一鉴，公开出版，实现省、市、县三级地方综合年鉴全覆盖”的任务目标提出明确要求。6月，黑龙江省委办公厅、省政府办公厅印发《关于开展全省第二轮修志工作和地方综合年鉴编纂工作督查的通知》，决定将尚未完成一年一鉴、公开出版地方综合年鉴任务的承编单位列入省委、省政府督办事项开展督查。9月，黑龙江省志办、省地方志协会举办“推进‘两全目标’任务落实”志鉴编纂业务培训班，全省年鉴工作业务骨干196人参加培训。在各项有力举措的推动下，全省年鉴编纂进度明显加快。截至年底，全省146个县级以上行政区划单位中，有126个开展地方综合年鉴编纂工作，其中新启动地方综合年鉴编纂工作的单位有30个。全省13种市（地）级综合年鉴有11种实现一年一鉴；县（市、区）级综合年鉴有51种实现一年一鉴。全省地方综合年鉴实现公开出版22种，其中省级年鉴1种，为《黑龙江年鉴（2016）》；市（地）级年鉴7种，为《哈尔滨年鉴》《齐齐哈尔年鉴》《牡丹江年鉴》《大庆年鉴》《伊春年鉴》《黑河年鉴》《大兴安岭年鉴》；县（区）级年鉴14种，有《平房年鉴》《巴彦年鉴》《延寿年鉴》《东宁年鉴》《汤原年鉴》《让胡路年鉴》《虎林年鉴》《新青年鉴》《铁力年鉴》《爱辉年鉴》《逊克年鉴》《海伦年鉴》《塔河年鉴》《漠河年鉴》。截至年底，哈尔滨、齐齐哈尔、大庆、双鸭山、伊春、黑河、绥化、大兴安岭8个市（地）实现市（地）、县（市、区）年鉴编纂工作全覆盖。同时，专业年鉴继续保持良好发展态势，部分专业年鉴在全国、省级年鉴评审活动中获得奖项。

三、2017 年全省年鉴工作主要成绩和发展特点

（一）年鉴总体质量显著提高

2017 年，全省各级地方志工作机构加大对年鉴工作的指导，把年鉴质量放在首位，将精品意识贯穿于年鉴编纂、出版工作全过程，严把政治关、史实关、体例关、文字关、出版关，确保所编年鉴经得起时代和历史检验。在 2017 年全国地方志优秀成果（年鉴类）评审活动中，黑龙江省上报 6 部年鉴全部获得通报表扬，其中《黑龙江年鉴（2015）》在省级综合年鉴评比中获一等年鉴，《哈尔滨年鉴（2016）》《齐齐哈尔年鉴（2015）》在市级综合年鉴中分别获二等年鉴、三等年鉴，《让胡路年鉴（2015）》在县级综合年鉴中获三等年鉴，《黑龙江农垦年鉴（2016）》《黑龙江统计年鉴（2016）》在专业年鉴中分别获一等年鉴、三等年鉴。10 月，黑龙江省志办组织开展全省第二届年鉴评奖活动，共计评审年鉴 48 部，评出市级综合年鉴一等奖 3 部、二等奖 3 部、三等奖 3 部，县级综合年鉴一等奖 3 部、二等奖 5 部、三等奖 10 部、优秀奖 10 部，专业年鉴一等奖 3 部、二等奖 5 部、三等奖 3 部。年鉴评审活动有力调动了年鉴工作者的积极性和创造性，有效促进了全省年鉴编纂质量的提高。

（二）《黑龙江年鉴》编纂出版工作有序开展

在圆满完成《黑龙江年鉴（2015）》编纂、出版和发行工作基础上，《黑龙江年鉴》编纂人员积极稳妥地开展《黑龙江年鉴（2016）》编纂工作。为确保编纂质量，黑龙江省志办先后组织召开两次专家评审会。2017 年 7 月，《黑龙江年鉴（2016）》顺利出版。同时启动《黑龙江年鉴（2017）》的编纂工作，印发《关于〈黑龙江年鉴〉（2017）编纂工作的通知》，形成约 140 万字的文稿。

（三）专项督查工作有力推进

黑龙江省志办按照《规划纲要》中“两全目标”要求，全面统计各市（地）、县（市、区）综合年鉴编纂情况，督促市、县两级加快完成“一年一鉴、公开出版”任务。省委办公厅、省政府办公厅下发的《关于开展全省第二轮修志工作和地方综合年鉴编纂工作督查的通知》在将年鉴编纂工作列入省委、省政府督办事项开展督查的同时，对督查时间、范围、内容、方式、意见反馈和通报结果作出明确规定，要求各市（地）

和各承编单位要高度重视年鉴工作，按照国家和省有关规定，增强依法编鉴意识，健全机构，配备专职人员，给予经费和条件保障，确保“年鉴全覆盖”目标按时完成。全省各级地方志工作机构不断加大依法督查力度，哈尔滨、齐齐哈尔、牡丹江、大庆、双鸭山、伊春、七台河、鹤岗、黑河、大兴安岭等市（地）对所属县（市、区）年鉴工作目标贯彻落实情况开展专项督查或重点检查，有效促进县（市、区）综合年鉴的编纂、出版工作。

（四）年鉴队伍培养和理论研究不断加强

全省各级地方志工作机构注重加强业务建设和培训交流。全年，全省年鉴工作人员积极参加全国各种年鉴会议。全年，全省各级地方志工作机构先后开展培训 20 余次，参训人员 1300 余人次。全省年鉴工作人员理论研究水平明显提高。黑龙江省志办、伊春市地方志办公室、大兴安岭地区地方志办公室报送的 3 篇论文，在精品年鉴与年鉴编纂创新研讨会上进行交流。

四、年鉴工作经验和发展亮点

（一）注重争取领导重视和支持，谋划做好年鉴事业顶层设计

一是积极争取领导重视和支持，增强年鉴事业发展动力。黑龙江省委、省政府主要领导对地方志工作多次作出批示，明确要求各级、各有关部门从依法治志的战略高度，支持和推动全省年鉴事业发展。省委、省政府领导的关怀和重视，提升了全省年鉴工作者干好事业的责任感、使命感，增强了完成年鉴全覆盖目标的信心和决心。二是深入学习、贯彻《规划纲要》《年鉴发展规划》，明确年鉴事业发展方向。《规划刚要》《年鉴发展规划》发布后，省志办多次组织全体干部职工深入学习，做好贯彻落实，为年鉴事业发展创造良好环境。全省年鉴工作者深刻认识年鉴事业面临的新形势，深入理解年鉴工作的新定位，明晰了年鉴事业发展的新目标。三是召开重要性会议，强化年鉴工作的贯彻部署。在省级年鉴主办权移交至省志办后，省志办于 2014 年 11 月组织召开全省年鉴工作座谈会，总结全省年鉴工作经验，研究年鉴工作面临的机遇和存在的问题，推动了全省年鉴工作发展。2015 年，召开全省地方志第九次工作会议，会上客观分析年鉴工作存在的问题，并有针对性的提出完成年鉴全覆盖任务的时限要求。2016 年、2017 年召开的全省地方志机构主任工作会议对全省年鉴工作目标任务

进行了再部署、再落实，强调“全面实现省、市、县三级综合年鉴全覆盖，做到一年一鉴，公开出版”是国务院和省政府对地方志工作提出的目标和要求，必须不折不扣地坚决完成。通过召开重要性会议，对年鉴工作进行部署和强调，全省年鉴工作者统一了思想、明确了职责，为全省年鉴事业健康、快速发展提供了有力的思想引领。

（二）注重依法治鉴，为推进年鉴事业发展提供坚实法治保障

根据《规划纲要》任务要求，将“提高年鉴编纂质量”“力争在2020年前实现全覆盖”“建立健全地方综合年鉴评议、审批、出版、备案、交流、发行工作机制”“实现地方综合年鉴编纂和管理法治化、规范化”等写入《黑龙江规划纲要》，为“十三五”时期全省年鉴事业科学发展打下坚实基础。全省各市（地）积极落实《黑龙江规划纲要》对年鉴工作的要求，加强本级年鉴工作的法治化建设。哈尔滨市、齐齐哈尔市、双鸭山市、伊春市、鹤岗市、黑河市、绥化市、大兴安岭地区政府（行署）制定出台本级地方志事业发展规划纲要、管理办法及实施意见等，对年鉴事业发展作出相关规定，积极推动年鉴工作法治化进程。

（三）注重以上示下，积极发挥省级年鉴示范和带动作用

2014年，黑龙江省政府依法将《黑龙江年鉴》主办权由黑龙江省社会科学院正式移交省志办。2015年12月，参照《黑龙江年鉴》主办权移交的做法，《哈尔滨年鉴》整体由哈尔滨市社会科学院移交哈尔滨市政府地方志办公室。年鉴主办权的理顺，为有效指导全省各市（地）、县（市、区）编纂综合年鉴和推动“年鉴全覆盖”工作打下基础。省志办在人员相对紧张、工作量大的情况下，顺利完成省级综合年鉴编纂任务。省志办学习、参考全国部分省（市）的年鉴编纂经验做法，着重处理好传承与创新、质量与效率的辩证关系，突出年度特点和地方特色，使《黑龙江年鉴》成为全省对外宣传的前沿，受到社会各界欢迎。2017年，《黑龙江年鉴》编纂人员在高质量编纂完成《黑龙江年鉴（2015）》的基础上，不断探索年鉴业务理论，积累编纂经验，完善年鉴体例，促进年鉴编纂创新。《黑龙江年鉴（2016）》在框架设置、条目撰写和版面设计等方面较上卷年鉴均有进步，受到各级领导和用鉴单位的好评。《黑龙江年鉴》对全省市、县两级综合年鉴的编纂具有重要的示范和带动作用，对全省年鉴编纂和管理工作影响深远。

（四）注重编鉴为用，不断提升资政服务水平

“编鉴为用”是《年鉴发展规划》明确提出的年鉴事业发展基本原则。全省各级地方志工作机构着重发挥年鉴资源优势，全面提升年鉴资源开发利用水平。省志办把编纂《黑龙江年鉴》作为服务党政机关、企事业单位、社会各界和人民群众的重要手段，在每卷年鉴出版发行后，积极向各级领导和社会各界赠送，及时和相关省（市）交流，为各级领导、政府查询地情资料提供帮助和服务。《黑龙江年鉴》成为哈尔滨市国家投资项目评审中心评审工作的重要依据，为各类项目提供多层次、全方位和高质量的服务。鸡西市地方志办公室利用《鸡西年鉴》信息资源，为牡佳客专鸡西段前期调研及青岛啤酒二期工程建设等大项目提供地质、地貌、水文等地情资料，协助本地粮食部门及工商行政管理部门申请水稻、小麦和鸡西冷面等地方产品品牌。双鸭山市地方志办公室加大宣传力度，在市图书馆设立年鉴和地情资料书架，为社会各届人士学习、查询地情资料提供服务。伊春市地方志办公室拓宽用鉴领域，利用《伊春年鉴》为招商引资、大项目签约、申请伊春森林猪地理标志证明商标提供系列佐证依据，为市委、市政府提供生态建设、木材生产情况变化等地情资料；利用年鉴中的地情资料信息，编辑出版《市情参考文摘》《伊春市产业发展变化情况摘编》《数字伊春》《伊春年鉴》口袋书和《伊春市情》，为政府决策提供参考，突显年鉴附带价值。七台河市地方志办公室利用《七台河年鉴》为当地政府重修旅游景区提供历史资料。黑河市地方志办公室利用《黑河年鉴》为黑河市政府和黑河学院合作开展“黑河市自然与文明千里行”项目提供基础材料，为黑河沿边铁路建设提供地情资料，为市农委提供申请黑河大豆、黑河小麦农产品地理标志的佐证材料。绥化市、海伦市、肇东市地方志办公室利用年鉴资源，为地方企业申请中国地理标志提供佐证材料。

（五）注重年鉴规范化建设，提高年鉴编纂质量

重新修订《黑龙江省地方志编纂行文通则》，将年鉴行文通则包含在内，促进全省年鉴编纂行文规范化。探索建立健全年鉴评议、审批、出版、备案、发行、交流工作机制，实现市（地）、县（市、区）综合年鉴编纂和管理法制化、制度化。重新调整黑龙江省地方志书终审专家库专家，吸纳各方面专家学者为年鉴编纂审查把关。全省各级地方志工作机构不断加大培训交流力度，促进年鉴规范化建设。伊春市地方志办公室多次选派业务骨干下基层开办年鉴业务培训班。大兴安岭地区地方志办公室结合工作经验，编写有较强实用性和操作性的《年鉴编纂工作手册》，作为指导用书，为全区年鉴工作者赠发 1000 册，有效提高年鉴编纂队伍的业务素质。

黑龙江省年鉴工作受到中国地方志指导小组办公室高度认可，2017 年全国年鉴工作会议暨年鉴研究会年度会议、精品年鉴与年鉴编纂创新研讨会在齐齐哈尔市召开，黑龙江省志办代表在会上作“年鉴全覆盖”工作典型交流发言。

五、年鉴事业存在的主要问题和未来发展方向

黑龙江省年鉴事业在取得成绩、积累经验的同时，在发展中也存在一些问题。一是“一纳入、八到位”还未能真正贯彻落实到位。特别是部分市辖区，没有专门年鉴编纂机构，人员少，流动性大，编纂力量薄弱，影响了年鉴编纂工作进度和质量。年鉴编纂、出版经费问题成为实现“一年一鉴、公开出版”的一大障碍。二是年鉴编纂队伍（尤其是新启动年鉴编纂的机构）的业务能力和创新意识不强。部分年鉴的编纂质量不高，编纂创新不够，从内容到形式上不能体现出地方特色，年度资料性文献的著述性不强。三是年鉴资源开发利用水平需要进一步提高。大部分年鉴在开发利用领域局限于为政府、领导决策提供参考和服务，如何创新形式，使年鉴深入基层、深入各行各业，真正进入群众视野，有待进一步探索。

下一步，全省年鉴事业发展将以问题为导向，以夯实年鉴事业发展基础和提高年鉴工作创新发展能力为重点，全力推进新时代年鉴事业发展。一是持续推进依法治鉴。年鉴事业蓬勃发展离不开法治保障。全省地方志工作机构将继续加大依法治鉴力度，加快推动市级地方志立法工作。二是切实贯彻落实“一纳入、八到位”。“一纳入、八到位”落实不到位是阻碍全省年鉴事业发展和“两全目标”实现的主要原因。全省各级地方志工作机构和广大地方志工作者将从贯彻落实中央领导重要讲话、重要批示精神和第五次全国地方志工作会议精神的高度，从建设法治中国、全面推进依法治志的角度，积极争取党委、政府和领导的支持，真正确保“一纳入、八到位”的全面落实。三是着力加强年鉴规范化建设。科学合理的编纂规范和质量标准是提高年鉴编纂质量的根本保证。市级以上地方志工作机构将严格按照《地方综合年鉴编纂出版规定》和省级年鉴编纂规定等，切实加强对县级年鉴编纂机构的工作指导，建立健全相关评议、审读制度和检查、督促机制，从根本上提高地方综合年鉴编纂质量。从 2018 年起，走上“当年年鉴当年编纂当年出版”的良性循环。四是有效促进年鉴信息化建设。全省各级地方志工作机构将进一步提高年鉴资源开发利用的意识和能力，拓宽年鉴利用思维，充分利用“互联网 + 年鉴”等形式，整合年鉴信息资源，为党委、政府及领导决策提供信息和咨询。借助 APP 等多种模式，创新年鉴的发布渠道；探索编纂年鉴简本、网络年鉴和数字年鉴等多种形式，使年鉴编纂和使用适应新时代的历史要求。

上海市年鉴发展报告

上海市地方志办公室 ①

提要：2017 年，上海市依法推进年鉴事业发展，市、区两级综合年鉴出版情况平稳有序，在篇目设计和内容记述上都有所调整创新；上海首部街镇年鉴《南翔年鉴（2017）》出版发行。上海市地方志办公室创新务实开展年鉴编纂工作，探索海派年鉴编纂特色；通过指导区县年鉴编纂、加强年鉴学会建设、与国外年鉴开展交流活动等，积极探索扩大年鉴影响力的有效方式。针对存在的问题，下一步将从确保依法治鉴、深化年鉴质量建设、提高年鉴资源开发利用水平以及举办年鉴国际论坛等入手，解决瓶颈难题，全面推进上海年鉴事业再上新台阶。

关键词：上海市　综合年鉴　上海年鉴　对外交流

一、2017 年上海年鉴事业发展概况

（一）编纂出版平稳有序，街镇年鉴出版取得突破

2017 年，上海地区年鉴事业发展良好。据不完全统计（均包括非公开出版），在编年鉴 105 种，其中地方综合年鉴 21 种、专业年鉴 44 种、部门年鉴 34 种、全国性年鉴 6 种。上海市和 16 个区均一年一鉴，公开出版。

① 执笔人：孙长青，上海市地方志办公室年鉴工作处主任科员。

9月，上海首部公开出版的街镇年鉴——《南翔年鉴（2017）》由上海三联书店出版发行。该年鉴共计50万字，卷首为特载、南翔概貌、大事记、专文，“百科”部分共设栏目25个、分目183个、条目895条，收录统计表格70张、卷首照片60帧、串文照片187帧；特设“图说南翔”专题彩页，收录照片109帧，配有电子版。年内，《华亭年鉴》出版发行。

（二）多部年鉴获通报表扬，编纂整体水平继续提升

2017年，在全国地方志优秀成果（年鉴类）评审活动中，上海地区9部优秀年鉴获通报表扬:《上海年鉴（2016）》获省级综合年鉴特等年鉴,《上海文化年鉴（2016）》获专业年鉴特等年鉴；《奉贤年鉴（2016）》获区县综合年鉴一等年鉴，《上海经济年鉴（2016）》《上海科技年鉴（2016）》获专业年鉴一等年鉴；《浦东年鉴（2016）》获区县综合年鉴二等年鉴；《宝钢年鉴（2016）》《上海金融年鉴（2016）》获专业年鉴三等年鉴；《杨浦年鉴（2016）》获区县综合年鉴提名年鉴。同时，在上海市新闻出版局开展的2017年社科期刊编校质量检查中,《上海年鉴（2017）》《上海经济年鉴（2017）》《上海文化年鉴（2017）》《上海铁路局年鉴（2017）》获评优秀刊物。

2017年新出版的年鉴，紧扣时代特色，在篇目设计和内容记述上都有所调整创新。如《上海年鉴（2017）》，设“中国上海自由贸易试验区建设”“深化建设具有全球影响力的科技创新中心”特记，刊载“上海推进供给侧结构性改革”“‘五违四必’区域环境综合整治”“上海公安全面深化改革”“上海道路交通违法行为大整治”“徐汇滨江地区综合开发建设”“《辞海》编纂八十年”和“青龙镇遗址考古”专文，设“上海世博会地区”“上海虹桥商务区”“上海国际旅游度假区”专记，并收录“上海企业集团实施‘一带一路’战略”“上海企业集团科技创新和信息化建设情况”“上海小微企业发展情况”等社会调查，“黄浦江两岸变迁”“八埭头”“图录上海”等图照专辑留存城市记忆。

《奉贤年鉴（2017）》将三个规范（表述、分类、逻辑）和三个完善（理念、内容、形式）落实到采编校等各业务环节，处理好规范与创新的关系，精心抓好框架设计、条目编写、图表制作、版式设计、地方特色彰显等编纂工作。（1）实施图照与文字稿同时组稿，同时按照“三、五、九目标”，实施倒推工作法，充分考虑每一阶段任务要求和时间节点，明确完成时限、责任到人，有效确保各阶段流程顺畅。（2）在内容上持续注重民生、关注地方文化建设、精神文明建设与城市建设，抓出重点调整纲目

结构，加大二次文献及图照的收录，深化栏目的记述深度。（3）持续做好相关行业重大事项的归类记述工作，有 26 个栏目设有综述，除特载等 6 个栏目外，其余栏目各分目下均设有概况；加强索引编辑力度，注重标引准确规范、有深度。

《杨浦年鉴（2017）》内容丰富，亮点鲜明，有继承、有创新、有取舍，展现杨浦区“三区联动”、转型发展的新成就。（1）设“杨浦知识创新基地建设”栏目，突出国家级试点城区建设成果，专设“市属企业选介”“高等院校”“市属医院”栏目，突出杨浦历史文脉的今日风貌。（2）彩页运用贴近民生，增加卷首彩页数，更多地收纳优质图片，力求走近民生、贴近呼声，同时避免选用领导个人和会议图照，补白采用手绘插画，让普通读者更有兴趣。（3）内容记述更严格，做到一事一条、大事不漏、综合平衡，卷末有索引，更具实用性。

《上海文化年鉴（2017）》全面反映 2016 年上海文化发展面貌，客观记录上海文化领域重大事件及其事实性资料和数据，为国内外人士、社会各界研究和了解上海文化提供可靠信息。专设“上海文化概况综述”，另各篇单设综述、概况等。文献与附录集中设置资料表格，方便读者查阅。图照取材丰富、版式设计精美。“纪念中国共产党成立 95 周年暨长征胜利 80 周年”节庆、电影专辑等富有冲击力。

《上海经济年鉴（2017）》框架系统完整，分类合理，层次清晰，既保持稳定性和连续性，又体现地域特色，紧扣上海经济发展特点。专题记述国际金融中心、航运中心、贸易中心和科技创新中心建设。

（三）开发利用方式多样，信息化工作稳步推进

上海地区年鉴作为权威地情信息载体，通过赠阅、上网、入库等渠道服务社会。年鉴出版后即赠送党政机关、部队、企事业单位、社会团体和研究单位等使用，不少年鉴是各级人大、政协会议的基本资料。2012 年起，上海市地方志系统以“地方志公共文化进社区”为主题，每年配送年鉴至全市中心图书馆、社区文化活动中心图书馆。《上海年鉴》中文版向全国各地（包括港澳台）主要图书馆赠阅。《上海年鉴》英文版向驻沪领事馆、上海市国际文化交流基地、上海市外商投资企业协会等单位发放，并在《上海日报》刊登广告赠送有需求的单位、个人。此外，也通过“上海之窗”项目进行推广。多数年鉴在市、区网站刊载发布（见表 1）。如《上海年鉴》2004 年起在上海市政府门户网站和上海通网站发布历年的网络版。

《上海年鉴（2017）》在中国上海网站点击率达 380 万次。部分年鉴加入中国知

网、中国年鉴资源全文数据库等，供读者浏览、下载。（见图 1）据中国知网统计，2013—2017 年综合年鉴浏览量前五位为《浦东年鉴》《松江年鉴》《金山年鉴》《嘉定年鉴》《南汇年鉴》，下载量前五位为《浦东年鉴》《嘉定年鉴》《青浦年鉴》《虹口年鉴》《杨浦年鉴》；专业年鉴浏览量前五位为《上海文化年鉴》《上海经济年鉴》《上海教育年鉴》《上海统计年鉴》《上海交通大学年鉴》，下载量前五位为《上海统计年鉴》《上海经济年鉴》《上海文化年鉴》《上海教育年鉴》《上海浦东新区统计年鉴》。

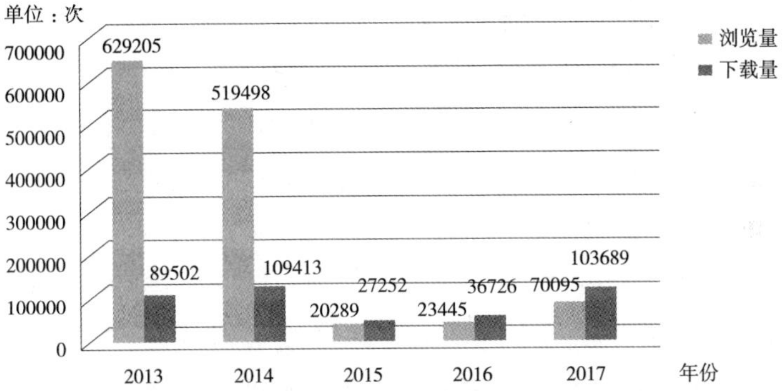

图 1　2013—2017 年上海市已收录年鉴浏览、下载统计图

二、推进上海年鉴事业发展的相关举措

2017 年，上海市地方志办公室（以下简称“上海市志办”）做好《上海年鉴》（中、英文版）编纂出版，指导区县综合年鉴。创新务实开展上海年鉴编纂工作，在保证年鉴编纂质量的基础上，推进年鉴国际化，探索海派年鉴编纂特色，不断增强年鉴的时效性、权威性和影响力，有效推进了上海年鉴事业的健康发展。

（一）坚持依法修志，指导区县年鉴编纂

2006 年 5 月，国务院《地方志工作条例》颁布，年鉴工作开始纳入法治化轨道。2011 年 5 月《上海市实施〈地方志工作条例〉办法》颁布实施，推动上海年鉴事业向规范化发展。2015 年以来，《规划纲要》《全国年鉴事业发展规划（2016—2020 年）》《上海市地方志事业发展规划纲要（2016—2020 年）》《上海市年鉴事业发展规划纲要（2017—2020 年）》陆续颁布，年鉴工作有规可依，机构、队伍、经费逐步得到保障。

2017年，上海市志办职能处室指导各区综合年鉴工作，坚持审读制度，积极开展依法修志相关工作。一是组织年鉴专家和资深年鉴编辑对《普陀年鉴》等10部区县年鉴进行审读。二是指导编纂上海首部镇年鉴《南翔年鉴》。三是组织会员单位参加中国地方志小组办公室组织的系列全国性会议，帮助上海年鉴工作者提高编纂技艺，增进相互交流，开拓学术视野。

（二）加强年鉴学会建设，推动学术研究与人员培训

学术活动是体现学会价值的重要基石。2017年，上海市年鉴学会组织多种形式的学术活动，推动地情和年鉴研究。一是组织时事形势报告、学术讲座，研究国情地情。如邀请全国人大代表、上海社会科学院副院长张兆安主讲“全国两会热点议题述评”，授课内容时代特征、地方特色和行业特点鲜明，进一步发挥了学会在年鉴编纂工作中的桥梁和纽带作用。二是召开学术研讨会，研究年鉴编纂。如举办以“精品年鉴编纂方法”为主题的“上海市中心城区年鉴研讨会”，各中心城区地方志办公室和特邀的《上海经济年鉴》《上海文化年鉴》《上海科技年鉴》《复旦大学年鉴》等单位代表30余人参会，围绕年鉴编纂工作方法展开交流讨论。会议提出，上海要在全国率先完成县级以上综合年鉴全覆盖任务，进一步提高年鉴编纂质量、打造精品年鉴将是当前工作的主要目标，需要从编辑队伍、作者队伍、编纂理念、技术手段四方面着手，提高年鉴的内容、框架、行文和特色质量。

培训指导是服务会员的主要手段。学会组织专家赴闵行、奉贤、市总工会等开展年鉴编纂培训。不同对象采用不同的培训形式：第一种是年鉴编辑业务培训，主要针对年鉴编辑部的编辑人员；第二种是年鉴主编研修班，主要针对年鉴的主编、副主编和总纂人员；第三种是撰稿员培训，主要是上门为某部年鉴撰稿员进行培训。

（三）开展对外交流，学习先进经验扩大影响力

《上海市地方志事业发展规划纲要（2016—2020年）》明确要求“扩大对外学术交流与合作，增强地方志文化影响力”。学术无国界，中国传统的方志，西方发源的年鉴，都是人类文明的瑰宝，需要时时交流、切磋、砥砺，才能枝繁叶茂、源远流长。

2017年7月3—5日，应美国新泽西州西温莎市政府、美国侨报社邀请，以上海市志办年鉴工作处（《上海年鉴》编辑部）处长王继杰为团长的上海年鉴代表团一行5人访问美国。其间，代表团先后与耶鲁大学图书馆、新泽西州西温莎市政府、《新泽

西州年鉴》编辑部、美国侨报社举办多场研讨会，并就年鉴的国际合作进行深度交流。年鉴是舶来品，欧美的年鉴发展历史周期长，种类多样并形成了不少具有世界知名度的年鉴品牌。通过交流，代表团认为，虽然历史文化和社会制度背景不同，但美国的年鉴文化和工作理念、方法有不少可以值得我们借鉴的地方：一是美国年鉴类著作形式多样丰富，主要有 Almanac、Yearbook、Annual 等品种，以至于在图书馆也是分在不同类别收藏。二是美国年鉴大多是市场化的产物，如著名的《世界年鉴》等，号称每年能发行 100 多万册。即便是州一级年鉴，由政府授权，其编纂也非常市场化，如《新泽西州年鉴》即由四五位自由撰稿人编纂，报酬按日计算，资金来自商业捐助。因此，编者非常在意年鉴市场接受度，如果没有销售量，商业捐助就会发生问题。美国年鉴同行会把读者关注的信息收录在内，如就业岗位等，我们甚至在《新泽西州年鉴》中发现了在上海就业岗位的信息。在内容编排方面，通常把读者最想了解的动态性信息置于突出位置。同时年鉴的出版发行一般交给专业公司运作。三是美国年鉴形式更多样、体例更自由，但仍然以资料性为根本属性。《新泽西州年鉴》和中国的地方综合年鉴比较类似，分类比较齐全，有对新泽西的历史记述，也有对政治、经济、文化、社会生活等方面的介绍。政治方面设有政府、政治等，经济方面设金融、房地产、税率、经济、雇主、成长型企业、风险投资等，对人口、环境、地质、行业协会和非营利组织也有专门记载，并设大事记。但该年鉴更偏重于民生社会生活等大众比较感兴趣的机构类介绍，特别是对美术场馆、公园、博物馆、游泳场等文娱场所都有单独记述，而政府事务性工作内容记述不多。四是尽管美国年鉴历史悠久，如《世界年鉴》记述框架和体例已基本成熟，但同样面临创新问题。美国同行通过在网站上征求读者意见来改进编纂，也发现了纸质版不能及时更新内容的不足，所以多开通网络版，如《新泽西州年鉴》2001 年起就不再出版纸质版。

2017 年 11 月 2 日，上海市志办副主任生键红一行到意大利驻沪总领事馆，拜访总领馆商务领事穆岚朵（Ludovica Murazzani），就中意两国年鉴进行深度交流、研讨，并就共同关心的文化交流拓展项目进行交流协商。意大利驻沪总领事馆每年编一本年鉴，名为《意大利在上海》，主要刊登年度内两国元首互访信息，及共同出席的双边交流活动，大使、总领事、领事与地方的经贸、文化等活动内容，旨在帮助了解意大利在上海领区内政治、经济、文化等方面的情况。双方达成四项合作事宜：一是加强中意两国年鉴交流合作，进一步帮助《上海年鉴》编辑部了解《巴巴内拉年鉴》，以丰富《上海年鉴》编辑部对西方年鉴的认识。二是意大利驻沪总领事馆与《上海年鉴》

编辑部、《上海滩》杂志社开展专题栏目合作，更好地传播中意友谊，全面系统地记载当今生活在上海的意大利人。三是《上海年鉴》编辑部将协助总领馆开展旨在了解上海风土人情、加深民间友谊的相关活动，并有了初步规划。四是双方将围绕意大利年鉴的历史、内容及撰写技巧等问题开展年鉴国际研讨。

通过上述的交流活动，上海市志办充分了解了国外发达地区的年鉴发展情况，学习了国外年鉴编纂的先进经验，同时扩大了《上海年鉴》的影响力。

三、存在的问题及发展方向

上海市的年鉴事业虽然取得了很大成绩，但是仍然存在着不少问题，主要表现在：一是年鉴整体发展不平衡。市、区年鉴编纂人员、经费、条件较有保证，但部分专业年鉴编纂人手不足，缺乏专职人员，影响年鉴编纂质量和进度。二是编纂质量有欠缺。由于年鉴是一项常编常新的工作，在年鉴编纂过程中一些政治性问题、细节的规范性问题仍然存在。在网络平台和图书馆渠道获得的样本中，对上海地区年鉴评价为一般和不准确的也占到相当比例：网络平台选择一般的有 25.93%，不准确的也有 9.26%，图书馆渠道选择一般的达 36.67%。据《2011—2013 年上海市区县年鉴编校质量检查报告》，差错率较高。三是年鉴的开发利用仍有提升空间。上海的多数年鉴出版时间较晚，传播渠道较为狭窄，影响了年鉴后续的开发利用。

为推进上海地区年鉴科学发展，应针对性解决瓶颈难题。对策如下：一是法治保障。要进一步加强地方志工作机构履行组织、指导、督促和检查年鉴工作的职责，确保年鉴编纂工作依法开展。二是深化年鉴质量建设。继续实施年鉴审读制度，组织专家对年鉴进行审读。注重发挥上海市年鉴学会的平台作用，积极组织上海地区获通报表扬年鉴的经验交流，开展相关研讨和培训工作，以便以点带面，提高上海地区年鉴编纂质量，打造品牌年鉴。三是提高年鉴资源开发利用水平。要以《上海年鉴》为试点，在充分调研的基础上，尝试缩短编纂周期。逐步建立年鉴数据库，实现市、区年鉴资源共享，面向社会提供优质服务。四是以年鉴研究对外交流为途径开拓视野。借鉴欧美年鉴编纂理念方法，适时举办年鉴国际论坛。

2017 年上海市地方综合年鉴信息化情况表

表 1

年鉴名称	有无电子版	是否上网发布
上海年鉴	有	是
浦东年鉴	有	是
黄浦年鉴	有	否
徐汇年鉴	有	是
长宁年鉴	有	是
静安年鉴	有	是
普陀年鉴	有	是
虹口年鉴	有	是
杨浦年鉴	有	是
闵行年鉴	有	是
宝山年鉴	无	否
嘉定年鉴	有	是
金山年鉴	有	是
松江年鉴	无	否
青浦年鉴	有	是
奉贤年鉴	有	是
崇明年鉴	有	是

2017 年上海市在编地方综合年鉴一览表

表 2

年鉴名称	编纂者	.创刊年份	出版情况
青浦年鉴	青浦区地方志办公室	1986	公开
宝山年鉴	宝山区史志编纂委员会	1990	公开
松江年鉴	松江区地方志办公室	1987	公开
崇明年鉴	崇明区地方志办公室	1990	公开
嘉定年鉴	嘉定区地方志办公室	1991	公开
金山年鉴	金山区地方志办公室	1993	公开
闵行年鉴	闵行区地方志办公室	1994	公开
浦东年鉴	浦东新区史志编纂委员会	1994	公开
普陀年鉴	普陀区地方志办公室	1995	公开
上海年鉴	上海市地方志办公室《上海年鉴》编辑部	1996	公开

续表 2

年鉴名称	编纂者	创刊年份	出版情况
杨浦年鉴	杨浦区地方志办公室	1996	公开
虹口年鉴	虹口区地方志办公室	1997	公开
浦东年鉴（英文版）	浦东新区史志编纂委员会	1997	公开
徐汇年鉴	徐汇区地方志办公室	1999	公开
黄浦年鉴	黄浦区地方志办公室	1999	公开
静安年鉴	静安年鉴编辑部	1999	公开
奉贤年鉴	奉贤区地方志办公室	2000	公开
长宁年鉴	长宁区地方志办公室	2001	公开
上海年鉴（英文版）	上海市地方志办公室《上海年鉴》编辑部	2002	公开
南翔年鉴	南翔镇人民政府	2017	公开
华亭年鉴	华亭镇人民政府	2017	公开

2017 年上海市在编专业年鉴一览表

表 3

年鉴名称	编纂者	创刊年份	出版情况
上海统计年鉴	上海市统计局综合处	1981	公开
上海经济年鉴	上海经济年鉴社	1984	公开
奉贤统计年鉴	奉贤区统计局	1985	内部
上海文化年鉴	上海文化年鉴编辑部	1987	公开
上海公安年鉴	上海公安年鉴编辑部	1987	公开
崇明统计年鉴	崇明区统计局	1987	内部
上海工业年鉴	上海工业年鉴编辑部	1988	公开
上海统计年鉴（英文版）	上海市统计局综合处	1988	公开
上海科技统计年鉴	市科委、市统计局	1989	公开
上海科技年鉴	上海市科技信息中心	1991	公开
上海出入境检验检疫年鉴	上海出入境检验检疫局	1991	内部
黄浦统计年鉴	黄浦区统计局	1991	内部
上海体育年鉴	上海市体育宣传教育中心	1992	公开
上海卫生年鉴	上海市卫生局	1992	内部
金山统计年鉴	金山区统计局	1992	内部
上海浦东新区统计年鉴	浦东新区统计局	1993	公开
青浦统计年鉴	青浦区统计局	1993	内部

续表 3

年鉴名称	编纂者	创刊年份	出版情况
上海证券交易所统计年鉴	上海证券交易所	1994	公开
嘉定统计年鉴	嘉定区统计局	1995	内部
上海财政年鉴（前身为《上海财政税务年鉴》）	上海市财政局	1995	公开
上海经济年鉴（英文版，后改为中英文对照简本）	上海经济年鉴社	1995	公开
上海教育年鉴	上海教育年鉴编辑部	1996	公开
上海工会年鉴	上海市总工会年鉴编委会	1996	公开
上海检察年鉴	上海市人民检察院史志办公室	1997	内部
上海商务年鉴	商务年鉴编辑部	1998	公开
上海房地产年鉴	上海房地产年鉴编委会	1998	公开
上海信息化年鉴	《上海信息化》杂志社	1999	公开
上海政协年鉴	《上海政协年鉴》编纂委员会	1999	公开
上海司法行政年鉴	上海司法行政年鉴编纂委员会	2000	公开
上海口岸年鉴	上海市口岸服务办公室、上海口岸联合会	2000	公开
上海保险年鉴	上海市保险学会	2001	内部
上海金融年鉴	上海金融年鉴编辑部	2001	公开
上海环境年鉴	《上海环境年鉴》编辑委员会	2002	公开
上海旅游年鉴	上海市旅游行业协会	2003	公开
上海建设年鉴	上海市建设党委、上海市建设委员会	2003	公开
上海监狱年鉴	《上海监狱年鉴》编撰委员会	2005	公开
上海民防年鉴	上海市民防教育培训中心	2005	内部
上海市企业集团统计年鉴	上海市统计局	2005	内部
上海税务年鉴	上海市国税局、地税局	2010	公开
上海调查年鉴（前身为《上海居民生活和价格年鉴》）	国家统计局上海调查总队	2011	公开
上海物流年鉴	上海物流年鉴编辑部	2012	公开
上海市残疾人事业年鉴	上海市残疾人联合会	2013	内部
上海交通年鉴	上海市交通委员会	2016	公开
上海绿化市容行业年鉴	上海市绿化市容管理局	2017	公开
上海理工大学年鉴（前身为《上海机械学院年鉴》）	上海理工大学党委办公室、校长办公室	1986	内部
上海社联年鉴	上海市社联	1990	公开

续表 3

年鉴名称	编纂者	创刊年份	出版情况
上海铁路局年鉴	上海铁路局年鉴社	1992	公开
上海海事大学年鉴	上海海事大学	1992	内部
上海师范大学年鉴	上海师范大学学校办公室	1993	内部
上海大学年鉴	上海大学	1994	内部
上海外国语大学年鉴	上海外国语大学校长办公室	1994	内部
上海财经大学年鉴	党委校长办公室	1996	内部
上海交通大学年鉴	上海交通大学	1997	公开
上海石化年鉴	上海石化年鉴编纂委员会	1999	公开
中远集装箱运输公司年鉴	《中远集装箱运输公司年鉴》编委会	2000	内部
宝钢年鉴	《宝钢年鉴》编辑部	2001	公开
华东师范大学年鉴	华东师范大学年鉴	2001	公开
同济大学年鉴	同济大学	2003	公开
上海应用技术大学年鉴	上海应用技术大学	2003	内部
东华大学年鉴	东华大学档案馆	2004	公开
陆家嘴金融城年鉴	陆家嘴金融城年鉴编委会	2005	公开
陆家嘴金融城年鉴（英文版）	陆家嘴金融城年鉴编委会	2005	公开
华东理工大学年鉴	华东理工大学年鉴编写组	2005	公开
上海交通大学医学院年鉴	上海交通大学医学院年鉴编辑部	2006	公开
复旦大学年鉴	复旦大学	2006	公开
上海对外贸易大学年鉴	上海对外贸易大学	2006	内部
上飞院年鉴	上海飞机设计研究院办公室	2008	内部
上海海洋大学年鉴	上海海洋大学	2009	内部
中国商飞年鉴	中国商飞集团公司	2010	内部
客服公司年鉴	上海飞机客服公司	2010	内部
上飞公司年鉴	上海飞机制造有限公司	2011	内部
上海华谊（集团）公司年鉴	上海华谊（集团）公司	2011	公开
华东政法大学年鉴	华东政法大学	2011	内部
上海政法学院年鉴	上海政法学院	2012	公开
上航公司年鉴	上海航空公司	2012	内部
上海农林职业技术学院年鉴	上海农林职业技术学院	2014	内部
上海体育学院年鉴	上海体育学院	2014	内部
上海音乐学院年鉴	上海音乐学院	2015	内部

2017年上海市在编全国性专业年鉴一览表

表4

年鉴名称	编纂者	创刊年份	出版情况
中国外科年鉴	第二军医大学长海医院	1983	公开
中国内科年鉴	第二军医大学长征医院	1983	公开
中国中医药年鉴（学术卷）	《中国中医药年鉴》编委会	1983	公开
中国新音乐年鉴	上海音乐学院图书馆	2009	公开
中国音乐教育年鉴	上海音乐学院图书馆	2010	公开
世界社会主义研究年鉴	上海社会科学院中国马克思主义研究所	2013	公开

江苏省年鉴发展报告

江苏省地方志办公室[①]

提要：2017年，江苏省年鉴工作稳健发展，报告分析总结了2017年全省发展的基本情况和工作的基本特点：以抓三级年鉴全覆盖为主，力推区级年鉴启动；年鉴质量方面以中国年鉴精品工程为引领以点带面，放大示范效应；年鉴开发利用方面，开展纸屏互动、媒体融合探索，加大全省年鉴数字化建设，继续加大年鉴创新力度。针对年鉴事业发展存在的问题，报告提出了2018年以后江苏省年鉴工作8个方面思路。

关键词：江苏省　年鉴事业　创新发展　发展思路

一、2017年发展概况

（一）三级综合年鉴全面启动情况

2017年，江苏全省三级行政区共110个，其中设区市13个，县（市）41个、市辖区55个。至年底，除徐州市云龙区、鼓楼区和无锡市新吴区没有实质启动外，其他共启动三级综合年鉴编纂107部，其中实现一年一鉴104部，2017卷公开出版（含已取得书号）101部。年内新创刊的年鉴有淮安市《清江浦年鉴》、常州市《天

① 执笔人：吉祥，江苏省地方志办公室年鉴处处长。

宁年鉴》、无锡市《梁溪年鉴》、徐州市《泉山年鉴》、南通市《港闸年鉴》《崇川年鉴》6部。

（二）专业年鉴编纂出版情况

全省专业年鉴除统计系统的各地统计年鉴以及部分高校年鉴外，据不完全统计，正式出版的省级专业年鉴有《江苏科技年鉴》《江苏体育年鉴》《江苏民盟年鉴》《江苏文化年鉴》《江苏交通年鉴》《江苏保险年鉴》《江苏卫生年鉴》《江苏统计年鉴》《江苏省文学艺术联合会年鉴》《江苏教育年鉴》《江苏宣传年鉴》《江苏水利年鉴》《江苏社会科学年鉴》《江苏出入境检验检疫年鉴》《江苏信息化年鉴》《江苏博爱建筑年鉴》《江苏财政年鉴》《江苏经济年鉴》《江苏油田年鉴》等，设区的市正式出版的专业年鉴有《苏州工业园区年鉴》《无锡城市建设年鉴》《无锡民营经济年鉴》《无锡保险年鉴》《徐州教育年鉴》等。2017年新创刊的专业年鉴有《江苏国土年鉴》《南京法院年鉴》《苏州地税年鉴》等。年内，《长三角城市年鉴》停刊。

（三）基层年鉴编纂情况

2017年，江苏省乡镇年鉴和村级年鉴共有4部，分别是泰州市高港区永安洲镇的《永安洲年鉴》，征市新集镇的《新集年鉴》，张家港市南丰镇永联村的《永联年鉴》。其中，《新集年鉴》《永联年鉴》均为新创刊的年鉴。

（四）外文版年鉴编纂情况

年内，全省编纂出版外文版年鉴2种，分别是英文版《江苏年鉴（2016）》《南京年鉴（2016）》。《盐城年鉴》为编纂韩文版做了很多前期准备，因遇困难韩文版的出版被搁置。

（五）其他年度文献编纂出版情况

其他由地方志系统编纂的年度文献还有手册类的《淮安手册》《盐城年鉴·市情手册（2017）》《扬州通》等，年度大事记纪事类的《苏州纪事2017》《无锡施政纪事》等。《宜兴年鉴》还出版了影像版刊中刊《精彩宜兴》。

二、年鉴工作开展情况及其特点

2017 年，江苏省年鉴工作推进呈现出 7 个特点：一是通过年鉴精品工程开创年鉴评审机制；二是在年鉴精品工程工作开展中，放大示范效应，组织所在市的县（区）年鉴编纂人员旁听专家评审，做到以点带面；三是利用全省大市年鉴负责人 QQ 群以及年鉴微信群，将全省年鉴的业务要求和相关成果上传，实现年鉴工作和研究文献共享；四是有意识地将专家参与评审和年鉴的分类专题研究相结合；五是培训将务虚的理论培训和务实的实例分析点评相结合，讲座和优秀示范文本相结合，提高培训效果；六是注重样本示范引导；七是将常规的年鉴编纂研究与年度性的地情研究相结合，开创了年鉴研究的新领域。

（一）围绕“两全”目标，推动区级年鉴全面启动

为了贯彻落实《全国地方志事业发展规划纲要（2015—2020 年）》和《江苏省贯彻〈全国地方志事业发展规划纲要（2015—2020）〉实施方案》以及《全国年鉴事业发展规划（2016—2020 年）》，2016 年，江苏省地方志办公室（以下简称“江苏省志办”）年鉴处拟订《江苏省贯彻全国年鉴事业发展规划（2016—2010 年）实施意见》，下发征求意见。该意见结合全国年鉴事业发展的总体要求和江苏省年鉴事业发展的实际，提出了到 2018 年全省全面实现省、市、县三级综合年鉴全覆盖的目标，尚未开展年鉴编纂的市辖区，在 2017 年全面启动年鉴编纂。2017 年年初，全省尚有 9 个区未启动年鉴编纂，5 个区尚未实现一年一鉴和公开出版。针对上述区级年鉴的滞后状况，江苏省志办在无锡市举办市辖区年鉴编纂业务培训班，传达国家和省对年鉴事业的精神和总体要求，讲授年鉴历史、年鉴编纂知识、区级年鉴特质把握、框架设计、条目编写、行文规范以及年鉴操作流程、方法、步骤、要求，并请张家港市、常州市武进区、南京市栖霞区、建邺区等年鉴开展较好的县（区）介绍编纂经验做法，同时给参加培训的区级年鉴单位提供优秀年鉴的图书样本。常州、无锡、淮安等市对相关区级年鉴的启动工作较为重视，省志办分管领导和年鉴处人员也分别到滞后的区进行督促调研，到 2017 年 11 月底，除徐州市鼓楼区和云龙区、无锡市新吴区尚未正式启动外，其他 7 个区年鉴编纂均已启动，部分创刊年鉴做到当年出版。

（二）围绕省政府对年鉴编修工作要求，确保目标内年鉴全面出版

2017年，省政府工作报告中提出“做好地方志和年鉴的编修工作”的要求。年初，省政府将《江苏年鉴》和99部市、县（区）综合年鉴编纂出版列入江苏省政府年度十大任务百项工作之列。全年，江苏省志办分别召开全省地方志工作会议和二轮省志、年鉴推进会，推进年鉴目标任务的完成。除个别区因区划调整等不可控因素外，到2017年12月底，全省共有100部地方综合年鉴实现年内公开出版。

（三）完成全省第四次地方志优秀成果年鉴类评选

江苏省地方志优秀成果年鉴类评选每两年举行一次。2016年江苏省志办部署了全省第四届江苏省年鉴奖的评选工作，在各市进行初评的基础上，2017年上半年，省志办又组织复评，并从外事及港澳台侨政策、民族宗教政策、政治敏感问题、地图审图号等方面，对所有参评年鉴进行全面核查，统一尺度，严格打分标准，形成终评结果，报省政府办公厅下发。第四届江苏省优秀年鉴共表彰地方综合年鉴综合优秀一等25部，二等25部，三等30部；地方综合年鉴单项优秀，框架设计类10部，内容资料类10部，条目编写类10部，视觉设计类10部。全省年鉴评奖结束后，将评委对各参评年鉴的意见对各地作了反馈。在此基础上，2017年5月，在常州市武进区举办了全省年鉴培训班，对年鉴评奖中出现的问题进行分析讲评，对大面积改进和提高全省年鉴质量起了较为关键的作用。

（四）参与全国地方志系统年鉴评审获得优异成绩

根据中国地方志指导小组办公室（以下简称“中指办”）的部署，江苏省志办对2015—2016年全省公开出版年鉴的基础数据进行普查，确定参与推荐参评的数量，从全省第四届年鉴评奖的获奖年鉴中推出参评年鉴23部，其中省级综合年鉴1部、市级综合年鉴3部、县级综合年鉴16部、专业年鉴3部。在全国地方志优秀成果（年鉴类）评审活动中，江苏省推送的《江苏年鉴（2015）》《淮安年鉴（2016）》《太仓年鉴（2016）》《海门年鉴（2016）》《金湖年鉴（2016）》共5部年鉴获特等年鉴，《连云港年鉴（2016）》《常州年鉴（2016）》《武进年鉴（2016）》《海安年鉴（2016）》《雨花年鉴（2015）》《玄武年鉴（2016）》《高港年鉴（2015）》《如东年鉴（2016）》《建邺年鉴（2016）》等9部年鉴获一等年鉴，在全国各省（区、市）的同等次获通报表

扬年鉴中数量均位居第一，此外获得二等年鉴的有 6 部，三等年鉴的有 2 部，推荐参评的综合年鉴全部获通报表扬。一些市县因年鉴工作成绩突出而在地方考核中获得殊荣，如淮安市年鉴工作在全市创新创优中获一等奖。

（五）扎实开展中国年鉴精品工程工作并初显成效

根据中指办《中国年鉴精品工程实施方案》精神，江苏省志办从全省年鉴单位中选取基础较好、有区域代表性、有意向的县（区），确定南京市栖霞区、滨海县、海安县作为江苏申报单位，连同中国年鉴精品工程试点单位南京市志办，共有 4 部 2017 卷年鉴申报中国年鉴精品工程。省志办召开 4 家申报单位座谈会，明确工作开展要求；组成中国年鉴精品工程江苏协作组专家评审组，对 4 部年鉴分别召开初评会；将全国第二期年鉴主编培训班参训的指标名额安排给海安、滨海、栖霞 3 家单位参加，为后期入选后的修改提前作出业务准备；省志办年鉴处在各单位初评修改的基础上提出复评意见,反馈给各申报单位继续修改。经过全国年鉴专家的三轮审评,并组织多次修改,《南京年鉴（2017）》《海安年鉴（2017）》最终入选中国年鉴精品工程“中国精品年鉴”。

（六）完善年鉴质量标准制度

2017 年，江苏省志办修订并下发《江苏省地方综合年鉴编纂规范》，从年鉴编纂的指导思想、体例、框架、内容、表述、出版等方面均作了规定，很多规定创新性地走在全国各省的前列。

（七）部分年鉴进行了媒体融合的有益探索

如连云港地方志办公室与市广电出版文化局合作，在年鉴光盘中将影像的年度大事记纳入。《苏州年鉴（2017）》创新年鉴编纂和出版形式,为符合数字出版和“互联网 +”的发展方向，首次采用“纸屏互动”模式，尝试在卷首“聚焦苏州”专栏铺印“市歌《苏州好风光》”音频二维码（苏州方言演唱），读者从卷首就可领略苏州的风土人情,设置“掌中关注”专栏,在“苏州概况”“政治”“经济”“文化”“社会”篇的篇章页背面增添相应条目内容的视频二维码，一定程度上增加了纸质年鉴对视频资料的承载力，增加其信息量、可读性，并与《苏州年鉴》可视化网络年鉴系统互动，贴合新时代的阅读和利用需求。部分年鉴开始取消传统的纸质版后附加的年鉴电子光盘，而采用二维码的方式链接年鉴网络版，拓展年鉴互联网利用的方式。

（八）旧年鉴的整理

年内，常州市武进区影印出版民国 15 年（1926 年）和民国 17 年（1928 年）两部《武进年鉴》。这是江苏省内继无锡民国年鉴整理后的又一旧年鉴整理研究成果。

（九）年鉴理论研究工作

2017 年，江苏省地方志系统向全国年鉴研究学术年会提交论文 4 篇。常州市地方志办公室承办全国第二期年鉴主编培训班。南京市地方志办公室承办了南京都市圈年鉴年会。

三、年鉴编纂创新

2017 年，江苏省志办在指导各地年鉴编纂中，除强化年鉴编纂规范外，还结合学习中央新发展理念和各地“十三五”发展规划，在年鉴编纂理念、框架结构、总体设计、年度选题、表现形式、功能拓展等方面倡导年鉴编纂创新。

（一）框架设计融入新发展理念

以新的开放理念为例，“开放”不再停留在以国家为主体的对境外开放上，而是体现在以地方为主体的对内对外双向的全面开放上，特别是把地方发展从过去的局限于本行政区拓展到融入更大区域发展的思维中检修框架设计。除《南京年鉴（2017）》和《徐州年鉴（2017）》分别继续设置“南京都市圈”和“淮海经济区”类目外，《扬州年鉴（2017）》新设了“区域融合发展”类目，下设跨江融合、长三角区域合作、宁镇扬同城化发展等分目，较为鲜明地体现该市的区域发展战略。《淮安年鉴（2017）》则在“开放与合作”类目下设宁淮挂钩合作、台资高地打造、援疆等分目。《苏州年鉴（2017）》在“开放型经济”类目之外设置“国内合作”类目，下设对口援疆、对口援藏、东西部扶贫协作、对口支援三峡库区、南北挂钩、内联协作等分目。《太仓年鉴（2017）》打造特色鲜明的开放前沿阵地，做优做亮三篇文章：实施“以港强市”战略，设置“太仓港”类目；加速全面“融入上海”步伐，在特别报道中设“融入上海”分目；打造“对德合作”典范城市，设置“中德中小企业合作示范区”类目。一些年鉴在经济发展板块，强化宏观经济运行中供给侧结构性改革、新兴产业的栏目设置与内容记述，个别年鉴将科技创新置于经济发展板块的前列。在体现协调发展的理念上，不少年鉴重视城乡一体化发展、特色小镇建设、美丽乡村建设的栏目设置。在体现绿色发展上，《淮安年鉴（2017）》《盐城年鉴（2017）》《南通年鉴（2017）》《扬州年鉴（2017）》《连云港年鉴（2017）》等均普遍重视“生态环境建设”或“生态建设”类目的设置，完整地体现“绿色”发展的理念。

（二）根据地方发展特质，打造品牌栏目

如《如东年鉴（2017）》设置“洋口港建设”“海洋渔业”“绿色能源”类目，《如皋年鉴（2017）》设置“世界长寿乡”“园艺业”“如皋港”等特色类目，《盱眙年鉴（2017）》设置“龙虾节”类目，《仪征年鉴（2017）》设置“中国芍药节·绿杨春早茶文化节”“驻仪企业”类目，地处沿海的南通市、盐城市、连云港市及其沿海辖县的年鉴，普遍设置“沿海开发”类目，《江阴年鉴（2017）》设置“企业上市”类目。南京市的一些区级年鉴普遍重视城区特质，如《建邺年鉴（2017）》设置功能园区、都市建设、城区经济等类目，体现特定的城区空间功能格局和城区经济的业态特点。

（三）在体现年度特色方面重视关注具有重要影响和年度发展意义的重大主题和专题

如《盐城年鉴（2017）》收录“6·23特大龙卷风冰雹盐城强县救援及灾后重建纪实”至特载、《阜宁年鉴（2017）》设置“6·23特大龙卷风冰雹灾害”类目，《苏州年鉴（2017）》在专辑类目下设“近现代苏州丝绸样本档案入选‘亚太记忆’”。《扬州年鉴（2017）》在专记类目下设有“扬州入选全国小微企业创业创新基地城市示范”，《徐州年鉴（2017）》在特载类目中收录了“先把周一教育开展‘学南通、双提升’活动”，《宿迁年鉴（2017）》在特载中收录“废旧物资回收加工综合整治”“一村一品一店建设”专题。不少年鉴的“媒体关注”栏目真正关注年度精神、年度价值，弥补了年鉴编纂价值的不足。如《铜山年鉴（2017）》“年度媒体聚焦”中“2016，那些铜山人难忘的18个瞬间”“铜山：领跑苏北 不停跨栏”“产业强区 创新富民——回顾2016，五大关键词带你看铜山发展”“向世界展示最美姿态——着力打造生态文明的‘铜山样本’”“‘草根’创业的铜山实践”，均紧扣年度发展特点。《贾汪年鉴（2017）》“新闻报道摘录”下的“打造增长极争当排头兵 贾汪全面建成全国资源枯竭城市转型创新实验区”“贾汪徐州工业园区实施‘五大’战略助推跨越发展”“贾汪区：破解老煤城‘转

型密码’”等，《栖霞年鉴》中的“‘小网格’构建城市基层党建大格局”专文，《玄武年鉴》的“玄武区养老服务业发展纪实 ”专记，《江阴年鉴》“媒体报道选辑”收录的“咬定先进制造业不放松”“江阴高新区 创新有作为”“江阴：运用专利战略赢得市场‘话语权’”“资本引领，江阴产业强市驶上快车道”“工业经济第一线转型样本：江阴百亿重奖企业兼并做强”“绿色制造：江阴奏响转型换挡‘最强音’”，均是抓住了各地发展中具有全国意义的最本质的东西。

（四）重视体现时代精神取向、核心价值观和时代倡导

《靖江年鉴（2017）》设置“凡人善举·新人新事”类目；《射阳年鉴（2017）》人物中“最美射阳人”下设最美道德模范、最美射阳赤子、最美基层干部、最美创业精英、最美职工、最美农民、最美服务明星、最美法治人物、最美教师、最美医务工作者、“特别感动人物·组织”事迹介绍，体现了人民的主体性。《江宁年鉴（2017）》人物中的高端人才选介（创新创业）、美丽江宁人、百姓之星，《如东年鉴（2017）》人物类目下设的“首届十大如东工匠”等，均体现了社会价值倡导。

（五）融入问题意识与地方发展思考的智囊功能

把地情研究与年鉴编纂相结合，注意收录具有深度思考和关注地方现实发展的调研报告和两会的提案议案，赋予年鉴一定的蓝皮书功能。如《宝应年鉴（2017）》附录中的“调查研究”收录“宝应县荷藕产业‘接二连三’发展调研报告”“宝应县新能源 SWOT 分析以及发展对策研究”“关于宝应县“十三五”期间农业现代化发展的对策与思考”“宝应县推进美丽乡村建设的研究与思考”，体现了年鉴对地方发展的思考；《海安年鉴（2017）》附录中收录 2 篇调研报告“把握全面小康进程 共建美好幸福家园”“关于百亿级产业集群培育的调查”；《泰兴年鉴（2017）》设置“泰兴发展论坛”类目；《徐州年鉴（2017）》附录收录 2 篇重要调研报告“徐州市‘一地一策’牵引性改革评估报告”“新态势 新趋向 新框架”；《雨花年鉴（2017）》专文收录“软件谷创新创业工作的调研与思考”“关于我区红色文化遗址保护和利用力度的思考”；《连云年鉴（2017）》附录收录人大代表建议 4 篇、政协委员提案 7 篇。

（六）重视视觉设计和图片专题

在封面装帧上，注意将地方文化元素融入设计。如《苏州年鉴（2017）》《栖霞年

鉴（2017）》借鉴了《台北年鉴》“封面故事”的表现手法。《苏州年鉴（2017）》每年选取《锦绣苏州》图长卷的一部分，《锦绣苏州》图长卷是当代苏州美术史上的力作，采用中国画的技法，画面由东往西从水乡周庄及同里至太湖三山岛，贯穿吴江区、苏州工业园区、相城区、苏州高新区、吴中区等6个区域板块，囊括了苏州传统经典名胜与当代地标建筑，集中展示苏州历史文化的独特魅力，融传统的内敛与现代的开放于一体，向世人展示了一个繁华盛世的苏州新景象。2017年卷的封面就是选取了盘门风景区瑞光塔一带的画面。《栖霞年鉴（2017）》的封面故事则以手绘的形式呈现了秦始皇从江乘（栖霞境内）渡江南巡的故事画面。《六合年鉴（2017）》封面不仅打上了六合的名片“中国民歌之乡、中国观赏石之乡、中国民间绘画画乡、中国美食文化之乡”，而且以诞生于六合的著名民歌《茉莉花》的创作手稿及茉莉花的形象进行设计，六合地方色彩十分鲜明。和《苏州年鉴（2017）》的封面相类似，《宝应年鉴（2017）》封面以东南大学艺术学院教授尹文创作的水彩国画长卷《宝应图》为题材，分三年截取该图部分画面作为封面插图，展现宝应的地域风貌和传统历史文化，并将宝应“荷藕之乡”的荷花作为页眉的设计元素，地方特色也非常鲜明。《滨海年鉴（2017）》在封面打上“淮河门户　东方新港”的名片，同时在彩页设置地方宣传页，“黄河骄子革命老区　淮河门户　东方新港”以及“沿海争先跨越　淮河争当门户　全市争创一流”，把滨海的区域定位和发展定位作了简洁明了的揭示。不少年鉴封面设计都使用了当地的品牌标志和文化符号，较好地代表了地方特质。除封面设计外，不少年鉴在年鉴彩页部分注意图片的专题化，最具代表性的是《江苏年鉴（2017）》《淮安年鉴（2017）》。《江苏年鉴（2017）》彩页分“江苏要闻”“幸福表情　江苏力量”“年度影像”三个专题。《张家港年鉴（2017）》彩页围绕践行“四大路径”，奋力谱写“两聚一高”新篇章的发展主题来组织。《淮安年鉴（2017）》彩页图片分为“基本市情”“数据淮安”“政治建设”“三进三帮”“阳光扶贫”“两学一做”“文明创建”“基础设施”“农业农村”“工业经济”“服务业”“开放合作”“文化建设”“社会保障”“体育活动”“生态保护”“美丽家园”共17个专题，形同以图为主的图鉴。

（七）将情报文献功能引入年鉴

《镇江年鉴（2017）》“书目·文摘·题录”类目，借鉴了《新闻文摘》的编辑手法，其中的文摘如《“戴庄经验”及其可推广性研究》《2016年全省能源消费情况分析》《2016年镇江市高耗能行业综合能耗增速情况表》《2016年镇江市农村居民收入情况简析》等，“报刊文章题录”有深度，《镇江网情》题录有新意，收录了热点聚焦、网络曝光、处置回音、建言献策、舆情警示、辖市舆情、焦点网评·网情观察·网情盘点、舆情调查、网帖摘编。《盐城年鉴（2017）》的附录包括文件目录、综合考评、荣誉榜、出版书目、媒体报道；《扬州年鉴（2017）》附录除了重要文件目录外，其“书目和题录”，也具有较高的文献情报价值；《连云年鉴（2017）》附录中的基层信息，对2016年区政府网报道作了摘编。

（八）赋予年鉴以前瞻功能

过去年鉴多被设定为记载“过去”的文献，以为年鉴可以保存史料，而忽视年鉴具有前瞻性的服务功能。年鉴所记载的内容，从时态上可以分为三类，一类是过去已经完成结束了的“过去完成时”，一类是常规工作持续进行的“过去进行时”，还有一类是过去规划将要在未来执行的“过去将来时”。随着时间的推移，这个“过去将来时”也许正是构成了规划指导现实或转化为现实的东西。恰恰是这些内容对当下的现实指导意义更大，年鉴的这类功能过去被忽视了。这样的内容主要是发展规划、建设规划、地方法规政策。2017年，江苏不少年鉴注意收录了本地的“十三五”规划，《南京年鉴（2017）》及下辖的部分区级年鉴也重视了部分具体城市规划的条目记载。

（九）延展了为地方志保存史料和将史志地情文化社会普及的功能

由于地方志工作机构没有政协文史资料的平台，一些年鉴把年度性的年鉴作为保存和积累史志资料的平台来使用，如《栖霞年鉴（2017）》设置“栖霞掌故”“往事钩沉”“邑人档案”就是满足地方志文史资料积累的需求，《栖霞年鉴（2017）》“专题彩页”每年一个专题，2017年卷的主题是“美丽栖霞”系列之十一“栖霞山赋”碑亭。《高港年鉴（2017）》附录收录“诗文咏高港”是对文史和艺文资料的保存。与此类似的还有《靖江年鉴（2017）》设置“马洲史话”“知名文化人”类目。《睢宁年鉴（2017）》在附录中分3章17节记载了“古黄河文化”。《沛县年鉴（2017）》附录收录了与沛县有关的“汉代成语典故选辑”12则。

（十）社会意识的引入

年鉴的供稿渠道主要是党政职能部门，内容也主要是这些职能部门开展的工作。职能部门供稿的特点主要是反映部门工作和管理情况，而对社会层面反映较少。为了克服年鉴供稿上的这类通病，部分年鉴注意了统计部门社会调查资料的运用。如《靖江年鉴（2017）》“专记”类目下设“专题调查”，包括商品房销售调查、家规家训传承情况调查。《建湖年鉴（2017）》根据社会关注，在人物类目中收录年度高考文理科前五名名录、职中对口高考前五名名录，建湖民间艺人、名人等。

四、年鉴工作中存在的问题

对照“两全目标”对年鉴工作的要求，江苏省年鉴工作仍然有一定差距，表现在：至2017年年底，仍有徐州鼓楼区、云龙区和无锡市新吴区3个区的年鉴没有实质性启动；《邳州年鉴》《新沂年鉴》《滨湖年鉴》《灌云年鉴》4部2017年卷年鉴尚是内部发行，没有公开出版；《常州高新区新北区年鉴》、苏州《姑苏年鉴》还没有做到一年一鉴；有近1/4年鉴为年内12月或12月之后才出版，出版周期较为滞后，影响了年鉴作用的发挥，南通市《崇川年鉴》《港闸年鉴》《滨湖年鉴》2017卷尚未完成编纂出版；区域之间年鉴质量不平衡，苏北地区年鉴质量相对较差；全省各地年鉴框架缺乏相对的稳定性，在基本部类栏目规范性设置的共识上还存在欠缺；年鉴在运用新发展理念、紧贴地方发展战略和“十三五”规划实施上仍有一定距离；年鉴理论研究没有形成氛围。

造成以上问题的主要原因是：区级地方志工作机构不健全，尽管2016年省志办与省编制办共同下发文件，对没有设立地方志工作机构的区可在当地档案局挂牌合署办公，但在实际执行过程中，一些区分管领导和人员编制均不到位，特别是熟悉年鉴编纂业务的专业人员严重缺乏。即使一些已经启动年鉴编纂的区，年鉴编纂的保障机制也没有完全走上正轨，而是靠一些临时性的外聘人员在支撑。一些地方没有把年鉴工作纳入地方政府的规划和工作目标，年鉴专项工作经费得不到保证，缺乏目标考核机制，年鉴组稿供稿效率不高。县（区）地方志工作往往与党史、档案工作机构合署，专职人员少，但要同时完成第二轮修志、党史三卷本和年鉴编纂，从事年鉴编纂的力量投入不够。

五、年鉴工作的发展方向

针对上述问题，今后全省年鉴工作将主要从以下几个方面着手推进：

一是加快地方志立法，从根本上解决依法编鉴的问题。《江苏省地方志工作条例》

计划于2018年经过省人大通过正式颁布实施。该条例强调县级以上地方人民政府对年鉴工作的领导，要求将年鉴编纂纳入经济和社会发展规划，健全地方志工作机构，配备工作人员，保障基础设施，包括年鉴在内的地方志工作所需经费列入本级财政预算，及时足额拨付。该条例明确年鉴编纂的领导责任、主体责任、供稿责任以及执法和目标考核，有助于在根本上解决制约年鉴发展的最主要的因素。

二是强化全省年鉴工作目标考核，实现三级地方综合年鉴编纂出版全覆盖。仅靠地方志系统的内部循环，无法解决制约年鉴编纂传播的外部问题，必须实行压力传导，将省政府关于年鉴编纂出版年度目标的考核从对省志办的考核转为对各市、县（市、区）政府及其地方志工作机构的指标考核。在地方志系统内部，同样要强化对各地年鉴编纂出版目标进度的督查，以确保按照“两全目标”的要求做到三级地方综合年鉴全面启动、一年一鉴、年内公开出版。帮助薄弱地区年鉴编纂工作走上正轨，使年鉴编纂工作走上常态化。

三是要为年鉴工作的开展提供新的激励机制和导向。目前全省年鉴工作激励主要是靠年鉴评奖和优秀条目评奖进行。今后有必要加入从年鉴工作创新和优秀调研成果入手进行的评估，从工作组织层面推进而不只是局限于编纂层面。

四是继续以年鉴精品工程为抓手，放大以点带面的带动效应，提升全省年鉴质量。精品年鉴工作将三管齐下，一是申报中国年鉴精品工程“中国精品年鉴”，二是开展省级精品年鉴工作，三是以设区市为范围，每个市选择一个县（区）进行市级精品年鉴培育。

五是围绕江苏的“两聚一高”服务全省经济社会高质量发展以及党的十九大报告学习，将新的发展理念研究贯穿在年鉴编纂中，创新年鉴编纂理念。将年鉴工作与地情研究相结合，从对年鉴体例结构和规范的关注真正转到地方发展趋势、方向和内容价值上来。在部分年鉴编纂单位进行试点，将深度专题调研引入年鉴，提高年鉴的价值。引导各地年鉴工作者对地情研究的重视，使年鉴工作开展的思维跟上新时代新理念。

六是继续组织全省年鉴培训，提升全省年鉴编纂工作者的业务素质；继续组织开展全省地方综合年鉴优秀条目和框架评选及点评，提高年鉴编纂者对年鉴质量提升的感性认识。

七是围绕《江苏省地方志工作条例》对年鉴工作新要求，开展乡镇年鉴和开发区年鉴的研究和实验工作。

八是要有效发挥地方志学会年鉴工委的作用，以学会的团体机制弥补机关行政工作的不足，组织开展年鉴的业务课题研究，引导全省年鉴界的业务研究氛围。

安徽省年鉴发展报告

■ 安徽省地方志研究院 ①

提要：安徽省年鉴工作始于20世纪80年代，是全国较早启动地方综合性年鉴的地区之一，改革开放以后稳步发展，呈现规范、综合、实用的整体特性。2017年，安徽省继续推进年鉴年鉴事业发展，不断创新篇目设计、拓展年鉴的深度与广度。全省年鉴着力推进“一年一鉴，公开出版”目标全面实现，并通过举办精品年鉴评比、年鉴理论研究活动，务实提升年鉴事业发展水平，扩大年鉴工作影响力。对于下一步发展，报告提出实现各级地方综合年鉴“一年一鉴，公开出版”全覆盖，加强信息化建设和创新力度等建议。

关键词：安徽省　综合年鉴　一年一鉴公开出版　年鉴理论 互联网 +

一、安徽省年鉴发展历程

（一）《安徽年鉴》发展演变

《安徽年鉴》于1984年创刊，其前身为《安徽经济年鉴》。1983年，正值改革开放之初，全国经济建设百废待兴。当时安徽省社会科学院本着研究全省经济发展的需要，在省政府批准下，创办《安徽经济年鉴》，是全国最早创办年鉴的几个省份之一。

《安徽经济年鉴》分8个篇目：安徽省概况，安徽省重要经济文献、政策法规

① 执笔人：章雨舟，安徽省地方志研究院年鉴处主任科员。

（1979 ~ 1983 年），安徽省经济发展概况，安徽省各部门经济发展概况，安徽省各地、市、县经济发展概况，经济专文和专题资料，安徽省经济大事记（1979 ~ 1983 年），附录。内容主要是以文章的形式记述。

随着改革开放的深入和经济的快速发展，文化建设、社会建设提到议事日程，党和国家行政管理体制改革进入攻坚克难阶段，无论是编者还是读者，都强烈意识到这部年鉴所涵盖的资料内容已经不能满足社会的需求。1988 年，安徽经济年鉴社决定改版，扩充容量，经省政府批准，《安徽经济年鉴》改为《安徽年鉴》，在以往内容的基础上增设政治、文化、军事、法制、社会等方面的信息资料，同时优化结构，提高质量，由专业年鉴转变为地方综合性年鉴，也是全国创刊较早的省级综合年鉴之一。

1988 年卷《安徽年鉴》是首部综合性年鉴，采用篇目、栏目和条目的形式编排，内容涵盖全省政治、经济、军事、法制、文化和社会等方面的信息资料，编列条目 900 多条。在以后 30 余年的发展过程中，《安徽年鉴》适应社会经济发展趋势，不断调整篇目设置，力求站在高处把握全省资料，编纂高品质实用性省级综合年鉴。例如，1999 年卷设立“环境保护”篇，2003 年卷增设“对外开放”“民营经济”“信息业”“社会保障”“富民强省专论”等篇，2017 年卷增设“扶贫开发”篇等，已经形成主体篇目 40 余篇，主体篇目固定但不呆板，结构紧凑但不漏项的篇目格局。

《安徽年鉴》是全面记载安徽省发展的大型资料性工具书，其信息资料具有“权威性、综合性、信息性、史册性、实用性”，自出版以来受到社会各界的广泛欢迎和省委、省政府领导的高度评价。至 2017 年，《安徽年鉴》已累计出版 33 卷，全面记载了安徽省的经济社会发展历程，成为各级领导决策参考的重要工具，成为宣传安徽、推介安徽的有效平台，是外界了解和认识安徽的窗口，安徽与外界沟通的桥梁，起到了“存史、育人、资政”的积极作用，为安徽的跨越式发展作出了应有贡献。

2008 年，根据国务院《地方志工作条例》精神，安徽年鉴社在省政府统一安排调度下，集体划转到安徽省地方志办公室（以下简称“安徽省志办”），开始了《安徽年鉴》编纂工作的新征程。2011 年，安徽年鉴社由事业单位编制转变为参照公务员法管理，年鉴社转变为安徽省志办年鉴处，工作职能从单一编纂《安徽年鉴》扩大到对全省年鉴编纂工作的规范、培训、管理和业务指导。

（二）市、县（市、区）地方综合年鉴发展历程

市、县（市、区）年鉴工作经历了系统内外分编合流，从自发到自觉发展，再到

有序推进的过程。1988 年《马鞍山年鉴》创刊，由马鞍山市党史研究室编纂，这是全省第一部市级综合年鉴（1991 年转由市地方志办公室承编）。1990 年，巢湖市（县级）根据工作需要自发编纂安徽省地方志系统第一部县级综合年鉴，内部出版；1991 年，铜陵市编纂出版安徽省地方志系统第一部公开出版的地方综合年鉴。这两部年鉴的编纂与出版标志着安徽省市、县两级年鉴编纂工作的正式开始。这一时期，全省年鉴编纂尚处于自发阶段。

1998 年，安徽省首轮志书编纂出版任务在全国率先完成。随即，省地方志编纂委员会作出决定：全省各地市全面启动和加强年鉴工作，有条件的县市和省直厅局也逐步开展。自此之后，安徽年鉴编纂工作在省地方志办公室的督促领导下，从沿江地区向全省各地全面铺开，从少数地方自发编纂开始转为有组织按计划编纂。据统计，2001 年全省市、县两级编纂出版年鉴 32 部，其中市级年鉴 14 部，县级年鉴 18 部。2001 年 2 月，全省年鉴工作经验交流及理论研讨会提出：全省年鉴编纂数量要进一步扩大，地市综合年鉴争取满堂红。2002 年，池州市、宣城市和新组建的亳州市三市首部综合年鉴创刊。至此，安徽 17 个省辖市全部编纂出版年鉴的“满堂红”目标基本实现。2003 年，《无为年鉴》《太湖年鉴》创刊，全省共有 47 个市、县（区）开展了年鉴编纂工作。2006 年以后，县（市、区）年鉴编纂工作稳步发展，以每年创刊年鉴 10 部的速度向前推进，全省年鉴事业呈现蓬勃发展和逐步提高的态势。截至 2017 年年底，全省 16 个市、44 个区、55 个县、6 个县级市已经全部编纂出版年鉴，完成了全省年鉴编纂工作的“全覆盖”。其中，16 个市级年鉴编纂已经全部实现“一年一鉴、公开出版”。现阶段，根据《全国地方志事业规划纲要（2015—2020 年》（以下简称《规划纲要》）和《全国年鉴事业发展规划（2016—2020 年）》等文件精神，全省各市、县（市、区）制订了全面完成“一年一鉴、公开出版”时间表和路线图，全面推进地方综合年鉴编纂工作，确保“两全目标”的最终顺利完成。

市、县（市、区）综合年鉴的编纂出版，有力地促进了地方志工作的深入开展，为志书的续修工作打下了坚实的资料基础。同时，也加强了与同级部门间的合作，密切了与社会的广泛联系，提高了地方志的地位，受到了领导的重视和社会的好评。在推进全省年鉴编纂工作的同时，省地方志学会在年鉴学术研讨上也做了许多工作。1994 年，省地方志学会在巢湖召开年鉴工作座谈会，传达了全国地方年鉴工作座谈会的精神，总结并推介全省部分地市的年鉴工作经验。1995 年，在省地方志学会的推动下，沿江地区有关市县在铜陵召开了沿江地区年鉴工作协作会，加强了各年鉴编纂单位之间的横向经验交流。1997 年、1999 年两次全省地方志优秀成果评奖会议和 2010 年、2013 年、2017 年三次全省年鉴质量评比会议都对全省年鉴进行了评奖，有力地推动了全省年鉴在编纂质量上的提高。先后有铜陵、马鞍山、安庆、芜湖、当涂、肥东、黟县、宁国等地年鉴在省内外获奖。1999 年创刊的《安徽地方志》开辟有年鉴研究专栏，专注于年鉴学术研究，对年鉴的学术研究起了推动作用。

（三）专业年鉴发展简况

《安徽统计年鉴》《治淮会刊》《安徽教育年鉴》《安徽财政年鉴》《安徽税务年鉴》《马钢年鉴》《铁四局年鉴》《铜陵有色年鉴》等老牌专业年鉴以及《安徽文化年鉴》等新生代专业年鉴也在各自领域发挥着积极作用。

二、2017 年年鉴事业发展情况

《安徽年鉴（2016）》于 2016 年 12 月出版发行。2017 年春节刚过，安徽省志办就抢抓进度召开《安徽年鉴》大纲论证会，邀请来自省委办公厅、省人大常委会办公厅、省发展改革委、省经济和信息化委、省人力资源社会保障厅等 9 名专家对《安徽年鉴（2017）》编写大纲进行可行性论证。专家们充分肯定《安徽年鉴（2017）》框架结构，认为其内容全面、体例完善，一致同意《安徽年鉴（2017》编写大纲基本延续上年的框架结构和篇目设计，部分地方根据实际情况变化、按照科学合理原则进行微调。经过讨论，大纲优化了部分篇目结构，删除了部分老旧提法；特别是为突出展示安徽在扶贫方面的新做法、新进展、新突破，单独设立“扶贫开发”篇，下设脱贫攻坚综述、产业脱贫工程、就业脱贫工程、易地扶贫搬迁工程、生态保护脱贫工程、智力扶贫工程、社保兜底脱贫工程、健康脱贫工程、基础设施建设扶贫工程、金融扶贫工程、社会扶贫工程等 11 个分目，各分目下设若干条目。这也是 2017 年卷的一大亮点。

市、县（市、区）级综合年鉴在历年全省年鉴工作平稳有序发展的基础上，加速推进“一年一鉴、公开出版”目标的实现。2017 年 3 月，安徽省志办对全省市、县（市、区）年鉴编纂出版情况进行了调查摸底统计，制订了实现“一年一鉴、公开出版”目标的时间表和路线图。随后利用全省南北两片市县区志办主任会议，通报全省年鉴承编单位未完成“一年一鉴、公开出版”目标的情况，并分头深入芜湖、马鞍山、滁州等市召开所辖县区年鉴落后单位座谈会，督促检查“一年一鉴、公开出版”目标推进情况，为各地解决年鉴编纂缺乏人手的瓶颈问题出谋划策，协调解决机构、人员、经费的“三落实”问题。

截至2017年年底，全省16个省辖市综合年鉴编纂全部实现“一年一鉴、公开出版”；45个县（市、区）实现“一年一鉴、公开出版”目标，44个县（市、区）尚未完成“一年一鉴”、30个县（市、区）尚未完成“公开出版”，正在加速推进中。

三、重点工作情况

（一）推进“一年一鉴、公开出版”实现，让年鉴编纂跑起来

安徽省全面系统贯彻落实《规划纲要》和《安徽省地方志事业发展规划（2016－2020年）》要求，将在2020年前实现全省年鉴“一年一鉴、公开出版”作为年鉴工作的核心。安徽省做了许多有益且有效的工作。

一是建立省、市、县三级联动管理体系。对全省年鉴编纂情况进行拉网式的摸排，要求不仅摸清某一个地区现阶段是否实现“一年一鉴、公开出版”，更详细了解未能实现“两全目标”的原因，了解其人员结构、经费情况，以及预期实现时间。未能实现“一年一鉴、公开出版”的县（区），每个县（区）指定一名责任人，责任人与年鉴处工作人员结成点对点帮扶，年鉴处向省志办主任负责。至此，形成从上到下一条线，责任到人一张网的工作格局。

二是制定各地实现“一年一鉴、公开出版”时间表和路线图。要求各地坚决贯彻执行《安徽省地方志事业发展规划（2016—2020年）》，做到早计划、早安排、早落实、早完成“一年一鉴、公开出版”工作目标。根据摸排情况制定全省全面实现“一年一鉴、公开出版”时间表和路线图，并倒排出时间计划表。其中，针对44个未实现“一年一鉴”的县（市、区），作出完成“一年一鉴”目标时间安排：2017年3部，2018年7部，2019年4部，2020年30部；针对30个未实现“公开出版”的县（市、区），做出“公开出版”的时间安排：2017年5部，2018年8部，2019年9部，2020年8部。

三是深入市、县（市、区）实地推进“一年一鉴、公开出版”目标推进。组织人员多次以市为单位，深入市、县（市、区）了解各地未能完成“一年一鉴、公开出版”的原因，进一步确定专人结对帮扶、精准指导、加强督查、跟踪问效，实行上下联动、

群策群力。针对部分县（市、区）年鉴编纂人员力量不足、资金拨付困难的问题，与当地政府积极沟通，争取当地政府在人力、资金上的支持。

（二）加强年鉴培训，让年鉴实践专起来

年鉴要在网络时代永葆鲜活的生命力，需要做到以创新为引领，以质量为导向。安徽一直坚持年鉴作者培训与各级年鉴主编培训两条线路同时抓。2017 年 5 月，举办《安徽年鉴》组稿工作会议暨作者培训班,《安徽年鉴》作者近 300 人参加了培训。12 月，举办全省年鉴编纂业务培训班，全省各市、县（市、区）年鉴主编、年鉴编辑近 200 人参加培训。培训班上，中国年鉴精品工程指导专家牟国义作题为《年鉴评审常见问题与精品质量建设》专题讲座，结合自身参与全国精品年鉴评审经验，就全国年鉴中存在的普遍性、常见性问题和一些平常容易忽视的细节性问题，进行了内容翔实、例证丰富的针对性辅导；安徽省志办原副主任王守亚作题为《年鉴如何编以致用》专题讲座，就当前年鉴编纂中供给侧方面与需求侧中存在的一些矛盾和一些共性问题提出自己的思考，并提出相应解决方案；安徽省志办年鉴处处长黄玉华作《安徽年鉴工作的若干问题》专题报告，报告分析了全省年鉴工作的历史与形势，明确全省完成"两全目标"和"精品年鉴"的时间进度安排，强调全省各级年鉴编纂单位要按照国家和安徽省年鉴事业发展规划要求，"到 2020 年实现年鉴编纂全覆盖、一年一鉴、公开出版。同时，要树立精品意识，提升年鉴质量，进一步打造全国精品年鉴"。另外，针对因故未能参加培训班或对培训有特殊要求的单位，安徽省志办年鉴处还将培训课程送入厅局、送入基层，先后赴安徽省财政厅、合肥市、合肥市庐阳区及部分县（区）开展年鉴编纂业务培训讲座。

（三）深入年鉴理论研究，让年鉴理论立起来

一是以创新为引领，推进年鉴理论研究创新性发展，不断创新理论研究的组织模式，以理论研究成果促进年鉴事业繁荣发展。二是以问题为导向，从年鉴发展中遇到的问题入手，以理论研究成果指导年鉴编纂实践。三是以质量为核心，以党的十九大精神及习近平新时代中国特色社会主义思想为指导，与党中央保持思想上、政治上、行动上的高度一致；坚决抵制理论研究上低水平的重复，不断提升年鉴理论研究水平。

（四）推动精品年鉴工程，让年鉴水平高起来

根据《规划纲要》关于"坚持存真求实，正确处理质量与进度的关系，将精品意

识贯穿于年鉴编纂出版工作全过程”的要求，安徽在全省范围内开展中国年鉴精品工程宣传申报活动，并将参与中国年鉴精品工程作为加强年鉴质量建设的另一重要抓手重点铺开。安徽省志办年鉴处积极鼓励各地申报参加中国年鉴精品工程活动，并对申报精品年鉴的《黄山年鉴》等进行点对点的指导。

（五）举办、参与年鉴质量评比，让年鉴标准严起来

一是举办第三届全省年鉴质量评比。2017 年，为了检阅全省年鉴编纂成果，进一步提升全省年鉴编纂质量，也为 2017 年全国地方志优秀成果（年鉴类）评审活动选拔高质量的参评年鉴，安徽省举办第三届全省年鉴编纂质量评比，参评范围为 2015 年或 2016 年公开出版的全省省、市、县（区）三级综合年鉴和专业年鉴。全省共有 1 部省级综合年鉴、14 部市级综合年鉴、35 部县级综合年鉴、6 部省级专业年鉴参加评审。由 18 名专家分设框架设计、条目编写、装帧印刷、检索编校四个组，根据年鉴质量评审细则，对全部参评年鉴质量进行全面认真、客观公正的评审。评审活动共评出年鉴综合特等奖 10 部、一等奖 18 部、二等奖 22 部；另评出年鉴框架设计、条目编写、装帧印刷、编校质量四个专项奖若干部。

二是组织参加 2017 年全国地方志优秀成果（年鉴类）评审活动。在第三届全省年鉴编纂出版质量评比活动的基础上，组织推荐安徽省 15 部地方综合年鉴和 1 部专业年鉴参加评审活动，共有 2 部获特等年鉴、1 部获一等年鉴、4 部获二等年鉴、3 部获三等年鉴。

四、现阶段面临的问题

（一）信息化建设不够

依据全国地方志信息化发展规划精神，“互联网 + 安徽地方志”已在安徽各地逐步发展开来。年鉴作为其重要组成方面，一些地区已经做了有益的尝试，例如淮北市、马鞍山市探索运用“志鉴在线编纂管理平台”编修年鉴，但全省年鉴仍然普遍存在年鉴电子化程度不高、年鉴信息网络覆盖不全面等问题。

（二）年鉴职能发挥不够

年鉴在主动参与“三个强省”建设方面的自信不足，年鉴“资政、育人”的功能

没有完全发挥出来，在助推经济社会发展、服务文化生活、服务领导决策方面多有不足。

（三）年鉴编纂创新力度不够

虽然不管是《安徽年鉴》还是各市、县（市、区）综合年鉴都在积极探索年鉴创新发展，但是其步伐同沿海先进省份相比，创新多在点、少在面，多在枝、少在根，还显得步子小了一点、慢了一点。

五、下阶段工作方向

（一）继续做好年鉴“一年一鉴、公开出版”工作

把握好时间节点，在 2020 年之前一定要牢牢按照时间表、路线图，一步一个脚印推进“一年一鉴、公开出版”目标完成。在推进工作的精力分配上，不能只以市为中间点借助市级力量推动县（市、区），更要针对完成目标确有困难的地区，深入沟通，帮助他们向本级政府争取支持。对于工作长期难以推进的的“钉子”地区，既要有一定要拔出“钉子”的决心和韧性，更要有“拔钉子”的干劲和巧劲。

（二）着力加强年鉴信息化建设

将年鉴电子化、网络化作为年鉴信息建设的两个主要方向。电子化突出纸质年鉴在网络时代的信息采集功能，记载在纸上的信息要“活起来、动起来”，只有“活起来、动起来”年鉴才能被“用起来”。网络化要主动服务“互联网 + 安徽地方志”的大平台大系统建设，自觉认识到自身是志、鉴、馆、网、库、用、会、刊、研、史“十业并举”的重要组成部分，要在除了“鉴”本身之外的九业中积极发挥作用。

（三）继续加强年鉴创新

要多学习兄弟省份先进经验，结合安徽省实际，结合理论成果，深入探寻年鉴创新发展的方向。既不能满足于面上微调，不敢不愿深入年鉴“筋骨”，也不能为了创新而创新，做无谓的创新，浪费人力物力。年鉴创新一定要以党的十九大精神和习近平新时代中国特色社会主义思想为指导，增强年鉴工作的使命感，全力推进新时代年鉴转型发展。

福建省年鉴发展报告

福建省党史研究和地方志编纂办公室 ①

提要：2017 年，福建省依法推进年鉴事业发展，省、市、县（市、区）三级综合年鉴实现全部开编、全部出版，在框架设计和内容记述上持续创新，体现地域特色和年度特点。完成福建省年鉴精品试点工程，正式开展福建省年鉴精品工程；通过指导市、县（市、区）年鉴编纂、发挥省级年鉴研究会业务培训和学术交流作用，积极探索扩大年鉴影响力的有效方式。针对存在的问题，福建省地方志编纂委员会通过加强顶层设计、强化制度建设、持续指导和督查等方式，利用开展专业培训、创新年鉴评稿机制、实施福建省年鉴精品工程等手段，推动解决瓶颈难题，全面推进福建省年鉴事业再上新台阶。

关键词：福建省　依法治鉴　年鉴精品工程　年鉴评稿

福建省年鉴编纂工作起步于 20 世纪 80 年代，《福建年鉴》开编于 1985 年，最初为《福建经济年鉴》，1994 年改为现名。全省各地综合年鉴编纂兴起于首轮修志结束后，历经了一条较为曲折的发展道路。在 2006 年国务院《地方志工作条例》颁布施行、2014 年《福建省实施（地方志工作条例）办法》正式实施后，福建省的年鉴事业和年鉴工作逐步走上法治化轨道。

经过 30 多年的发展，福建省各类年鉴种类发展到 100 余种，不仅有地方综合年鉴、

---

① 执笔人：林忠玉，福建省地方志编纂委员会年鉴工作处主任科员。

行业年鉴、专业年鉴，还出现了企业年鉴、军事年鉴。特别是近几年来，福建省认真贯彻落实《全国地方志事业发展规划纲要（2015—2020年）》《全国年鉴事业发展规划（2016—2020年）》关于“年鉴全覆盖”目标的工作要求，根据中国地方志指导小组及其办公室的工作部署，凝心聚力、多措并举，全面落实“年鉴全覆盖”目标任务，推进全省年鉴质量提高。2017年，全省三级地方综合年鉴实现“全面开编、全部出版”的两全目标，跨入全国先进行列。

一、福建省年鉴事业发展历程

（一）理顺体制机制实现依法治鉴

随着《地方志工作条例》的贯彻落实，福建省各级党委、政府更加重视年鉴编纂工作，绝大部分地方志工作机构已纳入参照公务员法管理，强化年鉴编纂工作的行政职能。2015年，省政府批准福建年鉴社成建制划转到福建省地方志编纂委员会（以下简称“福建省方志委”），并成立年鉴工作处，理顺省级年鉴工作体制，实现全省年鉴工作依法统一管理。2014年起，连续组织开展全省地方志法规宣传月活动，宣传地方志法规、规章，年鉴类成果得到展示。省政府工作报告连续多年强调要做好综合年鉴编纂工作，出台全省规划纲要，年鉴工作有关内容列入政府主要工作任务分解和全省“十三五”规划。2016年，时任省长于伟国批准成立《福建年鉴》《福建省志》编委会并担任主任，时任副省长李红担任常务副主任。厦门、泉州、南平、龙岩等市方志委（办）增设年鉴科，县（市、区）方志委（办）增设年鉴股或年鉴编辑部，为实现年鉴全部开编、全部出版打下坚实基础。

（二）全力推进“年鉴全覆盖”

2015年，福建省三级综合年鉴就已全部由地方志工作机构组织编纂并实现全部开编；2016年，全部实现“一年一鉴”；2016年4月，《关于贯彻落实〈福建省地方志事业发展规划纲要（2016—2020年）〉实施意见》印发，实现按规划时间有序推进“年鉴全覆盖”工作目标。2017年，全力推进公开出版工作，截至年底，仅有1部地方综合年鉴未实现公开出版（约占总数95部的1.1%），2018年将力争实现全部公开出版，有望提前两年实现“年鉴全覆盖”的目标任务。

二、近年福建省年鉴事业发展基本情况

（一）强化规范，完善制度规定

一是加强制度建设。全省年鉴指导和管理工作采取建立分片（专人）对口联系、下基层调研、专报推动、培训班常态化等制度，推动市、县（市、区）综合年鉴整体工作进度走在全国前列。二是强化规范指引。福建省方志委先后出台《福建省地方综合年鉴管理办法（试行）》，制定《福建地方综合年鉴编纂规范》《福建省地方综合年鉴出版规范》等文件，并在2017年印发《福建省地方综合年鉴编纂质量评审标准（试行）》和《福建省地方综合年鉴编纂图照使用规范（试行）》。三是增强法治意识、规范意识。省方志委聘请法律顾问，规范《福建年鉴》的彩版组稿、发行和出版印刷等工作，并实现发行、印刷等环节公开招投标，防范可能出现的权力寻租；在开展项目、部分篇目购买外包服务等方面，请省方志委机关纪委全程参与和动态监察，并向与有合作或联系的部门（单位）或个人送达廉政告知函，请对方予以廉政监督。四是完善福建年鉴研究会工作机制，通过年鉴研究会开展各类学术会议、调研学习和业务培训等，指导推动省直部门做好专业年鉴编纂，逐步扩大专业（部门）年鉴覆盖面。

（二）强化宣传，营造社会氛围

自2006年以来，福建省方志委每年都在《地方志工作条例》颁布周年前后举办地方志法规宣传。尤其是从2014年以来，连续四年举办全省地方志系统法规宣传月活动，全省各级地方志工作机构联动，充分利用各种传媒，通过召开座谈会、发表分管领导署名文章、印发宣传册、推动出台配套文件、开展督查调研，以及送志鉴等地情书籍进机关、进社区、进校园、进军营、进农村等方式，因地制宜开展形式多样的宣传活动。通过地方志法规宣传活动，扩大年鉴编纂的社会知晓率，进一步推动“开门编鉴”“众手成鉴”。

（三）强化督查，推动“一纳入、八到位”落实

一是强化督查调研。厦门市地方志办公室两次向全市通报年鉴编纂进度并抄报市政府主要领导和分管领导；宁德市政府委托市方志委开展全市志鉴编纂进展情况督查并进行情况通报；霞浦县方志委邀请市人大开展地方志法规贯彻督查检查，柘

荣县方志委结合效能办督查年鉴资料收集；泉州市、蕉城区、晋江市政府等将志鉴工作纳入年度绩效考评。二是落实“一纳入”。地方志工作纳入全省经济社会发展“十二五”“十三五”规划，省政府工作报告连续多年强调要做好年鉴编纂工作，并列为政府工作主要任务之一，纳入省政府督查范围。9个设区市、大部分县（市、区）将年鉴工作写入当地“十二五”“十三五”规划纲要、党代会报告、政府工作报告等。三是落实“八到位”。省财政每年都以专项资金的方式拨付95万元作为《福建年鉴》编修经费。漳州市修志编鉴经费大幅增加，所属县（市、区）年经费多数为20万—30万元。在严格控编的情况下，设区市的年鉴科（处）内设机构基本齐全，许多市、县（区）地方志工作机构也增加了年鉴的编制职数、业务经费。

（四）强化创新，推动事业发展

一是工作思路创新。福建省方志委在倡导推行“全面依法治志”的基础上，提出并实施“对标先进、做优主业，创新载体、库网并举，突出特色、深化交流，提升素质、改进服务”的工作方针，努力构建专职、兼职和社会各界“三位一体”的修志编鉴队伍、志鉴报记“四位一体”的地情资料保存机制、以大数据云计算技术为支撑的多媒体个性化的大众利用和专题利用相结合的现代地方志工作新格局。

二是工作机制创新。积极探索“购买服务”、专家论证、横向合作的工作方式，探索部分年鉴编纂业务服务外包模式。创新《福建年鉴》编纂工作程序，组织召开评稿会，提升编纂质量；根据经济社会发展实际，不断适时调整《福建年鉴》编纂大纲；体现机制上创新使用二维码技术，既扩大信息量，又精减篇幅；篇目衬图采用手绘图稿或创意图，为全国年鉴首创；创新性地把大纲上特载原来只刊载省政府工作报告的内容变为“中央领导来闽视察调研”，设置“八闽关注”聚焦全省大事要事；增加“福建名片”“数知福建”等，体现内容上创新。为了解决稿件不足问题，将“福建要闻”外包给福建日报社美术摄影部，将特载和“八闽关注”外包给海峡都市报，并请福建人民出版社提前介入稿件的编审，将年鉴版式和整体设计外包青鸟艺术文创中心等，体现形式上创新。

三是培训模式创新。2015年以来，福建省方志委每年办好《福建年鉴》撰稿人培训班、全省地方综合年鉴主编培训班、全省地方综合年鉴编辑培训班3场全省性业务培训班。年鉴的质量、基础在作者，关键在编辑，核心在主编。为提高全省年鉴质量，加大对年鉴作者和年鉴主编、编辑的培训是省方志委年鉴工作的重点。精心策划全年培训计划，详细制订每个培训方案，邀请高层次专家前来授课、组织好全省参训人员，截至 2017 年年底，受训学员约 1000 人（次），基本实现全省县级以上年鉴编辑骨干轮训两遍以上。通过培训，有效提升全省年鉴工作者队伍的业务素质，年鉴质量得到明显提高。近年来，全省 9 个设区市和福州市台江区、连江县、沙县、顺昌县、福鼎市等部分县（市、区）保持每年开展 1 次年鉴专题业务培训。2016—2017 年,《福州年鉴》实行对年鉴撰稿作者分部类培训的方式，强化培训针对性，取得明显成效。

四是评稿模式创新。2017 年 10 月，福建省方志委在泉州晋江召开《泉州年鉴》《三明年鉴》《晋江年鉴》评稿会，省方志委党组书记、主任陈秋平，副主任林浩，全省各设区市方志委（办）分管年鉴工作副主任、年鉴科科长，平潭综合实验区党史方志研究中心主任、年鉴编辑，泉州市各县（市、区）方志委（办）主任、年鉴编辑等近 100 人参加会议。对 3 部年鉴稿进行评议,是在 2017 全省地方志优秀成果（年鉴类）评审活动中提出并建立的新机制，是有益的创新和尝试，对提升三地年鉴编纂质量及全省地方综合年鉴编纂水平具有积极的推动作用。

（五）强化精品意识，实施年鉴精品工程

根据《福建省实施〈地方志工作条例〉办法》《福建省地方志事业发展规划纲要（2016—2020 年）》等相关规定，按照省委、省政府关于努力编纂精品年鉴，着力推动全省年鉴事业科学发展的指示精神，福建省方志委在 2016 年 3 月印发《福建省年鉴精品工程试点工作方案》,开展福建省年鉴精品工程试点工作,《福建科技年鉴》《三明年鉴》《集美年鉴》《晋江年鉴》《漳浦年鉴》等 5 部成为首批试点年鉴。2016 年 6 月下旬，省方志委在建宁举办的 2016 年全省年鉴主编、编辑培训班上为 5 家试点单位授牌，增强了试点单位开展试点工作的荣誉感和使命感。对试点指导工作建立分包负责制度，安排专人对试点单位年鉴的大纲和二、三审进行审改，实现试点单位的每个业务问题都有人第一时间应对和解答，并积极为试点单位解决出版前的技术和政策等诸多问题。

2016 年 3 月至 2017 年 9 月，省方志委遵照质量第一的原则，强化创新意识、规范意识和开放意识，统筹年鉴编纂、理论研究、开发利用、队伍建设全面协调发展，努力实现出人才、出经验、出精品的工作目标。省方志委年鉴工作处对试点单位从年鉴大纲的修订、人员培训、编辑审稿、出版印刷等各重要环节进行具体的业务指导，并要求试点单位加大队伍建设力度，采取走出去、请进来的办法开展课题研究、学习交流、专业培训等方法，提高编辑、组稿、撰稿队伍的工作水平；着重建立一支政治素质高、业务

能力强的编纂队伍，为全省年鉴事业发展奠定人才基础；注重年鉴理论研究，组织开展对年鉴基本理论、编纂理论、应用理论的学习培训，为做好年鉴编纂工作奠定坚实理论基础。在2017年全国优秀地方志成果（年鉴类）评审活动中有3家试点年鉴获得较高奖项：《漳浦年鉴》获评特等年鉴，《集美年鉴》《福建科技年鉴》获评二等年鉴。试点工作提升了全省年鉴整体质量，培育出1—2个在全国有影响的品牌年鉴，形成以点带面、区域联动竞争态势，并在全省形成争创年鉴精品的强烈带动之势。

2017年9月，福建省方志委在永安召开全省年鉴精品工程试点工作总结会议，总结试点工作情况，探讨形成三明、晋江、漳浦、集美的经验和福建科技年鉴的经验。（1）"三明经验"。三明市方志委利用《三明年鉴》作为年鉴精品工作试点的契机，针对三明市年鉴编纂的整体情况，以精品年鉴推动全市年鉴质量提升，每年选定1—2个县（市、区）进行辅导，从篇目框架结构到年鉴内容选择，条目规范性方面进行提升。首先，指导县（市、区）地方志工作机构改变和采取有效的年鉴编辑程序，提高稿件质量。其次，以精品年鉴条目模式指导县区年鉴编纂，提高条目质量，并要求突出各县区特色。以县、区中高质量年鉴为模版带动其他区县年鉴编纂。再次，和市级精品年鉴同管理、同编纂机制，提高基本编纂水平和规范要求，从细节处提升年鉴质量。（2）"集美经验"。《集美年鉴》以试点工作为契机，提升编纂理念，改进形式，创新内容，立足区情，找准定位，以把《集美年鉴》打造成具有时代特质的厦门文化品牌作为努力方向。坚持"科学整合信息资料，完善框架结构，突出地域特色，彰显年度亮点"的编纂原则，设置"专题"（特辑），突出重点和特色；整理"条目选题参考"，增强年鉴活力；精选精编入鉴资料，增强年鉴的实用性；开拓创新，突出年鉴的时代性。特别是组织汇集整理市以上报刊有关集美的报道，分门别类提供给各承编单位作为撰写年鉴的参考，帮助捉"鱼"并送"鱼"，切实帮助解决各单位搜集资料的难题，夯实《集美年鉴》资料性的基础工作。（3）"晋江经验"。《晋江年鉴》为彰显晋江特色、打造精品年鉴，在编纂出版过程中坚持"改革创新，提速增效"的理念，确立"组稿工作提前、编校节奏加快、审核环节紧凑、排版印刷衔接及时"的工作思路。精选条目，注重细节质量，突出"晋江魅力"等晋江特色和年度特点内容。建立组稿联络机制和组稿方式多元化，注重编纂出版时效，将撰稿及稿件报送工作纳入年度绩效考核范围，实现督导并举。（4）"漳浦经验"。漳浦县政府对《漳浦年鉴》被定为试点年鉴极为重视，成立由县政府分管领导为组长的领导小组，调整《漳浦年鉴》编纂委员会，加强对精品试点工作的领导；设立《漳浦年鉴》总编室，制订操作性强、目标具体的实施方案。漳浦县方志委以创精品年鉴为新起点，以“年鉴质量的保证，关键在编辑人员”为特色抓手，树立精品意识、质量意识，聘请福建省有关专家严格把好政治关、史实关、体例关、文字关、保密关，对全书进行反复打磨，精益求精。(5)“福建科技年鉴经验”。《福建科技年鉴》编辑部在省科技厅的支持下，坚持把精品建设作为自身发展需要，通过“确立精品导向、提高精品意识、夯实精品质量、锻造精品特色、提升精品价值、保障精品落地”6大措施，以打造“客观、翔实、权威、实用”的科技文化精品作为《福建科技年鉴》的目标定位，深化年鉴信息研究与开发利用，探索“编鉴用鉴齐进”的发展道路，实现出成果，更出人才，扎实推进精品建设。

全省年鉴精品工程试点工作总结会议提出，2018年年鉴精品工作由指定试点向单位自主申报扩大到全省的创新思路。采取年鉴编纂单位自荐和省方志委向年鉴编纂单位主动征集等方式，确定具有较好基础、能够按年度出版的年鉴项目。聘请有关专家组成小组，对申报的年鉴精品工程项目进行评估论证，由福建省年鉴精品工程领导小组审定。福建省年鉴精品工程领导小组办公室负责组织项目的申报、征集和论证工作。

三、当前福建省年鉴事业发展存在的主要问题

（一）机构问题

市、县两级综合年鉴方面，全省9个设区市和平潭综合实验区有7个常设年鉴科（编辑部），86个县（市、区）只有不足10个单位设有年鉴股或年鉴编辑部，总体不适应全省年鉴编纂工作需要。仍有部分基层编纂人员参公身份尚未解决，在一定程度上影响了全省年鉴工作的统筹规划和管理。此外，有些贫困县区和山区县经费不足，编制人员占编不在岗或在编不在岗的问题仍较突出。

（二）队伍问题

年鉴编纂队伍整体结构不够优化，思想观念不够解放，业务钻研、理论研究动力不足，创新精神、效率意识有待提高，优秀人才、复合人才缺乏。部分基层编纂人员固守思维定式，尚未完全树立依法转变年鉴编纂、审验等工作程序的观念，依法治鉴的观念和行为方式还比较薄弱。

（三）质量问题

近年，福建省各级综合年鉴积极参加全国地方志系统年鉴质量评审，虽然取得一些成绩，却也反映出一些共性问题。框架结构方面，存在总体设计创新不够、归类欠妥当、分类标准不科学以及栏目排列缺乏有序性等问题。条目撰写方面，存在选题标准不严、要素不全、交叉重复、行文不够规范、标题不够准确等问题。文稿质量方面，存在部分单位稿件比较模式化、有效信息不足、资料不够全面系统、图片和图注质量不够或主题契合程度低等。其他问题，如特载等编排不当，检索系统缺失，版式和印刷装帧良莠不齐等。

四、福建省年鉴事业未来发展的主要思路

（一）发挥规划引领作用，为依法治鉴指明方向

一要全省联动、多措并举，利用每年的地方志法规宣传月，持续开展学习宣传、贯彻落实《地方志工作条例》《福建省实施〈地方志工作条例〉办法》和全国、全省地方志规划纲要活动，凝聚全社会力量关心重视年鉴工作，为“十三五”全省年鉴事业发展营造良好的法治氛围。二要狠抓落实，按照《规划纲要》和各级的实施意见或实施方案拟定的时间表、路线图，一件一件推进、一项一项完成，确保“十三五”年鉴工作各项目标任务落到实处。

（二）强化建章立制，为年鉴事业发展提供制度保障

一要贯彻落实《福建省实施〈地方志工作条例〉办法》，健全相配套的年鉴编纂和管理制度规范。二要加强年鉴工作部门内部业务制度的建设管理，健全完善地情资料收（征）集及管理制度、在线编鉴业务制度和主编（总纂）责任制，保证年鉴在篇目设计、资料收（征）集和初稿编辑、稿件审改、鉴稿评议、审查验收、出版发行等环节均有章可循、有序推进。

（三）强化培训和精品工程，促进全省年鉴质量提高

一是福建省方志委将继续办好每年度的《福建年鉴》撰稿人培训班、全省地方综

合年鉴主编培训班、全省地方综合年鉴编辑培训班等 3 场各类年鉴业务培训班，实现年鉴业务人员培训不间断。协助和支持全省 9 个设区市和有条件、有能力、有意愿的部分县（市、区）保持每年开展 1 次年鉴专题业务培训，实现年鉴培训省、市、县三级不断层。二是持续性开展每年一次的全省年鉴精品工程，按精品工作计划，省方志委将建立健全年鉴质量保障体系，把质量意识、精品意识贯穿于精品年鉴编纂工作的全过程和各个环节，对项目进行跟踪指导和督查，组织项目单位业务人员进行学习培训，全力打造精品年鉴。福建省年鉴精品工程每年将由省方志委负责筹措 15 万元至 20 万元，专项用于精品工程项目的实施，每年实施 3—5 个项目。同时，建设动态专家数据库。与福建省地方志专家库实现资源共享，侧重收录年鉴专家的基本情况、主要研究成果等。充分发挥专家、学者在实施年鉴精品工程中的作用，使之为年鉴精品工程的实施提供论证、咨询、验收等智力支持。

（四）以全面提升能力为核心，建好建强编鉴队伍

贯彻落实依法治鉴，基础在队伍，关键在人的素质。福建省在定制度、抓规范基础上，要扎实抓好年鉴工作队伍的建设，尤其要着重加强“四种能力”建设：一要加强行政能力建设。要树立依法行政意识，加强组织能力、协调能力锻炼，着重在科学谋划、统筹兼顾、精益求精、严谨细致上下功夫，增强工作的主动性、预见性、计划性，加强对外的沟通联系推动和对内的团结协作补台，尤其要及时依法协调化解职责范围内的事情、问题、矛盾，使工作推动有序、有效、有力。二要加强执行能力建设。要落实责任清单，加强制度建设，强化督促检查，健全考评考核，完善问责机制，立说立行、坐言起行，敢于负责、勇于担当，及时办理、及时反馈，注重实效、持续推进。三要加强研究能力建设。要主动学习、积极钻研，让所有年鉴骨干都成为方志专家、地情专家。2016 年，省方志委启动全省地方志人才培训工程，继续实施地方志中青年学术人才梯队建设和课题研究，年鉴事业相关课题得到研究和拓展，依托省年鉴研究会，组织开展理论研究和实践研讨，逐步培养一批年鉴学术人才，形成一批研究成果。四要加强服务能力建设。各级编鉴部门，要做好承编单位和供稿部门的事前介入辅导、事中跟踪推动、事后成果转化等服务，以“两全目标”的落实稳步提升福建省各级年鉴的编纂水平和质量。

山东省年鉴发展报告

山东省地方史志研究院[①]

提要：2017年，全省年鉴工作认真贯彻落实《山东省地方志事业发展规划纲要（2016—2020年）》，顶层设计日臻完善，年鉴数量不断增多，编纂质量不断提高，服务水平不断提升。山东省地方史志编纂委员会印发《山东省地方综合年鉴编纂出版业务规范（试行）》，成为中指组印发《地方综合年鉴编纂出版规定》后，第一个出台年鉴编纂业务规范的省份。《山东年鉴》成为全国唯一在出版年度内上半年出版的省级综合年鉴，连续四年保持全国第一。全部启动县级综合年鉴"一年一鉴"工作，《沂水年鉴（2017）》《德城年鉴（2017）》实现5月份出版，是全省出版最早的县级综合年鉴。截至2017年年底，全省137个县（市、区）中，"一年一鉴、公开出版"的县级综合年鉴127部，占全省县级综合年鉴总数的92.7%。山东省地方史志办公室加强对专业年鉴编纂工作的业务指导，提高专业年鉴的编纂质量。针对全省年鉴发展中存在的主要问题，提出了对策建议。

关键词：山东省　年鉴　基本情况　发展特点

截至2017年底，山东省编纂出版省级综合年鉴1部，市级综合年鉴17部，县级综合年鉴127部，专业年鉴80多部。年鉴编纂质量稳步提高，涌现出一批在国内、省内具有一定影响的年鉴品牌，全省的年鉴工作进入了数量与质量同步提高的新阶段。

① 执笔人：温书义，山东省地方史志办公室二级调研员。

一、2017年山东省年鉴事业发展基本情况

2017年，全省年鉴工作以国务院《地方志工作条例》和《山东省地方史志工作条例》为总抓手,深入贯彻《全国地方志事业发展规划纲要（2015—2020年）》和《山东省地方志事业发展规划纲要（2016—2020年）》，认真落实《地方综合年鉴编纂出版规定》和《山东省地方综合年鉴编纂出版业务规范》，按照“改革创新、提速增效、服务社会”的工作思路，推动全省年鉴事业科学发展。

（一）《山东年鉴（2017）》编纂工作

《山东年鉴（2017）》于2017年6月出版发行，这是1987年《山东年鉴》创刊以来的第31卷年鉴。《山东年鉴（2017）》收录2016年度发生在山东行政区域内的大事要闻，突出反映全省各级各部门深入贯彻习近平总书记系列重要讲话精神和治国理政新理念新思想新战略，围绕省委、省政府中心工作，改革创新，真抓实干，在经济建设、政治建设、文化建设、社会建设、生态文明建设和党的建设方面的发展变化，年鉴的时代特色和年度特点更加明显。该卷年鉴设特载、大事记、山东概况等32个栏目，共123万字。主要有以下特点：一是设置2016年二十国集团民间社会会议图片专版，刊登国家主席习近平致大会的贺信。二是设置“亲切关怀”栏目，收录国务院总理李克强参加十二届全国人大五次会议山东代表团审议政府工作报告的照片，体现党和国家领导人对山东经济社会发展的关怀。三是设置省第十一次党代会图片专版，收录新当选的省委常委合影照，制作12个二维码，以视频和文字两种形式显示省委常委的简历。四是设置省十二届人大六次会议和省政协十一届五次会议图片专版。五是设置省十二届人大七次会议图片专版，收录新当选的省人大常委会主任刘家义和省长龚正的照片。六是在特载部分收录省委书记刘家义在省第十一次党代会上的报告。七是设置山东半岛国家自主创新示范区和2016中国（曲阜）国际孔子文化节暨第十一届联合国教科文组织孔子教育奖颁奖典礼图片专版。八是使用33个二维码，收录25个视频资料和8个一次性文献资料，丰富了年鉴的内容，形象直观地展示有关工作。九是遵循“科学性、可行性、平衡性”的原则，在保持年鉴框架结构相对稳定的基础上，增加了调解与仲裁、会展业等内容。十是内文插入代表栏目特色、具有现实意义和存史价值的随文图片136幅，运用表格107个，图文并茂，信息量丰富。卷首编制有中

英文目录，卷末设有综合性主题索引，增强了年鉴作为工具书的实用性。

（二）市县综合年鉴编纂工作

截至 2017 年年底，山东省 17 个地级市均编纂出版综合年鉴，做到当年编纂，当年出版。其中，《淄博年鉴》是山东省创办最早的市级综合年鉴，连续出版 31 卷；《青岛年鉴》《济南年鉴》《烟台年鉴》分别连续出版 30 卷、29 卷和 28 卷。近年来，随着年鉴提速增效的要求，特别是中国地方志指导小组印发《地方综合年鉴编纂出版规定》后，全省各地认真贯彻落实规定精神，早动手、早准备，加快年鉴编纂工作节奏，年鉴出版时间均提前 1—2 个月。《威海年鉴（2017）》7 月出版，《莱芜年鉴》《滨州年鉴》《济南年鉴》《青岛年鉴》《淄博年鉴》《济宁年鉴》2017 年卷均做到了 9 月之前出版。

截至 2017 年年底，全省 137 个县（市、区）中，“一年一鉴、公开出版”的县级综合年鉴 127 部，占全省县级年鉴总数的 92.7%。《沂水年鉴（2017）》《德城年鉴（2017）》实现 5 月出版，《东港年鉴》《五莲年鉴》《费县年鉴》《齐河年鉴》2017 年卷实现 6 月出版，是全省出版最早的县级综合年鉴。《黄岛年鉴》《莒县年鉴》《河东年鉴》《庆云年鉴》《夏津年鉴》《崂山年鉴》《东营区年鉴》《莘县年鉴》2017 年卷等县级综合年鉴加快编纂出版进度，8 月出版，成绩显著。

（三）专业年鉴编纂工作

据统计，截至 2017 年年底，山东省共编纂出版各级各类专业年鉴 80 多部。《山东商务年鉴（2017）》于 6 月出版，是省内最早出版的专业年鉴。年内，山东省地方史志办公室（以下简称“山东省史志办”）年鉴工作处应有关单位邀请，派员进行年鉴业务知识培训，加强对专业年鉴编纂工作的指导。

省直部门编纂专业年鉴的积极性不断增强，全省长期坚持专业年鉴“一年一鉴、公开出版”的部门、单位有 40 多家，省政府办公厅、省委党史研究室、省教育厅、省科技厅、省人力资源社会保障厅、省国土资源厅、省住房城乡建设厅、省水利厅、省商务厅、省卫生计生委、省旅游发展委、省地税局、省新闻出版广电局、省统计局、省食品药品监管局、省档案局等单位，都坚持编纂年鉴，在积累资料、资政辅政、扩大宣传等方面发挥了重要作用，办出了各自的特色。

《山东地方史志年鉴》是由山东省史志办主办的专业年鉴，主要反映全省地方史志工作的发展现状，展示全省史志系统的精神风貌，为社会各界了解山东史志工作提供系统权威的信息。《山东地方史志年鉴（2017）》为创刊以来的第三部鉴，10月由中国文史出版社出版发行。该卷年鉴设特载、大事记、工作综述、志书编纂与出版、年鉴编纂与出版、信息化建设、方志馆建设、旧志整理与出版、开发利用、学术交流与活动、规划与管理、机构与队伍、人物、附录14个栏目，共60万字。该年鉴的主要特点：一是在卷首设"亲切关怀"栏目，收录中国地方志指导小组及省委、省人大常委会、省政府、省政协有关领导对2016年度山东史志工作的批示10件，体现了各级领导对山东史志事业发展的关怀。二是在卷首图片中收录重要活动、重要会议、交流合作、成果丰硕等内容图片97幅，充分反映2016年度全省地方史志工作的发展现状，展示全省史志系统的精神风貌。三是在"人物"栏目中，收录第一届"山东史志"十大年度人物，展现史志人的风采。四是内容进一步压缩，比上卷减少4.5万字。五是实现10月底出版,时效性进一步增强。六是内文插入随文图片425幅,运用表格14个，图文并茂，信息量大。七是装帧设计美观大方，封面使用软精装，内文全彩印刷，较好地实现了鉴赏性与实用性的统一。

（四）加强年鉴业务培训

2017年6月,全省精品志书编修培训班在济南开班。中国地方志指导小组秘书长、中国地方志指导小组办公室党组书记、主任冀祥德出席开班式并授课，山东省政府办公厅党组成员、省史志办主任刘爱军作动员讲话。来自新疆、西藏、青海、云南、甘肃、内蒙古六省（自治区）的41名史志工作者，省内各市、县（市、区）史志办分管业务的主任、主编及部分省志承编单位的修志人员等，共170余人参加培训。培训班上，专设年鉴编纂业务培训，邀请年鉴专家张恒彬、王守亚以"年鉴篇目设置与创新发展""从年鉴发展史看地方年鉴编写"为题进行了专题授课和讲解。

2016年11月、12月,《山东年鉴（2017）》省直部门组稿会议和市县组稿会议分别在济南召开。会议回顾总结《山东年鉴（2016）》编纂工作，研究部署《山东年鉴（2017）》组稿、撰稿和编纂任务，交流落实《山东省地方史志规划纲要（2016—2020年）》，推动县级综合年鉴"一年一鉴"工作情况。两次会议分别传达《山东年鉴（2017）》组稿方案精神，总结工作，部署任务，组织交流，开展业务培训，提高编纂人员的业务能力。

济南市史志办多次召开全市史志系统工作会,组织县区交流年鉴编纂工作的经验，分析实现一年一鉴所面临的困难，探讨推进工作的方法。在日常工作中，注重加强对各县（区）的跟进、调度、督促，帮助县（区）开展业务培训，指导栏目设置，并到县（区）调研走访，了解各县（区）年鉴工作进展情况。各县（区）为做好年鉴工作，克服自身资金、人员等方面的困难，积极想办法，制作培训手册，分批分口进行业务培训。

青岛市安排 5 名年鉴专家库成员参加山东省精品志书编修业务培训班，并举办青岛年鉴工作培训会、年鉴业务研讨会、编纂质量交流会，邀请专家授课，进一步放大全省精品志书培训班的成果。

淄博市围绕创新年鉴工作、提高年鉴质量、加快成书速度、提高发行数量等课题，组织年鉴编辑人员进行业务学习、研讨和交流。注重培养锻炼年轻人的业务素质和工作能力，给年轻人出难题、压担子，做好新老交替无缝对接。组织相关年鉴编纂人员前往温州、长沙、成都等年鉴工作走在全国前列的城市学习先进经验和做法，起到了开阔眼界、拓展思路、锻炼队伍的作用。

临沂市在全市范围内举行业务培训及市史志办业务骨干送课到县（区）等活动，极大地促进了县（区）年鉴编纂人员业务能力的提升。滨州市所属区县均实行年鉴组稿与业务培训相结合的模式，分四至五个批次与撰稿单位面对面交流，手把手指导。

郓城县史志办开展年鉴业务学习系列活动之年鉴编纂“讲学评”，学习研讨全国县级综合年鉴特等年鉴，结合《郓城年鉴》编纂实际，探讨如何吸收其优秀经验，并运用到《郓城年鉴（2017）》编纂中。“讲学评”活动每两个月举办一次，实现业务学习的常态化，打造史志业务交流新平台。

二、取得的主要成绩和年度发展特点

近年来，山东省年鉴工作实现跨越式发展，不断创造新佳绩。

一是顶层设计日臻完善。《山东省地方志事业发展规划纲要（2016—2020 年）》对“2018 年实现省市县三级地方综合年鉴编纂全覆盖”和“加强对编纂年鉴的行业、部门、单位的业务指导和质量管理”提出明确要求。2017 年 12 月，省史志编纂委员会印发《山东省地方综合年鉴编纂出版业务规范》，成为《地方综合年鉴编纂出版规定》印发后，第一个出台年鉴编纂业务规范的省份。该规范在年鉴框架设计、收录内容、条目编写、资料收集、记述行文、出版印刷等方面都作出详细规定，既严格要求规范性，又积极鼓励创新性，同时兼顾灵活性和可操作性，加强各级各类年鉴的规范化管理，进一步提升编纂水平和编纂质量。

二是年鉴数量不断增多。2017 年，山东省史志办先后到烟台、枣庄、青岛、潍坊、滨州、日照、临沂、淄博、济宁召开“三全”目标推进会，各地党委、政府高度重视，迅速行动起来，迎难而上，补齐短板，全部启动县级综合年鉴“一年一鉴”工作。截至 2017 年年底，全省 17 市有济南、青岛、淄博、枣庄、东营、泰安、威海、莱芜、临沂、聊城、滨州、菏泽 12 个市实现县级综合年鉴编纂出版全覆盖，除济宁、日照、德州各有 1 个县（区）没有出版年鉴，烟台有 4 个区、潍坊有 3 个县（区）没有出版年鉴外，其他 127 个县（市、区）均完成“一年一鉴、当年编纂、公开出版”任务，2017 年基本完成省政府下达的省、市、县三级综合年鉴“全覆盖”任务，这在全省年鉴发展史上具有重要意义，今后每年都会为后人积累一亿多字的基础性历史文献资料。省直部门编纂专业年鉴的积极性也在不断增强，全省长期坚持专业年鉴“一年一鉴、公开出版”的部门、单位有 40 多家。

三是编纂质量不断提高。《山东年鉴》每年进行 20 多项改革创新，使用二维码等新技术，不断增强服务现实功能，成为全国唯一在出版年度内上半年出版的省级综合年鉴，连续四年保持全国第一。

各市在提高年鉴质量方面，也采取了不少有力措施。《济南年鉴（2017）》紧紧围绕“打造四个中心，建设现代泉城”的中心任务和年度大事要事，用文字详细记述、图片直观呈现的形式全面、系统、翔实地记载一年来经济社会发展变化情况，突出年度工作重点、亮点，为国内外人士了解济南、研究济南提供了重要资料。青岛市年鉴工作以“树典型、创精品、争第一”为工作方向，学习借鉴全国优秀年鉴的编纂经验，不断完善工作机制，围绕工作流程、编纂规范、细节处理、质量管理四个方面，提出 12 项提质增效新举措，推动全市年鉴工作与时俱进、常编常新。淄博市严格落实编纂出版制度，要求每名编辑都以主编姿态认真把关。《枣庄年鉴（2017）》对年鉴框架结构和体例、条目编撰进行改革，体现时代特色。《东营年鉴（2017）》遵循《山东省地方综合年鉴编纂出版业务规范（试行）》，先行先试，在实践中找问题、补缺漏，力争年鉴编纂规范化、年鉴质量标准化，全面提升年鉴工作水平；积极探索创新，加快推进年鉴编纂提质增效；与市内相关媒体合作，策划以开展品牌推送、主题摄影等形式，广泛征集反映全市生态建设、经济发展、文明城市、社会生活等领域的图片资料，扩大供稿渠道，丰富图片内容，体现时代特征。济宁市县两级 12 部年鉴统一装帧设计、统一印刷标准，以《济宁年鉴丛书（2017）》形式集中出版发行，提前一年实现一年一鉴“全覆盖”。《泰安年鉴（2017）》遵循年鉴框架“科学性、可行性、平衡性”的原则，对部分栏目进行拆分整合，对个别栏目名称进一步规范，重点突出年鉴时代特征、地方特色和年度特色，提升城市形象，使《泰安年鉴》成为宣传泰安、泰山的窗口。《威海年鉴（2017）》精减文字，增加信息量，提高图表比重，于9月出版发行，比上年提前一个月。《日照年鉴》进行大胆改革创新，从版式到内容，从框架到结构，从选题到条目，从装帧到印刷，都进行了具有颠覆性的改革，由里到外，实现脱胎换骨的变化，内容丰富多彩，可读性增强。《莱芜年鉴（2017）》按照“资政辅治、堪存堪鉴”和增强时效性、权威性、实用性要求，增加为民服务内容，2017年8月出版发行。《滨州年鉴（2017）》总结历年年鉴优点，借鉴优秀年鉴特点，结合全市工作重点，调整篇目设置，细化组稿方案，8月出版，并向各级领导及各部门单位赠送。《菏泽年鉴（2017）》为进一步提升编纂水平，增强可读性和实用性，一方面对总体规划、版面设计和卷前彩页进行提升完善；另一方面根据市委、市政府中心工作和社会热点问题等实际情况的变化，及时调整优化年鉴框架和内容，新增“交通新时代”“精准扶贫”“棚户区改造”等专题条目。

在2017全国地方志优秀成果（年鉴类）评审活动中，山东省申报的20部年鉴全部获通报表扬。其中，《淄博年鉴（2016）》《乳山年鉴（2016）》获特等年鉴，《山东年鉴（2016）》《山东建设年鉴（2016）》获一等年鉴，《青岛西海岸新区·青岛市黄岛区年鉴（2016）》《东营区年鉴（2016）》《垦利年鉴（2016）》《山东地方史志年鉴（2016）》获二等年鉴，《济南年鉴（2016）》《东营年鉴（2016）》《高青年鉴（2016）》《崂山年鉴（2015）》《兰陵年鉴（2016）》《诸城年鉴（2016）》《天桥年鉴（2016）》获三等年鉴，《招远年鉴（2016）》《曲阜年鉴（2016）》《东昌府年鉴（2016）》《曹县年鉴（2016）》《山东商务年鉴（2016）》获提名年鉴。

在2017年度山东省优秀史志成果评选中，《威海年鉴（2017）》《东营年鉴（2017）》《青岛年鉴（2017）》《滨州年鉴（2017）》《烟台年鉴（2017）》《济南年鉴（2017）》《潍坊年鉴（2017）》《临沂年鉴（2017）》《日照年鉴（2017）》《菏泽年鉴（2017）》《济宁年鉴（2017）》11部市级年鉴及《崂山年鉴（2017）》《济南市市中年鉴（2017）》《黄岛年鉴（2017）》《东营区年鉴（2017）》等60部县级年鉴及《山东食品药品监督管理年鉴（2017）》《山东商务年鉴（2017）》《山东人力资源和社会保障年鉴（2017）》《山东中小企业年鉴（2017）》《山东新闻出版广电年鉴（2017）》《山东科技年鉴（2017）》《山东省农业科学院年鉴（2016）》《滨海年鉴（2017）》《山东工会年鉴（2017）》《山东档案年鉴(2017)》10 部专业年鉴共 81 部年鉴获优秀年鉴，受到省政府办公厅的通报表彰。

四是服务水平不断提升。山东借助地情网站和"山东史志"官方微信等信息化平台，推动《山东年鉴》实现数字化和信息化，将"案头书"变成"口袋书"，拓展了年鉴开发利用途径。从 2015 年开始逐年编纂出版《山东省情概览》和《山东地方史志年鉴》，为各级领导了解省情、科学决策，为各行各业及有关单位查询资料、获取信息提供服务。年鉴在第一时间成为领导倚重的权威"蓝皮书"、推动工作的实用"工具书"、各界欢迎的社会"百科书"，受到中指组和省领导的高度赞扬。《山东年鉴（2017）》出版后，山东省省长龚正从头至尾认真翻阅，给予高度评价，并专门指示提供电子版，以备随时调用有关资料。《山东省情概览（2017）》于 2017 年 4 月上旬出版，受到省直机关、各大企业、市县等有关部门和单位的好评。

济南市史志办为了提高年鉴的利用水平，扩大史志工作的影响力，编纂出版《济南市情概览（2017）》，扼要记述了全市的发展变化成就，综合反映了济南市整体面貌，为史志工作更好地服务社会进行了有益的探索和尝试。淄博市编辑出版《淄博市情手册（2017）》，已连续出版 5 年，简明实用，具有较强的史料性和可读性，扩大了年鉴的影响力。在《淄博年鉴》卷首扉页印有"淄博史志"微信公众号二维码和淄博市情网网址，为读者提供更方便的志鉴资料查阅和使用方式。济宁市史志办、莱芜市史志办编辑出版《济宁市情手册（2017）》《莱芜市情手册（2017）》，时效性和影响力不断增强。《泰安年鉴·袖珍本》从 2013 年开始已连续编辑出版五卷，2017 年卷于 2017 年 4 月出版。袖珍本年鉴内容资料新、全、精，出版及时，时效性强，有效发挥资政参考作用，在省内独具特色。临沂市本着最大化方便读者阅读的原则，将"智慧临沂"手机客户端、沂蒙史志官方微信和"大美新"临沂宣传片二维码植入年鉴，达到纸质文本与新型电子媒介的协调统一；将电子书引入《临沂年鉴》2017 卷的设计中，极大地方便了读者阅读查询；《临沂市情》简明手册的编辑则是对年鉴服务地方经济社会发展功用的进一步拓展和延伸。其他如《德州年鉴简明手册》《博山区情手册》《东营区手册》《崂山区情概览》《曹县县情手册》等地情资料书均发挥自身的资源优势，为经济文化强省建设作出应有的贡献。

三、存在的主要问题

一是机构人员仍存在问题。由于历史遗留等诸多因素，导致史志工作机构人员编制较少，年鉴编纂人员缺少、老龄化严重，缺乏专业技术人员。

二是年鉴编纂存在反弹的风险。编纂年鉴是项长期的、持续性工作，受领导重视程度、组织机构、人员配备、经费保障等多方面因素影响，变数比较大，容易出现反弹。需要持之以恒，形成长效机制，真正完成“一年一鉴、公开出版”任务。

三是年鉴编纂质量还有待提高。近两年全省年鉴数量迅速增加，但有些年鉴编纂质量还没跟上，尤其是刚刚创刊的年鉴，还没有形成完善严密的质量保证体系。

四是年鉴理论研究相对薄弱。年鉴基础理论研究相对薄弱，缺少在全国有地位的学科带头人和有分量的学术成果。史志工作机构尤其是年鉴编纂部门对学术理论研究重视不够，年鉴编纂人员欠缺学术研究兴趣，缺乏发现问题、分析问题、解决问题的能力。

五是年鉴编纂创新不足。年鉴编纂创新能力尚显不足，从内容到形式缺乏变化与亮点。这主要体现在年鉴框架设置和资料征集方面，不同程度存在更新滞后的问题，年鉴资料性有待进一步提高。年鉴的功能作用发挥不够，参与经济文化强省建设的意识有待提升。

四、对策建议

一是进一步加强顶层设计。年鉴工作的发展离不开自身的努力，更离不开各级领导的关怀和支持。希望各级领导能充分考虑年鉴工作开展中遇到的实际困难和各种问题，采取适当措施，增强对年鉴工作特别是机构人员问题的重视。

二是建立史志学科。应尽快形成年鉴学学科体系，制定相应的标准和规范，以便在年鉴编纂的共性问题上形成共识。

三是进一步强化业务培训。年鉴编纂是一项业务性很强的工作，要积极培养年鉴理论专家、编纂人才，自上而下对业务人员进行专门有效的培训。目前的培训多集中在省、市层级，县（市、区）受训人员相对较少，建议进一步扩大县（市、区）人员受训面，通过学习培训，打造专业的年鉴编纂队伍。

四是开展精品年鉴交流学习。精品年鉴是各地年鉴的标杆，建议组织学习精品年鉴的具体做法，加强同精品年鉴编纂单位的学习交流，进一步提高各地年鉴编纂质量。提倡年鉴“走出去”，一方面加强年鉴领域内的交流，各编纂单位取长补短，互通有无，共同提高编纂水平；另一方面，把年鉴成果“推出去”，让更多的人知道、看到、用到，惠及广大人民群众，最大化地发挥年鉴的功用价值。

四川省年鉴发展报告

■ 四川省地方志工作办公室 ①

提要：四川省年鉴规范化建设逐步强化，省委、省政府多次发文部署安排年鉴工作，各级地方志部门每年开展年鉴工作的组织指导、督促检查工作，举办年鉴专题培训班、年鉴工作经验交流会或研讨会，提高年鉴编纂质量。年鉴编纂由综合年鉴向行业年鉴延伸。四川省实现了省、市、县三级年鉴编纂体系，规划目标2020年综合年鉴全部实现“一年一鉴、公开出版”。年鉴事业发展存在的困难和问题主要是发展不平衡，专业人员缺乏，质量有待提高，部分地区综合年鉴时效性不强。

关键词：四川省　年鉴　规范化建设　编纂体系　经验　问题

国务院《地方志工作条例》颁布施行以来，在四川省委、省政府高度重视和坚强领导下，四川始终把年鉴工作纳入全省地方志工作重要任务，在理顺管理体制、强化保障措施、推动年鉴编纂工作全面开展、加强规范化建设等方面取得较大成绩。

① 执笔人：高伟明，四川省地方志办公室市县志工作处副处长（主持工作）。

一、主要成效

（一）依法修志不断加强

四川历来重视依法修志工作，在全国率先以《四川省地方志工作条例》的形式将组织编纂年鉴确定为地方志工作的一项重要职责。继2003年颁布施行《四川省地方志工作条例》，对包括年鉴工作在内的各项地方志工作进行立法后，2013年省十二届人大常委会第六次会议对《四川省地方志工作条例》进行修订。新修订的《四川省地方志工作条例》规定：县级以上地方人民政府负责地方志工作的机构组织编纂地方综合年鉴，“一年一鉴、公开出版”，鼓励和支持部门、行业、单位编纂年鉴。《四川省地方志工作条例》颁布实施后，各地把编纂出版年鉴作为一项常态化工作来抓，推动全省各类年鉴编纂工作全面开展。

四川省委、省政府高度重视地方综合年鉴工作，多次发文部署安排。2008年9月，省政府办公厅印发《关于加强全省地方综合年鉴工作的通知》，明确了全省编纂地方综合年鉴的指导思想、组织管理和工作要求，对促进年鉴工作的开展起到了巨大推动作用。2015年，省委办公厅、省政府办公厅联合印发《关于进一步加强和改进新形势下地方志工作的意见》，将年鉴工作作为一项重要日常工作进行安排部署，要求各级地方志工作机构加强综合年鉴的组织编纂，各级党政机关、企事业单位要按时保质完成组稿任务，确保省、市（州）、县（市、区）综合年鉴“一年一鉴、公开出版”；积极推进省直部门行业（专业）年鉴、地方和部门年鉴英文版编纂出版工作；对年鉴编纂内容、年鉴编纂出版的时效性提出明确要求，并固化为长期制度，推动全省依法编鉴工作落到实处。

四川省地方志工作办公室（以下简称“四川省志办”）作为负责全省年鉴工作的主管机构，牢固树立依法修志理念，依法制定年鉴编纂工作规范性文件。2014年，四川省志办印发《四川省地方综合年鉴工作管理办法》，从依法行政角度对全省地方综合年鉴工作提出明确要求。2016年年底，四川省志办制定《四川省地方综合年鉴编纂出版规范》，依法加强年鉴工作的规范化管理，对提高年鉴编纂出版质量，推动年鉴事业科学发展，发挥年鉴服务经济社会发展起到明显的促进作用。

（二）年鉴编修提质增速

截至 2017 年 12 月底，全省 21 个市（州）、181 个县（市、区）开展了综合年鉴编纂工作。其中成都、攀枝花、泸州、绵阳、乐山、南充、宜宾、眉山等市所辖县（区）全面实现一年一鉴；省交通运输厅、省教育厅等 20 余个省直部门（含中央驻川单位）编纂出版专业年鉴。《四川年鉴》《成都年鉴》《四川交通年鉴》《宜宾年鉴》等在突出特色、开拓创新方面取得新进展，多部年鉴获得国家、省级奖项。

（三）年鉴服务经济社会发展功能增强

四川省志办在有效组织指导综合年鉴编纂的同时，积极支持各部门、各行业、有条件的乡镇（街道）开展专业年鉴编纂工作。四川省志办树立年鉴编纂创新理念，完善年鉴篇目设计，突出地方特色、行业特色和年度特色，提高装帧设计水平和编纂出版的及时性、针对性、实用性，坚持两年一次开展地方志优秀成果评奖工作，组织编写《年鉴编纂实务》，定期举办年鉴编纂人员培训班，通过系列举措，年鉴服务经济社会发展功能显著增强。《四川年鉴》电子版在四川省政府网提供电子版查阅；宜宾、南充等市与清华大学中国学术期刊（光盘版）电子杂志社合作出版年鉴电子版，供社会查阅利用；为配合“一带一路”、对外交流需要，四川年鉴社、成都年鉴社编纂出版英文版年鉴。

二、主要做法

（一）以依法修志为引领

加强地方志立法是实现依法治鉴的根本前提。四川将地方综合年鉴工作最早纳入《四川省地方志工作条例》，确保了年鉴工作有法可依，执法有据。各级党委、政府依法履职，高度重视，加强对年鉴工作的组织领导，适时下发年鉴工作文件，坚持每年以政府名义安排部署年鉴编纂工作，将年鉴工作纳入目标管理，在领导、经费、人员等方面加强保障，为年鉴工作的顺利开展提供了良好条件和政策支撑。四川省志办切实履职，从加强年鉴工作行政管理和加强年鉴工作业务管理两个方面制定规范性文件，推进了年鉴工作的制度化和规范化进程，为年鉴工作全面开展和编纂质量的提高提供了制度规范。此外，四川省志办在年度工作安排中将年鉴工作进行重点部署，且每年在全省范围内分组开展年鉴工作的组织指导、督促检查。全省各级各部门形成以依法修志为统领的工作方式，推进了全省年鉴工作的顺利开展。

（二）以理顺管理体制为抓手

理顺年鉴工作管理体制是有效编鉴的重要手段。四川各级地方志工作机构以《四川省地方志工作条例》颁布为基石，完善年鉴管理机制，通过有力推动和有效激励，调动年鉴编纂人员的积极性。按《四川省地方志工作条例》规定，2006 年 12 月，四川年鉴社由四川省社会科学院移交省志办管理。各市（州）、县（市、区）地方志工作机构均开展年鉴编纂工作，成立内设年鉴科（股）室，加强年鉴工作的编纂、指导管理，年鉴编纂人员实行参照公务员法管理。2007 年，成立四川省年鉴专业委员会、《四川年鉴》编纂委员会。各级地方志学会积极完善年鉴评奖体系，开展或参与年鉴评奖活动，提高年鉴编纂质量。四川省地方学会每两年组织一次全省地方志系统年鉴优秀成果评奖活动，并积极组织全省地方志系统参与全国地方志年鉴评审活动。

（三）以提升编纂人员业务素养为关键

提升年鉴编纂人员业务素养是确保年鉴质量的关键因素。全省各级地方志工作机构坚持每年举办年鉴专题培训班、召开年鉴工作经验交流会或研讨会，切实提高年鉴编纂质量。2011 年，四川省志办举办 200 余人参加的年鉴培训班，促进年鉴编纂质量提高和年鉴开发利用工作。2013 年，省志办分类分层培训省直部门（行业）、市、县（市、区）年鉴编纂人员。2015 年以来，分别在清华大学、延安干部学院、井冈山干部学院、四川阿坝长征干部学院培训系统各层次干部，提升干部的综合素质和业务技能。省地方志学会每年召开理论研讨会，讨论交流年鉴质量经验做法。自贡、攀枝花、泸州、宜宾、雅安、眉山、资阳、甘孜、凉山等大多数市（州）坚持每年举办年鉴专题培训班、召开年鉴工作经验交流会、研讨会或评鉴会，推动年鉴编纂质量提升。

三、主要问题

（一）依法编鉴意识需进一步加强

编纂年鉴是政府行为，有法规、制度保障，但目前全省依法编鉴意识在一些地方还较弱，个别领导对依法修志工作重视程度不够，在人员等保障条件上支持不力。年鉴编纂出版经费严重不足，不能满足实际工作基本需要。综合年鉴的社会影响和宣传力度不够大，公开出版工作亟待加强。全省地区间、部门间发展不平衡，年鉴编纂进度快慢不一，质量参差不齐。

（二）年鉴编纂质量、出版时效性需进一步提升

全省年鉴编纂工作虽逐年上台阶，但总体来看，年鉴编纂质量与精品年鉴要求还有不小差距，年鉴内容记述创新、开发利用与经济社会发展需求还不相适应。部分年鉴编纂机构责任意识、精品意识不强，少数年鉴满足于已有成绩，止步不前；各地年鉴规范化工作水平参差不齐，存在出版时效性差的问题，仍有不少综合年鉴未能做到当年编纂当年出版。年鉴编纂人员素质及技能水平参差不齐，影响了年鉴编纂质量、内容可读性以及出版时效性。

四、下一步工作目标和措施

根据《四川省地方志事业第十三个五年发展规划（2016—2020 年）》，至 2020 年，四川省年鉴工作管理体制机制应更加完善，依法修志工作加强，地方综合年鉴实现全覆盖，年鉴人才队伍建设加强，基本形成全省年鉴编修体系、质量保障体系、工作保障体系等全省年鉴事业可持续发展体系。为切实肩负起按时高质完成“两全目标”的重任，四川省学习借鉴各省（区、市）的先进经验，重点在以下方面抓落实。

（一）强化依法治志意识

“十三五”期间，四川省将继续紧紧围绕依法修志目标，加大《地方志工作条例》《四川省地方志工作条例》等法规规章学习宣传力度，加大对《地方综合年鉴编纂出版规定》的贯彻落实力度；继续联合人大、政协、司法等部门，加大执法检查、

调研力度，切实把依法编鉴转变为思想自觉和行动自觉。四川省志办与各市（州）地方志工作机构签订年鉴工作目标责任书，要求全省各市（州）、县（市、区）在2020年前全部实现一年一鉴，有条件的地方要提前实现一年一鉴。

（二）强化年鉴成果开发利用

“十三五”期间，四川全省将以地方综合年鉴工作为重点，逐渐完善地方综合年鉴工作管理体制，实现省、市、县三级综合年鉴全覆盖，“一年一鉴、公开出版”。拓展编纂种类，在重点抓地方综合年鉴工作的同时，加强部门年鉴、行业、单位年鉴编纂工作的组织指导监督工作，推动有条件的地方和部门开展年鉴英文版编纂出版工作。积极支持少数民族地区做好年鉴编纂工作，推动有条件的民族地区开展民族语言年鉴编纂出版。加强对各类年鉴的分析研究、综合加工、深度开发，积极开发适合对外交流合作的产品，增强巴蜀文化的影响力。

（三）强化年鉴编纂质量

“十三五”期间，四川省将把加快年鉴质量标准体系建设，建立健全质量标准制度，切实把好年鉴的政治关、史实关、体例关、文字关，作为搞好年鉴工作的重中之重。要加强年鉴质量标准体系建设，完善资料报送、评审、质量评价、审查验收、批准出版等制度，为年鉴质量提供制度保障。要认真贯彻《四川省地方综合年鉴编纂出版规范》等规定，落实省、市、县三级年鉴三审制度，开展年鉴评奖工作，促进年鉴质量提档升级。

（四）强化人才队伍培育

“十三五”期间，四川省力争每年组织一次全省高层次年鉴编纂和开发利用专题培训班，逐步提升全省地方志系统领导干部队伍把关定向、引领发展、抓建帮扶能力；定期开展年鉴业务知识实务培训，力争三年内将全省县级以上年鉴队伍骨干力量轮训一遍，切实提高年鉴编纂队伍整体素质。

新疆维吾尔自治区年鉴发展报告

■ 新疆维吾尔自治区地方志编纂委员会[①]

提要：新疆年鉴工作自 1983 年开展至今，30 多年来新疆地方志系统通过规范化组织，推动三级综合年鉴编纂工作从无到有，取得了长足发展，也带动了一批专业年鉴的出版。在多年年鉴编纂实践中，新疆形成了遵照程序讲政治、彰显特色讲规范、注重细节讲质量等工作经验，同时积极开发利用年鉴为社会实服务。目前，新疆年鉴工作存在整体质量有待提高、专业化人才队伍有待加强等诸多问题，必须进一步加强组织领导，勇于探索创新，推动实现“年鉴全覆盖”，编纂出更多精品佳作。

关键词：年鉴事业　综合年鉴　专业年鉴　工作经验

一、新疆年鉴事业发展概述

党的十一届三中全会开启了改革开放历史新时期，这一时期，在一批专业年鉴特别是《中国百科年鉴》的影响带动下，经过中国地方志指导小组及其办公室以及各省（区、市）地方志工作机构的引导和推动，中国年鉴事业得到蓬勃发展。新疆的年鉴事业就是在这一大背景下发展起来的。

1982 年 8 月，中国地方史志协会《关于新编地方志工作条例的建议》提出，各省从当年起编纂地方年鉴。新疆在 1983 年《新疆通志》编纂方案（草案）中，曾提

---

① 执笔人：吴佩昀，新疆维吾尔自治区地方志编纂委员会年鉴工作处处长。

到打算从1986年起编修年鉴。而1984年，有几件事促使新疆把编修年鉴这个设想提前实现。一是地方志编纂流程较长，长时间没有重要成果，怎么才能引起各方重视？工作局面怎么打开？资金、人员、办公条件如何到位？要早出成果，就要编年鉴。二是如果编年鉴，其第一卷最好在1985年10月1日前出书，向国庆36周年、自治区成立30周年献礼。三是恰好有人介绍了河南修志机构编纂年鉴的一些操作经验，大可借鉴。1984年3月，自治区地方志编委会关于编修《新疆年鉴（1985）》的请示得到自治区党委和政府的批复同意。批文要求"各地、自治区各单位和生产建设兵团指定专人按时完成撰写和组稿任务"，使年鉴开创工作顺利进行。1984年5月和9月，自治区地方志编委会先后召开第一次、第二次年鉴撰（组）稿会议，从条目计划制订到稿件修改，进行现场指导。1985年8月，《新疆年鉴（1985）》正式出版。在1985年年底安徽合肥召开的全国年鉴会议上，能拿出1985年卷的年鉴有4部，《新疆年鉴》是其中之一。《新疆年鉴》汉文版出版后，全文翻译的维吾尔文版于半年后出版。

《新疆年鉴》是新疆历史上第一部年鉴。它的出版，在新疆形成年鉴热，《新疆生产建设兵团年鉴》《喀什年鉴》《统计年鉴》等众多年鉴纷纷出版。截至2017年年底，新疆有地方综合年鉴、专业年鉴近130种（不含兵团系统）。地（州、市）年鉴出版实现全覆盖。其中《喀什年鉴》于1985年创刊，《乌鲁木齐年鉴》于1995年创刊，《巴音郭楞年鉴》于1998年创刊，《新疆石油管理局年鉴》（后改为克拉玛依年鉴）于1998年创刊，其余10个地州市年鉴也在2000年后陆续创刊出版，最晚的于2009年创刊出版。县（市、区）年鉴出版覆盖率达到98.96%。截至2017年年底，自治区96个县（市、区）中的95个启动年鉴编纂。从创刊年份看（按年内创刊数量排列），2007年、2008年为创刊高峰期，2008年创刊13部，2007年创刊12部；2009年创刊10部；2006年、2010年均创刊9部；2011年创刊7部；2012年创刊8部；2015年、2017年均创刊4部；2000年、2002年、2003年、2004年、2013年、2016年均创刊2部；2001、2005年、2014年均创刊1部。专业年鉴方面，据不完全统计，从1986年开始，新疆先后公开出版有《新疆财政年鉴》《新疆水利年鉴》《新疆统计年鉴》《新疆教育年鉴》《乌鲁木齐铁路局年鉴》《塔里木石油年鉴》《新疆邮政年鉴》《吐哈油田年鉴》《新疆出入境检验检疫年鉴》《西北石油年鉴》《新疆石油管理局钻井公司年鉴》《新疆维吾尔自治区科学技术协会年鉴》《新疆调查总队年鉴》《新疆公安年鉴》《新疆社会科学年鉴》《新疆科技统计年鉴》《新疆农村信用社年鉴》《新疆商务年鉴》等，其中《新疆水利年鉴》《新疆教育年鉴》《新疆邮政年鉴》《新疆维吾尔自治区科学技术协会年鉴》《新疆调查总队年鉴》《新疆石油管理局钻井公司年鉴》《新疆公安年鉴》《新疆科技统计年鉴》8 部年鉴目前停刊。另外，各地（州、市）统计年鉴在连续出版，部分统计年鉴作为内部资料。《阿克苏教育年鉴》曾于 2012 年创刊出版，目前停刊。冠以年鉴名称但仅作为内部资料的行业年鉴还有《新疆交通年鉴》《新疆体育年鉴》《新疆监狱年鉴》等，地州一级行业年鉴《昌吉公安年鉴》《昌吉农村信用社年鉴》《塔城农村信用社年鉴》《吐鲁番农村信用社年鉴》也都是内部资料。新疆生产建设兵团系统年鉴方面，《兵团年鉴》于 1986 年创刊，新疆生产建设兵团各师与各团年鉴全覆盖目标在积极推进中。

二、推动新疆年鉴事业发展的实践之路

在新疆，年鉴工作一直以来就是地方志工作的重要组成部分，自 1983 年恢复以来至 2017 年已有 35 个年头，这项工作从无到有，从小到大，有了长足的发展。

1983 年，新疆维吾尔自治区地方志编委会成立之初就设立新疆年鉴编辑部，主要负责《新疆年鉴》编辑出版工作。1996 年，改名为新疆年鉴社。自成立以来，新疆年鉴社通过制定一系列规章制度加强内部管理。一是通过规章制度建立约束机制，如制定《新疆年鉴编辑流程》《新疆年鉴工作处岗位职责》《新疆年鉴社绩效评判方案》等；二是加强编纂质量管理，及时制定《新疆年鉴社提高编纂质量要求具体措施》《年鉴质量管理规定》《〈新疆年鉴〉整体设计方案》等实用简明、可操作性强的制度，确保年鉴出版质量合格并达到优秀水平。

2006 年，随着《地方志工作条例》的颁布，自治区地方志编委会成立年鉴工作处，与新疆年鉴社两块牌子一套人马，肩负起指导、推动全疆年鉴编纂的职责。根据国务院的相关规定，2009 年 5 月，自治区地方志编委会向自治区政府办公厅呈送《关于以自治区人民政府名义下发关于加强年鉴工作两个通知的报告》（新方志字〔2009〕14 号），以政府名义下发《关于加强地方综合年鉴工作的通知》《关于进一步做好〈新疆年鉴〉编纂工作的通知》。2009 年 6 月，《新疆维吾尔自治区实施〈地方志工作条例〉办法》施行，明确三级年鉴的审定，除省级年鉴外，遵照下审一级的原则。从当时的年鉴出版情况可以看出，新疆地方综合年鉴编纂起步晚但发展势头迅猛，有赖于全区上下始终坚持了依法编鉴这一核心要义。

2013 年 3—5 月，自治区地方志编委会结合“志书年鉴质量建设年”活动，开展

了全区地方综合年鉴编校质量检查，发现不少年鉴尤其是县（市、区）年鉴存在资料不完善、规范化不够、编校质量不高等问题。结合这一突出问题，2014 年，自治区地方志编委会根据中国地方志指导小组《地方综合年鉴编纂出版规定（试行）》，进一步加强对各地年鉴编纂工作的督导。从 2014 年起，新疆地方志编委会年鉴处工作除继续审核指导 14 个地州级年鉴编纂外，主要把重点放在年鉴业务培训交流、提高全疆年鉴工作者队伍素质上来。2015 年 8 月，新疆地方综合年鉴工作经验交流现场会在沙湾县召开，会议期间举办培训班，首次形成年鉴材料汇编，包括制度汇编和年鉴理论汇编，用于指导年鉴编纂具体实践业务。

2015 年 8 月，国务院办公厅印发《全国地方志事业发展规划纲要（2015—2020 年）》。2016 年 5 月，印发《新疆维吾尔自治区贯彻落实国务院〈全国地方志事业发展规划纲要（2015—2020 年）〉实施意见》，其总体目标是：全面落实“一纳入、八到位”，到 2020 年全面完成第二轮修志规划任务，实现自治区、州（市、地区）、县（市、区）三级综合年鉴全覆盖，基本形成地方志编修体系、理论研究和学科建设体系、质量保障体系、资源开发利用体系、工作保障体系“五位一体”的地方志事业发展综合体系，努力开创“依法治志”的事业发展新局面。至此，实现自治区、州（市、地区）、县（市、区）三级综合年鉴全覆盖成为全区年鉴工作的一项重要内容。

2016 年，自治区地方志编委会印发《关于加强地方综合年鉴编纂质量管理和转发中指组〈地方综合年鉴编纂出版规定（试行）〉》的通知，并下发统计表，对全疆县级以上综合年鉴出版情况进行再次调查统计，形成最新统计数据，为推进县级以上综合年鉴出版全覆盖工作奠定了坚实基础。

三、《新疆年鉴》编纂出版及开发利用情况

《新疆年鉴》由新疆维吾尔自治区政府主办，自治区地方志编委会编辑，创刊于 1985 年，逐年出版，拥有刊号，至 2017 年已出版 32 部。自治区党委、政府十分重视《新疆年鉴》编纂出版工作，自治区政府多次以政府的名义下发做好《新疆年鉴》编纂工作的通知。《新疆年鉴》曾获全国地方志优秀成果（年鉴类）评审活动奖项；曾获自治区第五届、第七届哲学社会科学奖三等奖，第九届、第十届哲学社会科学奖二等奖，第十一届哲学社会科学奖一等奖。一直以来，自治区地方志编委会注意年鉴的开发利用，积极向党政各级领导和社会各界提供咨询服务，开展各种地情宣传教育，送年鉴

进图书馆、进学校，为各界查阅资料提供方便，年鉴在社会上具有一定的影响力。曾出版《新疆年鉴》(2014 年卷、2015 年卷）简本。从 1985 年开始《新疆年鉴》就全文翻译成维吾尔文，连续出版至今。两种语言文字版年鉴的出版，扩大了年鉴的服务范围，使年鉴的读者面更加广泛。

四、2017 年新疆年鉴事业发展概况

（一）事业发展总体状况

2017 年，是自治区贯彻以习近平总书记为核心的党中央治疆方略，聚焦社会稳定和长治久安总目标、落实总目标极其重要的一年。全疆干部聚集总目标、落实总目标，积极投身“访民情、惠民生、聚民心”驻村工作、“民族团结一家亲”活动、南疆支教、扶贫攻坚各项工作，年鉴工作人员在做好这些工作的同时，认真做好年鉴工作，保证了年鉴的连续出版。

2017 年 2 月,《新疆年鉴（2016）》出版,《新疆年鉴（2017）》组稿工作同步启动。各地（州、市）、县（市、区）年鉴 2016 年卷也大多数在 2017 年年初实现出版，相应启动了 2017 年卷的组稿工作。至 2017 年年底，有近 50% 的地（州、市）、县（市、区）完成 2017 年卷年鉴初审工作，并交付出版社。而此时自治区对全区图书的审读工作在持续开展中，所有的书号延迟发放，造成送达出版社的年鉴除极个别外，大多数没有进入印刷程序。这一时期，按照自治区两次审读工作会议要求，自治区地方志编委会对《新疆年鉴（2017）》内容进行了重新审定，调整了书中的部分内容。在这种情况下，自治区地方志编委会继续大力推进三级地方综合年鉴全覆盖目标的完成。年内,《乌鲁木齐市天山区年鉴》《阿拉山口年鉴》等 4 部年鉴创刊，至 2017 年年底，新疆仅有 1 部地方综合年鉴编纂工作未启动。在自治区地方志编委会的推动下，行业年鉴《新疆残疾人年鉴》创刊。

2017 年，新疆年鉴事业发展遇到不少困难，但也取得了可喜的成绩。在全国地方志优秀成果（年鉴类）评审活动中,《乌鲁木齐年鉴（2015）》获特等年鉴,《克拉玛依区年鉴（2016）》获一等年鉴,《新疆年鉴（2016）》《克拉玛依市白碱滩区年鉴（2015）》获二等年鉴,《克拉玛依年鉴（2015）》《哈密市年鉴（2015）》获三等年鉴。

（二）《新疆年鉴（2017）》编纂特点

1. 在年鉴编纂中，始终牢固树立“四个意识”，忠实记录新疆各行各业的新发展、新成就。边疆少数民族地区的年鉴就是要大力和旗帜鲜明地宣传在中国共产党领导下新疆各行各业的新发展、新成就。为此，《新疆年鉴（2017）》栏目结合时代发展特色和年度特色，在上年卷的基础上做了进一步调整：增设“特载”栏目，刊登自治区党委书记陈全国在自治区第九次党代会上所作的报告，新疆工作的主要方面一目了然；丰富“要闻大事”内容，设置“党和国家领导人调研”“自治区第九次党代会召开”“自治区深入贯彻落实习近平总书记关于新疆工作总目标再动员会议”“‘两学一做’学习教育”“《新疆的宗教信仰自由状况》白皮书发表”“自治区实施〈反恐怖主义法〉办法实施”“第十三届全国冬季运动会在新疆举办”“丝绸之路经济带核心区建设”“自治区扎实推进‘访民情、惠民生、聚民心’驻村工作”“‘民族团结一家亲’活动”“南疆学前双语教育干部支教工作启动”“自治区实施全民免费健康体检工程”“新疆全面迈入高铁新时代”等专栏，突出年度特色；对“商务”部分所属栏目进行调整，使其更加科学合理；整合相关联的文献资料，增设“党史·地方志·档案”栏目；在“人物”栏目部类，突显并弘扬社会主义核心价值观。同时，广泛收集采用反映新疆 2016 年特点和地方特色的照片充实彩色专版内容，充分展现了新疆在经济建设、政治建设、文化建设、社会建设、生态建设等方面取得的成就和进展。

2. 把好年鉴审稿关，坚持公开性原则，确保意识形态领域安全，始终坚守自身在维护社会稳定和长治久安中义不容辞的政治责任。新疆处于反分裂斗争的前沿，新疆的分裂与反分裂的斗争，更多的表现是在意识形态领域中。年鉴供稿单位多，人员变动大，在审稿中，表述不当的问题经常被发现，这些问题稿件经过仔细斟酌和修改后，才成为年鉴资料的组成部分。

3. 注重编校细节，在做到全书编纂规范化的同时，确保编校质量差错率不超过万分之一。新疆地方志编委会年鉴工作处有一支较为稳定的编辑队伍，从组织资料到年鉴编辑出版，形成一套较为成熟的做法。除了特别注意把握政治质量关外，还特别注意从细节上把握好年鉴的质量。一是严把程序关口。严格执行组稿、三审三校、返稿核稿、统稿总纂、样书审定、印刷出版各流程，不断积累总结经验，提高出版时效。二是严把资料关口。《新疆年鉴》在保持逐年资料连续性的同时，注意每年有侧重点并不断改进，力求跟上不断变化的客观形势。三是严把规范关口。年鉴作为资料性文献，本身就是工具书，加强规范化处理，做到全书统一标准、统一表述是提高质量的一个重要方面，如条目要素、图片说明要素以及名称、计量单位等不可随意使用，全书均有统一标准。四是严把编校关口。通过坚持“三审三校”流程，坚持互校、唱校等方式，使《新疆年鉴》出版达到合格标准。

五、取得的主要经验

一是坚持党委领导、政府主持、各级地方志工作机构组织实施、社会各方参与的体制。新疆年鉴工作开展以来，自治区地方志编委会调整了9届主任、副主任名单，每一届主任都由自治区主席担任。编辑出版年鉴，涉及各行各业，是一项系统工程，需要各部门提供资料，组织各方面专家参与。实践证明，年鉴的出版工作，关键在于各级党委和政府的重视程度。“党委领导、政府主持、地方志工作机构组织实施，社会各方参与”的体制，是从实际出发并经过实践检验的正确的体制，需要长期坚持并不断完善。

二是保证质量是年鉴工作的生命所在。年鉴是系统记述当年所在区域经济建设、政治建设、文化建设、社会建设和生态文明建设进程和各行各业发展、变革、变化年度资料性文献。它是否具有权威性，能否经得起历史的检验，关键在于质量。参与一本年鉴编纂少则几十人，多则几百人，需要各级年鉴编纂机构对撰稿人员进行严格培训、反复指导，需要编辑人员对稿件进行逐字逐句的修改，需要具备较高文化素养和责任心的主编对全部稿件从内容到文字的把关和审核。

三是有一支相对稳定的编鉴队伍是年鉴出版的重要保障。出版年鉴和志书不同，年鉴要求逐年出版，有一支相对稳定的编鉴队伍显得尤为重要。自治区地方志编委会每年至少举办一次地方志业务骨干培训班，其中基本都安排有年鉴编纂业务培训；还选配干部参加全国各地的相关学习等。各地在年鉴编纂前，均召开年鉴撰（组）稿人会议并组织培训撰（组）稿人。近几年，年鉴微信群、QQ群人员不断增加，由新疆地方志编委会年鉴工作处统一管理，以业务交流为主，方便年鉴工作人员及时交流。通过不断地培训交流，使各地（州、市）有了一批相对稳定的熟悉年鉴业务的工作人员，基本可以完成每年的工作任务。同时，在机构改革中，新疆各级地方志工作机构都被批准参照公务员法管理，对稳定近千人的专职队伍起到了重要作用。事实证明，凡是有稳定的年鉴编纂人员的地方，年鉴都能保证连续出版。

六、存在的主要问题

一是部分党政领导对年鉴工作的认识还不到位。这里主要讲的是部分党政领导对“一纳入、八到位”（认识、领导、机构、编制、经费、设施、规划、工作到位，将地方志工作纳入各地经济社会发展规划之中）情况没有到位。部分地（州、市）、县（市、区）地方志工作还没有引起党政领导足够的重视。

二是年鉴事业发展不平衡，南北疆差距大，且还没有做到全覆盖。总的来说，北疆的年鉴不管是从条目的内容、装帧质量、出书速度等方面都比南疆的年鉴要好。

三是到目前为止，极个别年鉴仍然为合订本。个别年鉴因人员、经费问题停刊，后来又复刊，也有暂时未复刊的。年鉴出版的纵向、横向的连续性打了折扣。

四是年鉴质量还需进一步提高。目前，新疆不少年鉴存在质量缺陷，这也是新疆年鉴事业面临的最大的问题。虽然全疆整体上编鉴队伍相对稳定，但不少具体从事编辑业务人员经常更换，没能够积累足够的专业知识来更好地完成此项工作。

五是年鉴工作人员队伍建设还需进一步加强，年鉴人员素质还需进一步提高。目前这个问题比较突出，也不可能一蹴而就予以解决。

七、下一步工作计划

一是认真贯彻落实好第五次全国地方志工作会议精神。在 2020 年之前已经出版的综合年鉴，做到连续出版。

二是牢固树立创新意识，不断改革和创新年鉴工作。年鉴作为传承社会主义先进文化的载体，只有不断改革创新，才能闯出新路子，才能充满活力。中央新疆工作座谈会以来，新疆天山南北发生着深刻的变化和变革，书写新疆科学发展和长治久安的历史、记载新疆历史上前所未有的盛世，新疆年鉴人身肩重任、责无旁贷。只有与时俱进，不断创新，才能做到全面、客观、真实、准确地反映区情，为新疆社会稳定和长治久安提供强有力的智力支持。

三是加强对年鉴工作的组织领导。一要督促检查《地方志工作条例》《新疆维吾尔自治区实施〈地方志工作条例〉办法》及国务院《全国地方志事业发展规划纲要（2015—2020 年）》《新疆维吾尔自治区贯彻落实国务院〈全国地方志事业发展规划纲要（2015—2020年）〉实施意见》的贯彻落实情况，检查“一纳入、八到位”的要求是否到位，强化行政推动。二要继续加快年鉴工作法治化的步伐，认真落实《地方志法规规章》，完善相关规章制度，探索法治化、社会化编鉴的新路子，着力解决编鉴工作随意性大、主观性过强、发展不平衡等突出问题。同时，积极推进《新疆维吾尔自治区地方志工作条例》立法。三要做好保障服务，切实解决年鉴工作人员编制、经费保障等突出问题。

四是强化精品意识,进一步提高年鉴编纂工作的质量。年鉴工作既要为当代服务，又要为子孙后代保留精神文化财富，因此年鉴一定要经得起时间的检验。对年鉴工作规律的认识最根本的一点就是要用马克思主义的世界观和方法论，用历史唯物主义和辩证唯物主义的思想来指导年鉴工作。要把精品意识贯穿于年鉴工作的全过程和各个环节，严格把好质量关，使质量上一个大的台阶。

五是积极开展年鉴成果利用，把年鉴工作落实到维护社会稳定和长治久安上来。年鉴是各级党政领导和广大人民群众熟悉地情、了解地方发展建设、探索取得的新经验、提炼智慧的重要载体，要站在战略的高度和全局的高度来认识，创新服务手段和方式，用人们喜闻乐见的方式传播年鉴、推广年鉴。

六是进一步加强年鉴人才队伍建设，不断增强推动年鉴事业可持续发展的内在动力。编纂年鉴不仅需要政府重视，领导挂帅，而且要做大量的组织协调工作，动员组织各方力量积极参与，上下互动团结协作，这就要求从事年鉴编纂的人员要具备各种能力。一是继续举办多种形式、不同层次的培训班，提高人员素质。二是积极探索适合地方志工作的人才政策和措施，吸引优秀人才参加年鉴工作，并大力培养和选拔少数民族编辑人才。三是加强年鉴业务理论研究，开展年鉴及年鉴学术研究成果评比活动。鼓励年鉴工作者通过理论探讨，一方面提升业务水平，另一方面解决编纂业务中的热点、难点问题。

Ⅲ

专题报告

中国教育类年鉴发展报告

姚宏杰　王艳芳

提要：我国教育行业年鉴编纂工作起步于20世纪30年代，改革开放后教育类年鉴形成快速发展的趋势，产生系列呈现、规模呈现的集中效应，数字化、网络化发展也十分迅速。近年来，教育类年鉴的发展体现出重视程度增高、规范程度提升、内容不断拓展等特点，但在编辑特色、队伍机制、作用发挥等方面也存在着一些值得注意的问题。关于下一步发展，报告提出构建因地制宜的编纂网络、打造优质高效的编纂队伍、建立信息互动的教编纂平台等建议。

关键词：教育　年鉴　发展　问题

一、教育类年鉴的发展历程

我国教育类年鉴的编纂工作始于20世纪30年代，1932年春，国民政府教育部成立《第一次中国教育年鉴》编审委员会。1933年10月，《第一次中国教育年鉴》编竣，1934年5月由开明书店出版。年鉴本来是按年度编纂，而《第一次中国教育年鉴》因时间跨度大，实际近似史书。该年鉴称："中国教育数千年因袭之旧式教育无论矣。新式教育肇自清之同治初元，迄今凡七十余年，兹编所记教育大事，即以是为起讫，名曰年鉴，实近于史。"

关于教育年鉴的目的，时任教育部长的王世杰在该年鉴序中说："教育年鉴是应时代的需要而产生的。我国办理教育，现已达到自觉的与创造的阶段，逐渐向适乎国情的目标以迈进。在这个时期，自更需要一种刊物，使我们能将每年的事业，作一个总检查。所以今兹教育年鉴之刊行，不仅是将以往多年的教育经验作一总汇，以资借镜与参考，而其更大的使命，尤在乎为将来辟一途径，成为将来中国教育无数年鉴的发端，务使以后每年的教育年鉴，不仅是各年份教育事实的记载，而是一种承先启后的刊物，不仅使我们明了教育发展的历史，并且可以为我们在教育上开辟新疆土，成功新建设的凭藉。”

《第一次中国教育年鉴》分为 5 编。材料源自各教育厅局和各学校及各教育机关团体的报告、教育部档案和各种书报刊物。稿件编纂、审查，主要由教育部各司负责。该书借鉴西方年鉴的编撰方法，同时又有创新。编者认为：“本年鉴之性质为属于国家教育行政机关的，其体例着重概况之报告，佐以法规之录列，附以研究结果之陈述。至教育实事之综的叙述，如甲篇中之教育宗旨、学校系统、教育行政组织等篇，丙篇中之高等教育综述、中学综述等篇，戊篇中兴学以来教育大事记、科教书之发刊概况、教育先进传略等篇，每一题材，穷原竟委，各成体系，则可云本年鉴之创格焉。”

《第一次中国教育年鉴》是我国历史上的第一部全国性教育年鉴，它较全面系统地反映了清末至 20 世纪 30 年代初中国的教育情况，许多资料颇为珍贵。

《第二次中国教育年鉴》至 1948 年 12 月由商务印书馆出版。该年鉴分为 15 编：综述、教育行政、初等教育、中学教育、高等教育、学术文化、师范教育、职业教育、社会教育、边疆教育、侨民教育、体育卫生军训及童子、战区教育、教育统计和杂录。内容与《第一次中国教育年鉴》衔接，也有部分内容追述至清末者。该年鉴较全面记述了当时的教育状况，是研究国民党统治时期教育情况的重要资料。

新中国成立后，1956 年制定《十二年科学发展规划》，其中关于发展教育科学的规划中，曾列出编撰教育年鉴的规划。但这一计划未能实现。改革开放后，1984 年出版的《中国教育年鉴（1949—1981）》，是新中国以来第一次出版的教育工作资料工具书。该年鉴约 300 余万字，编纂了中国 1949—1981 年教育工作的基本情况、基本文献和统计资料[①]。该年鉴分为前言（中国共产党中央委员会关于建国以来党的若干历史问题的决议和中央领导同志的有关讲话）、各级各类教育（教育事业、经费、劳动工资的计划管理、幼儿教育、小学教育、中学教育、职业教育、中等师范教育及中小学教师和干部、中等专业教育、全日制高等教育、特殊教育、少数民族教育、大中小学的

① 由于有的工作延续到 1982 年，因此也使用了一些 1982 年的资料，个别的部分还使用了 1983 年的文献。

思想政治教育、学校教育、卫生与军事训练、教育与生产劳动相结合、教材、教育基本建设、教学手段和电化教育设施、成人教育、研究生教育和学位制度、华侨子女回国升学和华侨在国内举办的教育事业、教育科学研究机构、教育学术团体、教育刊物、教育对外交流活动)、文献与资料选辑和教育大事年表四个部分。全书不仅对这30余年的教育状况做了详细的记录，而且将我党对教育事业的指导方针和指导思想融于年鉴的编写之中。自1987年以后,《中国教育年鉴》逐年出版。

除全国性的教育年鉴外，当代教育类年鉴还呈现成系列、上规模的繁荣现象。第一是教育年鉴的横向大范围发展。“横向”可以从两个角度理解：一是地域上的横向，当前全国各省（区、市）都有自己的教育年鉴。二是教育类别的横向，基础教育、高等教育、民办教育、校外教育、家庭教育、农村教育、教育经费、教育考试等也都分别有专题性的教育年鉴。第二是教育年鉴的纵向深度发展。在很多市、县、区乃至学校中都出版了教育年鉴，有的还历时久远，为全方位、多维度理解中国的教育状况提供了基础和可能。具体内容见下表：

中国教育类年鉴统计表 ①

表 1

分类标准	年鉴名称	编纂单位 / 主编	出版单位	是否连续
按专题分类	中国教育年鉴	《中国教育年鉴》编辑部	人民教育出版社	是
	中国职业教育年鉴	陈工孟	经济管理出版社	是
	中国职业教育与成人教育工作年鉴	黄尧	高等教育出版社	是
	中国国际教育信息年鉴	《中国国际教育信息年鉴》编委会	中国商务出版社	是
	中国教育统计年鉴	中华人民共和国教育部发展规划司	中国统计出版社	是
	中国教育综合统计年鉴	国家教育委员会	高等教育出版社	否
	中国教育经费统计年鉴	教育部财务司	中国统计出版社	是
	中国教育考试年鉴	中华人民共和国教育部考试中心	中国传媒大学出版社	是
	中国校外教育工作年鉴	《中国校外教育工作年鉴》编辑委员会	武汉大学出版社	是
	中国农村教育年鉴	郭福昌	山西教育出版社	否
	中国家庭教育年鉴	赵东花	中央文献出版社	是
	普通高等学校招生工作年鉴	国家教育委员会高校学生司	人民教育出版社	是

① 表中数据以国家图书馆文津检索结果为依据。需要说明的是，由于不少地方教育年鉴属内部出版，本表统计并不完全。

续表 1

分类标准	年鉴名称	编纂单位 / 主编	出版单位	是否连续
按专题分类	中国民办教育年鉴	《中国民办教育年鉴》编委会	不详	否
	中国基础教育学科年鉴 – 物理	刘军	北京师范大学出版社	是
	中国基础教育学科年鉴 – 历史	刘军	北京师范大学出版社	是
	中国基础教育学科年鉴 – 政治	刘军	北京师范大学出版社	是
	中国基础教育学科年鉴 – 数学	刘军	北京师范大学出版社	是
	中国基础教育学科年鉴 – 体育	刘军	北京师范大学出版社	是
	中国基础教育学科年鉴 – 地理	刘军	北京师范大学出版社	是
	中国基础教育学科年鉴 – 化学	刘军	北京师范大学出版社	是
	中国基础教育学科年鉴 – 信息技术	刘军	北京师范大学出版社	是
	中国基础教育学科年鉴 – 生物	刘军	北京师范大学出版社	是
	中国基础教育学科年鉴 – 美术	刘军	北京师范大学出版社	是
按地区分类	北京教育年鉴	北京市教育委员会	方志出版社	是
	西城区教育年鉴	北京市西城区教育委员会	不详	是
	昌平区教育年鉴	昌平区教育委员会	不详	是
	天津教育年鉴	天津市教育委员会	天津社会科学院出版社	是
	河北教育年鉴	河北省教育史志鉴编纂委员会	河北教育出版社	是
	邢台教育年鉴	《邢台教育年鉴》编辑部	不详	是
	邯郸教育年鉴	邯郸市教育局	中国文史出版社	是
	沧州教育年鉴	沧州市教育局	不详	是
	襄汾县教育年鉴	襄汾县教育年鉴编纂委员会	不详	是
	辽宁教育年鉴	《辽宁教育年鉴》编纂委员会	辽宁大学出版社	是
	沈阳教育年鉴	沈阳市教育志编写办公室	辽宁人民出版社	是
	锦州教育年鉴	锦州市教育志办公室	不详	否
	铁岭教育年鉴	铁岭市教育史志编纂委员会办公室	不详	是
	旅顺教育年鉴	大连市旅顺口区教育局	不详	是
	银州教育年鉴	银州区教育年鉴编纂委员会	不详	否
	黑龙江教育年鉴	黑龙江省教育厅	黑龙江人民出版社	是
	上海教育年鉴	上海市教育委员会	上海教育出版社	是
	江苏教育年鉴	江苏省教育厅	江苏教育出版社	是
	徐州教育年鉴	徐州市教育局	方志出版社	是
	金华县教育年鉴	《金华县教育年鉴》编纂组	不详	是

续表 1

分类标准	年鉴名称	编纂单位 / 主编	出版单位	是否连续
按地区分类	安徽教育年鉴	安徽省教育厅	安徽教育出版社	是
	福建教育年鉴	福建省教育厅	福建人民出版社	是
	江西教育年鉴	江西省教育厅	江西教育出版社	是
	山东教育年鉴	山东省教育厅	山东教育出版社	是
	青岛教育年鉴	青岛市教育局	青岛出版社	是
	淄博教育年鉴	马永	中国出版社	是
	张店区教育年鉴	张店区教育局	不详	否
	河南教育年鉴	《河南教育年鉴》编纂委员会	河南教育出版社	是
	安阳教育年鉴	安阳市教育史志年鉴编撰委员会	不详	是
	洛阳教育年鉴	洛阳教育年鉴编纂委员会	不详	是
	新密教育年鉴	新密市教育史志编纂委员会	不详	否
	湖北教育年鉴	湖北省教育厅	湖北人民出版社	是
	武汉教育年鉴	武汉教育年鉴编纂委员会	武汉出版社	是
	浠水教育年鉴	浠水县教育局	不详	否
	红安教育年鉴	红安县教育局	不详	是
	湖南教育年鉴	湖南省教育厅	南方出版社	是
	广东教育年鉴	广东省教育厅	中山大学出版社	是
	广西教育年鉴	广西壮族自治区教育厅	广西师范大学出版社	是
	海南教育年鉴	海南省教育厅	海南出版社	是
	重庆教育年鉴	重庆市教育委员会	重庆出版社	是
	四川教育年鉴	四川省教育厅	四川教育出版社	是
	成都市教育年鉴	成都市教育局	四川教育出版社	是
	乐山教育年鉴	乐山市教育志编辑部	乐山市教育志编辑部	是
	花溪教育年鉴	花溪区教育局	不详	是
	普洱教育年鉴	普洱市教育局	不详	否
	陕西教育年鉴	陕西省教育厅	三秦出版社	是
	咸阳教育年鉴	《咸阳年鉴》编纂委员会编	陕西人民教育出版社	是
	甘肃教育年鉴	甘肃省教育厅	中国统计出版社	是
	宁夏教育年鉴	《宁夏教育年鉴》编写组	宁夏人民出版社	是
	中华民国 [台湾] 教育年鉴	[台湾] 教育部教育年鉴编纂委员会	正中书局	是

续表 1

分类标准	年鉴名称	编纂单位 / 主编	出版单位	是否连续
按地区+专题分类	北京成人教育年鉴	北京市成人教育局	不详	否
	北京高等教育年鉴	北京市高等教育局	高等教育出版社	是
	北京市普通高等学校成人高等教育招生工作年鉴	吴凤臣	中央广播电视大学出版社	是
	北京市教育工会年鉴	北京市教育工会	不详	是
	天津教育考试年鉴	天津市教育招生考试院	天津人民出版社	是
	辽宁省普通教育年鉴	辽宁省教育志编纂委员会	辽宁大学出版社	是
	辽源市教育学会年鉴	辽源市教育学会年鉴编委会	吉林人民出版社	否
	上海高等教育年鉴	上海市高等教育研究所	上海外语教育出版社	是
	江西教育事业统计年鉴	虞国庆	江西高校出版社	是
	河南教育统计年鉴	张冰燕	河南大学出版社	是
	湖北教育考试年鉴	湖北省教育考试院	湖北省教育考试院办公室	是
	湖南教育事业统计年鉴	熊俊钧	湖南教育出版社	是
	四川高等教育中等教育年鉴	《四川高等教育中等专业教育年鉴》编辑委员会编	四川教育出版社	是
	陕西教育事业统计年鉴	朱征南	陕西人民教育出版社	是
	台湾艺术教育年鉴	郑明宪	国立台湾艺术教育馆	是
学校年鉴	中共中央党校函授教育年鉴	黄士安	中共中央党校出版社	是
	中国广播电视大学教育统计年鉴	孙绿怡	中央广播电视大学出版社	是
	全国广播电视大学教育基本情况统计年鉴	中央广播电视大学	中央广播电视大学出版社	是
	黄村七中教育年鉴	吴士育	不详	是
	大兴七中教育年鉴	侯伟	不详	是
	天津南开中学年鉴	天津市南开中学年鉴编辑委员会编	天津教育出版社	是
	吉林大学年鉴	吉林大学校长办公室	吉林大学出版社	是
	广西教育学院年鉴	《广西教育学院年鉴》编委会	广西人民出版社	是

二、教育类年鉴体例和主要内容

《第一次中国教育年鉴》为 16 开，分上、下二册。书前为 4 篇序言、编纂经过及例言；正文 2123 页；勘误表 24 页；正文前、后、中有广告插图若干。全书甲编为教育总述，内容包括教育宗旨、教育实施方针、学校系统及教育行政组织。乙编是教育法规，选辑中央及各省（区、市）教育法规200余种。丙编为教育概况，全面系统介绍中央及全国各省（区、市）的高等教育、中等教育、初等教育、社会教育及学术团体，另外还简要介绍国外留学情况。丙编是全书的主体，占50%以上的篇幅。丁编是教育统计，包括全国高等、中等、初等、社会教育的统计数字，其中彩色图表50页。戊编是教育杂录，包括兴学以来教育大事记、庚款与教育文化、教科书之发刊概况、教育研究概况、主要教育行政人员一览、捐资兴学一览、影印四库全书之经过、教育纪念节述略、教育先进传略、最近欧美教育概况、最近日本教育概况等。《第二次中国教育年鉴》框架结构已有了较大的变动，如前述分15编。

新中国成立后出版的《中国教育年鉴》，较之前在结构上有了很大调整，不再以固定数目的编、章、节体例呈现，而是以具体内容为呈现依据。《中国教育年鉴（1949—1981）》主要分为前言、各级各类教育、文献与资料选辑和教育大事年表四个大部分。这基本上奠定了之后教育年鉴的主体结构。

（一）前言部分

这部分主要分两块：一是前一年教育部主要领导在重要教育工作会议上的讲话，全文收录。二是前一年国家主要领导人在教育领域的主要事件和重要指示，行文叙议结合，生动形象地展现出党的领导人对教育事业的高度关注。

（二）各级各类教育状况

这部分是教育年鉴的主体。较以往的教育年鉴不同的主要有两点：一是形式上较之前的教育年鉴更为简洁，一目了然。以新增的各省、自治区、港澳台教育板块为例，从结构上只有概况、基础教育、职业教育和成人教育、高等教育四个部分。二是内容上新增了许多新时代元素。比如国际与我国港澳台地区教育合作与交流、教育出版产业、教育新闻媒体、教育信息化建设与远程教育等内容。还增加了对教育部直属的75所高校教育发展状况的综述。

（三）文献与资料选辑

这部分较之前教育年鉴的内容方面没有太多调整，但是在编选形式上，与之前略有不同。在《中国教育年鉴（1949—1981）》中，文献与资料选辑是按照内容分为总类、教育事业的计划管理、幼儿园、小学和中学教育、中等师范教育和中小学教师的培训等 15 部分，在每个部分再按照时间维度将重要文件排序。《中国教育年鉴（2015）》，则调整为只以时间为序的呈现形式，更为简洁直观。

（四）教育大事年表

在《中国教育年鉴（1949—1981）》中，这部分内容还包括了教育基础数据统计的内容。《中国教育年鉴（2015）》则只保留了“大事记”的内容，更加清晰明了。

三、教育类年鉴的现状与问题

据初步统计，截至 2017 年全国各地编纂出版的教育年鉴共有 47 种。各种教育类年鉴主要由各省市教育厅、教育局负责组织编纂出版，也有不少学者以学术课题申报的形式加入到教育年鉴的编纂队伍中。表 1 中近 100 种教育年鉴，有 13 种教育类年鉴新创刊。教育年鉴编纂队伍有所壮大，主办单位、出版单位基本稳定。经费来源以国家科研经费、出版经费资助为主，少量学术年鉴有社会资助。

近年来，教育类年鉴的发展有几个较为显著的特点：一是各方对年鉴的重视程度增高，编写队伍不断壮大。随着教育年鉴在教育决策与管理中的应用日益深入，越来越多的地市、学校开始加入到教育年鉴的编写队伍中来。尤其是在高等教育领域，呈现出两种态势：一是关于高校本身的教育年鉴数量在增加，二是高校学者中参与教育年鉴研究的人员也越来越多。如表 1 中可见，很多学者以学术团队承担起某一类型教育年鉴的编纂工作，成果显著。二是教育类年鉴规范化程度、整体质量不断提升。各编纂单位和学者开始更加重视教育类年鉴编纂规范化、制度化建设。各年鉴编辑部相互借鉴、编制体例规范成为常态，从编纂体例要求分析，各教育类年鉴编纂单位对供稿人在内容收录、体例结构、文字表述等方面提出严格的要求。三是教育类年鉴的编纂内容、呈现形式不断拓展。中国教育类年鉴从 1984 年开始整体启动，30 余年来，其编纂内容不断拓展，从最初的综合类年鉴一枝独秀，到现在各个地区、各个教育类目、甚至于各个学科都在对既往的教育事业发展状况进行综合梳理。随着网络信息技术的发展，教育类年鉴的光盘版和网络版也应运而生。形式上的创新使教育年鉴走向了外面的世界，不仅拓宽了读者群、提高了使用率、扩大了影响，也使教育年鉴的交流更为方便、快捷。

教育类年鉴的重要价值已得到社会的广泛认可，编纂出版工作也取得许多成绩，但也存在一些值得重视的问题：一是教育类年鉴的编辑需要不断创新。年鉴要常编常新，教育年鉴工作如果不能在思路和方法上有所突破和创新，就会丧失应有的观察力和敏锐性,无法敏锐地反映教育改革的历史进程。目前,教育类年鉴仍然存在框架老化、内容单一、信息量不够丰富等问题。二是教育类年鉴的编辑队伍仍需加强。要保证年鉴工作蓬勃开展，就必须始终保持一支热爱年鉴事业、政治素质高、业务能力强的编辑队伍。目前，教育类年鉴仍然存在人员流动较大，素质能力欠缺，活力彰显不足等问题。因此，要进一步创新工作机制，充分关心和关注这支队伍的成长和发展。三是教育类年鉴的形式要适应新的时代发展需求。随着信息和网络技术的快速发展和普及，电子版年鉴正以其便于存储、携带和检索等特性日渐受到读者的欢迎，必将成为年鉴发行的重要形式。同时，通过网络实现年鉴信息共享，提高信息资源的利用效率，也将成为年鉴信息的重要发布方式。目前，教育类年鉴的发行方式以传统的纸质出版为主，且往往延期甚至严重滞后，未能发挥预期的作用。

四、思考与建议

一是构建因地制宜的教育类年鉴编纂网络。仔细研究可以发现，在当前繁荣的教育类年鉴编纂工作背后，普遍存在着编纂思路和方法僵化的现象。各省、市、县教育年鉴编写的风格和内容几乎如出一辙，对具有当地特色的信息和资料的加工程度比较粗糙，对一些典型数据的统计口径和分析维度不够规范，导致一些具有地方特色的数据和信息没有被纳入到编纂范围之中。编纂工作的创新度不足，由此也会影响对教育决策和管理工作的支持度。应当加强对教育特色的关注，构建因地制宜的教育类年鉴编纂网络。年鉴的框架结构和条目撰写应随着教育形势的变化而稳中有变，变中求新。对不适应或不完全适应的部分要大胆调整，对新生事物反映不充分的内容要迅速补充，同时要进一步扩大信息源，增加资料和信息的密集度，及时准确地反映教育事业的发展动态和时代特色。

二是打造优质高效的教育类年鉴编纂队伍。教育类年鉴的编纂工作主要以地方的教育厅、教育局等政府部门承担，常以临时聘用或兼职人员进行。虽然有越来越多的学者参与到教育类年鉴的编纂工作，但是人数在整体的编纂队伍中所占比例并不多。应着力创新机制，吸纳更多的人员，如学者、教师等来从事教育类年鉴的编纂工作。

同时，应进一步健全特约撰稿人和审稿人机制，明确队伍成员的职责，建立成员资源数据库，不断完善、扩大这支队伍。要多渠道搭建交流平台，加强编撰人员的联系和学习，促进相互了解，实现共同提高。要建立激励机制，通过开展评比奖励等活动，充分调动这支队伍的积极性，激发创造力，提升整体水平，为年鉴工作提供智力保障。

三是形成信息互动的教育类年鉴编纂平台。伴随着数字化技术的深度发展，教育类年鉴自身的数字化、网络化建设水平已经较过去有了很大提升。但是应当注意的是，在这汪洋恣肆的信息和数据洪流中，星星点点的教育类年鉴平台正在变成一个个孤岛，彼此之间并没有互通有无的可能和路径，最终的结果只能是在一个个教育类年鉴所圈定的小圈子中孤芳自赏，无法形成教育行业的整体合力。所以，对于教育类年鉴编纂各平台之间的互动方式和路径的研究，应该成为更加关注的重点，从而实现年鉴价值的最大化。

中国财政类年鉴发展报告

郑维桢

提要：财政是国家治理的基础和重要支柱，在优化资源配置、维护市场统一、促进社会公平、实现国家长治久安中承担着重要职责。为了准确、客观记录好中国财政发展历程，除财政部组织编纂出版《中国财政年鉴》外，全国大部分省（自治区、直辖市）财政厅（局）都组织编纂出版了财政年鉴。

关键词：财政　年鉴　编纂　资料

一、中国财税博物馆收藏民国二十四年《财政年鉴》简介

民国 24 年（1935 年）《财政年鉴》由当时中华民国财政部财政年鉴编纂处编辑，1935 年 9 月初版，12 月再版，上海商务印书馆印刷发行。中国财税博物馆收藏再版本一套，分上、下两册。正文 2600 页，280 余万字，32 开精装本，竖排版，有书耳，双页记书名，单页记篇名与章名，起辅助检索作用。它是第一部综合反映民国时期中央及地方财政事务的现代意义上的年鉴，是国民政府前 22 年财政资料的总汇。该年鉴还综述了世界财政状况并分述 63 个国家的财政概况。

《财政年鉴》共设十五编：第一编财政概况，分为北洋政府时期之财政和国民政府时期之财政两部分的概要介绍，并提要介绍了民国 22 年（1933 年）的收支、税务及债务情况。第二编财务行政，分机关组织、人员训练、人员任用及待遇三部分。第三编会计，总述会计职权之变迁、制度之改进，列表显示了民国各年间预算、决算和

收支的统计数据。第四编关税，回顾中华民国关税自主前后的经济变化，介绍了民国的税则、关政、税收政策，以及国际贸易和国内转口贸易情况。第五编盐税，综述数千年间盐税之历史沿革，直至民国 23 年（1934 年）之盐政概况，详析 15 个产盐区的产制和运销方法，说明了盐税之征権与缉务工作。第六编统税，分卷烟、麦粉、棉纱、火柴、水泥、熏烟、啤酒等，分别介绍其沿革、征稽及免税退税方法和民国 22 年（1933 年）的税收状况。第七编印花税，记述了该税之沿革、征稽制度和民国 18—22 年（1929—1933 年）各省的税收总额。第八编烟酒费税及牌照税，分别介绍酒公卖费、烟酒税、洋酒税和牌照税的历史沿革、征收制度、税收状况统计资料。第九编其他税费，包括矿税、银行兑换券发行税、交易所税、银行业收益税等状况和各行政部门的其他收入情况。第十编官业官产，分述官业之沿革、组织及管理、营业概况、资产及负债情况和官产之种类、机关与权限、历史收支与现情。第十一编国债，概要记述民国元年（1912 年）至民国 22 年（1933 年）的国债状况，详列各年之内债、外债和庚子赔款的数额，以及分属铁道部、交通部和其他机关的债务情况。第十二编金融，分货币、银行、特种金融三大部分，介绍各自的营业情况。第十三编地方财政，记述 30 省市的地方预算、田赋、契税、营业税、房捐和其他捐税的收入情况，以及各省整理赋税、地方公债的状况。第十四编 22 年来财政大事记。第十五编世界财政概况，先总述各国岁入、岁出、国债、货币概况，后分述亚、欧、美、非、澳五大洲共 63 个国家的财政状况，及 1934 年国际联合会的预算案。

该年鉴最大的特点是用列表说明问题。全书中表格数据占五分之四，直观清晰，有利于读者作比较研究。其次，年鉴中收录了大量与财政事务有关的法规、条例共计 242 件。这些法令皆由当时政府各有关部门颁布，属官方文件，是研究国民党统治时期经济情况和财税政策的重要资料。此外，该年鉴中还登载 49 条广告，并于书末设有索引。

二、财政类年鉴基本情况

据统计，全国财政系统有 25 个省（自治区、直辖市、计划单列市）财政厅（局）编纂出版财政年鉴，分别是：《北京财政年鉴》《天津财政年鉴》《河北财政年鉴》《山西财政年鉴》《内蒙古自治区财政年鉴》《大连财政年鉴》《吉林财政年鉴》《黑龙江财政年鉴》《上海财政年鉴》《江苏财政年鉴》《浙江财政年鉴》《安徽财政年鉴》《福建财政年鉴》《山东财政年鉴》《青岛财政年鉴》《湖南财政年鉴》《湖北财政年鉴》《广东财政年鉴》《广西壮族自治区财政年鉴》《重庆财政年鉴》《云南财政年鉴》《西藏自治区财政年鉴》《甘肃财政年鉴》《宁夏回族自治区财政年鉴》《新疆维吾尔自治区财政年鉴》。没有编纂出版财政年鉴的 12 个，分别是：辽宁省财政厅、宁波市财政局、厦门市财政局、江西省财政厅、河南省财政厅、深圳市财政局、海南省财政厅、四川省财政厅、贵州省财政厅、陕西省财政厅、青海省财政厅、新疆生产建设兵团财务局。编纂出版财政志的 5 个，分别是：《辽宁财政志》《海南财政志》《四川财政志》《陕西财政志》《青海财政志》。

三、财政类年鉴编纂原则与总体框架

财政类年鉴编纂坚持以马克思列宁主义、毛泽东思想、邓小平理论、“三个代表”重要思想、科学发展观、习近平新时代中国特色社会主义思想为指导，全面贯彻落实党的十九大、中央经济工作会议和全国财政工作会议精神，服务国家财政事业，服务国家经济建设。坚持实事求是，科学、准确、客观地反映财政工作各方面的情况，体现财政作为国家治理的基础和重要支柱作用。既充分肯定成绩、总结经验，又反映存在的困难、问题和矛盾。坚持重事实、重数据，据实叙事的编史要求，体现年鉴信息集中、资料权威、功能多样的特点，不断充实年鉴的信息量，提高年鉴的实用性、权威性和存史价值。坚持为读者服务，适应形势发展，研究读者需求，更好地发挥财政年鉴的功能作用。

财政类年鉴一般采用以下框架。卷首部分：编委会名单，特约通讯员名单，编辑出版工作人员名单，编辑说明，中英文目录，重要图片；正文部分：重要财经文选，财政工作概况，财经统计资料，重要财政法规，财政机构人员，财政大事记，附录。

四、财政类年鉴具有重要现实价值

《中国财政年鉴》自 1992 年创刊至 2017 年已出版 27 卷，其他财政类年鉴创办于不同时期，作为记录我国财政改革发展进程的重要载体，编辑出版财政类年鉴具有重要的历史和现实意义。从历史角度看，财政类年鉴能够比较全面、系统地反映全国每一年度财政工作情况和重要信息，客观记录我国财政改革发展历程，累鉴成史，有利于后人进行财政史料研究，以史为鉴，继往开来。财政类年鉴作为高密度、大容量的文献，记录时代特征，展示历史规律，其存史功能是其他书籍替代不了的。从现实角度看，财政类年鉴具有较高的实用价值。

一是收藏与展示中国财政的珍贵资料。目前我国县级以上财政部门已有大量公开出版或内部出版的财政类年鉴。在中央层面，1992 年起财政部正式编纂出版《中国财政年鉴》；在地方层面，不少县级以上财政部门都有财政年鉴。把目前已经编辑出版的各级各地财政年鉴汇集起来，并以适当方式加以展示，就是一份珍贵资料。这些资料可以为广大专家学者、研究人员提供权威的专业资料、为教育培训和理论研究提供重要参考。

二是研究与开发中国财政的信息宝库。财政类年鉴集成了大量有价值的财政信息，反映了不同时期我国国民经济和地方经济的基本情况，集中体现了各级政府财政工作的成果。对财政类年鉴蕴藏的丰富信息进行开发与利用，既可以作为历史研究的重要信息来源，又可以服务于未来财政政策与制度的改革与发展。特别是财政类年鉴可以提供逐年可比的统计数据和资料，这些资料既有深度，又有广度，有利于全面系统地了解财政领域改革发展情况，为财政领域的各级领导进行科学决策提供客观依据。

三是扩大交换与共享中国财政的信息资源。政府财政信息的开放共享已成为世界潮流。财政类年鉴可以为财政实务工作者提供动态信息、重要文献、政策法规、工作动态、各类组织机构和名录、各类考试试题等实用性指南；能够提供综述、回溯及预测性资料，这些资料弥足珍贵，都由熟悉本专业、本地区、本领域情况的专家在大量事实、文献、数据的基础上，经过归纳、综合、研究之后写出的，可使读者对该学科、该地区、该领域的发展概况有较完整、系统的了解。随着我国财政透明度建设的不断发展，中国的财政信息将不断向社会开放，可以促进国际间政府财政信息的交换，加强政府财政领域的国际交流与合作。

四是紧跟时代步伐，充分展示财政改革发展成就。改革开放以来，我国经济社会发展取得了举世瞩目的成就，作为整个经济体制改革重要组成部分和突破口的财政体制改革走过了一段不平凡的历程。特别是十八大以来，财政部门坚决贯彻落实党中央、国务院的决策部署，围绕稳增长、调结构、促改革、惠民生、防风险采取了一系列政策措施，有力促进了经济社会持续健康发展；深入推进财税体制改革，积极盘活财政存量资金，强化预算执行管理，促进了提高财政资金的使用效益；积极践行“大国财政、统筹内外”的理念，深化双多边财经交流与合作，为国内改革发展提供支持和营造良好外部环境。我国经济社会发展稳中有进、稳中有好，财税体制改革在治国安邦中发挥了基础性、制度性、保障性作用。这些成就都需要在财政类年鉴中充分展现，全面记录。财政类年鉴紧密结合财政改革发展的新形势，找准时代定位，紧跟时代步伐，突出反映财政改革新思路、新进展、新举措，使财政类年鉴不仅能够客观真实地记录改革的每一进程，让读者能够感受到财政工作的真实情况、发展变化，而且还要服务于这一进程，让读者能够通过财政类年鉴这个历史的画卷，全面了解、支持我国财政改革工作，充分发挥年鉴存史、资政的功能作用。

五是创新财政类年鉴体制机制，更好地服务财政工作大局。习近平总书记在党的新闻舆论工作座谈会上指出，广大新闻舆论工作者要做党的政策主张的传播者、时代风云的记录者、社会进步的推动者、公平正义的守望者；党的新闻舆论工作必须创新理念、内容、体裁、形式、方法、手段、业态、体制、机制，增强针对性和实效性。财政宣传工作是党的新闻舆论工作的重要组成部分。财政类年鉴作为财政宣传的重要阵地之一，一方面要牢牢把握正确的政治方向，肩负起为财政修史的社会责任和历史使命；另一方面要培养创新思维，根据社会需求，不断调整、充实、完善年鉴的内容和形式，使之更具有实用性，吸引更多读者，更好地服务财政工作大局。当前出版业大环境正在发生深刻变革，全球化、集团化、数字化、网络化趋势不可逆转，尤其是数字化和网络化的变革。为此，财政类年鉴要顺应时代潮流，加快数字、网络等基础设施建设，充分利用互联网和新媒体推广财政类年鉴品牌，拓展内容发布，逐渐形成多元化新型业态发展格局。

五、财政类年鉴存在的问题

一是中央和地方两个层面的财政类年鉴缺乏联系、交流。应该收集新中国成立以来县级及以上地方政府公开出版或未出版的财政年鉴或类似资料，进行深入研究分析，并在此基础上，将未电子化的财政类年鉴通过电子扫描等方式把纸本资料转换为电子文献，为开发利用海量信息资源打好基础。

二是财政类年鉴缺乏基本编写规范。应该通过梳理总结我国财政类年鉴的编写规则和特点，在借鉴国际财政年鉴编写经验的基础上，提出我国财政类年鉴的基本编写规范，建立统一、科学和可比较的财政信息报告框架，提高财政类年鉴的信息质量。

三是迫切需要建设财政类年鉴的综合数据库。应该基于中国财政类年鉴资料的收集和加工，逐步构建一个覆盖中国多级政府、跨越多个年代和涉及众多侧面的中国财政类年鉴的综合数据库，服务于国家和地方重大财政决策的分析和研究。

六、财政类年鉴发展方向

编辑出版财政类年鉴是时代的需要，是历史赋予的光荣使命，功在当代、利在千秋。要积极发挥财政年鉴工作机构的统筹规划、组织协调、督促指导等职能，以更加饱满的热情、求真务实的作风，进一步做好财政类年鉴编辑出版工作。财政类年鉴也要为当代财政工作提供资政辅治之参考，为后世留下堪存堪鉴之记述，同时也为服务经济社会发展、服务财政改革发展作出新的贡献。

一是要高度重视。要本着对历史负责的态度，认真履行好职责，各级财政部门领导要关注、指导本部门（单位）年鉴稿件撰写工作。财政部各司局和地方财政部门要把年鉴工作纳入整体工作中安排部署，布置专人负责年鉴稿件的组织、撰写工作，严格按照大纲要求组织稿件，按时保质提供稿件。

二是要保证质量。财政类年鉴要以习近平新时代中国特色社会主义为指导，坚持年鉴编辑工作方针，准确把握年鉴的性质、定位、功能；要树立信息意识、规范意识、创新意识、读者意识和市场意识；要把好政策、内容、数据、文字和体例关口；要不断提高年鉴的实用性、可读性、权威性和存史价值；要坚持全、新、特、深、实的编写风格，进一步提高年鉴的编撰质量，努力做到内容翔实、框架合理、文字精练、图文并茂、分类科学、使用方便，将年鉴编纂成“四库全书”，即资料库、信息库、决策库、知识库和全面反映财政工作的工具书。

三是要加大宣传力度。财政类年鉴贵在史识，重在致用。要积极向系统内和社会各界推荐财政类年鉴，让更多的人认识和使用年鉴，最大程度地发挥年鉴的社会效益。

四是建立中国财政类年鉴数据库，这是当前的重点任务：

第一，建设中国财政类年鉴数据库非常必要。建设全面、翔实、系统的中国财政类年鉴数据库系统，是现代财政管理的基本前提，是国家治理的必要条件，不仅有利于科学决策，而且有利于科学研究和公众监督。第二，建设中国财政类年鉴数据库具有非常重要的现实意义。具体体现在有利于及时了解财政运行状况，提升财政管理水平；有利于促进科学制定财政政策；有利于保证人大监督和公众监督，推进社会主义民主政治建设，确保人民群众知情权、参与权和监督权。第三，建设中国财政类年鉴数据库具有很强的社会效益。由于财政类年鉴数据库应用非常广泛，科研机构（高校及其他科研机构）科学研究、政府部门政策制定和企事业单位投资决策都离不开它。数据库的建成，为不同的使用者提供了统一的基础平台，促进了财政数据信息的共享利用。目前，科研机构科学研究、政府部门政策制定以及企事业单位投资决策对完整的、标准化口径的财政数据的需求日益迫切，财政类年鉴数据库所产生的社会经济效益将会越来越显著。第四，建设中国财政类年鉴数据库的框架可在财政部现有数据基础上，以更有效地使用数据与开放数据为宗旨，收集、整理与挖掘中国财政数据信息，建设高质量、具有国际标准的中国财经数据库，服务于人才培养和科学研究。同时，以跨学科视角、国际化标准为目标，每年向财政部以及相关部委提交高质量的内参报告，并将可公开的研究成果公开出版、在媒体发布，以提高社会影响。

中国国土资源类年鉴发展报告

韩　杰

提要：我国国土资源类年鉴已形成独具特色的编纂思路和专业风格。随着我国对国土资源基础地位和先行地位的确定，2017 年，国土资源部进一步加强对年鉴编纂工作的管理和支持力度,并出台相关文件。报告从中国国土资源年鉴发展情况、体例格式、主要内容和现实价值等方面总结问题，着眼未来，对不断提高国土资源类年鉴出版质量，如何服务于国土资源改革事业和我国经济发展提出对策和展望。

关键词：国土资源　年鉴　发展　措施

一、国土资源类年鉴发展概述

国土资源是生态、生活、生产之本。2017 年，为加快建设安全、绿色、高效、法治、和谐的美丽国土，国土资源管理工作与时俱进，不断创新，国土资源类年鉴编纂工作也紧随改革发展事业，深入覆盖国土资源工作的各个领域，成为国土资源系统重要的工作内容。

（一）基本情况

2017 年，国土资源部按惯例编纂出版国土资源综合类年鉴《中国国土资源年鉴（2017）》，连续出版第 18 卷。该卷年鉴主要记述 2016 年全国国土资源工作进展情况，包括土地资源、矿产资源、海洋资源和测绘地理信息四个方面内容。除《中国国土资源年鉴》外，按照国土资源部管理职能，国土资源部直属行政机构和科研事业单位根据科学研究和工作需要，还创办了记录和反映各自职责范围、各研究领域的年鉴，向社会提供专业学科信息。2017年卷国土资源类年鉴陆续出版，包括国家海洋局出版《中国海洋年鉴》、国家土地督察机构出版《中国土地督察年鉴》、国家测绘地理信息局出版《中国测绘年鉴》现已更名《中国测绘地理信息年鉴》、中国地质调查局出版《中国地质调查年鉴》、中国矿业联合会出版《中国矿业年鉴》、国土资源部统计部门也将每年的统计数据信息整理成册，以《中国国土资源统计年鉴》的形式出版，还有其他年鉴也按时出版，逐步满足社会各种需求。

截至2017年年底，国土资源系统共创办年鉴70种左右，其中部和直属单位10多种，省级以下国土资源部门50多种，专业学科类10多种。

（二）机构情况

国土资源部一直以来高度重视年鉴工作，随着国家对史志年鉴工作的不断加强，国土资源类年鉴工作的地位和作用日益突显。

1. 部级年鉴工作机构。国土资源类年鉴工作机构实行编委会负责制。国土资源部办公厅负责中国国土资源年鉴的编纂职能，统筹协调国土资源系统内各部门和单位，对年鉴编纂负责策划、协调和组织管理。年鉴编委会主任由分管办公厅的部领导担任，办公厅主任任主编，编委会委员由部机关各司局和直属单位主要负责人担任，负责年鉴全书编纂提纲和全书出版审定，对出版审定拥有表决权，并负责组织本单位稿件撰稿和审查，拥有本单位稿件的终审权。2008年，为加强对年鉴工作领导，国土资源部设立史志办公室，中国国土资源年鉴编辑部划入史志办公室管理。史志办公室是史志领导小组办事机构，作为议事协调机构和办公厅职能机构，统筹包括年鉴在内的国土资源各项史志年鉴工作任务。

2017年，为贯彻落实国家“十三五”规划关于“加强修史修志”要求和《全国地方志事业发展规划纲要（2015—2020年）》精神，国土资源部印发了《国土资源部办公厅加强史志年鉴工作的意见》（以下简称《意见》），对今后一个时期年鉴事业平稳、有序、健康发展进行了顶层设计和统筹安排，为国土资源系统年鉴编纂工作提供了“总抓手”和行动指南。

2. 直属单位和省级以下年鉴工作机构。2013年5月，国土资源部办公厅要求部直属单位和各省（区、市）国土资源部门加强领导，进一步健全完善年鉴工作体制和机制，参照国土资源部年鉴工作架构，设立专职机构，以保证工作正常开展。国家海洋局、国家测绘地理信息局、中国地质调查局、国家土地总督察等单位建立了相应年鉴编辑部门。

按照《意见》要求，截至2017年年底，全国三分之二的省、自治区、直辖市国土资源行政主管部门设立年鉴编辑部门，大部分设立在国土资源厅（局）办公室，其中主要领导或分管领导任年鉴编委会主任，负责年鉴的组织协调等工作，各省（区、市）国土资源年鉴每年出版一卷。县级国土资源部门的年鉴陆续开始创办，主要局限于沿海发达和国家重点开发省（市），全国各地发展极不平衡。

（三）制度建设

根据每年国土资源工作重点和特色，国土资源部史志办公室明确近期和长期工作规划，制订年鉴编委会制度、联络员制度、组稿制度、校验制度、编审制度、报送制度、保密制度和宣传发行制度，明确责任分工，规范工作机制，提高工作效率。同时，通过讲座培训、调查研究等方式，不断加强人才队伍建设，提高工作人员的业务素质，培养年鉴编纂专家队伍。

2017年11月，为保证年鉴出版质量，国土资源部在重庆市举办全国国土资源系统史志年鉴工作培训班，国土资源部部长姜大明作出批示，要求各级国土资源史志年鉴工作者要深入学习宣传贯彻党的十九大精神，坚持以习近平新时代中国特色社会主义思想为指导，以高度的政治责任感和历史使命感，围绕中心服务大局，精心编撰国土资源史志年鉴，奋力续写国土资源事业新篇章。国土资源部总规划师到会指导并讲话，共150多名年鉴编纂人员参加培训。

（四）队伍情况

国土资源部及三个副部级国家局和省级国土资源行政主管部门在充实完善机构的同时，按照新闻出版部门规定要求，配备了专职的编纂人员。隶属于行政机构的编制人员，兼具相关专业学科和文秘专业；隶属于科研事业单位的人员，按中、高级专业技术职务规格配备；专业性较强内容，由专业处室安排专业人员撰稿，保证年鉴稿件内容的科学性和学术性。截至2017年年底，全国国土资源系统专兼职编纂人员总数超过100余人，其中综合类人员三分之二，各类专业学科人员近三分之一，处级（高级职称）以上人员达到三分之一，处级（中级职称）以下较普遍，达到三分之二。

（五）经费情况

国土资源系统出版的年鉴工作经费都列入预算，其中国土资源部及三个副部级局的年鉴费用都列入国家财政预算，根据承办部门提交的工作计划由中央财政足额拨款；部直属单位的专业年鉴和专门年鉴列入专业任务和专门工作计划，由中央财政足额划拨；自收自支单位创办的行业年鉴，向其会员单位组稿，出版经费从年鉴经营收入和会费中列支。

二、体例体裁和编纂要求

国土资源类年鉴以《中国国土资源年鉴》为范本，形成具有专业特色的编纂思路和风格，从科学研究型逐步转型为以政府职能为主导、以专业研究为基础、面向社会的政府会报类综合型年鉴，形成了政务和专业兼容，匹配合理的体裁和内容。

（一）体例体裁

国土资源类年鉴以记叙、说明为主，强调客观性，选材要求概括性、典型性，具有广度和深度，用事实和数据说话，资料真实可靠，以客观的第三方视角介绍工作情况和事件进展，不写或少写目的、要求、建议、启示、展望等不确定内容，语言平实、朴实，不用评论性语言，文风简练、明畅，避免空话、套话内容。文风突出一个“实”字，文字力求简洁，以最精炼的文字提供最丰富的内容。

（二）主要内容

2017 年出版的国土资源类年鉴内容抓住“四新”，即新情况、新问题、新措施和新趋势。以《中国国土资源年鉴》为例，全书正文 1120 页，文前图片 42 幅，约 250 万字。根据侧重点不同，收录的内容无遗漏、无重复，互为补充，保证了历年年鉴内容的连续性和完整性,便于全书的检索和阅读。框架设置由 13 个栏目压缩为 10 个栏目,内容如下：

重要文献栏目一是收录党中央、国务院领导有关国土资源工作的讲话、指示 2 篇，国土资源部、国家海洋局、国家测绘地理信息局、武警黄金指挥部领导的重要讲话等 28 篇。二是收录法律、行政法规、规章及重要文件共 41 篇，主要由全国人大通过的有关国土资源工作的法律，中共中央、国务院发布的指导国土资源工作的文件，国务院及国土资源部发布的行政规章和国土资源部规范性文件。注明文件文号、名称、发文单位。

国土资源部重大活动专述栏目主要记述农村土地三项制度改革，不动产登记工作，找矿突破战略行动等社会影响较大的 3 项国土资源重要工作。

国土资源行政栏目是国土资源部政府职能情况的年度公报，重点阐述行政机构建设及政府职能履行情况。由 18 个司局根据“三定”方案核定的职责范围逐条编写工作内容。

国家土地督察栏目主要记述 10 个土地督察机构组建、制度建设和全国及各派驻地方的土地督察局土地督察工作情况。

国家海洋局、国家测绘地信局、地调局、武警黄金指挥部栏目主要记述海洋专业、测绘地理信息专业、武警黄金部队工作情况，全面反映具有重要意义的海洋、测绘地理信息专业内容，国土资源行业工作进展情况和改革发展历史，具有很强的专业性。

直属单位及学会协会栏目主要反映国土资源系统 24 家单位国土资源行业科研教育、文化体育、新闻出版、图书馆、博物馆及部属学术社团动态。

地方工作栏目记述 37 个省（区、市）国土资源工作情况，全面反映各省（区、市）国土资源工作进展、重大科技成果、技术进步及政务管理执法监察情况。

机构调整和人员变动栏目主要反映全国国土资源系统局级以上机构及负责人情况。以局级以上机构及相关干部变动情况为重点，收录国土资源部及其直属单位机构改革情况。同时，收录机构改革以后国土资源行业机构设置和现职领导干部名录。

统计资料栏目主要收录全国土地、矿产、海洋、测绘地理信息主要统计数据报表共 79 幅，表中数字缜密核算，上下左右合口，并按数位对齐。

附录包括国土资源部国土资源公报摘要、重大科技成果公告和大事记三部分内容。其中国土资源公报主要摘录国土资源部 2017 年对社会发布的全国国土资源现状和国土资源改革等内容；重大科技成果公告主要选录国家级获奖科技成果简介及重要科研项目立项及完成情况，注明项目名称、完成单位和主要承担人；大事记主要记述国土资源工作重要部署、决策、成果、机构变动等涉及全局性、有突出意义的重大事件。

三、现实价值

国土资源系统各类年鉴是国土资源部及其直属部门以政府公报形式出版的资料性工具书，为我国国民经济发展和文化建设作出了积极贡献。

（一）思想政治价值

国土资源类年鉴记述我国国土资源事业各项改革发展历史，成为国土资源系统党史、国史思想阵地之一，读者可以从中深入了解研判改革发展整个历史过程，积极履行“尽职尽责保护国土资源、节约集约利用国土资源、尽心尽力维护群众权益”的职责定位。

（二）资政辅政价值

国土资源类年鉴是国土资源系统指导各级国土资源部门工作的重要参考，指导各级部门政务工作，管理各级国土资源从业人员和国土资源类民营企业开展的各项经营活动，有利于合法保护其正当权益，保证所有活动依法依规。

（三）资料信息价值

国土资源类年鉴是资料性政务工具书，以国土资源政府部门名义向社会各界发布各类资源信息，使社会各界从书中各取所需，为资源矿山企业提供矿产商务信息，为房地产从业界提供土地资源信息，为情报信息人员提供资源研究信息，为教学科研界提供资源变化信息。

（四）科学研究价值

根据学术研究要求，国土资源类年鉴始终把科研单位和专家学者作为重要读者群加以培育。通过信息互动，使年鉴成为专家信息交流平台，围绕科学研究及时向国内外提供国土资源系统创新成果，为科学研究和社会发展服务。

（五）史料文化价值

国土资源类年鉴每年一册，连续出版，种类齐全，内容丰富，是我国规模大、种类多、专业学科全、出版历史长的部委年鉴系列，是我国史志研究的重要信息资源和参考文献。

（六）展示与交流价值

国土资源类年鉴是展示我国国土资源事业发展的窗口，也是各级国土资源部门和单位对外交流的窗口，多次举办国土资源工作管理总结会议和文献交流活动，促进国土资源工作健康有序发展。

四、存在的问题、对策与展望

国土资源类年鉴编纂工作存在的主要问题有：一是部分单位和地区对编纂年鉴工作重要性的认识仍有较大偏差，机构编制和人员经费还不到位，使年鉴工作发展不平衡；二是队伍建设还亟待加强，年鉴编纂质量和水平还需进一步提高；三是信息化平台和数据库建设总体上还跟不上发展的需要，年鉴成果服务国土资源中心工作的力度不够，典藏、传播、开发、利用等水平仍较低。

国土资源类年鉴编纂工作与我国年鉴发展水平、国土资源改革发展需要相比仍有较大差距，国土资源系统将加强管理和制度建设，加大支持力度，努力提高年鉴编纂水平。

（一）进一步加强组织领导和机构建设

各级国土资源部门应进一步强化对国土资源年鉴编纂工作的组织领导，确保领导、机构、编制、经费、设施、规划和工作到位，力争在较短时间内实现省、市、县三级国土资源年鉴编纂工作全覆盖，基本形成年鉴编修体系、理论研究和学科建设体系、质量保障体系、资源开发利用体系、工作保障体系“五位一体”的国土资源年鉴事业发展格局，为新时代实现国土资源年鉴编纂工作新跨越提供坚强的组织保证。国土资源史志工作机构要围绕解决顶层设计、优化业务流程、创新服务模式、构建整体系统等方面，依法履行组织、指导、监督和检查年鉴工作的职责，制定年鉴事业发展规划和实施方案，加强业务指导和组织推动，确保工作职能和人员编制相适应，全面推动年鉴事业实现协调健康可持续发展。努力构建国土资源部史志领导小组主导、各地国土资源主管部门主持、各级国土资源部门组织实施、社会各界广泛参与的工作机制，切实提高为地方政府决策服务、为科研院所研究服务的能力和水平，共同推动形成良性互动、平衡发展国土资源类年鉴事业的大好局面。

（二）不断提高国土资源年鉴编纂出版质量。

国土资源类年鉴编纂工作应积极适应新时代国土资源事业和经济社会发展的需

要，充分发挥存史资政的功能，更好地服从服务于党和国家工作大局。要严把年鉴质量关，确保年鉴出版的质量和时效，进一步加强业务指导，不断提升服务大局能力，有效推动国土资源年鉴工作的健康发展。要全面实现省级国土资源年鉴“一年一鉴、公开出版”，全部实现省、市、县三级年鉴编纂工作全覆盖，并推出数字年鉴、网络年鉴，不断提高省级国土资源年鉴出版质量和服务水平。

（三）强化国土资源年鉴编撰研究

应全面统筹土地管理、地质矿产、土地督察、海洋管理、测绘地理信息等内容，加强理论学习和调查研究，充分吸取各部委、各地区好经验、好做法，深入开展方案论证、规划部署、组织实施、资料收集、审核把关、队伍培训等工作，逐步形成具有国土资源特色的年鉴类成果。

（四）加强人才队伍建设

应有计划、分步骤地对国土资源类年鉴有关责任人和业务骨干进行培训学习，加强各单位、各地方的紧密联系和互相学习交流，形成自上而下的联络体系。同时，为促进年鉴工作者积极性，要加强交流学习，定期评选优秀稿件和先进单位，促进各单位和各地方的积极性，提高年鉴编纂水平。

（五）构建国土资源类年鉴信息库

为加强信息化建设，更好地发挥网、库、馆的平台作用，各单位和各地方应进一步推进地情网站的改造升级和联网工作，加快年鉴成果数字化进程和数据库建设，实现国土资源系统年鉴全部信息化，达到互联互通。

下一步，国土资源类年鉴要适应新时期新阶段国土资源事业和经济社会发展的需要，全面记述新情况，客观反映新变化，着力突出新发展。要进一步增加信息含量，提高编纂水平，拓宽发行渠道，扩大社会影响，充分发挥服务社会的功能。要牢固树立大局观念、责任意识和精品意识，坚持高起点、高标准，使年鉴做到可信、可用、可读，不仅具有鲜明时代特征，而且经得起历史检验。要大力推进各省（区、市）国土资源年鉴编纂工作，充分发挥各地优势，不断提升服务大局能力，为党政机关、社会各界和人民群众服务。

中国科技类年鉴发展报告

唐志荣

提要：20世纪80年代以来，科技年鉴呈现快速发展的趋势，科技系统公开出版的各类年鉴为各管理、研究部门提供权威的科技信息，为科技工作决策提供重要的参考依据。科技年鉴专业性很强，在年鉴编纂中存在编纂队伍不稳定、编纂速度慢、编纂体例表现手段单一，科技年鉴大多是赠阅，市场流通性较弱等问题。报告提出要加强科技年鉴编纂研究，提升科技年鉴编纂质量，构建科技年鉴互联网平台，拓宽科技年鉴利用领域、创新科技年鉴利用手段，更好地发挥科技年鉴在经济文化建设中的作用。

关键词：科技年鉴　体例内容　创新发展

一、科技类年鉴发展概述

（一）科技类年鉴的特征

科技类年鉴是以反映科技内容为核心内容，从科技工作、科技政策法规、科技体制改革、科技创新体系建设、科技成果产业化、科技发展资源、民营科技经济发展、工业科技发展和高新技术产业化、区域科技创新发展、科技统计、科协、科技社团及科学普及等方面系统地辑录上一年度某一地区或涉及科技工作发展情况的资料性年刊。科技类年鉴具有科技性、工具性、资料性、年度性、连续性的特征。

（二）科技类年鉴的基本情况与年鉴选介

20 世纪 80 年代以来，我国年鉴类图书的编纂出版蓬勃发展，全国各省（区、市）也开始编纂科技年鉴。科技年鉴以政府机构编写为主，主要以存史、资政、服务社会为目的，客观记述年度特定区域内科技工作、科技活动和重大科技成果，学会（协会）研究会情况，科技统计，科技工作者情况，各类科普场馆等内容，记载上一年度该地区科技领域的重要资料和信息。

科技类年鉴依据表现形式，可分为部门专业性年鉴和统计类年鉴，部门专业性年鉴如《中国科学技术奖励年鉴》《中国科学技术协会年鉴》《中国科学基金年鉴》《中国科普场馆年鉴》《中关村国家自主创新示范区年鉴》等，统计类年鉴如《中国科技统计年鉴》《中国科学技术协会统计年鉴》《中国高新技术产业统计年鉴》等。

依据年鉴编制机构情况，科技类年鉴大致可以分为以下三类：

一是国家行业主管部门和科技社团组织主办或编辑出版的科技年鉴及科技统计年鉴。如《中国科学技术奖励年鉴》《中国科学基金年鉴》《中国科学技术协会年鉴》《中国科技统计年鉴》《中国科学技术协会统计年鉴》《中国科普场馆年鉴》《中关村国家自主创新示范区年鉴》《中国高新技术企业年鉴》《中国高新技术产业开发区年鉴》《中关村国家自主创新示范区年鉴》《中国知识产权年鉴》《自然科学年鉴》《中国新材料发展年鉴》《中国高新技术产业统计年鉴》等。

二是由各省（区、市）地方行业主管部门和科技社团组织主办或编辑出版的省级科技年鉴及科技统计年鉴。如《广东科技年鉴》《江苏科技年鉴》《上海科技年鉴》《北京科技年鉴》《浙江科技统计年鉴》《北京科协年鉴》等。

三是部分省会城市、计划单列市和市县级行业主管部门和科技社团组织编辑出版的科技类年鉴。如《温州科技年鉴》《淄博科技年鉴》《杭州科技年鉴》《北京市昌平区科技年鉴》《合肥高新技术产业开发区年鉴》。

科技类年鉴正式出版的年鉴主办单位基本为国家行业主管部门及科技社团组织及省（区、市）行业主管部门，年鉴经费相对稳定，编辑部人员相对固定。组稿方式，多以政府发文，部门送稿的方式进行，基本按照年度连续出版。

科技类年鉴部分年鉴选介：

《中国科学技术奖励年鉴》，国家科学技术奖励工作办公室负责组织编写，创刊于 2001 年，全面系统记载我国科学技术奖励工作情况，是展示我国科学技术最新成就的工具文献。该年鉴主要内容包括当年国家领导人有关重要指示，重要文献资料；当年科技奖励情况统计；国家科技奖、省（直辖市、计划单列市）级地方政府科技奖及社会力量科技奖励工作情况，获奖项目目录；部分获奖单位和获奖人介绍，国家科技奖励大事记等，对全面掌握我国科技奖励工作的最新动态，了解我国科学技术发展水平、发展趋势、最新优秀成果、我国科技人才队伍情况，展示获奖单位和个人在科技领域取得的荣誉和企事业单位的综合实力等方面，发挥了重要作用。该年鉴在国内公开发行，主要向各级政府部门、国家各大部委、行业协会、大型企事业单位赠送。

《中国科学基金年鉴》，中国科学基金研究会组织编写，科学出版社出版，创刊于 1990 年，汇编了全国有关科学基金的创立、发展概况、记录科学基金事业的成就，为科学基金制度理论、方法研究和管理经验交流提供依据。该年鉴内容包括文献和专论、工作概况与进展、基金会章程及工作条例、资助项目获奖成果、大事记、基金会名录、附录七部分。

《中国科学技术协会年鉴》，中国科学技术协会主办，2001 年创刊，每年出版 1 卷，中国科协技术出版社出版，是全面反映中国科协系统年度工作的纪实性、史料性文献资料集，资料涵盖中国科协、全国学会（协会、研究会）、地方科协。该年鉴主要记载上一年度中国科协系统的重要工作和重点活动成果，体现党中央、国务院对中国科协工作的重视和关怀，体现广大科技工作者在科协工作中的主导地位和作用，反映中国科协改革与发展的成就。该年鉴围绕中国科协“为经济社会发展服务，为提高全民科学素质服务，为科技工作者服务，加强自身建设”的工作方针，对内指导工作，促进工作水平的提高；对外展示形象，促进学术共同体的发展。该年鉴在选题上注意发挥为现实工作服务的功能，重视二次文献的开发利用，全书图文并茂，资料丰富，信息密集。根据重点工作增设专题内容，尤其是对中国科协所属的 190 多家全国学会（协会、研究会）所开展的学术交流、科普活动、自身建设等方面进行了全面的反映，是全国学会（协会、研究会）开展工作的重要史料文献记载。2007 年该年鉴增加了光盘，以更好地发挥年鉴的资料价值和使用价值。

《中国社会科学院年鉴》，中国社会科学院编纂，中国社会科学出版社出版，系统反映中国社会科学院各项工作进展情况。该年鉴主要内容：综述、组织机构、工作概况和学术活动、科研成果、学术人物、规章制度、统计资料、大事记。

《中国科普场馆年鉴》，中国自然科学博物馆协会编纂，中国科学技术出版社出版，2014 年创刊，汇集我国自然科学类博物馆的现状、发展情况。收录该年鉴 181 家科普场馆信息。

《中国高新技术产业开发区年鉴》，中国高新技术产业开发区协会组织编写。科学技术文献出版社出版，创刊于 2010 年，是反映中国高新技术产业开发区开发建设情况的资料性工具书。该年鉴主要内容包括重要文献、法规选编、综合概述、国家高新技术产业开发区、其他高新技术产业开发区、大事记、探索与研究、统计资料、高新技术产业开发区风采录等 9 个类目。

《中关村国家自主创新示范区年鉴》，中关村科技园区管理委员会编纂，北京出版社出版，创刊于 2008 年。早期叫《中关村科技园区年鉴》是反映中关村国家自主创新示范区发展变化的综合性资料工具书和史料文献。该年鉴服务于政府的科技决策，为制订科技发展规划提供资料、开展交流合作和对外宣传提供基础性资料。该年鉴主要内容包括特载、大事记、示范区建设、产业发展、重大科技成果、基地建设、科技金融、人才特区、创业服务、知识产权与标准化、合作与交流、社会组织、政策法规、统计资料、附录 15 个栏目。

《中国高新技术企业年鉴》，中国高新技术产业开发区协会编纂，科学技术文献出版社出版，创刊于 2002 年。

《中国新材料发展年鉴》，国家现代材料科技信息网络中心编纂，中国科学技术出版社出版，创刊于 2001 年。是一部全面、系统、辑录中国新材料发展历史的大型资料性工具书。该年鉴主要内容包括相关政策、国家计划、研发状况、产业等。

《中国科技统计年鉴》，国家统计局社会科技和文化产业统计司、科学技术部创新发展司编纂，中国统计出版社出版，是反映我国科技活动情况的统计资料书，收录了全国 31 个省、自治区、直辖市以及国务院有关部门年度科技统计数据。该年鉴内容包括反映全社会科技活动的综合统计资料，工业企业、研究与开发机构和高等学校科技活动统计资料，高技术产业发展统计资料，企业创新活动统计资料，国家科技计划统计资料，科技活动成果统计资料，综合技术服务部门和科协活动有关资料，国际科技统计资料。

《中国科学技术协会统计年鉴》，中国科学技术协会主办，中国科学技术出版社出版，创刊于 2001 年，主要反映各级科协及所属团体事业发展情况的资料年度出版物。该年鉴收录中国科协机关和直属单位、省级科协、副省级城市科协、省会城市科协、地级科协、县级科协、所属全国学会、省级学会的组织建设、科技工作者服务、学术交流活动、科普活动、科普基础设施和科技传播等方面的统计数据。全书内容包括综合、组织建设、为科技工作者服务、服务创新驱动发展、学术交流活动、科技期刊、科技开放与交流、科学技术普及活动、青少年科技教育、科普基础设施建设、科技传播和科技创新智库建设 12 个部分。

《中国高技术产业统计年鉴》，国家统计局、国家发展和改革委员会、科学技术部编纂，中国统计出版社出版。该年鉴主要内容包括六个部分：第一部分主要反映高技术产业企业的生产经营情况，第二部分主要反映高技术产业企业的科技活动情况，第三部分主要反映高技术产业企业的从业人员情况，第四部分为高技术产业企业的固定资产投资情况，第五部分反映高技术产业企业的产品出口情况，第六部分反映国际比较资料。

《中国科学院统计年鉴》，中国科学院发展规划局编纂，科学出版社出版，创刊于 1994 年，是全面反映科学院科技工作和各项事业发展的资料性年刊，该年鉴主要内容包括学部，机构，人员，经费，基本建设，科技活动，人才培养与引进，高等教育，专利、科技论文、获奖成果，院、所投资企业开发经营活动，科技成果转移转化项目，国际合作、港澳台地区交流，文献情报、图书出版。

部分科技年鉴一览表

表 1

序号	年鉴名称	主办单位或主编单位	是否连续出版	创刊时间
1	中国科学技术奖励年鉴	国家科学技术奖励工作办公室	是	2001 年
2	中国科学基金年鉴	中国科学基金研究会	是	1990 年
3	中国科学技术协会年鉴	中国科学技术协会	是	2001 年
4	中国科技统计年鉴	国家统计局科学技术部创新发展司	是	
5	中国科学技术协会统计年鉴	中国科学技术协会	是	
6	中国科学院统计年鉴	中国科学院发展规划局	是	1994 年
7	中国社会科学院年鉴	中国社会科学院	是	
8	中国新材料发展年鉴	国家现代材料科技信息网络中心	是	2001 年
9	中国高新技术企业年鉴	中国高新技术产业开发区协会	是	2002 年
10	中国高新技术产业开发区年鉴	中国高新技术产业开发区协会	是	2010 年
11	中关村国家自主创新示范区年鉴	中关村科技园区管理委员会	是	2008 年
12	北京科技年鉴	北京市科学技术厅	是	
13	北京市昌平区科技年鉴	北京市昌平区科技局	是	

续表 1

序号	年鉴名称	主办单位或主编单位	是否连续出版	创刊时间
14	天津科技年鉴	天津市科学技术厅	是	
15	天津科技统计年鉴	天津市统计局 天津市科学技术厅	是	
16	河北科技年鉴	河北省科学技术厅	是	
17	河北科技统计年鉴	河北省统计局 河北省科学技术厅	是	
18	山西科技年鉴	山西省科学技术厅	是	1992 年
19	内蒙古科学技术年鉴	内蒙古自治区科学技术厅	是	
20	辽宁科技年鉴	辽宁省科学技术厅	是	
21	上海科技年鉴	上海市科学技术厅	是	1991 年
22	上海科技统计年鉴	上海市统计局 上海市科学技术厅	是	1992 年
23	江苏科技年鉴	江苏省科学技术厅	是	1989 年
24	浙江科技统计年鉴	浙江省统计局 浙江省省科学技术厅	是	
25	杭州科技年鉴	杭州市科技局	是	
26	温州科技年鉴	温州市科技局	是	
27	福建科技年鉴	福建省科学技术厅	是	2001 年
28	福州科技年鉴	福州市科技局	是	
29	江西科技年鉴	江西省科学技术厅	是	
30	淄博科技年鉴	淄博科技局	是	
31	河南科技统计年鉴	河南省统计局 河南省科学技术厅	是	
32	湖北科技统计年鉴	湖北省统计局 湖北省科学技术厅	是	
33	湖北省科协技术协会年鉴	湖北省科学技术协会	是	
34	湖南科技年鉴	湖南省科学技术厅	是	
35	湖南科技统计年鉴	湖南省统计局 湖南省科学技术厅	是	
36	广东科技年鉴	广东省科学技术厅	是	
37	广东科技统计年鉴	广东省统计局 广东省科学技术厅	是	
38	深圳科技年鉴	深圳市科技创新委员会	是	2005 年
39	广西科技年鉴	广西科学技术厅	是	

续表 1

序号	年鉴名称	主办单位或主编单位	是否连续出版	创刊时间
40	重庆市科技年鉴	重庆市科学技术厅	是	
41	四川科技年鉴	四川省科学技术厅	是	
42	贵州科技统计年鉴	贵州省科学技术厅 贵州省统计局	是	
43	云南科技年鉴	云南省科学技术厅	是	
44	陕西科技年鉴	陕西省科学技术厅	是	
45	宁夏科技统计年鉴	宁夏回族自治区统计局 宁夏回族自治区科学技术厅	是	

二、体例和主要内容

（一）体例

年鉴的框架、体例对于年鉴资料的组织以及用户的使用都起着至关重要的作用，科技年鉴在框架、体例的设计方面体现了其信息服务的重点，编纂中遵循科技年鉴特殊体裁的要求，框架结构基本保持稳定和统一，除统计年鉴外多采用文字、数据、图标和图片等展现方式。一般分为篇目、栏目、条目三个层次。绝大多数年鉴正文双栏排版。结构清晰、表达准确、行文规范。

（二）主要内容

科技年鉴主要由以下部分组成：文前部分（主要包括编委会成员名录、出版责任人名录、顾问编辑名录等）、前言、目录、正文、附录、索引、附录（主要刊载统计资料、法规政令以及一些常用、实用的机关、单位服务电话等）部分。以《中国科学技术协会年鉴》为例，刊载中国科协章程，中国科协会徽、标识，中国科协简介（中英文），主要内容包括领导讲话、中国科协全国委员会及常务委员会文件、中国科协重要文件、中国科协概况、中国科协当年主要活动和重要事件、专题文章、人物、表彰奖励、统计公报、全国学会简况、省级地方科协简况、大事记、附录、索引及图片，根据年度重点工作临时增加的内容。

三、现实价值

科技系统公开出版的各类年鉴作为科技领域资料性工具书，是社会主义文化建设的重要组成部分。主要记述科技领域上一年度出现的新常态、新事物、新事件，取得的新成就，总结的新经验，遇到的新问题，新矛盾，记录的是年度的要事、大事和新鲜事。除记录科技工作、科技成果、科技奖励、科技工作者情况等内容外，为各管理、研究部门提供权威的科技信息，为科技工作决策提供重要的参考依据，为社会各界了解全国、各地科技发展状况提供开放的平台，有助于展示科学技术在经济社会和社会发展所起的支撑作用。

科技年鉴连续出版时间越长，资料价值就越大，单本年鉴有资料性价值，而形成系列的年鉴可以呈现科技事业的发展轨迹，为研究和揭示科技事业发展规律提供翔实的资料。

四、数字化、网络化建设情况

目前科技年鉴主要以纸质化出版模式为主，大多数科技年鉴纸质书刊后附有电子光盘。《中国科学技术协会年鉴》采用网络采编系统完成稿件征稿和初步编辑的编纂程序，提高了编纂效率。同时建立中国科协年鉴网络数据库，通过对历年数据进行整理解析，将年鉴数据录入数据库，实现对《中国科学技术协会年鉴》数据的网络化管理。

五、科技年鉴存在的问题与创新发展

科技年鉴存在的主要问题：一是撰稿人流动性大，编纂队伍不稳定。科技年鉴的稿件部分来源于科技局、国家高新区、地方科协、学会等单位和科技场馆机构，年鉴撰稿人多数都是兼职，工作流动性较大，新的撰稿人没有接受过撰稿培训，主要以年鉴征稿通知和大纲为依据撰写稿件，撰稿水平参差不齐，撰写的内容往往离编辑需要的内容有一定的差距。

二是编校人员数量能力制约。科技年鉴专业性很强，需要编辑不仅具有很强的年鉴编辑能力，还需要熟悉科技系统、各行各业的最新科技信息，了解国家关于科技的大政方针。科技年鉴经常出现编校人员一人兼任多职的情况，编辑人员需要时刻学习，时刻提高自身的知识储备。

三是编纂速度慢。编纂速度慢是大部分科技年鉴的通病，这受到主客观因素的双重影响，包括撰稿人没在规定时间内提交稿件，部分章节稿件数据统计速度慢，稿件部分内容缺项不完整，上级单位审核速度慢等。

四是科技年鉴编纂体例上表现手段比较单一，图表、照片等形象化表达形式比较少，在记述内容上存在信息密度不足、有深度的专题较少等问题。科技年鉴应尽量用数据说话,减少陈述性语言,可以用图表阐明的资料尽量用图表简洁醒目地呈现。整合信息资料时要注意密集化陈列，以达到在同等容量下为读者提供更多有效信息的目的。

五是科技年鉴大多是赠阅，市场流通性较弱。目前，科技年鉴基本都是财政拨款编纂，发行量较少，多以赠阅为主。赠阅对象局限于相关政府部门、供稿单位和各类图书馆等非营利性机构和团体。普通读者要想查阅科技年鉴，一般只能去大型图书馆。市场流通性弱，导致科技年鉴的信息资源利用率不高。

21 世纪是知识经济时代，科技年鉴要适应时代的变化，反映时代的变化。从科技年鉴自身发展的需要出发,科技年鉴需要走创新发展之路。科技年鉴应从实际出发，遵循科技发展规律、突出科技行业部门特色，不仅在内容、形式、组织管理、技术、传播、理论等方面全方位地进行创新探索。

一是科技年鉴在框架结构上，要按照年鉴编纂的基本原理和规范，力求门类齐全、编排科学、层次分明、突出时代感，同时在内容选材方面突出科技行业工作特色。

二是要加强对撰稿人和编校人员的培训。可以通过微信平台进行多人互动，交流撰稿和编校的经验，也可以采用视频课的方式对撰稿人和编校人员分主题进行培训。要加强科技年鉴编纂研究,指导科技年鉴编纂工作,不断提高科技年鉴编纂质量。

三是要建设科技年鉴交流平台。要拓宽科技年鉴的利用领域、创新科技年鉴的利用手段，要更好地发挥科技年鉴在经济文化建设中作用。

中国林业类年鉴发展报告

何蕊　邵权熙

提要：中国林业类行业年鉴以《中国林业年鉴》为主，还包括《中国林业统计年鉴》《中国林业产业与林产品年鉴》等。《中国林业年鉴》自1886年诞生以来走过了30多年的发展历程，在工作中我们注重特约编辑队伍建设，加强组织领导，紧跟林业行业变革形势，服务于生态和林业大局，为国内外各界人士了解中国林业提供了平台。针对发行滞后等发展中亟需解决的问题，我们将利用互联网和新媒体加大宣传，积极拓宽发行渠道，使林业类年鉴在求新求变中谋求新的发展。

关键词：林业类　行业年鉴　发展

目前，由中国林业年鉴编辑部编纂出版的中国林业类年鉴主要有《中国林业年鉴》《中国林业统计年鉴》《中国林业产业与林产品年鉴》，还有《北京市公园年鉴》《北京林业大学年鉴》等地域性、专业性林业年鉴和林业高校年鉴，其中创办时间最长、最权威、最重要的是《中国林业年鉴》。《中国林业年鉴》自1986年创刊在各参编单位和编辑部的共同努力下，共出版31卷中文版林业年鉴和4卷英文版林业年鉴，两个数字化合集电子读物，累计发稿近5000万字，刊载彩色插图1100余幅，生成词条10万余个。

一、林业年鉴的发展历程及成绩

（一）创刊之路

《中国林业年鉴》创刊之前的1980—1985年间，有关中国林业建设和改革的基本情况要纳入《中国农业年鉴》，林业的相关内容只占很小的部分，很难全面反映改革开放以来我国林业迅猛发展的情况。

中国林业出版社1980年从农业出版社分出来，恢复出版社原建制。1983年以后，中国林业出版社多次向林业部领导建议组织编写出版《中国林业年鉴》。1986年7月，林业部召开部长办公会议专门讨论研究《中国林业年鉴》等三部重点书籍的组织编写出版事宜。会议决定从1986年起，编辑出版《中国林业年鉴》；年鉴编辑部设在中国林业出版社，由出版社确定一位负责人负责日常工作；所需经费由林业部财务司在每年拨给出版社经费时统一考虑解决。

根据这次部长办公会议精神，中国林业出版社立即成立中国林业年鉴编辑部。1987年1月，第一届《中国林业年鉴》编委会议召开，审议通过编纂大纲及出版计划。1987年2月，第一届特约编辑会议召开，落实第一卷《中国林业年鉴》的撰稿任务。1987年12月，仅用一年时间，一部内容丰富多彩、图文并茂、印制精美、时间跨度长达37年之久的《中国林业年鉴（1949—1986）》问世。第一卷两次印刷共发行11000册。此后，《中国林业年鉴》每年出版一卷，并根据国家林业形势发展和读者需要，不断充实完善年鉴条目，使内容更加丰富多彩，文字更加精益求精，年鉴事业越办越好。

（二）领导支持

《中国林业年鉴》创刊后，一直坚持“林业行政编年史”的定性，客观真实地记载我国林业30多年的发展历史，资料翔实、内容丰富、可读性强。中国林业出版社配备得力的精兵强将，并在版式设计、封面设计、校对、印刷等方面推陈出新，精益求精。

领导重视是办好年鉴的关键。从《中国林业年鉴》创办至今，历届编委会主任都由部（局）主管领导担任，机关各司局和有关直属单位主要负责人担任编委会委员，各单位办公室或综合部门负责人担任特约编辑。1994年起，为进一步加强领导力量，又吸收各省（区、市）林业厅（局）和有关单位的领导担任特约编委。2004年开始，由国家林业局局长担任名誉主任。《中国林业年鉴》编辑工作在原林业部和国家林业局党组的有力领导下开展，机构稳定，队伍建设不断加强。现有局机关各司（局）、直属单位、四大森工（林业）集团 、新疆生产建设兵团林业局和林业大学等115个单位参与编写。目前，《中国林业年鉴》编委会已从最初的23人增加到115人，特约编辑从1986年卷的54人增加到2016年卷的118人。不断壮大的编辑队伍有力保证了《中国林业年鉴》的权威、高质量，影响力不断扩大。

2005年6月，国家林业局印发《关于进一步加强〈中国林业年鉴〉编纂工作的通知》，这是国家林业局成立以来，专门针对年鉴专题发文，对年鉴工作加以系统指导。该通知指出："《中国林业年鉴》是国家林业局组织编纂的辑录我国林业建设与发展的编年史，是精神文明建设的一项重要基础工程，在林业宣传工作中具有重要作用。"从而从根本上理顺了关系。同月，国家林业局办公室印发《关于〈中国林业年鉴〉贡献奖评奖办法的通知》，至今开展了6次评比，每次评比都由国家林业局发文表彰，充分调动了特约编辑积极性，激发了创造性。国家林业局原局长贾治邦题词"要把林业年鉴办好"，并在年鉴编辑部的汇报上批示有关单位落实支持措施。中央纪委驻国家林业局纪检组原组长、年鉴编委会主任杨继平和中央纪委驻国家林业局纪检组原组长、年鉴编委会主任陈述贤经常听取年鉴工作汇报，不断增加年鉴投入并改善中国林业年鉴编辑部的办公条件。局办公室、宣传办、计财司把年鉴工作作为国家林业局行政工作的内容之一，落实了编辑部办公设备更新，增加了年鉴投入，有力促进了年鉴事业的发展。中国林业出版社领导经常研究年鉴的情况，主持年鉴工作会议，指导年鉴工作。这些都是做好林业年鉴工作、促进林业年鉴发展的必要条件。

2016年7月，中国林业年鉴工作会议在宁夏银川召开，《中国林业年鉴》编委会主任、国家林业局副局长彭有冬及多位司局级领导出席会议。彭有冬作了题为《盛世修史 以启未来——让〈中国林业年鉴〉成为生态文明建设的助力者》的讲话，充分肯定30年来《中国林业年鉴》取得的成绩，并对林业年鉴工作提出四点要求：一是正确引领舆论导向，凝心聚力；二是重视林业年鉴工作，上下联动；三是把握发展趋势，常出常新；四是创新工作方法，保质图变。

2016年8月，国家林业局办公室印发《关于加强中国林业年鉴有关工作的通知》，在《中国林业年鉴》创刊30周年之时，再次有力推动林业年鉴工作进步与发展。该通知指出，《中国林业年鉴》是由国家林业局主编的辑录我国林业与生态建设发展的大型综合类行政编年史，组织出版《中国林业年鉴》是“让历史的春秋之笔为当代中国人留下正能量的记录”，这是林业主管部门文化积累的旗舰工程，在林业宣传中具有重要地位。该通知要求各参编单位提高对《中国林业年鉴》工作重要性的认识，并从加强组织领导、切实提高撰稿质量和进一步加大发行工作力度、保障资金支持等方面提出要求。该通知印发后，将推动各地、各单位进一步通过《中国林业年鉴》，积极宣传生态文明建设成果，认真总结经验，使《中国林业年鉴》真正成为承上启下、继往开来、服务当代、启发后世的史料库，成为生态文明建设的助力者。

（三）主要成绩

《中国林业年鉴》始终坚持为林业改革和发展服务的宗旨，走出了一条具有鲜明行业特色、符合年鉴出版工作规律、不断改革进取的发展之路。多年来，《中国林业年鉴》坚持社会效益和经济效益的有机统一，创新工作机制，完善生产流程，逐步建立起四大保障体系，即组织保障体系、质量保障体系、资金保障体系和发行保障体系，取得了一定成绩。截至目前，已连续出版林业年鉴中文版 31 卷、英文版 4 卷，共印刷 15 万余册，总字数近 5000 万字。读者覆盖了林业近 5000 个单位，以及数以万计的社会读者。年鉴在公共图书馆和大学图书馆成为必备藏书，部分年鉴走向国外市场。年鉴英文版的出版对世界了解中国林业，宣传中国绿化祖国的成效，对气候减排和生物多样性的贡献等起到了积极作用。这 30 余卷年鉴，科学、客观地记载了新中国成立以来林业建设事业发展的风风雨雨，是林业执政成效的历史记载，是中国林业实践的逐年总结，是林业发展大事要事新事的信息总汇，已经成为林业部门各级党政领导、专家学者和林业科技、教育和管理工作者指导林业工作实践的不可或缺的重要工具书与助手，成为社会各界了解林业、理解林业和参与林业建设的重要窗口，也成为积累林业建设和发展的珍贵史料，给后人留下了可资借鉴的重要林业信息。

这 30 多卷年鉴凝聚着参与者的心血与汗水，凝聚着全行业的智慧与创造。各位编委、特约编辑和责任编辑们以高度的事业心与责任感辛勤耕耘，刻意求新，精雕细琢、字斟句酌，确保了林业年鉴的高水平、高质量，因此得到广大读者的首肯与好评。在中央部委年鉴评比中，《中国林业年鉴》连续获得一等奖以及全国年鉴编校质量检查评比特等奖；在中国林业出版社优秀图书评比中多次获得一等奖。如，《中国林业年鉴》1995年卷和2000年卷在第一届和第二届中央级年鉴编纂出版质量评比中荣获一等奖；《中国林业年鉴》在2008年获得全国年鉴编校质量一等奖；《中国林业年鉴（2008）》荣获年鉴编纂出版质量特等奖；《中国林业年鉴（2011）》获得第七届全国年鉴编校质量检查评比特等奖；《中国林业年鉴（2013）》获得第五届年鉴编纂出版质量评比综合一等奖；《中国林业年鉴（2015）》获得年鉴编校质量检查评比特等奖；《中国林业年鉴（2016）》获得2017年全国地方志优秀成果（年鉴类）质量评审一等年鉴。自《中国林业年鉴（2010）》起，经《中国知识资源总库》编辑委员会审核同意，被中国知网"中国年鉴全文数据库"收录。

借助于年鉴平台，编辑部扩展了业务范围，由原来单一的编纂行业综合性《中国林业年鉴》，逐步发展为以《中国林业年鉴》为核心，省、市、县三级年鉴与志书、工具书类、报告类、林业宣传类四大类别图书为辅的出版物层次与结构，推动林业年鉴事业的全面发展。编辑部在出好年鉴的同时推动各省林业年鉴、林业志的出版发行。通过年鉴工作，不仅与各单位建立了密切的纵向联系，更为各单位担任年鉴特约编辑的办公室主任、宣传办主任及其他人员提供了一个交流、相互学习的平台。翻阅年鉴可以了解其他单位的工作情况和成绩，与其他单位人员交流便有了共同语言，拉近了距离。与出版社更多的交流，了解出版社的出版类型和合作模式，有力拓宽了所在单位和出版社的合作领域，取得了丰硕成果。年鉴的工作会议和培训从原来的一年一次发展成一年两次，有时候甚至一年三次，提升了特约编辑的业务能力，促进了年鉴稿件质量的提升。在相互交流工作方法、经验的过程中，大家也结下了深厚的情谊，增进了部门间的相互了解，形成了一种以学习促进步，以感情促发展，和谐进取、积极向上的良性局面。"用心做事、用情感人"的工作理念使编辑部成为了大家沟通交流的纽带和桥梁，不但在年鉴工作中成效显著，而且推动了个人进步，很多从事年鉴工作的特约编辑提升了个人素养，很快走上了重要岗位。

二、林业年鉴的体例和主要内容

林业年鉴的体例多年来保持了稳定性，但也会随着形势的发展变化进行适当调整。比如，新增加的单位、新谋划的发展方向、新生事物，都会在认真研讨后在当年的年鉴中反映，点面结合，突出林业特色和年度特色。编辑部精心设置栏目，栏目名称准确、规范、合理，具有时代特色、地域特色和行业特色。条目的设置类型齐全、安排得当，条目标题特色鲜明、概括准确，检索系统不断增加和改进，方便读者使用。

（一）综述性资料

《中国林业年鉴》的综述性材料主要包括特辑、中国林业概述及各单位的概述，约占 15%。特辑中包含专论（主要领导的讲话和论述）、部门规章、规范性文件、国家林业局公告、其他重要文件等。这部分权威信息发布，方便林业行业内读者查找相关论述和文件，对于宏观把握和指导工作效果明显。每年编辑部都会在作者提供的大量综合性资料中甄别、筛选出最有价值、最重要的信息进行编辑处理后发布，保证所选资料符合客观、重要、指导特性。

（二）主体信息

《中国林业年鉴》的主体条目信息部分是全书的核心，占比达到 80% 左右，根据行业分工特性，划分为林业重点工程，森林培育，生态建设，林业产业，森林资源保护，森林防火，森林公安，森林资源管理与监督，林业法制建设，集体林权制度改革，林业科学技术，林业信息化，林业教育与培训，林业对外开放，国有林场建设，林业工作站建设，林业计划统计，林业财务会计，林业精神文明建设，各省、自治区、直辖市林业，林业人事劳动，国家林业局直属单位，国家林业局驻各地森林资源监督专员办事处工作，林业社会团体 24 个栏目。统计资料除另有说明外，均不含香港特别行政区、澳门特别行政区和台湾省的数据。

栏目下设类目，比如“林业重点工程”栏目包括天然林资源保护工程、退耕还林工程、京津风沙源治理工程、三北防护林体系建设工程、长江流域等防护林工程建设、速丰林基地工程建设、林业血防工程等类目，类目下一级的条目则具体介绍各工程一年来的重要事件及成就。栏目、类目、条目分级清晰，标题凝练，具有代表性，能够使读者全面了解林业行业一年的发展情况和亮点工作。

（三）辅助资料

各省、自治区、直辖市林业和其他林业单位栏目均包括林业大事记内容，书后设有“林业大事记与重要会议”。大事记主要内容包括林业行政机构的变动，重要林业法规的颁布，重要林业大的建设项目的开工及竣工，新鲜事物、新生事物的出现，重要会议，重要人事变动，国家领导人、省部级领导人的林业考察记述，林业重要改革和成就，先进模范人物的事迹，林业著名人物的逝世，重大林业科技进步奖以及林业领域取得的重大成果，严重的自然或人为灾害的发生和抗灾措施，重大案件的侦破，重大涉外事件等。

（四）检索系统

林业年鉴的检索系统主要包括国家林业局各司（局）和直属单位等全称简称对照，书中部分单位、词汇全称简称对照，书中部分国际组织中英文对照，附表索引及文字索引。由于林业的目录比较详尽，明确到了具体条目，所以文字索引相对简单。林业年鉴电子版增设检索功能，能够进行简单的搜索查找，方便读者的查阅。

三、2017 年林业年鉴的基本情况

（一）编纂出版情况

《中国林业年鉴（2017）》为第 31 卷林业年鉴，收录 2016 年的林业行业信息，彩页宣传部分收录 2016 年和 2017 年的信息，1850 千字，48 页彩插，有英文目录，配备光盘。

2017 年，编辑部组织召开两次培训会议，通过国家林业局办公室下发通知增加了 8 个参编单位，出版林业年鉴 30 卷合集 U 盘和五年一卷的英文版林业年鉴。中国林业年鉴培训工作办出了特色、办出了新意、凝聚了力量，取得了良好的成效。经过多年努力，林业年鉴不再只是单纯的一本书，而是一个维系大家情感的纽带，一个可以促进发展的平台，甚至是很多从事过林业年鉴工作的人心中的一种情怀。很多资深特约编辑为特约编辑和编纂人员的传帮带做了大量工作，使林业年鉴事业有了传承和发展的人才基础。

林业年鉴编辑部组织编辑出版了《绿鉴春秋——中国林业年鉴 30 周年回顾》《中国林业年鉴工作手册》《中国林业年鉴通讯录》《中国林业年鉴 30 周年纪念光盘》等材料，对年鉴发展 30 年来的历史与经验进行梳理总结，产生了良好效果和积极反响。

林业年鉴编辑部在工作流程上，实行工作情况动态“上墙”，明确林业年鉴的进度时间表；采取对口负责措施，各自负责所管辖单位的组稿、发行、光荣榜等工作，实时监控工作进度；与特约编辑经常性保持联络沟通，对全体人员进行量化制度考核。

这些手段使工作均有据可依，解决问题有措施可循，极大地提高了工作效率，有力保障了年鉴出版质量。林业年鉴编辑部出台了“年鉴稿件加工流转单”“年鉴稿件编辑加工流程”“年鉴稿件流转月进度表”“年鉴编辑部工作职责”“编辑部周例会制度”等规章制度，不断提高稿件的质量。编辑部在中心内部采取“自查、互查、外查”机制，积极参与年鉴界各项学习交流活动，不断深化对年鉴工作的认识，了解年鉴同行的最新动态，为林业年鉴创新发展注入活力。

（二）数字化、网络化建设情况

林业年鉴早在2004年就提出建设中国林业年鉴信息网的方案，并抢先注册国际域名，以应对今后发展的需要。近年来，林业年鉴还出版每年随书的光盘，电子版年鉴合集、U盘版30年年鉴合集，并将林业年鉴的信息内容纳入中国林业资源数据库项目。在“数字化出版转型升级项目”中，这些资源已经进行了数字化处理。现在需要进行知识化加工，建立知识体系，为建立中国林业年鉴平台做好准备。下一步，拟申请文化产业发展专项资金项目，以尽快实现林业年鉴的数字化和网络化发展。

（三）经费情况

为了保证年鉴工作的正常开展，自林业年鉴创办之初，林业部和国家林业局每年拨专款补贴出版经费，经费用于出版成本，并不包括编辑部人员支出，各项开支严格控制。国家林业局为编辑部配备增添办公设备，中国林业出版社在会议支出、培训、书号申请等方面给予支持。

四、林业年鉴的现实价值与存在问题

林业年鉴作为综合类行政编年史，在林业宣传工作中具有不可替代的作用，是林业行业精神文明建设的一项重要基础工程。《中国林业年鉴》记录波澜壮阔的林业发展是本职工作，林业年鉴特约编委、特约编辑承担的是林业史官的任务，从事的是林业与文化有机融合的事业，意义很重大。林业年鉴的服务对象是全方位、多层次的，包括领导决策部门、教学科研部门、图书情报部门、信息咨询机构中的人员及社会其他读者。

林业年鉴目前存在的主要问题有：

一是由于编辑部是出版社的一个部门，需要自负盈亏，既要销售林业年鉴产生利润，还需要出版很多其他图书来完成生产任务，所以编辑部的压力较大，人力和精力受到牵制，难以全身心地发展林业年鉴。

二是由于目前不能采取行政发文和强制征订，林业年鉴的发行完全依靠编辑部和特约编辑来开展，发行量持续下降，影响编辑部的整体运营。

三是林业年鉴的数字化发展还需要加强，要跟上大数据时代和“互联网 +”的要求。

五、林业年鉴发展前景展望

（一）正确引领舆论导向，凝心聚力

在新的历史形势下，编辑与出版人员必须要始终把握政治方向，牢牢坚持党性原则，牢牢坚持马克思主义新闻观，牢牢坚持正确舆论导向，牢牢坚持正面宣传为主，高举旗帜、引领导向，围绕中心、服务大局，凝心聚力，沟通世界。要根据林业改革发展的动态来准确记录历史，宣传林业人贯彻落实党的基本理论和路线方针政策的光辉形象，做到思想上高度重视、工作上精准有力，努力成为党的政策主张的传播者、林业改革发展的记录者、生态文明建设的推动者。

（二）重视林业年鉴工作，上下联动

年鉴从编纂到出版，是一个浩大的系统工程，绝非依靠某个部门某些人就能完成，需要行业上上下下、方方面面整体联动、齐抓共管，需要所有参编单位和相关人员的配合和支持。任何一个单位的交稿延误都会造成整部工具书出版的延误，任何一个单位的稿件信息都会影响用户对整个年鉴准确性、权威性的评判。年鉴编纂者要站在对历史负责的高度，以对事业负责的态度，编好年鉴，出精品年鉴。在工作中既要思考如何不断提高年鉴的编撰质量，又要发挥好年鉴的作用。

（三）把握发展趋势，常出常新

党中央、国务院协调推进“五位一体”总体布局和“四个全面”战略布局，对

生态文明建设的认识高度、推进力度、实践深度前所未有，构建人与自然和谐发展新格局取得积极进展，生态文明建设展现出旺盛生机和光明前景。这既丰富了林业年鉴展示的内容，也对林业年鉴的编纂工作提出了新的更高要求。林业年鉴要紧跟国家经济社会发展形势，紧跟林业改革发展动态，紧密围绕热点、焦点，突出林业改革的新思路、新举措、新变化、新成效。要关注生态文明建设进展，全景展现中国林业在历史性转变时期举世瞩目的伟大实践，真实记载林业在推进国家战略部署中的责任担当，充分反映各地人民群众改善生态环境、建设美丽中国的巨大成就，着力书写好国有林场和国有林区改革、生态红线落实、天然林保护、退耕还林实施等林业重点任务的落实，全面契合现代林业发展的节奏，做好当代林业史记工作。

林业年鉴作为林业行业年度信息的集大成者，要积极参与国家大战略思考和谋划，与发展战略接轨，在“一带一路”建设、京津冀协同发展、长江经济带发展以及精准扶贫等方面作出贡献。还要编辑出版符合外国使用者阅读习惯的产品，出版多语种版本的行业年鉴，为中心工作服务，真正实现“走出去”。

（四）创新工作方法，求新求变

近年来，随着计算机技术、互联网技术的发展，人们的阅读方式、阅读习惯都在发生变化。这就要求年鉴工作者既要保持和传承优良传统，又要根据形势发展和时代变化，不断创新工作方法，在保证质量的前提下求新求变。要抓住具有时代气息的热点、难点、焦点问题，从当代实际出发，对年鉴内容进行优化整合、调整补充。要创新年鉴的组织方式和出版形式，增强年鉴的科学性、实用性，关注热点、突出亮点，寻找鲜活的题材，扩大年鉴素材的来源，把林业的方针政策传播出去，把生态建设的生动实践反映出来，把现代林业发展的典型经验挖掘出来。

同时，要开展全方位、立体化、多样化的宣传，善于运用互联网、数据库等现代新兴传媒手段，增强年鉴的时代感和影响力。要创新机制和方法，不断扩大年鉴的覆盖面，通过加大发行量、扩大阅读人群，促进年鉴传播发行，扩大年鉴社会效益。要继续搞好年鉴电子版的配套工作以及数据库建设工作，适应现代网络发展的需求。

（五）加强林业年鉴队伍建设

要加强学习、培训和交流，提高撰稿人员和编辑人员的思考能力，增强队伍的综合素质、战斗力和凝聚力，强化年鉴相关人员的质量意识、责任意识，提升政治责任感和历史使命感。要定期举办年鉴培训班、研讨会，交流撰写经验，探索提高稿件质量的途径，帮助撰稿人员提高撰写能力；要定期举办年鉴工作会议、专题讲座、交流座谈会，组织年鉴从业人员参加全国性的年鉴培训交流，不断提高编审人员的业务水平。在撰稿人员培训中，要落实撰稿人员岗位责任制，树立撰稿人员的主人翁意识，建立相应的表彰奖励制度。撰稿人员并不单单是撰写稿件的人员，更是身兼撰稿者、宣传者和使用者于一身，要通过各种活动充分调动他们的潜能，为年鉴发展提供人力资源保证。

其他比较重要的林业类年鉴中，《中国林业统计年鉴》于 1987 年创办，主要根据各省（区、市）林业管理部门和国家林业局（部）直属单位上报的林业统计年报和其他有关资料汇集而成，全部是数据和表格的表述方式，是很有参考价值的资料性工具书。《中国林业产业与林产品年鉴》创刊于 2007 年，是一部系统、全面反映我国林业产业体系建设成就、经验及其发展动态的大型资料性工具书。该年鉴通过大量数据、表格结合文字描述，面向市场、面向基层、面向林业产业现代化，为林业行业广大生产经营单位、林业行政机关和国内外林业投资者、林业研究工作者提供主要县（旗、市、区、局）林产品产销信息、国家和地方有关政策法规、各省（区、市）林业产业动态及其先进地（市）和县（旗、市、区、局）经验与重点企业经营状况、林产品进出口贸易等资料。

中国烟草类年鉴发展报告

余　莉

提要：烟草年鉴的发展起步较晚，在20世纪80年代国家烟草专卖和集中统一管理体制正式确立以后，在全国年鉴发展进入兴盛期及各类专业、行业年鉴迅速发展的大背景下，烟草类年鉴得以发展。报告全面回顾总结了烟草行业年鉴的发展历程和编纂现状，对烟草类年鉴做全面总结、分析其呈现特点，并对未来发展提出思考和展望。

关键词：烟草类　年鉴　行业特色　展望

一、烟草类年鉴发展历程及现状

（一）全国年鉴的兴盛及行业改革发展催生《中国烟草年鉴》

年鉴是近代工业文明的产物。1978年十一届三中全会以后，伴随着改革的脚步，中国年鉴事业突飞猛进，进入快速发展的新时期。到20世纪80—90年代，各类专业年鉴更是异军突起，一大批以反映某一行业或部门基本概况或成就的专业年鉴纷纷问世。对烟草行业而言，1982年中国烟草总公司的成立和1984年国家烟草专卖局的成立，标志着国家烟草专卖和集中统一管理体制的正式确立。烟草行业从此逐步走向规范，烟草经济获得长足发展，成为国民经济的重要组成部分，从而为烟草类年鉴的发展提供了制度保障和经济基础。

《中国烟草年鉴》正是在这样的大背景下应运而生。1995 年 8 月，国家烟草专卖局下发文件，明确提出将编纂 1996 年版年鉴，拟编写总结烟草行业“八五”期间（1991—1995 年）的改革发展情况，一方面完整记载近一时期的烟草资料，另一方面与曾编辑出版的《烟草管理体制改革十周年（1982—1992）》的资料相对接，以承前启后保持烟草史料的系统性。烟草行业以文件形式明确《中国烟草年鉴》的编辑是一种政府行为，目的是要及时总结烟草行业贯彻党和国家的路线、方针、政策，在深化改革、推动技术进步、搞好生产流通和加强精神文明建设等方面所取得的经验和成绩，全面反映全行业以及重点企业的发展变化。文件中也明确了定期编辑出版年鉴是很有必要的，年鉴将成为记录、了解和研究烟草行业发展的权威性资料，通过年鉴的出版发行，有利于扩大烟草行业的社会影响和对外交流，也为后人积存和留下宝贵的正本史册。

截至 2017 年年底，全国烟草行业共编纂出版 20 种烟草类年鉴，由国家烟草专卖局及所属各企业主编。其中，《中国烟草年鉴》由国家烟草专卖局主编，是烟草行业唯一的中央级专业年鉴，全面反映中国烟草行业改革发展情况及所属各企业发展概貌。同时，各所属企业共编纂出版年鉴 19 种。

从 1996 年创刊至今，《中国烟草年鉴》共编纂出版了 21 卷。以 2017 年卷年鉴为例，该年鉴共设 14 个栏目，包括：特载，行业概览，国家烟草专卖局、中国烟草总公司组织结构，专卖管理与“两烟”经营，烟草工业，科研和教育培训，新闻舆论与文化建设，公益活动，控烟履约，大事记，重要政策法规和文件、经济统计、附录，索引等。该卷年鉴既体现年鉴的基本要求，又突出行业统一领导、垂直管理、专卖专营的特点；既力求反映行业发展全貌，又突出中心工作；既全面反映中国烟草发展，又适当收录国际烟草发展概况。《中国烟草年鉴》始终坚持最初的编辑方针：记录昨天、启示明天、服务现实，体现年鉴存史、资政、服务的功能。

《中国烟草年鉴》的创刊旨在总结国家烟草专卖局和中国烟草总公司成立以来取得的发展成就，并逐渐成为烟草行业一项重要的文化工程，同时带动行业各单位年鉴不断丰富，彼此互为补充。

（二）烟草行业各级各类年鉴编纂取得新进展

早在《中国烟草年鉴》创刊前，烟草行业所属单位已经开始尝试自身年鉴编纂工作。1988 年，《郑州烟草研究院年鉴》创刊。郑州烟草研究院是烟草行业直属的科研机构，为了反映研究院各项工作，记述留存每一年度全院各战线发生的大事要事和取得的新成绩、新经验，从 1988 年起郑州烟草研究院便有了自己的年鉴，并且坚持每年一卷，目前已经以内部资料的形式出版了 30 卷。

1993 年，《昆明卷烟厂年鉴》创刊。昆明卷烟厂是云南中烟红云红河集团下属的卷烟厂。1993 年，该厂企业综合档案室开始探索年鉴编纂，对厂内生产工作相关的各类资料和档案进行分类整理，从基本情况、机构沿革、大事记、基础数据汇编、技改工程项目、质量管理、安全工作、设备管理、科研项目等方面对资料进行提炼并汇编成册，提供给领导决策时参考和有关部门在工作中借鉴。正是对资料进行系统性整理和保存企业史料的意识形成了昆烟企业年鉴的雏形，并逐渐形成综合性的年鉴。

2005 年，《北京烟草年鉴》创刊。之后，《山东省烟草专卖局、中国烟草总公司山东省公司年鉴》《安徽中烟工业有限责任公司年鉴》创刊，云南中烟、湖南中烟及其所属各企业都纷纷开始创办企业年鉴并逐渐系列化，山东中烟、大连烟草、四川中烟、安徽省局等也开始探索企业年鉴的编纂。截至目前，20 种年鉴的编辑出版共同形成了烟草行业史志系列成果，虽仍处于初探阶段，但历史性地见证了行业在探索年鉴编纂过程中所作出的努力、积累的经验、存在的不足，为下一步寻求创新突破奠定了重要的基石。

中国烟草类年鉴编纂出版情况统计表

表 1

	行业级年鉴				
	年鉴名称	编纂单位	创刊时间	公开出版 / 内部资料	已出版卷数
1	中国烟草年鉴	国家烟草专卖局	1996 年	公开出版	20 卷
	各所属企业年鉴				
	年鉴名称	编纂单位	创刊时间	公开出版 / 内部资料	已出版卷数
2	郑州烟草研究院年鉴	中国烟草总公司郑州烟草研究院	1988 年	内部资料	30 卷
3	昆明卷烟厂年鉴	云南中烟工业有限责任公司红云红河集团昆明卷烟厂	1992 年	内部资料	16 卷
4	北京烟草年鉴	北京市烟草专卖局（公司）	2005 年	内部资料	13 卷
5	山东省烟草专卖局、中国烟草总公司山东省公司年鉴	山东省烟草专卖局（公司）	2006 年	公开出版	9 卷

续表 1

	年鉴名称	编纂单位	创刊时间	公开出版 / 内部资料	已出版卷数
6	湖南烟草工业年鉴	湖南中烟工业有限责任公司	2008 年	公开出版	7 卷
7	安徽中烟工业有限责任公司年鉴	安徽中烟工业有限责任公司	2009 年	公开出版（第 1 卷为内部资料）	5 卷
8	红塔集团年鉴	云南中烟工业有限责任公司红塔烟草（集团）有限责任公司	2009 年	公开出版	11 卷
9	红云红河集团年鉴	云南中烟工业有限责任公司红云红河烟草（集团）有限责任公司	2009 年	内部资料	8 卷
10	长沙卷烟厂年鉴	湖南中烟长沙卷烟厂	2010 年	内部资料	9 卷
11	常德卷烟厂年鉴	湖南中烟常德卷烟厂	2010 年	内部资料	9 卷
12	郴州卷烟厂年鉴	湖南中烟郴州卷烟厂	2010 年	内部资料	10 卷
13	零陵卷烟厂年鉴	湖南中烟零陵卷烟厂	2010 年	内部资料	10 卷
14	四平卷烟厂年鉴	湖南中烟四平卷烟厂	2010 年	内部资料	9 卷
15	吴忠卷烟厂年鉴	湖南中烟吴忠卷烟厂	2010 年	内部资料	9 卷
16	山东中烟年鉴	山东中烟工业有限责任公司	2011 年	内部资料	4 卷
17	曲靖卷烟厂年鉴	云南中烟工业有限责任公司红云红河集团曲靖卷烟厂	2011 年	内部资料	8 卷
18	云南中烟年鉴	云南中烟工业有限责任公司	2012 年	公开出版（其中 2012 卷为内部资料）	6 卷
19	四川中烟年鉴	四川中烟工业有限责任公司	2017 年	内部资料	1 卷
20	大连烟草年鉴	大连市烟草专卖局（公司）	2017 年	内部资料	1 卷

说明：统计时间为截至 2017 年 12 月。按年鉴创刊时间排名

二、烟草类年鉴编纂情况

从《中国烟草年鉴》及各企业年鉴发展情况看，年鉴的发展壮大与烟草行业经济发展同步成长。而烟草行业作为特殊的垄断行业，烟草作为国民经济特殊的门类，其管理体制和地位都具有特殊性。因而，体现在年鉴编纂上，也有其鲜明的行业特色。

（一）年鉴编纂工作的启动

烟草类年鉴的编纂主要有两大动因：一是为烟草史志续存资料，二是受行业经济增长驱动和行业性年鉴的带动。

《中国烟草年鉴》的创刊，最初动因便是为总结烟草行业“八五”期间（1991—1995年）的改革发展情况，同时为《烟草管理体制改革十周年》续存资料，保持烟草史料的系统性。从所属各企业年鉴情况看，烟草志编纂对年鉴的推动作用是显而易见的。《红塔集团年鉴》从2006年资料开始收录，与《红塔集团志（1956—2005）》实现资料续接，形成一套完整的系列史料。《曲靖卷烟厂年鉴》创刊于2011年，收录2010年资料，与《曲靖卷烟厂志（1996—2009）》资料实现续接。山东省局（公司）、湖南中烟公司、大连市局（公司）等企业年鉴的编纂，都与相应的烟草志书资料做到完整续接。

2005年，《中国烟草年鉴》组织机构发生重大变化，由过去委托行业外出版社进行编辑，改为由国家烟草专卖局自主编纂，并由局办公室主管，成立专门的年鉴编辑部负责编纂工作；年鉴出版后不得在行业内销售，而是采用专款专用并在行业各单位免费赠阅的方式，满足企业和职工的需求。这一变化使年鉴编纂日益规范，影响力也日益扩大。从数据统计看，全行业20部年鉴，其中17部均为2005年后创刊，行业年鉴对整个行业年鉴编纂工作的带动作用可见一斑。2005年《北京烟草年鉴》创刊，最初便是由给《中国烟草年鉴》供稿的撰稿人，在供稿过程中根据工作实际和需要，主动向北京市局公司党组提出编纂年鉴的建议并获得批准的。随后，一批企业年鉴陆续创刊，尽管行业年鉴工作仍处在起步阶段，但已经跨出了坚实的一步，为存史、资政发挥了重要作用。

（二）组织机构及保障制度

作为行业性的专业年鉴，烟草年鉴一直参照地方志书和地方综合年鉴的管理办法实行行业自主管理。以行业垂直管理模式为依托，各级办公室系统承担具体的组织和编纂工作；资金来源均为各级企业专项拨款，专款专用；同时按照全国年鉴行业要求确立各自的质量保障制度。

以《中国烟草年鉴》为例，1996年，国家烟草专卖局组成专门的年鉴编辑委员会，由分管办公室工作的局领导担任编委会主任，国家局办公室主任、副主任担任编委会副主任，委员由各省级局（公司）分管办公室工作的领导和办公室主任、国家局机关二级部门负责人和综合处处长（办公室主任）组成。各级企业年鉴则参照此模式确立自己的编辑委员会和成员，年鉴管理虽不能实行上下级直接管理，但行业各级办公室却形成了一套完整的管理系统，有助于确保年鉴的权威性。烟草行业垂直管理的体制为烟草年鉴的编纂提供了重要的组织基础，确保组稿编辑审稿的全过程及资料的核实把关均做到责任到位、组织有力。

除《中国烟草年鉴》成立年鉴编辑部专人负责外，各所属企业年鉴均由相关部门人员兼职承担编辑工作。除《北京烟草年鉴》由北京烟草学会负责外，其余各企业年鉴均由办公室人员承担编纂工作。除《云南中烟年鉴》1家成立了年鉴编辑部，其余各家均不设年鉴编辑部；而设立编辑部的，其编辑人员仍为办公室人员兼职。究其原因，烟草行业下属各企业规模不大，具体到各卷烟厂从业人员也就数百人，因而，行业年鉴编纂工作主要是靠文秘人员兼职进行，个别年鉴如《湖南烟草工业年鉴》从所属企业办公室借调人员，《山东中烟年鉴》聘用下属企业退休人员及行业外人员专职编辑。同时，由于各企业高度重视宣传工作，各企业均有内部报刊，设有报刊编辑部，这也是各级年鉴供稿和编写人员的重要来源。

烟草年鉴虽自主管理，但各级年鉴均严格按照全国年鉴行业的规范开展编纂工作。《中国烟草年鉴》每年组织各省级单位供稿、审稿，各级单位再将组稿、审稿文件层层下发至所属各单位。各省级企业年鉴均有严格的组稿、审稿制度，确保资料的准确性和权威性。

（三）框架内容及编纂出版特点

烟草年鉴的成长可以概括为“在探索中起步，在实践中发展”。从最初的摸索到逐渐与全国年鉴行业接轨，烟草年鉴在规范的同时寻求特色与创新，使行业级年鉴、省级企业年鉴、卷烟厂年鉴各级之间内容互为补充，各有侧重各具特色，框架设计兼顾全面突出重点、内容选取与装帧设计相得益彰不断推陈出新。

一是日益规范，逐步与全国年鉴行业接轨。烟草年鉴的发展是一条从自发到自觉、从个体到组织的不断完善的轨迹。无论是行业级的《中国烟草年鉴》还是各企业年鉴，最初都是单纯地为了保存史料以资借鉴，年鉴专业人才匮乏，一切都是摸着石头过河。初创时期的年鉴，资料汇编、工作总结痕迹较浓，文件、讲话等占据大量篇幅；框架结构基本按部门和所属企业设置，行政化色彩较浓；更不可能做到条目化。由于当初行业年鉴没有专业的对口管理部门，年鉴的编纂几乎处于自发和闭门造车的状态。虽然其后不断向行业外年鉴学习，但真正的突破口是《中国烟草年鉴》纳入组织管理，成为中国版协年鉴工委会会员单位，通过各类培训、定期交流、评比检查等活动，《中国烟草年鉴》逐步与全国年鉴行业实现接轨。首先是调整栏目设置，重构框架，去行政化，体现资料性工具书的特点；同时大大缩减领导讲话和文件资料的篇幅；全书实现条目化；年鉴卷数的标注也做出调整，从过去的按记载内容年份标注改为按出版年份标注；在语言风格、篇幅控制、装帧设计、传播形式等方面都作出相应调整。通过上述措施，实现了与全国年鉴行业的全面接轨。随着2002年中国地方志指导小组办公室年鉴专业管理部门的设立，《中国烟草年鉴》作为中央级年鉴的组成部分，纳入其统一管理，带动了烟草行业各企业年鉴的进一步规范。

二是彰显自身特色，在官修史书与学术性间寻求平衡。《中国烟草年鉴》由国家烟草专卖局主编，其行业性、专业性特征十分明显。在严格遵循年鉴基本性质和基本规范的基础上，《中国烟草年鉴》首先明确其定位，是一本反映中国烟草行业发展的年鉴，而不是国家烟草专卖局年鉴。但烟草行业是全国唯一实行专卖专营、垂直管理的行业，烟草发展基本等同于烟草行业发展，但又不局限于中国烟草行业发展。

烟草年鉴作为官修史书，为行业服务也是其应有之责。因此，在框架设计和内容编排上，在确保其资料性的前提下，设置国家烟草专卖局、中国烟草总公司组织结构栏目，使烟草行业管理架构一目了然，部分栏目仍按企业所属关系分级表述，从而使烟草行业“统一领导、垂直管理、专卖专营”的管理体制在年鉴中得以如实反映，适当保留其“官”的色彩。年鉴的基本性质是资料性文献，如何通过有价值的史料彰显行业特色，是烟草年鉴始终不懈的追求。“行业概览”栏目从14个方面对全国烟草行业一年内各个方面的发展进行综述，再分门别类对全行业专卖管理、卷烟生产、雪茄烟生产、烟草机械、烟叶加工、多元化经营、烟草科技等做全面记述。使综合情况和动态信息无一缺漏。在展现行业经济特点的同时又不局限于行业，而是适当突破时空范围，在“附录”栏目中收录了大量我国香港、澳门、台湾地区发展和世界烟草发展的相关资料。烟草是一个特殊行业，《中国烟草年鉴》对控烟履约资料专设栏目进行逐年收录，满足不同读者的不同需求。在记述形式上，充分体现烟草作为经济类年鉴的特性，设有专门的经济统计栏目，并为每家单位配备一张详细的统计表，扩大信息含量，丰富表现形式。在产卷烟和雪茄烟品牌（规格）名录则使读者对最想了解的各类品牌一览无余。在特殊的年份，例如在中国烟草总公司成立30周年、改革开放30周年、五年计划的收官之年等重要节点，会专设栏目进行总结回顾，不断提高年鉴的资料性和学术价值。在表述形式上，兼顾系统化和条目化的关系，完全的过细的条目化容易影响年鉴的系统性全局性把握。《中国烟草年鉴》采用大框架下分别综述和动态性条目的方式，做到系统性和具体化的有机结合。

三是各地年鉴因“企”制宜，内容形式求同存异。行业级年鉴和各企业年鉴虽各自独立，并无管辖关系，但同样根植于行业，烟草类年鉴之间的共性和相互影响也是显而易见的。一方面烟草类年鉴存在跨年编纂逐渐向一年一鉴过渡的现象。《中国烟草年鉴》1981—1990、1991—1995、1996—1997、1998—1999卷均为跨年编纂，从2000年卷才开始实现一年一卷。山东省局（公司）、山东中烟、湖南中烟、安徽中烟、四川中烟等所编年鉴也是跨年编纂。另一方面便是资料补记，由于创刊时间较晚，之前的资料需要补编才能完成续接。

《中国烟草年鉴》作为烟草行业唯一的一部行业级年鉴，也成为各企业年鉴编纂的蓝本。各企业年鉴的编纂人员很多也是《中国烟草年鉴》的撰稿人员，这就使得烟草行业各级各类年鉴在框架设计、内容编排、条目撰写、语言文字等方面便于统一规范、相互借鉴。各企业年鉴在确保基本史料不缺漏的情况下，也尽量体现各自特色。如《云南中烟年鉴》专设“香港地区及境外企业”栏目，《湖南烟草工业年鉴》专设“品牌市场”“科技创新”栏目，《四川中烟年鉴》专设“雪茄烟发展”栏目，等等。这些年鉴均结合企业自身的特点和亮点工作编制栏目。《山东省烟草专卖局 中国烟草总公司山东省公司年鉴》《红塔集团年鉴》《曲靖卷烟厂》年鉴等已实现全彩印刷，在装帧设计方面不断探索创新。

总体来看，烟草类年鉴发展仍处于起步阶段。截至2017年年底，行业各直属省级单位编纂年鉴的比例仅为18%，且大部分为内部资料形式出版，发行量少则几十册，多也就数百册，主要是供企业领导和企业各职能部门人员参考。但从“中国烟草类年鉴编纂出版情况统计表”可以看出，自2005年以后，烟草企业编纂年鉴的意识在逐年增强，尽管受企业规模和人力限制，但仍呈现出缓慢增长的势头，具有较大的发展潜力。

三、发展前景思考及未来展望

行业（专业）年鉴、企业年鉴作为年鉴大家庭的组成部分，扮演着越来越重要的角色，在提供决策参考、市场咨询、研究情报、学习资料、对外宣传方面发挥着越来越重要的作用。《全国年鉴事业发展规划（2016—2020年）》明确要求“加强对各类专业年鉴编纂的业务指导和管理”，行业（专业）年鉴走上了以科学规划引领科学发展的道路。各级各类烟草年鉴作为烟草行业的一项重要文化工程，起步较晚，发展较慢，更需要借着全国年鉴事业蓬勃发展的东风，绘就蓝图，以期更上层楼。

（一）加强管理，丰富烟草类年鉴种类

一是要尽可能将烟草类年鉴纳入中国地方志指导小组办公室的统一管理，各企业年鉴要纳入各地方年鉴协会组织管理。二是作为行业年鉴，目前尚难做到依法治鉴，在全国年鉴管理机构的指导下，更多地需要依赖行业自身加强统一管理。目前，烟草行业共有 20 种年鉴编辑出版。全国 33 家省级烟草专卖局（公司）编纂年鉴的仅 3 家；18 家省级工业公司编辑年鉴的仅 5 家，共编纂出版 15 部年鉴，其中云南中烟和湖南中烟所属企业共 10 部。由此可知，行业年鉴尚有很大的发展空间。就烟草行业实际来看，各所属企业年鉴编纂工作仍处于松散状态，行业没有专门的统一管理机构和强制性的约束机制。但烟草行业具有得天独厚的垂直管理模式，各级企业之间上下级隶属关系十分明晰。国家烟草专卖局办公室负责全行业的新闻宣传指导工作，而且也是《中国烟草年鉴》的直接主办单位。今后，要充分发挥国家局办公室和各级办公室的作用，加大年鉴工作宣传力度，尤其是加大对企业年鉴价值的宣传力度，营造编鉴用鉴的良好氛围，并力争向基层延伸，激发省级单位所属企业的编纂热情，鼓励更多的企业加入到年鉴编纂队伍中来，不断丰富年鉴种类。

（二）创新编纂出版模式，扩大年鉴影响力

目前烟草行业各所属企业年鉴主要为办公室人员兼职，力量有待加强。个别年鉴存在因人力不足而中断的现象，或不得不跨年编纂，两年或三年编纂一卷，难以成为真正意义上的“年”鉴。因此，在人才使用问题上需要开拓思路，创新方法。目前，《中国烟草年鉴》采用外聘专家审稿的办法，有助于内容的把关。各企业年鉴在现有人员的基础上，可以考虑反聘企业退休人员、借助行业外年鉴专家等，确保年鉴高质量地按时出版。

受人才、时间、思维等限制，目前烟草类年鉴大部分不能做到公开出版，而是以内部资料的形式印制，发行范围主要局限在企业内部或地方与烟草相关的少数部门。烟草类年鉴除了为志书奠定资料基础，为企业存史资政外，也是社会了解行业的重要窗口，不能公开出版，影响范围有限。同时，作为内部资料形式刊发，其质量也会在一定程度上受到制约。事实上，行业年鉴中质量较高的也基本都是公开出

版的。让内部资料进一步实现公开出版，正是行业年鉴下一步努力的方向。

（三）扩大交流，发挥行业级年鉴的引领作用

《中国烟草年鉴》作为烟草行业唯一的全国性年鉴，虽然对各企业年鉴并无管理职能，但需要更好地发挥其引领示范作用，逐级传帮带，在年鉴宣传、统一规范、人才培训等方面有所作为。这也是行业年鉴探索管理创新的有效途径。

从实践经验看，《中国烟草年鉴》面向全行业，有利于组织全行业资源，各企业年鉴也多半会将其作为设计框架和编写规范时的参考。在全面摸底的基础上，今后可以尝试探索将全行业所有自主编纂年鉴的单位组织起来，形成行业内年鉴的规范标准、建立普遍适用的质量保障制度。过去，每年的组稿会、审稿会主要目的是为了《中国烟草年鉴》的供稿和内容审核，培训对象也限于对口的撰稿人员。目前“以会带训”模式对提高撰稿人员的理论水平，规范年鉴编纂起到了较好的作用，但毕竟培训人员有限，今后要尝试组织行业内专门的年鉴培训活动，使已经编纂年鉴的人员不断打牢专业知识，同时为尚未编纂年鉴的单位做好人才储备工作。

年鉴交流少主要靠自己摸索，这是不少专业年鉴存在的问题，也是烟草类年鉴发展的现状。《中国烟草年鉴》要进一步发挥引领和示范作用，向全国年鉴行业学习，加强各企业年鉴之间的沟通学习，以便更好地相互借鉴，提高行业年鉴的整体质量水平。

烟草类年鉴发展尚处于起步阶段，但发展潜力很大。通过转变思想观念、提高年鉴意识、加强统一管理、促进行业规范、提升人才素质，烟草行业将探索出一条适合自身发展的年鉴编纂道路。烟草类年鉴将顺应年鉴发展的新形势，力争有所作为有所突破。回顾与展望，前景可待、未来可期。

中国社会科学年鉴系列发展报告

彭莎莉　张昊鹏

提要：改革开放以来，中国年鉴事业走上了快速发展之路。近几年，作为年鉴大军的一员，学术年鉴蓬勃发展。中国社会科学院主持的“中国社会科学年鉴系列”在学术界渐有影响。截至 2017 年年底，“中国社会科学年鉴系列”已达 29 种，基本覆盖社会科学一级学科，标志着由中国社会科学院推动的学术年鉴出版事业迈入稳步进行的阶段。“中国社会科学年鉴系列”有整合学术信息、强化学术话语权、引领学术导向、发挥学术评价功能、打造学术传播权威平台、助力学术育人的独特作用。在当前哲学社会科学大发展的背景下，学术年鉴将会翻开一个新的篇章。

关键词：年鉴　学术　学科　数字化　网络化

习近平总书记《在哲学社会科学工作座谈会上的讲话》中指出：“历史表明，社会大变革的时代，一定是哲学社会科学大发展的时代。”改革开放以来，党和国家始终高度重视繁荣发展年鉴出版事业。邓小平同志早在 1979 年 10 月就指出：“编辑出版年鉴，很有必要，这是国家的需要，四化建设的需要。”他还批准“文化大革命”后首部年鉴——《中国百科年鉴》的出版。在改革开放时代潮流推动下，中国年鉴事业走上了快速发展之路。

作为年鉴大军之一员，学术年鉴近几年方兴未艾。绝大多数学术年鉴都公开出版，出版数量与质量显著提高。尤其是由中国社会科学院主持的“中国社会科学年鉴系列”，大胆探索编辑出版学术年鉴路径，发凡起例，使这一品牌在学术界渐有影响。截至 2017 年年底，经过整合、拓展的“中国社会科学年鉴系列”已达 29 种，基本覆盖社会科学一级学科，标志着由中国社会科学院推动的学术年鉴出版事业迈入稳步进行的阶段。以学术年鉴集合出版之形式记录学术、学科之变化，为学术文献的整理保存提供了重要平台，开拓了学术存史新境界。这一重要探索也为加快构建中国特色哲学社会科学的学科体系、学术体系和话语体系提供了重要的平台。为了提高学术年鉴在整个年鉴大军中的地位，中国社会科学出版社年鉴与文摘分社还对学术年鉴的发展历史、定位、体例、功能、发展趋势进行跟踪研究。年鉴系列出版几年来，年鉴的学术品质、学术内涵、编辑质量和出版质量都在不断提升。从世界出版业来看，我国是第一个出版系列哲学社会科学学术年鉴的国家；中国社会科学出版社成为目前国内出版学术年鉴品种最多的出版社。

一、创办中国社会科学年鉴系列

（一）创办中国社会科学年鉴系列的背景

年鉴始于西方，创办于 1929 年法国的《经济社会史年鉴》开学术年鉴编辑出版之先河。此后学术年鉴在西方各国发展较快，许多学科领域都出版有高质量学术年鉴。总体来讲，科技水平越高的国家，全社会对科学、技术重视程度越高的国家，学术年鉴就越普遍，年鉴类别就越丰富。近现代以来，年鉴引入中国，但并没有真正意义上的学术年鉴出版，学术方面的内容往往夹杂在综合类、专业类年鉴之中。改革开放以来，“科技是第一生产力”，“社会科学也是科学”等重大命题被广泛认可，全社会兴起学习科学知识的热潮，学术年鉴事业也开始起步，并很快成为年鉴大家庭中重要的一支，成为年鉴学发展与研究中的一个重要形态。创办于 1979 年至 1985 年间的《世界经济年鉴》《中国历史学年鉴》《自然科学年鉴》《中国哲学年鉴》《中国文学研究年鉴》《中国新闻年鉴》《中国人口年鉴》《中国考古学年鉴》等在改革开放之初对于拓展学术视野、普及科学知识起到了重大的推动作用，为我国年鉴事业的繁荣发展起到了重要的引领与示范作用。

20 世纪 90 年代至 21 世纪初 20 年，由于学术产品的多样化，以及学术工具书的增多，学术年鉴的权威性和影响力实际上在不断下降，知识界对年鉴的利用与重视程度也不比往昔，许多年鉴创办之后因渐失影响力而停办。在部分人看来，有了那么多的搜索工具，还要学术年鉴做什么？一些学术年鉴创办一两年即停办，大有凋敝之势。

（二）创办中国社会科学年鉴系列的创意

在激烈的图书市场竞争中，有时机遇就蕴藏在最不起眼的体裁中，看似已经老迈的树下正生发茁壮的新芽。既然学术成果太多，就需要一个优中优选的“收藏者”；既然学术成果良莠不齐，就需要一个起到学术评论作用的“仲裁者”；既然学术信息泛滥,就需要一个权威的“发布者”。学术年鉴不正是这样的全能产品吗？2013年年初，时任中国社会科学院副院长李扬对其分管的中国社会科学出版社作出指示，要求尽快起草一个“中国社会科学院年鉴发展实施方案”，包括两个方面的内容：一是站在中国社会科学院的角度创办学术年鉴的实施计划，二是中国社会科学出版社承担这项任务的计划。关于出版年鉴这件事，李扬的考虑是：通过加强学术年鉴编纂出版，加强中国社会科学院“哲学社会科学最高殿堂”建设，巩固、发展中国社会科学院各学科在全国人文社会科学各领域中的主导地位，发挥年鉴的学术评价功能。他说：“‘鉴’就是镜子，能够把学科领域中的事情全面地照出来，反映出来的一个东西。在这个过程中，可能大家就会看得出我们要努力的方向，看得出我们的缺点，看得出我们落后的地方。”“年鉴的研究性综述，要成为全国学科标杆，中国社会科学院各研究所要把这个当作一个确立学科标准的旗杆。”

（三）创办中国社会科学年鉴系列的措施

接到任务的中国社会科学出版社社长赵剑英随即领导起这项艰巨工作，采取一系列有力措施，使学术年鉴工作迅速铺开：指定专人负责起草实施方案，从各部门抽调骨干成立年鉴工作室推动这项工作在中国社会科学出版社落地。开拓之初，面临几大难题：一是发展规划怎么写，整个学术年鉴的家底如何，均无从知晓；二是年鉴何处寻？当时在中国社会科学出版社出版的年鉴只有4种，距离成规模目标还很远；三是如何申请到出版经费，并与各年鉴主办单位形成共同认可的合作机制；四是院外年鉴如何进入年鉴系列；五是年鉴体例统一的工作量很大，人手不足。

没有调查，就没有发言权。为了拿出有见地的意见，赵剑英报告李扬后成立了年鉴专题课题组，专门调研学术年鉴编纂出版情况。经过2个月的细致规划、查阅年鉴资料、走访编辑部门以及征求专业人士意见，形成《中国社会科学年鉴工程发展规划》。该规划指出，学术年鉴不仅是资料性工具书，也是学术话语权的制高点。规划既全面分析了我国社会科学年鉴出版的整体情况，又明确了打造学术年鉴出版品牌的路径方法、进度安排等。规划提出，中国作为文明古国，学术研究源远流长，发展学术年鉴，担负文化传承任务，打造具有国际影响的年鉴品牌，具有独特优势。学术年鉴还是对科学决策有参考价值的资政书，而且对于引导社会大众了解学术、尊重学术、运用学术，对于提高国家的整体科学素养有着不可替代的作用。同时，规划还提出了学术年鉴精品不足、实用性不够、检索系统不完善等主要问题。

2013 年 9 月，中国社会科学院院务会审议并通过《中国社会科学年鉴工程发展规划》，决定启动中国社会科学年鉴工程。2014 年 4 月，中国社会科学出版社改临时机构年鉴工作室为正式机构年鉴与文摘分社。2014 年 7 月，“中国社会科学年鉴系列（首批 10 部）出版发布会暨学术年鉴座谈会”在北京召开。时任中国社会科学院副院长李扬主持会议并讲话，中国社会科学院副院长李培林出席会议并讲话。此次会议是中国社会科学年鉴系列第一次集中发布会，标志开拓学术年鉴系列出版品牌初显成效。

二、中国社会科学年鉴系列渐成规模

拓展规模是第一要务。2014—2017 年，中国社会科学年鉴从 4 部发展到 29 部，平均每年拓展 6 部学术年鉴。基本达到主要一级学科都有年鉴出版，正在向有重要影响的二、三级学科有年鉴出版迈进。

在国内学术年鉴规模上，中国社会科学出版社“中国社会科学年鉴系列”居于第一位。包括《马克思主义理论研究与学科建设年鉴》《中国哲学年鉴》《中国宗教研究年鉴》《中国文学年鉴》《中国新闻年鉴》《郭沫若研究年鉴》《中国辽夏金研究年鉴》《世界经济年鉴》《中国考古学年鉴》《中国新闻传播学年鉴》《中国边疆学年鉴》《中国管理学年鉴》《东西方哲学年鉴》《全国社会科学院年鉴》《中国民俗学年鉴》《中国生态文明建设年鉴》《中国社会科学院年鉴》《中国人口年鉴》《中国民族研究年鉴》《中国地方志年鉴》《中国社会学年鉴》《中国经济学年鉴》《中国艺术学年鉴》《中国政府管理年鉴》《中国教育学年鉴》《中国宋史研究年鉴》《中国伦理学年鉴》《中国历史学年鉴》《国际安全大数据年鉴》。未来，“中国社会科学年鉴系列”还将进一步拓展规模。

三、中国社会科学年鉴系列发挥的独特作用

（一）整合学术信息

一是整合学科建设信息。改革开放以来，学科发展迅速。根据最新的《中华人民共和国学科分类与代码国家标准》，我国社会科学涉及20个一级学科、约260多个二级学科。如何为众多的学科理清发展脉络？这是一项重大的基础管理工作，中国社会科学年鉴系列恰可承担这一角色。二是整合学术史信息，学术研究的传承一直是我国历史文化传承的重要组成部分。先秦以降，中国学术史研究的论著日趋丰富，体式日趋多样。学术年鉴是近代以来记录学术的重要体式，可以用于编年体学术史的研究。中国社会科学年鉴逐年连续出版，既能反映学术发展的"点"，也可涵盖学术发展的"面"，是记录、启迪、传承中华学术文化的重要存史载体。同时，年鉴具有工具书性质，文献信息量大，是基本的史料。

（二）强化学术话语权

中国作为文化大国，具有丰富的历史积淀和学术资源，发展学术年鉴，打造具有国际影响的学术年鉴品牌，具有独特优势。高质量的学术年鉴对于推动学术研究，开启学术交流的大门有示范效果。西方国家一直有编纂年鉴的传统，对年鉴有相当的认同感，认为年鉴是客观、准确、多样的代名词。因此，冠名"中国社会科学"的年鉴，会更容易产生国际影响力。以日本图书馆收藏中国学术年鉴为例，据2009年的统计，日本最具影响力的图书馆都收藏有《中国历史学年鉴》《中国新闻年鉴》《中国文学年鉴》《中国考古学年鉴》《中国哲学年鉴》《中国人口年鉴》《世界经济年鉴》《中国社会学年鉴》等。

（三）引领学术导向

所谓"鉴"，就是明事理、辨方向，学术年鉴对学术研究的方向能起到示范作用。以中国社会科学年鉴的研究综述为例，大多由精通各自学科的整体状况、具备敏锐的学术判断力和概括力的学者撰写，通过提炼年度研究热点，指出尚待解决的问题，为

今后的研究提供基础和借鉴，既是学术年鉴最具学术价值的部分，也是学术变化的风向标。在当前哲学社会科学大发展的背景下，要充分重视年鉴的这种学术导向作用。此外，通过学术年鉴连续出版，学术资料逐年积累，可以横向有比较，纵向看发展。读者不但能从中获悉学科的年度进展，而且可以把过去的研究作为现在的参照，从而从更开阔的视野认识和把握学术导向。

（四）发挥学术评价功能

学术评价功能是年鉴的应有之义。在“中国社会科学年鉴系列”中，有的年鉴设专题评述、本刊特载、十大论文、最佳论文、主要学人等栏目，年鉴的学术评价功能得以凸显。如《中国经济学年鉴》“专题述评”栏目、《中国新闻传播学年鉴》的“历史回眸”栏目，只刊本学科领域年度最具学术价值的文章3—4篇，通过集中展示高水平成果，为学术评价建立标准，通过这些文章，既看到年鉴之学术高度，又加大了成果的传播力度。又如《中国宗教研究年鉴》的年度论文、年度推荐论文、年度著作、年度人物、年度新闻、年度会议栏目，分别从年度内众多学术论文、著作、学者、新闻热点及会议中遴选出10篇内容;《世界经济年鉴》的最佳论文、主要学人栏目，评价上一年度世界经济学及9个子学科最佳中文论文、最佳英文论文和最佳学人榜。这些栏目都彰显了年鉴的学术评价功能，起到了学术示范的作用。

（五）打造学术传播权威平台

信息量大是年鉴的最大特点。中国社会科学年鉴以学科为基点，以编年体的形式，记载学术发展的脉络。学术动态、著作撷英、论文选粹、学术人物、大事记、数据等栏目，全面地梳理了学科领域中的重要信息，涉及面广、信息量大，为学术界提供了学术传播的权威平台。比如，《中国新闻传播学年鉴》开设了论文选粹、学术出版、学人自述、科研项目、学术动态等十多个栏目，分别从论文、著作、学者、科研成果、会议等方面，对新闻传播学科的年度发展情况进行整理、分析、总结，可谓窥一“鉴”而知全学科之“豹”。此外，许多学术年鉴创办的“海外动态”栏目，也推动学术的国际传播。在学术年鉴这个平台上，还可以上溯获取历年的学术信息。在这近30部年鉴中，有的已经办了40年，让这样一种学术传播载体坚守自己的初衷几十年不变，大概正是因为学术年鉴所具有的学术传播平台的定位所致。

（六）助力学术育人

《中国新闻传播学年鉴》还创设教育事业概况、研究生学苑栏目，《中国辽夏金研究年鉴》等年鉴创办博士论文提要栏目，为学术育人提供专业知识平台和信息平台。在2013年度《中国经济学年鉴》发布会上，时任中国社会科学院副院长李扬对记者说："我们就是要让后人站在前人的肩膀上做学问，学术年鉴就是要起到这样的一个铺垫的作用。"这也是学术年鉴学术育人定位的体现，即做学术的基石，为后人问学作铺垫。知道前人曾经做过什么，也就知道当下应该做什么。近30部年鉴，反映的是大学科动态，大科研动态，把它们凝聚在一起，反映的则是中国当代学术的大气派。通过年鉴了解学术史，对于学术人才的培养非常有意义。

四、不断提高中国社会科学年鉴系列编纂质量

出版质量是基础。中国社会科学年鉴系列集中出版以来，出版质量始终是最受关注的。中国社会科学院副院长李培林作为院里出版资助的负责人，多次强调年鉴的质量，明确要求不记学术"流水账"，不搞成论文汇编。为此，无论编纂单位还是出版社，对供稿提出了更高要求，加强稿件审读，制定稳定的体例规范，建立健全编审机制，努力打造学术年鉴精品。

创办中国社会科学年鉴系列，重要的标志就是体例规范的相对统一。为此，中国社会科学出版社年鉴与文摘分社制订出年鉴出版体例规范，使得29种年鉴，无论是老牌年鉴还是新创办年鉴，都按照统一的栏目设置要求，封面设计要求，标识、图片及内文版式要求，文字表述要求等进行撰稿、审稿和出版。此外，为了让各学科年鉴编制索引，中国社会科学出版社年鉴与文摘分社研究编制索引的方法，编制成手册发放给各编辑部。现在，中国社会科学年鉴系列大多数都编制有图书索引，方便读者查阅及数字化。在内容上，各编辑部坚持收集优质稿源，尤其是加大原创优质稿源，如特稿、研究综述的比重。在文字上，中国社会科学出版社遵守流程，严格审校，从初审到质检，逐层落实质量把关责任。通过几年的努力，中国社会科学年鉴系列的出版质量有很大的提高。

五、年鉴数字化、网络化进程不断推进

面对互联网改变读者阅读习惯的挑战，图书出版必然要走数字化、网络化的道路，将纸质书和电子化相结合。年鉴作为内容丰富的资料性工具书，其数字化、网络化的任务更加迫切。

（一）数字化建设

为了深入开发学术年鉴的应用价值，扩大影响力，在“中国社会科学年鉴”系列丛书的基础上，中国社会科学出版社推出了“中国社会科学年鉴数据库”。中国社会科学年鉴数据库，以学科为基点，重新组织内容资源，旨在构建覆盖哲学社会科学全学科的学术文献检索和知识服务平台，系统而全面地反映学科发展的脉络。该数据库对年鉴内容进行深度挖掘、知识关联，为用户提供文献检索与阅读、机构与人物索引、学术热点分析、知识关联分析、数据挖掘分析等知识服务功能，并提供拼接阅读、流式媒体阅读等多种在线阅读服务功能。在第十一届新闻出版业互联网发展大会上，中国社会科学年鉴数据库获得“优秀知识资源”荣誉称号。

未来，在中国社会科学年鉴数据库的发展过程中，将加强年鉴编辑部、各学科领域专家、专业年鉴编辑的沟通，调动各方面人才深度介入内容开发，改进数据库，加快年鉴数字化建设步伐，构建方便快捷的哲学社会科学年鉴信息化平台。同时，中国社会科学年鉴系列还将通过中国知网平台扩大其在国内外的学术影响力。

（二）网络化建设

目前，中国社会科学出版社正在建设中国社会科学年鉴编纂平台，旨在通过编纂平台在线编纂投稿、展示年鉴资讯等，从而实现学术年鉴的编辑、展示网络化。这一平台的主要功能包括：（1）在线编纂平台。系统提供稿件在线编纂功能，提供所见所得的稿件输入编辑界面，在线输入标题、作者、时间信息等；可以对字体、字号、段落进行设置，提供撤销和重做功能；提供插入图片功能，并可以选择图片浮动的方式；提供表格插入和编辑功能；提供超链接和插入备注功能，方便用户编辑文档。稿件编辑之后，可以通过系统提交给编辑人员。（2）资讯展示平台。编纂平台对各年鉴相关要闻、资讯做统一的展示与管理，包括对年鉴的介绍、涉及的主要栏目、学术热点问题等。同时，编纂平台作为年鉴相关工作人员的办公平台，将实现日常管理系统的统一对接。

六、中国社会科学年鉴系列大事纪要①

开创中国社会科学年鉴系列以来，围绕相关学科的重大理论和热点问题，积极开展了多场大型学术研讨发布活动，扩大了中国社会科学年鉴影响力。

2013 年 11 月 18 日，“中国社会科学院经济学部贯彻落实十八届三中全会精神讨论会暨《中国经济学年鉴（2012）》出版发布会”在京举行。会议由中国社会科学院经济学部、中国社会科学院科研局、中国社会科学出版社与《经济研究》编辑部联合主办。中国社会科学院院长、党组书记王伟光，中国社会科学院副院长、经济学部主任李扬，中国社会科学院副院长李培林与在会上作了主题发言。

2014 年 4 月 24 日，中国社会科学出版社召开中层干部会，中国社会科学出版社社长兼总编辑赵剑英宣布成立年鉴与文摘分社等机构。

2014 年 7 月 9 日，“中国社会科学年鉴系列（首批 10 部）出版发布会暨学术年鉴座谈会”在北京召开。中国社会科学院副院长李扬主持会议并讲话，中国社会科学院副院长李培林出席会议并讲话。此次会议是中国社会科学年鉴系列第一次集中发布会，标志开拓学术年鉴系列出版品牌初显成效。

2015 年 7 月 10 日，“《中国经济学年鉴（2013）》出版暨《中国经济学年鉴》发展战略研讨会”在京召开。中国社会科学院副院长蔡昉出席会议，中国社会科学院经济学部主任、原副院长李扬主持会议并讲话。

2015 年 11 月 15 日，“中国社会科学院创新工程 2015 年度重大成果系列发布会：学术年鉴成果专场”在北京召开，中国社会科学院副院长李培林出席集中发布会并讲话。此次会议是中国社会科学年鉴系列 15 部获得“中国社会科学院创新工程优秀基础理论研究成果”荣誉称号后的一次集中展示，体现了学术年鉴在学术存史中的重要价值。

2016 年 4 月 8 日，由中国社会科学院新闻与传播研究所、中国社会科学出版社联合主办的中国新闻传播学新品力作发布会暨《中国新闻传播学年鉴》出版研讨会在北京举行。中国社会科学院副院长李培林出席会议并致辞。会议推出首部《中国新闻传播学年鉴》，与《中国新闻年鉴》形成学术研究年鉴与行业年鉴的互补。

2017 年 7 月 1 日，由中国特色社会主义经济建设协同创新中心与中国社会科学

① 大事纪要中收录人员所担任的职务，为举办活动时担任的职务。

院经济学部联合主办的"《中国经济学年鉴（2014—2015）》出版发布暨中国特色社会主义政治经济学学术研讨会"在中国社会科学院举行。中国社会科学院副院长蔡昉出席会议并发言，中国社会科学院经济学部主任、国家金融与发展实验室理事长、中国社会科学院原副院长李扬主持会议并致辞。

2017 年 8 月，《中国考古学年鉴（2015）》获得 2017 年全国地方志优秀成果（年鉴类）评审活动特等年鉴。

2017 年 9 月 26 日，"加快构建中国特色哲学社会科学研讨会暨《全国社会科学院年鉴》出版研讨会"在北京召开。中国社会科学院院长、党组书记王伟光出席会议并致辞，中国社会科学院副院长李培林主持会议并作总结。

七、中国社会科学年鉴系列简介

中国社会科学年鉴系列现有年鉴 29 种，2017 年出版 16 种[①]。

1.《中国管理学年鉴》。《中国管理学年鉴》是管理学年鉴系列的第一部，由中国社会科学院工业经济研究所、中国企业管理研究会主持编撰，黄群慧、黄速建任主编。该年鉴以学术性、前沿性、权威性和代表性为基本编撰宗旨，是一部反映国内管理学研究最新进展的大型文献性、资料性学术年刊。

2017 年出版情况：《中国管理学年鉴（2016）》设有重要文献、专题论述、学科综述、论文荟萃、著作选介、研究课题、学界动态七大栏目。该书梳理了管理学百年发展脉络，反映了中国管理学的发展状况，关注了国内管理学研究的热点前沿问题，为推进中国管理学的发展提供了重要的文献参考资料。

2.《中国政府管理年鉴》。《中国政府管理年鉴》是新创办的年鉴，由赵景华主编。《中国政府管理年鉴》集研究性、资料性、权威性、前沿性和代表性为一体，以年度中国政府管理的改革与发展为主线，内容涉及绩效管理、公共政策和社会管理等政府管理领域的重要主题，图景式地勾勒了中国政府管理理论成长的足迹和实践创新的成果。它不仅有助于全面、快捷地了解整个中国政府管理现状，而且可以为政府管理的实际工作者提供创新性的思路。

① 年鉴系列简介参考《中华人民共和国学科分类与代码简表（国家标准 GBT 13745-2009）》学科顺序排序。

3.《马克思主义理论研究与学科建设年鉴》。中国社会科学院马克思主义研究院、马克思主义研究学部主办的《马克思主义理论研究与学科建设年鉴》，是目前全国唯一一部全面反映马克思主义理论研究成果和学科建设的综合性年鉴，已出版7卷。该年鉴主要汇集上年度马克思主义理论研究与学科建设新成果、新进展、新走向，具有权威性、学术性、时效性。其“主题索引”系统，较大方便了读者查阅信息。

4.《中国哲学年鉴》。《中国哲学年鉴》创刊于1982年，由中国社会科学院哲学研究所主办。该年鉴秉承学术性、前沿性、客观性的办刊宗旨，力求真实、全面、深刻地反映中国哲学上一年度的研究成果和最新进展，全方位呈现中国哲学研究与教学的主要内容和重大事件，客观记录中国哲学发展和繁荣的历史进程。该年鉴设有特载、专文、学术前沿、研究报告、热点聚焦、论文荟萃、新书选介、译著举要、哲学界概况、哲学界动态栏目。

2017年出版情况：《中国哲学年鉴（2017）》是该年鉴连续出版的第35卷，全面反映了2016年度中国哲学界最新研究成果和学术动态。《中国哲学年鉴》在选题方面坚持正确的政治导向，在2016年卷特载栏目刊登了习近平《在哲学社会科学工作座谈会上的讲话》后，2017年卷特载栏目收录了王伟光等学者学习习近平总书记在哲学社会科学工作座谈会上的重要讲话的体会。

5.《东西方哲学年鉴》。《东西方哲学年鉴》由中国社会科学院哲学研究所和德国柏林自由大学联合创办，旨在为中欧学者提供一个交流互鉴的学术平台，以便使他们在共同关注的研究领域中展开具有国际视野的研讨，在跨文化语境中获得借镜式的启发和思考，集中展示东西方哲学的精粹。

2017年出版情况：《东西方哲学年鉴（2016）》是首部，收录了35篇专题论文，文章围绕公共领域中存在的一些社会性话题来展开，这些前沿性的、多方面的讨论反映了东西方文化区域中的哲学发展趋势。该书英文版已由德国德古意特出版社出版，中文版由中国社会科学出版社出版。

6.《中国伦理学年鉴》。《中国伦理学年鉴》由教育部伦理学重点研究基地中国人民大学伦理学与道德建设研究中心主办，2011年在九州出版社出版首卷，共出版4卷，从2015年卷开始列入中国社会科学年鉴系列，改由中国社会科学出版社出版。该年鉴主要涵盖中国伦理学界的学术活动、研究概况、前沿动态、研究成果、关于社会道德热点问题的讨论等内容，力求反映中国伦理学学术研究和道德实践的年度总貌。

2017年出版情况：《中国伦理学年鉴（2015）》以2015年伦理学研究成果以及社

会道德建设重大事件为基础，设定特载、研究报告、道德实践、论文荟萃、新书选介、学术动态、伦理学人栏目。

7.《中国宗教研究年鉴》。《中国宗教研究年鉴》共设 11 个栏目，既包括反映学科建设与发展的研究综述、年度论文、年度著作、年度会议等，又包括政策法规、年度研究数据、论文索引及大事记等资料汇编。值得一提的是，年度论文、年度推荐论文、年度著作、年度人物、年度新闻、年度会议栏目内容，均是从年度内众多学术论文、著作、学者、新闻热点及会议中遴选出来的，每个栏目分别精选出 10 篇，形成“十大”系列特色栏目，彰显了学术评价功能。该年鉴还有论文索引、主题索引、人名索引，便于读者查找。

2017 年出版情况：《中国宗教研究年鉴（2015）》梳理了 2015 年度中国宗教研究的成果。《中国宗教研究年鉴（2015）》延续了上一卷的 11 个栏目，其中年度论文、年度推荐论文、年度著作、年度人物、年度新闻、年度会议栏目分别精选出 10 篇。此外，该卷年鉴在书后新增了主题索引和人名索引，为读者提供简便快捷的检索途径。

8.《中国文学年鉴》。《中国文学年鉴》由中国社会科学院文学研究所主办。主要内容包括本刊特辑、现状考察、创作综述、作品选载、研究综述、论文摘要、论著评介、学术会议、文坛纪事等，涵盖各文学领域，客观地反映年度文学风貌、聚焦年度文学热点、展示年度文学成就、记录年度文学进展。《中国文学年鉴》创刊 30 多年，形成良好的编辑传统与合理的编排框架，为了适应当今中国文学事业蓬勃发展的新态势，也在对原有栏目不断进行一些微调，为中国文学事业发展积累材料。

2017 年出版情况：《中国文学年鉴（2016）》进一步充实了“创作综述”栏目的内容；把“网络文学研究热点综述”从原来的“文艺理论热点问题综述”中分列出来，以顺应新媒介文艺的飞速发展。该卷年鉴还开设了纪念中国人民抗日战争暨世界反法西斯战争胜利 70 周年专辑。

9.《中国艺术学年鉴》。2011 年，“艺术学”被增设为独立的学科门类。中国艺术研究院与中国社会科学出版社联合出版中国艺术学领域的第一部学科年鉴——《中国艺术学年鉴》，呈现艺术学升格为学科门类后各分支学科所取得的重大发展，记录艺术学学科建设取得的优秀成果，推动艺术学研究的创新。

2017 年出版情况：首卷《中国艺术学年鉴（2011—2013）》2017 年出版，按艺术学一级学科目录进行分卷，即艺术学理论卷、音乐与舞蹈学卷、戏剧与影视学卷、美术学卷和设计学卷，力求全面系统地反映学科发展概况。书末附有主题索引和人名索引，便于查找。

10.《中国历史学年鉴》。《中国历史学年鉴》由中国史学会主办，创办于1981年，是改革开放之初最早创办的年鉴之一，连续出版至今。《中国历史学年鉴》是一本权威的历史学资料性工具书，反映年度研究中国历史的基本状况和成果，述评和报道实事求是、简明扼要，对史学研究者、理论工作者以及史学爱好者具有参考价值。2014年，该年鉴加入中国社会科学年鉴系列。

11.《中国宋史研究年鉴》。河北大学宋史研究中心和中国社会科学出版社合作率先推出首部中国宋史研究年鉴——《中国宋史研究年鉴（2015）》。在内容上，该年鉴展示了近40年来中国宋史研究的重要成就，对中国宋史研究领域的成果存史、研究传承与培养人才发挥了重要作用。在体例上，栏目设置合理，摘录精要，文风简约，还编制了主题词索引，以便读者查阅。《中国宋史研究年鉴》与《中国辽夏金研究年鉴》恰成"双璧"，对两宋中央政权与辽夏金少数民族政权的研究进行全面跟踪，是史学界的重要案头书。

12.《中国辽夏金研究年鉴》。《中国辽夏金研究年鉴》是新创办的年鉴，由史金波、宋德金主编。该年鉴主要内容包括特稿、研究综述、会议述评、学术动态、书评·书讯、新书序跋、学人与学林、博士论文提要、文摘·论点摘要、重点课题研究报道、海外研究动态、文物·考古新发现等栏目，反映年度辽夏金研究情况。附录部分有论著目录和索引，方便读者查找。

2017年出版情况：《中国辽夏金研究年鉴（2015）》发布了2015年度辽朝、西夏、金朝历史文献研究成果和学术动态。与2014年卷相比，2015年卷"文摘·论点摘要"栏目的内容大幅增加。2014年卷仅有文摘3篇、论点摘要7篇，而2015卷分为辽史部分、西夏部分、金史部分，分别摘录文摘和论点摘要，共计文摘5篇、论点摘要27篇。

13.《中国边疆学年鉴》。《中国边疆学年鉴》是新创办的年鉴，由中国社会科学院中国边疆研究所编辑。《中国边疆学年鉴（2016）》展现了从新中国成立到2015年间中国边疆学的全貌。中国边疆史地研究在中国有着悠远的历史、优良的传统，承载着千年积累、百年探索、三十年创新的中国边疆研究，今日面临着新的跨越，即构筑中国边疆学。社会各界认识边疆的需求日益紧迫，业界也迫切希望有一册纪录中国边疆学学科发展演进历程的年鉴面世。中国边疆学研究专家马大正说："《中国边疆学年鉴》出版，是应业界与社会各界双需求的必然产物，可谓正当其时矣。"①

14.《中国地方志年鉴》。《中国地方志年鉴》由中国地方志指导小组办公室主办，是一部全面系统地记述中国地方志事业发展状况的年鉴，从2002年创刊起，每年出版一卷。该年鉴设特载、特辑、大事记、中国地方志指导小组及其办公室工作、志书编纂与出版、旧志整理与出版、年鉴编纂与出版、地方志资源开发利用、信息化与方志馆建设、理论研究与理论探讨、学会活动与期刊出版、人物、索引等栏目，全面记述上一年度中国地方志事业发展状况。

2017年出版情况：《中国地方志年鉴（2016）》全面记述了中国地方志事业2015年发展状况。该年鉴栏目有所微调，2015年卷中的"理论研究"栏目，2016年卷改为"理论研究与理论研讨"栏目，其中2015年卷子栏目"论点摘编"，2016年卷分列为"方志论点摘编""年鉴论点摘编"两部分，而且年鉴论点摘编内容大幅增加，从上年度的2篇摘编文摘增加到了16篇文章。

15.《郭沫若研究年鉴》。《郭沫若研究年鉴》是中国社会科学年鉴系列中唯一一部以人物为主体的年鉴。对于郭沫若的研究从20世纪20年代初就开始，如何总结梳理近百年历史成果，如何去伪存真、兼容并蓄是目前郭沫若研究的重点和方向。《郭沫若研究年鉴》是郭沫若研究的年度优秀成果汇编，精选年度内发表的郭沫若研究论文，辑录郭沫若研究的史料、学术会议、访谈、展览、新书推介、研究成果索引等。

2017年出版情况：《郭沫若研究年鉴（2015）》上篇"学术研究"部分栏目设置有所变化。2014年卷上篇"学术研究"部分的"文学研究""历史、考古与古文字研究""海外研究、普及教育"3个栏目，2015年卷改为"研究综述""史料辑佚""论文选编""学术争鸣""大众视野及海外郭沫若研究""观点摘编"6个栏目。其中，2015年卷新增的"研究综述"栏目，对当下和过往的郭沫若研究进行了述评。

16.《中国考古学年鉴》。《中国考古学年鉴》由中国考古学会主办。该年鉴集结了考古学最新研究成果和动态，收录了上一年度考古学研究、考古文物新发现、学术会议、对外学术交流、考古教学、考古学文献资料目录、大事记等内容。时代上起旧石器时代晚期，下至明清时期，信息量大，是适合广大文物工作者和爱好者阅读的大型年鉴类工具书。

---

① 马大正：《贺〈中国边疆学年鉴〉出版》，载中国社会科学院中国边疆研究所编《中国边疆学年鉴（2016）》，中国社会科学出版社2016年版。

2017年出版情况：《中国考古学年鉴（2016）》收录了2015年度中国考古学最新研究成果和动态。与2015年卷相比，2016年卷的"考古学研究"栏目更丰富，增加了"考古学理论：回顾与展望"以及"隋唐五代时期考古""辽宋金元明清时期考古"的内容。

17.《中国经济学年鉴》。《中国经济学年鉴》，由中国社会科学院经济学部组织编写，于2008年创刊，其主要宗旨是面向全国，反映国内经济学在上一年度中的主要学术活动和研究进展。该年鉴是一部兼具资料性和研究性的大型学术年刊，在编选上突出了学术性、前沿性、权威性和代表性。《中国经济学年鉴》是记录中国经济学学术发展的重要载体，该年鉴的连续出版对于全面把握中国经济学研究走势具有参考价值。

18.《世界经济年鉴》。《世界经济年鉴》，由中国社会科学院世界经济与政治研究所主办，创刊于1979年，是一部反映世界经济形势的大型工具书。作为中国世界经济领域创刊最早的权威性年刊，拥有一大批国际水准的专家学者作为撰稿人。迄今为止，该年鉴已出版31卷。2014年卷改按学科体例编纂。从2015年卷开始，设"最佳论文"栏目，以评价上一年度世界经济学及9个子学科最佳中文论文和最佳英文论文。

2017年出版情况：《世界经济年鉴（2016）》有两大创新：其一，新设"国际政治经济学"篇。至此，世界经济学下的子学科达到9个，进一步提升了学科系统性。其二，进一步完善"学科综述""最佳论文""主要学人""世界经济学研究机构"栏目。其中，"学科综述"的文献覆盖范围继续扩大；"最佳论文"的评选卷分类、评选专家分类、综合评价更加深化；"主要学人"中各学人的评分更优化。

19.《国际安全大数据年鉴》。《国际安全大数据年鉴》由国际关系学院、对外经济贸易大学国际关系学院主办。国际关系大数据分析的时代已经来临，然而中国的国际问题研究长期以引用西方数据库为主，以至于中国的国际关系研究长期缺少独立的数据支撑并限于西式思维的漩涡。《国际安全大数据年鉴》的出版具有本土性，代表中国话语权，为中国国家安全提供借鉴。该年鉴数据体量大、维度多，评估过去一年经验得失并预测未来一年热点趋势，是一部具有年度性和预测性的大数据工具书。

20.《中国社会学年鉴》。《中国社会学年鉴》由中国社会科学院社会学研究所主办，是国内社会学界最具权威性与学术性的专业性年刊。该年鉴设研究综述、论著题录、社会学界重大活动、社会学大事记、国家社会科学基金资助课题、社会学博士点、全国社会学机构目录等栏目。其中，研究综述部分由社会学分支专业领域内的一流学者撰写，兼具学术性与前沿性；论著题录和资助课题栏目充分展现了学科年度内的研究成果；大事记、博士点及机构目录介绍等栏目，充分展现了社会学这一学科领域内的年度发展变化，兼具信息检索功能。

21.《中国人口年鉴》。《中国人口年鉴》由中国社会科学院人口与劳动经济研究所主办。该年鉴设文献选载、概况、专论、大事记、附录、数据、索引7篇，记录上一年度中国人口发展历程、重大事件、科研活动。该年鉴涵盖了中国人口政策、人口热点问题研究、国家有关部委的人口和社会经济数据以及最新世界人口数据等方面的信息，全面、准确、客观地反映人口发展概况，是政府部门、研究单位及各界人士了解中国人口发展历史与现状的重要工具书。

2017年出版情况：《中国人口年鉴（2016）》全面、翔实地反映了中国人口及相关事业的发展概况。“专文”部分的文章内容均为社会各界近期所关注的热点问题，如中国人口和劳动力的供求关系变化、低生育率下的生育行为及影响因素、劳资群体性事件、职工福利保障问题。“数据”栏目在该卷年鉴中所占篇幅最大，为读者在时间和空间上提供了一个比较平台，以最大限度地发挥统计数据的作用。

22.《中国民族研究年鉴》。《中国民族研究年鉴》由中国社会科学院民族学与人类学研究所主办，是了解掌握中国民族问题研究现状年度性进展的大型工具书。该年鉴集学科进展、特约稿件、学者学人、学术活动、新书·学术论文索引、大事记六篇于一体。其中，“学科进展”栏目反映了民族理论、民族经济、民族学与人类学、宗教文化、民族史、世界民族、藏学、民族教育、影视人类学、民族语言文字等学科的研究概括和评价。

23.《中国民俗学年鉴》。《中国民俗学年鉴》由中国社会科学院民族文学研究所、中国民俗学会共同编纂，是中国民俗学首部年鉴，旨在系统记录学科发展历程，展示优秀成果。《中国民俗学年鉴（2015）》是第一卷，全书包括特辑、热点话题、研究综述、论著评介、年度优秀论文、重要论文摘编及摘要、优秀学术随笔、学人评介、学术活动纪要等9个栏目，记述了民俗学学科成果进展，梳理了国内民俗学界的研究论文与著作，探讨了中国民俗学研究的进展，反映了我国民俗学研究全貌。

24.《中国新闻传播学年鉴》。《中国新闻传播学年鉴》是新创办的年鉴，由中国社会科学院新闻与传播研究所主办。该年鉴包含历程回眸、研究综述、论文选粹、论文辑览、国际交流、学术出版、高校及研究机构概况、学术评奖、学人自述、学术动态、研究生学苑、港澳台学术概况、海外特辑等栏目，以编年史的方式记录中国新闻传播学研究的进展，承载学界的成果，全面地反映中国新闻传播事业所取得的成就。该年鉴为中国新闻传播学存兴业之良鉴、积治学之文范，为中国新闻传播学的发展与承继作出了贡献。

25.《中国新闻年鉴》。《中国新闻年鉴》由中国社会科学院新闻与传播研究所主办，创刊于1982年，是反映我国新闻传播事业基本情况和发展变化的大型资料性年刊。该年鉴主要内容是记录上一年我国新闻报刊业、广播电视业、网络传播业的工作实绩、重大事件、重大改革举措、典型经验、典型人物、优秀成果、机构设置、重大人事变动等方面的情况。为方便读者阅读，该年鉴正文使用了机构（单位）简称和中英文缩略语，在卷首特别编制了《本刊所涉有关机构简称、缩略语释读》。

2017年出版情况：《中国新闻年鉴（2017）》是该年鉴第36卷，全面系统地记录了2016年中国新闻传播事业的发展变化情况。“综述”栏目全面反映了2016年我国新闻工作取得的新成就，并特别刊发了中宣部新闻局提供的《中国新闻舆论工作2016年综述》。该卷年鉴还特别设立了“学习贯彻习近平‘2·19’讲话精神专题”，突显了年度新闻实务研究热点。

26.《中国教育学年鉴》。《中国教育学年鉴》是第一部教育学学科年鉴，由北京师范大学教育学部主办。该书主编北京师范大学石中英教授认为：《中国教育学年鉴》的出版，不仅能够弥补教育学科年鉴出版领域的空白，还将与教育“大百科全书”“辞典”构成完整的教育学工具书体系，并与后两者相互参照和补充，在教育理论研究和实践探索中起到独特作用。

2017年出版情况：《中国教育学年鉴（2015）》包括科学研究、队伍与平台建设、人才培养、国际交流与合作、教育学基本数据5个栏目，记录了中国教育学的发展现状，反映了中国教育事业所取得的成就，学术性、资料性较强。

27.《全国社会科学院年鉴》。《全国社会科学院年鉴》由中国社会科学院科研局组织协调，调动全国31个省（区、市）社科院参与编纂，反映了全国社会科学院系统的历史沿革、组织机构、年度工作概况、科研活动、重点成果、学术人物、大事记7个方面的详细状况。

2017年出版情况：《全国社会科学院年鉴（2016）》计231.6万字，信息丰富、全面，是对我国社科院系统建立40年来的一次“大阅兵”，集中展示40年来的辉煌成绩，是社科院系统的一部巡礼之作，一部给党的十九大的献礼之作，起到了摸清家底、理清来路、认清位置的作用。

28.《中国社会科学院年鉴》。《中国社会科学院年鉴》由中国社会科学院办公厅主办。该年鉴分为综合、组织机构、工作概况和学术活动、科研成果、学术人物、规章制度、统计资料、大事记 8 编，收录中国社会科学院上一年度机构设置、科研和对外学术交流活动、行政后勤工作、党务工作等方面的情况，较为全面地反映全院以哲学社会科学创新工程为中心的各项工作的发展进程，是了解中国社会科学院的比较翔实的资料性参考书。

29.《中国生态文明建设年鉴》。《中国生态文明建设年鉴》是新创办的年鉴，由中国社会科学院生态文明研究智库主办。党的十八大以来，以习近平总书记为核心的党中央高度重视生态文明建设。在党的十九大政治报告中，又多次提到美丽中国和生态文明建设。《中国生态文明建设年鉴》以上一年度中国生态文明建设活动为主，全面记述中国生态文明的建设概况、习近平谈生态文明的重要论述、重要文件、示范区建设、考核与评价标准、主要活动、代表性成果等，并对各省（区、市）生态文明建设实践与进展进行总结，具有很强的当代特征与实践价值。

全国地方专业年鉴信息化发展报告

益人　王谦

提要：报告分析了地方专业年鉴信息化发展背景，总结了行业信息化的意义和现状，探讨了面临的问题和应对策略，展望了行业发展前景，提出“互联网+年鉴”是实现地方专业年鉴持续、健康发展，焕发年鉴事业价值、活力的方向。

关键词：地方专业年鉴　互联网+　信息化　发展

自20世纪80年代开始，中国年鉴事业整体繁荣壮大，地方专业年鉴是其重要组成部分，也进入蓬勃发展时期。作为专门收录本行政区域特定专业（学科）领域或部门、行业、企事业单位基本情况和基本资料的工具书，地方专业年鉴在国家经济社会发展和社会主义文化强国建设中发挥着重要作用。据中国地方志指导小组（以下简称中指组）官方统计，截至2017年，全国公开发行的地方专业年鉴达500余种，就发行数量而言，已进入新的繁荣期。

进入21世纪后，信息通讯技术飞速发展，信息化成为社会发展主流，跨媒体融合成为趋势。2015年3月5日，李克强总理在十二届全国人民代表大会第三次会议作政府工作报告中首次提出“互联网+”行动计划，号召利用“互联网改造和提升传统产业”。2016年，中指组印发《全国地方志信息化发展规划（2016—2020年）》《全国年鉴事业发展规划（2016—2020年）》，对年鉴的信息化、数字化提出明确要求，“互联网+年鉴”成为地方专业年鉴实现持续健康发展的主要方向。

一、地方专业年鉴信息化背景

当前，地方专业年鉴由"传统出版"向"数字出版＋传统出版"转型是大势所趋。"数字出版"是指利用数字技术对内容进行编辑加工，并通过网络传播数字产品的出版方式，主要特征是内容生产数字化、管理过程数字化、产品形态数字化、传播渠道网络化。地方专业年鉴编纂、生产手段和资源利用方式向"数字化"转型是顺应社会信息化潮流，实现创新发展的必然趋势。

（一）互联网迅猛发展，对传统出版的地方专业年鉴读者市场带来冲击

《中国数字出版产业报告》数据显示，2017 年，我国数字出版产业总收入 7071.93 亿元，数字出版产业的累计用户规模达 18.25 亿人（家 / 个），网络媒体已经成为当前信息传播主流，利用碎片时间进行网络阅读逐渐成为习惯，多以传统方式出版的地方专业年鉴不仅不方便随时随地阅读，其繁杂的文字和静态的图片也无法满足现代阅读需求。各种更直观、更便捷、更互动的电子资讯平台和以音频、视频等动态内容为主的新媒体、自媒体越来越多地挤占纸媒出版物的阅读空间。

在这样的大背景下，作为出版业和信息产业的组成部分，地方专业年鉴出版不可能置身事外，由传统出版向数字出版转型是实现其专业性、资料性、时效性、服务性的必经之路。

（二）数字出版的独特优势推动地方专业年鉴向数字出版转型

地方专业年鉴实现数字出版，包括光盘（U 盘）电子版、网站年鉴电子版和网络年鉴等形式，赋予其网络工具书的特性，具有独特的优势。

一是信息渠道更多元。地方专业年鉴编纂内容一般以专业（行业）供稿单位提供的年度稿件为主，逐渐无法满足读者日益增长的信息需求，通过网络补充组稿成为解决稿件来源单一问题的重要手段。使用网络超文本链接技术，可以突破地域、时间等限制，联结关联学科、上下游产业等，多渠道收录与专业领域相关的图片、音频、视频等数字资源，做到应收尽收。"北京教育年鉴在线资源平台"设教育资讯、史事回眸等栏目，《四川交通年鉴 · 网络版》拟设史海钩沉栏目，以组稿单位报送稿件和编辑部自采内容为基础，跨媒体展开延伸阅读，大大增加专业信息含量。

二是表现形式更多样。可以利用计算机音频、视频技术建立三维动态画面，提升

内容表现力，带来直观体验感；提供多种文献类型，链接相关延续性、细节性、趣味性内容，带来全面的、愉悦的观感。中指组启动《中国影像志》工作，利用“影像”作为志书的载体;《四川交通年鉴》在编纂网络年鉴探索中，大量收录编辑公路、航道、港口等基础设施建设的原始视频资料，生动展示了“蜀道难”“蜀道通”到“蜀道易”的历史进程；点击《北京教育年鉴》资源数据库，可以聆听多首北京中小学校歌，唤起读者对校园生活的追忆和向往，这些都是传统出版的地方专业年鉴不能做到的。

三是传输方式更便捷。采用互联网传输，可以使地方专业年鉴从框架设计到出版发行全过程快捷高效。特别是各统计年鉴在网上发行，读者可以点击浏览自己关注的地域和领域，即时查看最新数据，对比历史数据，方便查阅、分析。

四是检索手段更简易。传统出版的地方专业年鉴多以主题索引、分类索引为主，以汉语拼音字母顺序排列，其检索途径、检索速度、内容查询、利用效率等都无法与搜索引擎相提并论。《四川交通年鉴》在编纂平台搭建过程中，结合地方专业年鉴类型要求优化索引手段，不仅实现了基于搜索引擎的标题、人名、地名、事件等关键字的全文索引，而且具有组合索引、词频过滤、二次检索、高亮显示等高级检索功能。读者可以通过全方位索引顺序浏览全书内容，还可以对部分文字、图片进行拷贝，便于阅读和利用。

五是多向交流更及时。随着移动互联网络飞速发展，微博、微信等移动端社交媒体成为网络资讯的重要来源和网络舆论的重要源头，新闻资讯客户端也更注重培养自身社交属性以保持内容的持续效应。多部成熟的地方专业年鉴早已实现逐年连续出版，内容本身具有延续性，在打造自身的媒体生态闭环方面享有得天独厚的“先天”优势，然而，其单向传播特性制约读者意见表达，优势未得到有效发挥。地方专业年鉴实现数字出版，是纸质书籍与互联网技术深度融合的结果，利用互联网多媒体特性和互动性，将专业内容通过文字、图像、动画、视频、音频、链接等多种形式展示，读者可以随意阅读或观看喜欢的内容，同时与年鉴编辑、撰稿人等多向互动交流。《北京开发区经济年鉴》《四川交通年鉴》等在采用网页浏览器终端展示的基础上，辅以微信公众号等移动终端，扩大了年鉴传播范围，提升了年鉴应用效能。

（三）传统出版展现地方专业年鉴的权威性、存史性、专业性价值，将在一段时间内长期存在

技术转型升级时期，传统出版的地方专业年鉴受新媒体冲击是必然现象，但印制

成册的书籍仍有不可替代的优势，具备顽强的生命力。

一是地方专业年鉴作为承载行业信息的工具书，具有地域性、专业性特色，具备存史的作用。随着点击率逐步下降和服务器信息不断更新，完全依存于网络的信息极有可能受病毒侵袭、信息覆盖、平台升级等因素影响彻底丢失，无法恢复。而传统出版的年鉴书籍以纸张为媒介，物理属性稳定，可以安全地长久保存。

二是地方专业年鉴的编纂主体一般为政府机关、企事业单位，形成年鉴权威性、真实性特色，具备资政的作用。当前，数字出版更多注重形式创新和视觉体验，忽略数据审核、史实考证、质量把关，以讹传讹可能性较大；还有数字出版商为缩短制作周期，粗制滥造，错误百出，难以为资政提供有效参谋。

三是地方专业年鉴在长期的编纂出版实践中培养了成熟的编纂队伍，形成了固定的读者群体，保证年鉴稳定性、品牌性特色，具备育人的作用。首先，编纂人员扎实的基本功、敏锐的判断力、丰富的编纂经验保证书籍正确的政治方向；其次，编纂人员高尚的道德约束力、高雅的欣赏品味能够正确引导舆论；第三，稳定的、品牌化的书籍方便读者借鉴参考，激发对专业的热爱。

总之，现代信息技术和网络技术高度发展，为地方专业年鉴数字出版奠定了基础，提供了手段；数字出版具备的资源丰富、形式活泼、传播快捷、检索方便、互动性强等诸多优势，使地方专业年鉴看到了持续、健康、创新发展的希望；但由于地方专业年鉴的特殊属性，传统出版的纸质年鉴仍将长期存在。传统媒体和新兴媒体相互融合，共同发挥作用的“全媒体”时代已经到来。

二、地方专业年鉴信息化探索

当前，信息化与经济全球化相互促进，互联网融入社会生活方方面面，对生产、生活方式产生深刻变革。2015 年 8 月，国务院印发《全国地方志事业发展规划纲要（2015—2020 年）》，提出加快地方志信息化建设，提高地方志资源开发利用水平，充分利用已有信息基础设施和数据资源，加快地方志信息化建设步伐，为地方专业年鉴信息化建设奠定了政策基础。2016 年 12 月，中指组印发《全国年鉴事业发展规划（2016—2020 年）》，提出“要适应经济社会发展新形势，明确年鉴事业在发展改革大局中的目标任务，科学规划，积极创新，推动年鉴事业持续健康发展。”为地方专业年鉴信息化建设指明了发展方向。

（一）地方专业年鉴信息化的意义

地方专业年鉴作为年鉴事业的重要组成部分，经过多年探索，走出一条特色化行业发展之路，取得了丰硕成果。在将大数据作为基础性战略资源，推动数据资源开放共享和开发应用的大背景下，只有充分利用互联网，推动传统出版转型升级，才能起到丰富行业文化产品，提升服务效能，最大限度开发利用专业年鉴成果资源的作用。

信息化是转变地方专业年鉴传统编纂方式的新途径。要改变年鉴采用电话传真、QQ 群、公共电子邮箱组稿，沿用传统手工作业编校的低效采编模式，就必须充分利用智能编纂工具，从而减轻工作压力，提升工作效率。比如，通过在线采编平台实现协同编纂，通过在线编辑审核加快稿件流转等。

信息化是开发利用地方专业年鉴成果资源的新起点。一是利于盘活资源。建设内容丰富的地方专业年鉴资源数据库可以根据读者需求提供专题性、个性化的咨询服务。例如，为读者提供历年大事记、地方行业发展进程等专题资料，满足查询需求。二是利于深度开发。针对主年鉴内容进行二次开发，制作衍生产品，形成纸质年鉴、电子版年鉴、在线年鉴、年鉴数字库衍生产品并存的局面；还可以从读者密切关注的领域出发，抽出主要内容制作简本，或以某部分内容单独成书等。三是利于传播展示。地方专业年鉴经过长年累积，数据多，延续久，关联强，但由于实际印数不多，且多数应用于高校和企事业单位，难以满足社会读者需求。信息化可以有效拓宽受众面，切实起到惠及社会的作用。四是利于文化传承。地方专业年鉴是推介当地行业文化，宣传行业发展成就的重要平台，具有独特的文化内涵和价值理念。文化传播本质上是一种信息传播，信息技术越发展，文化传播越广泛。信息化可以使行业文化拥有更多的传承载体和传播渠道，进一步提升行业文化凝聚力，增强干事创业的动力。

信息化是促进地方专业年鉴顺应时代发展的新需求。相比新兴行业，地方专业年鉴信息化工作起步较晚，程度较低，网络基础建设亟待进行。近十年出版的各地方专业年鉴，多配有随书光盘、U 盘，可满足浏览、检索、复制等功能，但此前出版的年鉴书籍受纸质编排方式制约，仅为单一纸质印刷品，未实现数字化；个别采用 3.5 寸软盘存储资料的，也因年代久远、软盘消磁、设备升级等各种原因失去效用。部分年鉴成果实现数字化，也缺乏相应软件支持其上网服务读者。

（二）地方专业年鉴信息化的现状

建设在线编纂自动化系统，实现全流程线上管理。根据地方专业年鉴特色化的框架设计，配置工作流程。一是以文件上传平台的组稿方式为主，辅以QQ群、电子邮箱等手段，全面实现信息在线采集和稿件在线提交。二是在编辑、总纂、送审、排版、校对、修改、索引各环节实现稿件在线流转。三是成书之后，及时实现平台发布，加强成书在线管理。

据了解，在地方专业年鉴中，《天津科技年鉴》凭借其技术优势，于2016年开发并试用在线编纂平台。《四川交通年鉴》经过长时间的广泛调研，审慎选择实力雄厚的互联网技术公司合作，于2017年设计并启用具有稿件解析、版本对比、内容查重、返稿补录等功能的在线编纂平台，拓宽了组稿渠道，精简了协调步骤，提升了编纂质量，缩短了编纂周期，不仅保持了鲜明的地方行业特色，而且达到了节约的目的。

建设年鉴网站和移动终端，实现年鉴内容网络化。要创建和完善门户网站，或在传播面广、影响力大的专业网站设立专栏，进一步探索开发手机阅读客户端、微信公众号，及时发布编纂出版动态，上线数字化的年鉴资料，从而扩大年鉴影响力，为读者查阅提供便利。如《广东建设年鉴》发挥广东省住建厅信息化建设优势，在“广东建设信息网”基础上建设《广东建设年鉴》网络信息平台，使年鉴表现形式、传播渠道多样化、立体化；《北京经济技术开发区年鉴》于2013年开通微信公众号，2017年上线“亦庄地情”子网站，读者可以及时了解年鉴信息，并通过主题词搜索跨年度提取年鉴内容。

建设专门性的年鉴数据库，实现数据资源集中管理利用。资源数据库一般由专业数据商与年鉴出版单位合作构建。个体年鉴负责深度挖掘、整合分析历年积累、逐年可比的数据资源，为读者提供更有价值的数字化资料；数据商负责对已形成的专业知识体系中的词表、词间关系及知识元库进行统一存储、管理、维护，并提供跨年度、跨地区、跨行业的检索、阅读、下载等功能。如“中国知网”建设的“中国年鉴网络出版总库”是目前国内最大的连续更新的动态年鉴资源全文数据库，收录1949年至今地方、行业和企业等各类地方专业年鉴全文文献；北京华清智鉴书店主办的“中国年鉴信息网”则收录了较为齐全的各类地方专业年鉴现书。

（三）地方专业年鉴信息化的课题

在日益深化的“互联网 +”时代，如何将先进的网络科技与传统的编纂出版工作完美融合，实现地方专业年鉴创新发展，仍有许多问题亟待解决。

一是资源数据库建设缺乏统一标准规范的问题。从年鉴内容来看，地方专业年鉴有鲜明的地域差异和行业特征，不同行业间固然难以形成标准一致的编纂框架，不同区域的同行业间关注焦点和收录重点也不尽相同，极易造成数据库原始资料缺失。加之水平参差不齐的撰稿人和编辑要在规定字数范围内对稿件进行删减，要对浩如烟海的音频、视频资料逐一收听、观看、节选，这种基于个人判断和喜好的取舍也极易出现遗漏。从技术应用来看，通过建立符合 XML 标准的 Web Service 接口，可以轻松实现基础数据库与应用系统的信息交换，但对于年代久远的纸质书籍进行数字化转换，是包括图像扫描处理、版式分析、属性标注、全文识别校勘、文本制作、目录制作、PDF 版面还原和书签制作、XML 文档制作、数据测试交付等一系列庞杂工作，每个环节都可采用多种技术手段，带来不同的转换效果。因此，“收什么”和“怎么收”尚未形成统一标准的规范。

二是编纂平台操作界面持续改善的问题。大部分地方专业年鉴编纂平台基于本机关、本高校、本企业服务器建设，无法承载太大的访问量，撰稿人、编辑、读者之间不能及时顺畅地在平台上完成交流；系统质量不完善、网络服务不稳定和服务器响应不及时等因素会对界面操作造成直接影响。编纂平台如果只是提供一种编纂工具，难以得到广泛推广和积极建设。

三是后期维护缺乏保障的问题。地方专业年鉴编纂平台的开发利用基本得到地方财政支持，但对于一个没有先例可循的专业性编纂平台和资源数据库来说，有限的开发资金要支持软件开发，要修正技术缺陷，还要保障硬件质量；平台建成后还需持续投入资金，不断升级软件，改进功能，完善细节，确保正常运行。资金投入大与地方专业年鉴公益属性的矛盾成为制约年鉴信息化的瓶颈。

四是操作培训存在困难的问题。年鉴编纂工作具有一定专业性，编纂系统和操作流程需要在长期使用实践中慢慢熟悉。但由于机构改革、工作变动等原因，部分单位撰稿人更换频繁。新撰稿人在断训空档接手工作，对年鉴体例尚不了解，熟练操作编纂系统更无从谈起。加之部分单位撰稿人年纪较大，对编纂系统接受能力较弱，即使接受过线上线下的多次培训，也容易因为操作不够简易、功能不够完善等原因，转回传统手工撰稿方式。

五是安全性保密性有待加强的问题。专业年鉴的网络化编纂平台大概分为基于政务内网搭建和基于互联网搭建两种。在互联网开放的网络环境中，未通过保密审查的年鉴信息可能泄露，已经审定的稿件可能被篡改，已保存的数据可能丢失。

（四）地方专业年鉴信息化的建议

一是强化中指组政策引领，建立统一标准规范。地方专业年鉴历来是中国年鉴事业的重要组成部分，一直参照地方志相关工作条例和地方综合年鉴相关编纂出版规定摸索发展。目前，全国地方志事业顶层设计不断完善，年鉴事业蓬勃发展，中指组如能进一步加强政策引领，指引地方专业年鉴建立统一的编纂出版规范和信息技术规则，可以统筹各地方专业年鉴更加科学、集约、创新发展，顺利完成信息化转型。

二是统筹兼顾，分阶段重点推进。地方专业年鉴信息化建设是一项长期工程，需要分阶段、分批次完成。要在确保年鉴每年按时出版的基础上，强化信息化分类指导、突出重点、有序推进。要在重要节点进行周期性阶段检查，验证项目开发与实际需求一致性，校正偏差。年鉴编辑、撰稿人要积极参与到在线编纂平台和数据库建设过程中，及时向技术人员反馈系统运行情况，与技术人员探讨改善方案，确保系统达到更完善更全面的使用效果。

三是贯彻创新发展理念，保障资金投入。要加快思想层面观念转变，不断适应新时代发展需求，在信息化建设大背景下推进地方专业年鉴信息化工作，做好平台的运行维护升级；落实“一纳入、八到位”要求，将地方专业年鉴信息化纳入预算管理，落实长期资金投入，提高资金使用效益。

四是加大培训指导力度，强化编纂队伍建设。要加大对撰稿人业务培训指导力度，通过召开培训会议、在线视频培训等手段，提高培训频次，加深使用记忆；编制并印发简易实用的平台操作手册，应对操作不熟练、工作变动交接等情况；及时在编纂平台发布进度信息，利用平台群发短信、微信，提示撰稿人根据审校流程逐步开展工作，避免使用间隙过长导致生疏。要进一步提升编辑综合素质，着力培养信息化与编辑业务相结合的复合型人才。新时期的地方专业年鉴编辑不仅要精通年鉴编纂工作、具备较强的文字功底和图形审美能力，而且要熟知本地区本行业发展情况、拥有综合性广泛性的各类知识，还需了解互联网知识、具有熟练操作编纂平台的能力。只有成长为复合型人才，才能运用高新技术手段，更好地推进专业年鉴信息化工作。

五是增强安全监管技术力量，严格审核保密内容。要与技术公司开展深入合作，利用先进技术手段，不断强化计算机维护管理、网页编辑、网站安全监管等，保证平台安全运行。要保持高度政治警惕性，对撰稿人提出更严格的原始稿件保密审核要求，重重把关，确保无涉密内容上网传送。

三、地方专业年鉴信息化展望

地方专业年鉴信息化起步较晚，仍处于尝试阶段，已经开展信息化转型探索的年鉴编纂单位占比不足10%，与信息化略早的国内几部综合年鉴相比，有工作经验不足等方面差距；加之地方专业年鉴独具地域性、专业性等属性，在平台设计、内容收录、信息甄选、索引搜寻等方面需结合实际，独立探索，寻求合适的发展模式。但是，无论信息获取途径怎样改变，获取信息的目的和要求是相同的。在新的历史时期，地方专业年鉴要顺应新时代、新发展、新理念加快转变，不断完善内容形式，拓宽传播渠道，为读者提供更便捷的服务。

（一）强化互联网思维，全面改造地方专业年鉴工作

"互联网＋年鉴"作为信息化发展的核心特征，已经与地方专业年鉴事业深度融合，每一个年鉴从业者都面临巨大变革和挑战。年鉴编纂者要创新思维，用好互联网工具，以高效率、高品质、高体验的互联网定式，凝聚年鉴系统，激发年鉴活力。年鉴编纂单位要扫除使用障碍，尽量为读者提供可检索可复制的数字化内容，还要树立信息规模效应、大数据价值的观点，统筹年鉴数据库建设，实现年鉴事业转型发展。

（二）搭建开放式平台，跨界开发地方专业年鉴新产品

一是切实发挥"互联网＋"的连接作用，进一步开放年鉴编纂、利用平台，使平台具有展示、宣传、查询、链接、交流等功能，实现专业信息高速度、低成本、互动传递。二是针对读者需求开发进行文献重组整合、数据统计分析、信息加工编辑等工作，最大限度满足受众需求。三是通过制发调查问卷、统计网络流量等方式，掌握读者阅读习惯、阅读行为等各类数据，通过大数据分析，改善年鉴的内容和风格。

（三）丰富载体形式，实现地方专业年鉴全媒体覆盖

“互联网+”时代是传统媒体与新兴媒体相互融合的时代，地方专业年鉴要实现持续健康发展，必须丰富信息形式、扩展传播途径，选择媒体渠道，实现最佳效果。如果移动阅读和可视化展示是年鉴传播的新方向，那么全面提升发行技术、改善用户体验感官就成为当务之急。《四川交通年鉴》在启动年鉴信息化建设之初，创造性提出“一库一平台一馆”的设想，即在构建基础数据库、在线编纂平台的基础上，打造虚拟行业博物馆，利用虚拟现实技术手段用活年鉴资料，全方位、多维度展示四川交通的“前世今生”

总之，信息化转型是地方专业年鉴全面创新升级、持续健康发展的必经之路，是时代的机遇，也是严峻的挑战。面对具体问题，只有振奋精神、迎难而上，创新引领、推陈出新，才能焕发出年鉴事业更新的价值和活力。

Ⅳ

探索与创新

跨区域年鉴发展报告

阳晓儒

提要：本报告总结2017年跨区域年鉴编纂出版的基本情况和机构队伍经费等方面的情况，阐述跨区域年鉴的现实价值，分析其主要内容和体例体裁，介绍数字化与网络化建设情况，对下一步发展作出展望。

关键词：跨区域年鉴　综合年鉴　发展　展望

改革开放40年来，中国的经济社会发生了翻天覆地的变化，区域间的经济合作越来越紧密，经济社会的交流活动也越来越频繁，形成多个经济合作区域，如珠江三角洲、长江三角洲、武汉城市圈、南京都市圈、长株潭城市群等经济合作区域。其中，珠江三角洲、长江三角洲是两个最活跃的地区，成为中国经济发展的两个"增长极"。近年来，国家通过九大区域规划，从东部、南部延伸到中部、西部、东北等地区。中国沿海已形成"三大五小"（三大即珠三角、长三角、京津冀，五小即辽宁沿海、山东半岛、江苏沿海、海峡西岸、北部湾）开发格局。中西部地区也在奋起直追，长株潭城市群、武汉城市圈、黄三角经济区、鄱阳湖经济区、皖江经济区、关中—天水经济区等区域经济圈也在形成。随着新区域经济圈或经济带的成型，中国自古以来的区域经济版图正在悄然改变，区域的合作竞争正进入一个崭新的阶段。

为及时、全面记录区域经济发展一体化及区域间经济社会交流合作的历史进程，全国各地都在着力编纂反映这一新生事物的区域性年鉴。跨区域年鉴的编纂出版丰富了中国年鉴的种类和数量，开创了中国年鉴全新的编纂出版模式。

一、跨区域年鉴发展现状

据不完全统计，截至2017年年底，除跨区域性统计年鉴外，已经编纂出版的跨区域性年鉴有《长江三角洲城市年鉴》《长江三角洲年鉴》《长三角年鉴》《武汉城市圈年鉴》《珠江三角洲城市群年鉴》《长株潭试验区年鉴》《环渤海区域经济年鉴》7种，另有跨国区域性年鉴《俄罗斯和东欧中亚国家年鉴》《中国—东盟年鉴》2种。另外，截至2017年，《广西北部湾经济区年鉴》仍未公开出版。

《长江三角洲城市年鉴》创办于2003年。主办单位开始为中国城市经济学会、江苏省城市发展研究院，后增加长江三角洲城市经济协调会，由南京沪苏浙文化传媒公司承办，并成立长江三角洲城市年鉴编纂委员会。编纂出版经费自筹，全部依靠广告和发行。年发行量3000册，最多时达1万册。主编张锋，执行主编秦光汉。该年鉴先后由方志出版社、中国工商出版社、中国文史出版社出版，每卷约220万字，大16开，约800页，印数3000—5000册。编辑部地址在南京。《长江三角洲城市年鉴》采用篇目、栏目、分目、条目四个结构层次，条目为记述的基本形式。2003年卷设置特载、城市概况、城市介绍、城市风采、领导专文专访、城市旅游、城市人物、城市研究、城市机关企事业简介、资料、图片栏目。至2014年，编纂出版第12卷。2015年后未见公开出版。

《长江三角洲年鉴》创办于2005年。原由人民日报社华东分社主办，2007年改由中国浦东干部学院长江三角洲研究院主办。线装书局出版，大16开，每卷450页，120万字，印数3000册。编辑部地址在上海浦东。该年鉴按栏目、分目、条目三级结构层次，以条目为主要载体。2005—2008年卷记载的范围为地理学意义上的长江三角洲，即长江及钱塘江的冲积平原，包括上海、南京、苏州、无锡、常州、镇江、南通、扬州、泰州、杭州、宁波、潮州、嘉兴、绍兴、舟山及台州16城市所在地域。2008年8月，国务院常务会议审议并通过《关于进一步推进长江三角洲地区改革开放和经济社会发展的指导意见》，确定长江三角洲地域面积为上海、江苏、浙江一市两省全域。为此，《长江三角洲年鉴》从2009年开始，所记载内容涵盖上海、江苏、浙江一市两省全域。《长江三角洲年鉴》2005年卷设特载、专文、概况、区域城市、合作交流、对外开放、改革创新、第一产业、第二产业、第三产业、科学技术、教育卫生文化体育、统计资料、党政主要领导人名录、人物、附录等16个栏目。文字、照片和图表为基本载体，体裁有文章、文摘、概述、综述、条目。2009—2010年卷设专记、大事、概况、一体化进程、经济、政治、文化、社会、生态、人物、长三角研究、文献辑选等12个栏目。至2015年，编纂出版第11卷。2016年后未见公开出版。

《长三角年鉴（2006）》为首卷。2005年12月，上海社会科学院、江苏省社会科学院、浙江省社会科学院共同发起和成立"长三角联合研究中心"，以期发挥三院的专业力量，共同关注长三角的改革发展问题，为政府、企业和学术界提供全面、专业的研究成果。三家社会科学院院长担任中心主任，副院长担任副主任，科研处处长担任秘书长，由秘书长全面负责中心的日常运行与管理工作。中心设有长三角年鉴编辑部，专门负责年鉴的编辑和出版。长三角城市经济协调会办公室为联办单位。年鉴编纂指导委员会由各市人民政府副职及有关大学研究机构负责人组成。《长三角年鉴（2006）》重点分析长三角地区（上海市、江苏省、浙江省全部区域）2005年经济社会发展的基本情况与基本成就。主要栏目有长三角区域概况、长三角地区经济社会发展、长三角地区专项经济社会发展、重要文献、2005年重要经济社会发展指标、大事记。该年鉴采用章节体结构。编纂出版经费列入长三角联合研究中心预算。河海大学出版社出版，大16开，1000页，1800多万字，每卷印数5000册。编辑部地址在南京。至2013年，编纂出版第8卷。2014年后未见公开出版。

《环渤海区域经济年鉴》创办于2007年，由环渤海区域经济联合市长联席会办公室、天津市环渤海经济研究会主持编纂。该年鉴全面、系统、客观地记述环渤海区域的经济发展状况及有关事物，并包括与此有关的省、区、直辖市、计划单列市、省会城市及部分地级市的一些内容，突出记述重要的新工作、新发展、新成就、新事物、新特点。年鉴栏目设置采取分类与按单位设置条目相结合的方法，并设立"文献选编""领导论坛""专家文论""景观选介"及各类选介和综合服务等一些重要或创新栏目。大16开，精装。该年鉴采取市场运作的方式筹集编辑、出版等经费，天津天科环艺景观科技有限公司为该年鉴协办单位和广告独家代理。2007年卷于2008年4月由中国城市出版社出版，主编潘镇贵，160万字，设文献选编、领导论坛、专家文论、区域综述、经济发展、交通规划、城市介绍、景观选介、大学选介、企业选介、综合服务、区域社团、要事纪略、省市规划、统计公报、统计资料、招商政策等类目。2008年卷于2009年5月由天津人民出版社出版，130万字，设特载、领导论坛、专家文论、区域综述、经济发展、城市介绍、新区开发、科学技术、旅游产业、大学选介、企业选介、区域组织、统计资料、大事记等类目。自2008年卷先后增设"科技发展""交通运输""金融保险""发展规划""港口介绍""大学介绍""医院介绍"等类目。2011年卷主编为左明。2015、2016年卷突出京津冀协同发展，专设相关领域京津冀协同发展概况栏目，增加国家级开发区、海关特殊监管区内容。该年鉴采取政府扶持、市场运作的方式筹集编辑、出版等经费，天津市财政局拨专款给予资助，天津市社科联、天津市教育科学研究院等单位为该年鉴特别支持单位。该年鉴的资料主要来源于环渤海区域有关省区市统计年报、政府工作报告、史志书籍、地方年鉴、档案报刊、政府网站等，以及环渤海区域合作市长联席会成员市提供的资料。该年鉴区域范围界定为"五省（区）二市"，即京、津、冀、晋、内蒙古、辽、鲁。河南省安阳市、濮阳市系环渤海区域合作市长联席会成员，其有关资料也有收载。截至2017年，已经出版10卷。

《武汉城市圈年鉴》创刊于2008年。2007年12月，国家发展和改革委员会批准武汉城市圈和长株潭城市群为全国资源型和环境友好型社会建设综合配套改革试验区。为适应这一发展要求，2008年7月，武汉地方志办公室组织召开武汉城市圈地方志办公室主任联席会议，一致同意由武汉地方志办公室牵头编纂《武汉城市圈年鉴》，武汉地方志办公室主编，城市圈内黄石、鄂州、孝感、黄冈、咸宁、仙桃、潜江、天门地方志办公室协编。《武汉城市圈年鉴》于2008年创刊后，至2017年编纂出版第9卷。累计刊载文字1200余万字，刊载图片1800余幅。《武汉城市圈年鉴》在记载武汉市在全国率先创造性地开展"两型社会"（资源节约型社会、环境友好型社会）综合配套改革试验的同时，记述武汉城市圈自然、政治、经济、文化、社会等方面情况。全书分地图、风貌、大事记、综述、基本情况、重要会议和重大活动、重大项目建设、体制机制创新、生态文明建设、农业、工业、开发区建设、现代服务业、对外开放与合作、城乡建设和管理、市场监督和服务、市场调节、社会事业、人民生活、市辖区、人物、统计资料、附录和索引等24个篇目，每卷字数约120万字。《武汉城市圈年鉴》编纂工作纳入到武汉市政府的一级目标管理范围，编纂出版经费实行全额财政拔款。编辑部地址在武汉，与武汉年鉴社实行两块牌子一套人马，武汉年鉴社的编辑人员兼职编辑《武汉城市圈年鉴》。2016年卷设武汉城市圈风貌、大事记、综述、基本情况、"两型社会"建设综合配套改革实验推进、重要会议和重要活动、重大项目建设、体制机制创新、生态文明建设、农业、工业、开发区、现代服务业、对外开放与合作、城乡建设和管理、市场监管和服务、市场调节、社会事业、社会生活、市辖区（市、县）概况、人物、媒体聚焦武汉城市圈等22个类目，170万字，2017年4月由武汉出版社出版，主编为武汉市地方志办公室主任王筱武。

《长株潭试验区年鉴》编纂始于2011年。当年，湖南省决定编纂出版《长株潭试验区年鉴》。该年鉴以湖南省委、省政府推进长株潭改革试验区建设的战略部署和各项举措为主线，以长株潭改革试验区努力实现"三个率先"的工作为重点，以"3+5"（长沙、株洲、湘潭+岳阳、常德、益阳、娄底、衡阳）地区和省直有关部门推进"两型社会"建设的成果为主要内容，全面展示长株潭综合配套改革试验区年度发展的大事要事、热点亮点，为社会各界了解和研究长株潭试验区"两型社会"建设提供翔实资料，为长株潭试验区相关单位和部门开展工作提供经验范例，为各级领导推进资源节约型社会和环境友好型社会建设提供决策参考。主编徐湘平、郑昌华，湖南人民出版社出版，800多页，160万字。主编单位为湖南省长株潭"两型社会"建设改革试验区领导协调委员会办公室、湖南省长株潭"两型社会"建设改革试验区领导协调委员会办公室。2011年卷设有综合篇、方案设计篇、总体成果篇、核心区域篇、示范区片篇、相关部门篇、政策法规篇、改革创新篇、创建活动篇、对外合作篇、研究宣传篇、数据统计篇、形象彩页篇等篇目。2014年卷开始，主办单位变更为湖南省长株潭两型试验区管委会和中共湖南省委讲师团。至2017年，编纂出版了7卷。

《粤港澳大湾区城市群年鉴》创刊于2017年，由《珠江三角洲城市群年鉴》改编而成。2008年12月，国务院颁布实施《珠江三角洲地区改革发展规划纲要（2008—2020年）》。为贯彻落实该规划纲要，由广州市地方志办公室发起，广东年鉴社、珠江三角洲九城市地方志工作机构和年鉴机构共同组织编纂《珠江三角洲城市群年鉴》，载录珠江三角洲地区基本情况及经济社会发展情况，重点反映广东省和珠江三角洲九市贯彻落实该规划纲要的情况和珠江三角洲推进区域一体化发展的情况。2010年首卷出版，至2016年编纂出版了7卷。广东人民出版社出版，大16开，每册字数约100万字，印数2500册。该年鉴框架分为三大部分：第一部分是地区综述，设基本情况、大事记、区域协调、合作交流4篇；第二部分是各市发展，设广州市、深圳市、珠海市、佛山市、江门市、东莞市、中山市、惠州市、肇庆市9篇；第三部分是附属资料，设统计资料、珠江三角洲发展研究论文摘要、文献法规、泛珠江三角洲基本情况4篇。各篇下设分目、条目。条目是全书内容记述的主体。2012年卷开始增收泛珠江三角洲地区（9+2）九省区和香港、澳门特别行政区的基本情况和年度发展情况。2015年开始编纂出版简本。该年鉴由广州市地方志办公室负责组织编纂，编纂出版经费由广州市财政全额拨付，编辑部地址设在广州市地方志办公室年鉴工作处（广州年鉴社）内，聘任2位编辑人员负责具体组织编纂工作。2017年11月，为适应粤港澳大湾区发展的新形势，《珠江三角洲城市群年鉴》更名为《粤港澳大湾区城市群年鉴》，全书80万字，由方志出版社出版。全书内容分为大湾区综述、大湾区城市群发展、附录三大部分。其中，大湾区综述设粤港澳大湾区基本情况、大事记、创新驱动、区域合作4个类目，大湾区城市群发展设广州市、深圳市、珠海市、佛山市、江门市、东莞市、中山市、惠州市、肇庆市、香港特别行政区、澳门特别行政区11个类目，附录部分设粤港澳大湾区九市统计资料、粤港澳发展研究成果、泛珠江三角洲基本情况、文献法规4个类目。

《俄罗斯和东欧中亚国家年鉴》创办于1996年。中国社会科学院东欧中亚研究所编，主编张森，32开，41万字，每卷印数1500册，当代世界出版社出版。编纂出版经费列入研究所预算。该年鉴采用篇章编辑法编写，篇下设章。主要栏目有：专题文章、统计资料、大事简记、文摘等篇目。2016年后未见公开出版。

《中国—东盟年鉴》创办于2004年。广西社会科学院、广西社会科学界联合会主办，广西东南亚研究会承办。编纂出版经费列入财政预算。2004—2010年卷主编为许家康、古小松，2011年卷主编为吕余生、庞汉生，2012—2014年卷主编为吕余生、王士威，2015年卷主编为吕余生、沈德海。2004年卷设置概况、动态、东南亚国家联盟、中国—东盟自由贸易区、中国—东盟博览会、新闻人物、大事记、研究报告及论文选辑、重要文献、工商资讯、统计资料、附录等栏目。至2017年，共编纂出版14卷。《中国—东盟年鉴》2016年卷主要栏目有：概况、动态、专题、新闻人物、大事记、文献、投资贸易指南、统计资料、附录等。该卷年鉴120万字，由线装书局于2016年12月出版，广西社会科学院主办、广西东南亚研究会承办，主编为李海荣。该卷年鉴专题为新设栏目，将2015年卷的发展报告、东南亚国家联盟、中国—东盟自由贸易区、区域经济合作、中国和东盟及各成员国交往与合作、重要节会等6个分目收入其中；以“专题”与“概况”“动态”等栏目对应以期更符合年鉴编纂体例；全书的概况和动态信息采用条目体裁，专题栏目中的发展报告、中国和东盟及各成员国交往与合作以及某些附属资料采用文章体裁。《中国—东盟年鉴》2017年卷沿用2016年卷框架结构，主要栏目有：概况、动态、专题、新闻人物、大事记、文献、投资贸易指南、统计资料、附录等，专题栏目下设发展报告、东南亚国家联盟、中国—东盟自由贸易区、区域经济合作、中国和东盟及各成员国交往与合作、重要节会等6个分目。该卷年鉴123万字，广西社会科学院主办、广西东南亚研究会承办，主编为李海荣，由线装书局于2017

年 12 月出版。

二、跨区域年鉴的内容和体例

跨区域年鉴的主要内容反映的是区域协调、区域合作交流和区域一体化发展进程，以及区域内各地区的年度发展情况。如《长江三角洲城市年鉴》2014 年卷设置年度大事、城市概览、领导人名录、合作与交流、城市发展、环境保护、经济园区、工业经济、农业和农村、服务业、社会事业、人才战略、区县（市）概况、长三角论坛、统计资料、发展与展望等栏目，记述上海市，江苏省南京、无锡、常州、苏州、南通、盐城、扬州、镇江、泰州，浙江省杭州、宁波、嘉兴、湖州、绍兴、金华、舟山、台州，安徽省合肥、芜湖、马鞍山、铜陵、安庆、滁州、池州、宣城等 26 市的合作交流，以及年度经济社会发展情况。《中国—东盟年鉴》2017 年卷主要栏目有：概况、动态、专题、新闻人物、大事记、文献、投资贸易指南、统计资料、附录等，着重收录中国和东盟各国的基本资料及区域内各国政治、经济、文化、社会等方面的重要信息。

在编写体例上，区域年鉴主要采用两种体例。一种是篇章节体，如《长三角年鉴》《俄罗斯和东欧中亚国家年鉴》等。另一种是条目体，如《长江三角洲城市年鉴》《长江三角洲年鉴》《武汉城市圈年鉴》《粤港澳大湾区城市群年鉴》《长株潭试验区年鉴》《中国—东盟年鉴》等。两种体例中，以条目体居多。条目体的跨区域年鉴是以条目为主体，兼有文章体、编年体、文摘体等体裁。篇章节体的跨区域年鉴除图表、统计资料外，基本上是单一的篇章节文章体裁。

三、区域年鉴数字化、网络化情况

年鉴数字化、网络化是近年来年鉴发展的一种主要趋势，跨区域年鉴也不例外。但是，与地方综合年鉴相比，跨区域年鉴的数字化、网络化水平还是要逊色一些。地方综合年鉴因为有固定经费、固定人员编制，许多建有独立的网站，或者通过地方主管单位、主办部门网站进行数字化与网络化。而跨区域年鉴由于缺乏固定人员编制，许多都是兼职和聘用临时人员从事组织编纂工作，许多编纂单位仅仅满足纸质版年鉴的编纂出版，连光盘版都比较少见，至于建立独立的网站来实现年鉴的数字化、网络化的情况几乎没有。大多数跨区域年鉴是通过地方部门网站或加入中国知网年鉴全文数据库来实现其数字化、网络化。据不完全统计，截至2017年，区域年鉴出版光盘版或通过网站实现数字化、网络化的有《长江三角洲城市年鉴》《长三角年鉴》《武汉城市圈年鉴》《粤港澳大湾区城市群年鉴》《长株潭试验区年鉴》《中国—东盟年鉴》《环渤海区域经济年鉴》7种。其中，《长江三角洲城市年鉴》《长三角年鉴》《长株潭试验区年鉴》《中国—东盟年鉴》《环渤海区域经济年鉴》5种通过中国知网进入年鉴全文数据库，实现其数据化、网络化；《武汉城市圈年鉴》出版有电子版，并录入大武汉方志网和中国知网年鉴全文数据库；《武汉城市圈年鉴》《粤港澳大湾区城市群年鉴》出版有光盘版，《武汉城市圈年鉴》在武汉地方志部门网站、《粤港澳大湾区城市群年鉴》在广州地情网上网，并均进入中国知网年鉴全文数据库。

四、跨区域年鉴发展与展望

随着全球经济一体化和区域经济的融合发展，跨区域性年鉴将成为年鉴事业发展的一个新的增长点。但是，相对于地方综合年鉴的迅猛发展，跨区域年鉴发展还是相对迟缓。从1996年的首部跨区域年鉴《俄罗斯和中亚东欧国家年鉴》到2011年最新创办的《长株潭实验区年鉴》，在10多年时间里，只有不到10部跨区域年鉴创办。制约跨区域年鉴快速发展的主要因素是区域年鉴缺乏稳定的经费来源，没有固定的编纂队伍和行之有效的组稿手段。随着国家更多区域规划的出台，跨区域年鉴还会不断发展壮大。2009年4月、2011年5月、2012年11月和2015年4月国务院正式批复《天水—关中经济区发展规划》《成渝经济区区域规划》《中原经济区规划》和《长江中游城市群发展规划》；2014年6月，国务院常务会议部署建设综合立体交通走廊打造长江经济带；2015年4月，中共中央政治局会议审议通过《京津冀协同发展规划纲要》。如今，这些区域的有关部门正在协商编纂出版相关的跨区域年鉴。

但是，相对于地方综合年鉴来说，跨区域年鉴在体制机制上还存在诸多困难和问题。在组织编纂上，跨区域年鉴缺乏强有力的行政手段。跨区域年鉴编纂供稿单位隶属不同的行政区域，有的跨省、有的跨市，沿用原来地方综合年鉴的行政命令式组稿手段难以奏效。各参与编纂单位均处于平等地位，必须通过协商合作才能完成组稿任务。在编纂出版经费上，大部分跨区域年鉴没有稳定的经费来源，要依靠广告和发行来筹措编纂出版经费，影响了跨区域年鉴的持续健康发展。事实证明，只有具备稳定编纂经费的跨区域年鉴才能健康、持续发展。如《武汉城市圈年鉴》《粤港澳大湾区城市群年鉴》《环渤海区域经济年鉴》《中国—东盟年鉴》由于有财政专项拨款，都能做到“逐年编纂、连续出版”，并从未间断。在人员编制上，跨区域年鉴大多缺乏固定的人员编制，大部分跨区域年鉴都是临时聘用人员、原有地方综合年鉴编纂人员兼职或者采用政府购买服务的方式，编纂队伍的不稳定造成跨区域年鉴编纂出版质量难以提高。许多临时聘用人员和兼职人员仅仅满足于完成自己所负责的工作，而通过政府购买服务方式编纂出版的年鉴，承编单位也仅仅把其作为一个项目进行运作，对于如何更好地提高年鉴的编纂出版质量和更全面、系统、准确地记录跨区域内经济社会发展和一体化进程缺乏积极的思考。在内容记述上，如何处理跨区域年鉴和各省（区、市）、各城市综合年鉴的资料重复问题，如何使各省（区、市）、各城市综合年鉴和跨区域年鉴在年鉴资料、年鉴功能等方面实现相得益彰的融合，还需在业务上、组织形式上进一步创新和探索，让跨区域年鉴发挥更大的社会作用。

乡镇村年鉴发展报告

■ 刘念宇

提要：中国乡镇村年鉴发轫于广东省。2010 年，全国首部乡镇综合年鉴《大朗年鉴（2010）》（广东省东莞市）编纂出版；2014 年，江苏省启动首部乡镇综合年鉴《永安洲年鉴（2015）》（江苏省泰州市）编纂工作。2015 年，全国首部街道（办事处）综合年鉴《坪山办事处年鉴（2015）》（广东省深圳市）编纂出版。2015 年，全国首部村级年鉴《巷头年鉴（2015）》（广东省东莞市大朗镇）编纂出版。2017 年，上海市首部乡镇综合年鉴《南翔年鉴（2017）》（上海市嘉定区）编纂出版。截至 2017 年年底，全国持续编纂出版 19 种乡镇（街道）、村年鉴，其中：广东省东莞市 9 种、深圳市 5 种，江苏省 3 种，上海市 2 种。

关键词：年鉴　乡镇综合年鉴　街道综合年鉴　村综合年鉴

中国乡镇村年鉴发轫于广东省。2010 年，东莞市编纂出版广东省乃至全国的首部乡镇综合年鉴《大朗年鉴（2010）》；2013 年，东莞市又创办第二部乡镇综合年鉴《虎门年鉴（2013）》；2014 年，江苏省泰州市永安洲镇启动该省第一部乡镇综合年鉴《永安洲年鉴（2015）》编纂工作。2015 年，东莞市编纂出版全国首部村级年鉴《巷头年鉴（2015）》，深圳市编纂出版广东省乃至全国的首部街道（办事处）综合年鉴《坪山办事处年鉴（2015）》。

2017 年，在《全国地方志事业发展规划纲要（2015—2020 年）》《全国年鉴事业发展规划（2016—2020 年）》推动下，年鉴事业进一步发展。广东省东莞市持续出版《大朗年鉴（2017）》《虎门年鉴（2017）》《长安年鉴（2017）》《寮步年鉴（2017）》《厚街年鉴（2017）》《塘厦年鉴（2017）》《麻涌年鉴（2017）》《南城年鉴（2017）》等8种，创办并出版《石碣年鉴（2017）》《樟木头年鉴（2017）》《凤岗年鉴（2017）》《桥头年鉴（2017）》等4种，累计出版12种镇（街道）年鉴，比上年增加3种，出版镇（街道）年鉴种数居全国各市第一位。深圳市则完成《南湾街道年鉴（2016）》出版，持续出版《坪山街道年鉴（2017）》（原《坪山办事处年鉴》）、《坑梓街道年鉴（2017）》（原《坑梓办事处年鉴》）、《龙城街道年鉴（2017）》、《大浪街道年鉴（2017）》，创办并出版《龙华办事处年鉴（2017）》，累计出版6种街道（办事处）综合年鉴，与上年持平。

2017年，江苏省泰州市永安洲镇持续出版《永安洲年鉴（2016）》，扬州市仪征市新集镇创办并出版《新集年鉴（2016）》，张家港市南丰镇永联村创办并出版《永联年鉴（2016）》，累计出版3种乡镇村年鉴，比上年增加2种。

2017年，上海市嘉定区创办并出版《南翔年鉴（2017）》《华亭年鉴（2017）》2部乡镇综合年鉴，其中《南翔年鉴（2017）》为上海市首部乡镇综合年鉴。

截至2017年年底，全国持续编纂出版19种乡镇（街道）、村年鉴，其中：广东省东莞市9种、深圳市5种，江苏省3种，上海市2种。乡镇（街道）、村年鉴编纂区域由珠江三角洲扩展到长江三角洲。年鉴质量稳定提高，《长安年鉴（2016）》作为广东省5部专业年鉴之一，参加2017年全国地方志优秀成果（年鉴类）评审活动，获评为提名年鉴，这是全国唯一获通报表扬的镇级年鉴。

但是，由于镇（街道）、村级年鉴编纂工作本不属于各镇（街道）、村级的日常工作，要实现“一年一鉴，公开出版”，要克服诸多困难，尤其是经费问题。2017年镇（街道）年鉴绝大部分能按照要求做到，但也有《常平年鉴（2017）》（广东省东莞市）和《坂田街道年鉴（2017）》《平湖街道年鉴（2017）》（广东省深圳市）等年鉴未能完成出版；村级年鉴则更难于坚持。为推动其实现常态化、可持续发展，希望国家在相关文件中进一步明确镇（街道）、村级年鉴编纂工作；由于镇（街道）、村级年鉴属于新生事物，跟传统的市、县（区）年鉴有所不同，希望国家出台相关业务指导意见，并建议适时组织召开镇（街道）、村级年鉴编纂研讨会或评议会，为镇（街道）、村级年鉴编纂提供更多理论支持和业务指导；另外，镇（街道）、村级年鉴应属于地方综合年鉴，建议不列为专业年鉴，在质量评价时单列镇（街道）、村级年鉴类或并入县（市、区）年鉴类。

《长安年鉴（2017）》。广东省东莞市长安镇于2016年创办《长安年鉴》，当年出版《长安年鉴（2015）》《长安年鉴（2016）》两卷，此后每年出版一卷。截至2017年，出版3卷，均由广东人民出版社出版。《长安年鉴（2017）》正文设年度关注、总述、党务·政务、社会团体、法治·军事、城建·环保、交通·邮政、农业、工业、商贸服务业、开放型经济、金融业、财税、经济监督管理、科学技术·信息、教育、文化、体育、卫生、民生、长安新区、社区、人物、大事记、附录等25个类目，61.3万字，记述2016年长安镇经济社会发展概况。该卷年鉴抓住长安镇地处改革前沿的特色，在"年度关注"类目，以长安镇建设广东省"大众创业、万众创新"示范基地、商事制度改革、体制改革等3个分目，集中记述长安镇改革、创新的概况；在"工业""商贸服务业"类目，设立电子信息产业、机械五金模具产业、五金交易、会展交易等分目，突出长安镇支柱产业，擦亮"中国电子信息产业重镇""中国机械五金模具名镇"的招牌，力求突出地方特色、年度特色。

此外，《长安年鉴（2017）》重视图片，书前设"图片专辑"类目，开门见山展示长安镇的奋斗目标"现代制造名城 湾区创新都市"，设置"长安名片""数字长安2016"，简介长安镇改革开放以来取得的成就和2016年度发展概况；"魅力长安"图集36页，从经济建设取得突破、发展平台取得突破、环境治理取得突破、深化改革取得突破、交通整治取得突破、民生事业取得突破、社会治理取得突破、党风廉政取得突破等8个方面，图文并茂展现长安镇2016年的亮点、特点。

附：《长安年鉴（2017）》篇目

《坪山街道年鉴（2017）》。《坪山办事处年鉴（2015）》是全国第一部街道年鉴，由深圳市坪山新区坪山办事处创办，于 2015 年 12 月出版。2017 年，《坪山办事处年鉴》改名为《坪山街道年鉴》。《坪山街道年鉴（2017）》正文设特载、大事记、总述、党务、政务、群众团体、经济发展、经济综合管理、城市建设、城市综合管理、民主与法治、文化 体育 教育、卫生 计划生育、社会管理与服务、社区、人物 荣誉、文献选编等 17 个类目，33 万字，收录图片 140 多张。该卷年鉴主要围绕坪山办事处 2016 年“城市管理治理年”和“攻坚克难年”的中心工作，突出反映在提高基层党建水平、力促城市品质升级、维护社会和谐稳定、提高市民幸福感、街道分设改革等方面的概况。该卷年鉴突出时代性和地方性，突破市、区原有年鉴体例的俗套，坚持街道年鉴的思维。此外，为突出便民性和实用性，将分布在各社区的学校、医院、图书馆、银行、邮局等机构信息全面收录，成为一部反映年度政治、经济、文化等各方面概貌的“百科全书”。

附：《坪山办事处年鉴（2017）》篇目

文化
体育
教育
卫生　计划生育
卫生监督
计划生育
社会管理与服务
劳动管理
劳动保障
民政
社会事务管理
公共服务
社　区
六和社区
六联社区
坪环社区
碧岭社区
汤坑社区
沙湖社区
马峦社区
江岭社区
沙壆社区
石井社区
金龟社区
田头社区
田心社区
竹坑社区
南布社区
坪山社区
和平社区
人物　荣誉
文献选编
主题索引

《永安洲年鉴(2016)》。《永安洲年鉴》由江苏省泰州市永安洲镇于2014年创办，截至2017年，出版2卷。《永安洲年鉴(2016)》由南京出版社出版。该卷年鉴设特载、媒体聚焦、大事记、印象永安洲、地方组织机构、实力永安洲、宜居永安洲、平安永安洲、幸福永安洲、社区风采、人物·荣誉栏、附录等12个类目，29.6万字，记述2015年永安洲镇经济社会发展概况。

附:《永安洲年鉴(2016)》篇目

特　载
聚焦永安洲
印象永安洲
自然
历史
人口
民族
国民经济和社会发展
园区建设
年度大事
组织机构名录
实力永安洲

永安洲镇社区党委（总支）书记名录
永安洲镇社区居委会主任名录
党代表、人大代表、政协委员名录
荣誉栏
附　录
统计资料
文件辑存
索　引
A—Z

《南翔年鉴（2017）》。《南翔年鉴》由上海市嘉定区南翔镇于2017年创办，《南翔年鉴（2012—2015）》为首卷。《南翔年鉴（2017）》为第二卷，由上海三联书店出版。设特载、南翔概貌、大事记、专文、中共南翔镇委员会、南翔镇人民代表大会、南翔镇人民政府、群众团体、武装民防·治安司法、私营经济城、工业园区、农业、工业、商贸服务业、旅游业、城镇建设、公用事业、经济综合管理、劳动与社会保障、科技、教育、文化、卫生、体育、民政与社区管理、社会生活、村、社区、荣誉榜、负责人名录、附录等31个类目，书后附索引、编后记，55万字，记述2016年南翔镇经济社会发展概况。

附：《南翔年鉴（2017）》篇目

特　载
坚持“四个全面”践行“五大理念”为把南翔建设成为现代化新型城区、北虹桥商旅文融合示范区和特色名镇而努力奋斗
政府工作报告
南翔概貌
概况
大事记
专文
南翔镇建设特色小镇思路研究
加快产业转型升级和布局调整，提高经济质量和效益，争当创新驱动、转型发展的引领者
中共南翔镇委员会
综述
镇党代会和党委会会议
纪检监察
组织
“两新”组织党建
南翔镇社区党建服务中心
宣传
精神文明创建活动
统战
老干部工作
南翔镇人民代表大会
综述
镇人民代表大会

年鉴简本（袖珍本）发展报告

刘　耀

提要：年鉴简本的编纂出版丰富了中国年鉴的种类和数量，开创了中国年鉴不同形式、不同用途的编纂模式。但是年鉴简本的发展与正本年鉴相比却相对迟缓，数字化、网络化水平也相对落后。提高对年鉴简本的认识，丰富年鉴的品种，加快年鉴走进普通百姓中是年鉴工作者的当务之急。

关键词：年鉴简本　袖珍本、数字化与网络化

中国年鉴出版事业自20世纪80年代恢复发展以来，品种与数量快速增长，在正本（指大开本年鉴）年鉴数量快速发展、质量不断提高的同时，简本（包括袖珍本年鉴）、英文版、网络版等新版本、新形式的年鉴也逐步出现。年鉴简本[①]的编纂出版丰富了中国年鉴的种类和数量，开创了中国年鉴不同形式、不同用途的编纂模式。

一、年鉴简本的创办与发展现状

从目前了解的资料看，自20世纪80年代以来最早的年鉴简本出现在华东地区。1995年，《上海经济年鉴（中文袖珍本）》出版，之后全国各地先后出版若干种年鉴简

① 本报告所述年鉴简本包括袖珍本年鉴，但不包括小版本的正本年鉴以及市民生活年鉴、英文版年鉴、市民手册、市情概览等小开本的年鉴或地情书籍。

本。据不完全统计，截至 2017 年年底，先后编纂出版的年鉴简本有 :《上海经济年鉴（中英文对照简本）》《嘉定年鉴（袖珍本）》《大连年鉴（袖珍本）》《胜利油田年鉴（袖珍本）》《深圳年鉴（简本）》《广东年鉴（简本）》《泰安年鉴（袖珍本）》《北京年鉴（简本）》《珠江三角洲城市群年鉴（简本）》《成都年鉴（简本）》《光明年鉴（简本）》《盐城年鉴·市民手册》《河南年鉴（简本）》《佛山年鉴（简本）》《湛江年鉴（简本）》《宝鸡年鉴（简本）》《北京教育年鉴（简本）》《信阳年鉴（简本）》《日照年鉴（袖珍版）》等 19 种。其中，省级年鉴简本 3 种，为《北京年鉴（简本）》《广东年鉴（简本）》《河南年鉴（简本）》；专业年鉴简本 3 种，为《上海经济年鉴（中英文对照简本）》《胜利油田年鉴（袖珍本）》《北京教育年鉴（简本）》；区域年鉴简本 1 种，为《珠江三角洲城市群年鉴（简本）》;县区级年鉴简本 2 种，为《嘉定年鉴（袖珍本）》《光明年鉴（简本）》；其余 10 种是地市级（含副省级城市）年鉴简本。

《上海经济年鉴（中文袖珍本）》创刊于 1995 年，由上海市政府发展研究中心主办，上海经济年鉴社出版，异形 32 开本。后改为《上海经济年鉴（中英文对照简本）》，编辑部设在市政府发展研究中心。至 2017 年，编辑出版 23 卷。

《嘉定年鉴（袖珍本）》创刊于 1996 年，首卷年鉴记载 1991—1995 年内容。由上海市嘉定区年鉴编纂委员会编，上海交通大学出版社出版，小 32 开本。该简本采用篇目、类目、条目三级结构，部分类目下设分类目，以“·”为标识。条目为记述实体。编辑部设在嘉定区地方志办公室。该袖珍本只编纂出版过 1 卷。

《大连年鉴（袖珍本）》创刊于 1998 年，由中共大连市委党史研究室（大连市地方志办公室）主办，大连年鉴编辑部编纂出版，异形 32 开本。该袖珍本采用类目、条目二级结构，省却分目，以条目为记述的基本形式。编辑部设在大连市地方志办公室。该袖珍本出版过 3 卷（1998—2000），2001 年停止编纂出版。

《胜利油田年鉴（袖珍本）》创刊于 2000 年。由胜利油田管理局政策研究室编纂，中国石化出版社出版，异形 32 开本。编辑部设在胜利油田管理局政策研究室。袖珍本出版卷数不详。

《深圳年鉴（简本）》创刊于 2002 年，原称袖珍本，2010 年卷改称简本。由深圳市史志办公室主办，小 32 开本，每卷印数 800 册，免费赠阅，深圳市史志办公室编纂出版（统一连续出版物号）。办公地址设在深圳市史志办公室。该简本采用类目、分目、条目三个结构层次。其中条目为记述的基本形式。至 2017 年，已连续编纂出版 16 卷。

《广东年鉴（简本）》创刊于2009年。由广东年鉴编纂委员会主办，小32开本，每卷印数5000册，免费赠阅，广东年鉴社编纂出版（统一连续出版物号）。办公地址设在广东年鉴社。该简本采用类目、分目、条目三个结构层次。其中条目为记述的基本形式。至2017年，已连续编纂出版9卷。

《泰安年鉴（袖珍本）》创刊于2013年。由泰安市政府主办、泰安市地方史志办公室编辑出版（非公开出版），小32开本，每卷印数2000册。该简本框架结构的主体由栏目、分目、条目三个层次组成，有的栏目增设子分目层次。以条目为基本记载单元。办公地址设在市地方史志办公室。至2017年，已连续编纂出版5卷。

《广州年鉴（简本）》创刊于2014年。由广州市地方志办公室主办，广州年鉴社编纂出版（统一连续出版物号），小32开本，每卷印数2000册，免费赠阅。收录的内容从《广州年鉴》正本中摘录整理，分类编辑而成。简本和正本一样，主体内容采用条目化的表现形式。该年鉴编辑部地址设在广州市政府地方志办公室年鉴工作处（广州年鉴社）。至2017年，已连续编纂出版4卷。

《北京年鉴（简本）》创刊于2015年。由北京市地方志编纂委员会办公室主办，北京年鉴社编辑出版（非公开出版），异形32开本，每卷印数1000册，免费赠阅。该简本采用类目、分目、条目三个结构层次，条目为记述的基本形式。该年鉴办公地址设在北京年鉴社。至2017年，已连续编纂出版3卷。

《珠江三角洲城市群年鉴（简本）》创刊于2015年。由珠江三角洲城市群年鉴编纂委员会编（非公开出版），小32开本，每卷印刷2000册，免费赠阅。该简本采用篇目、分目、条目三个结构层次，条目是全书内容记述的主体。自2016年起，更名为《珠江三角洲城市群手册》，由广州市政府地方志办公室负责组织编纂，编辑部地址设在广州市人民政府地方志办公室年鉴工作处（广州年鉴社）。至2017年，已连续编纂出版3卷。

《成都年鉴（简本）》创刊于2015年，由成都市地方志编纂委员会办公室主办，成都年鉴社编辑，四川科学技术出版社出版，小32开本，免费赠送。该简本收录的内容从《成都年鉴》正本中摘取整理、分类编纂而成。框架结构精缩为类目、分目、条目3个层次，并附有若干统计表格。编辑部地址设在成都年鉴社。至2017年，已连续编纂出版3卷。

《光明年鉴（简本）》创刊于2015年。由深圳市光明新区年鉴编纂委员会主办，光明新区综合办公室编纂，深圳报业集团出版社出版，小32开本，每卷印刷500册，免费赠阅。该简本采用类目、分目、条目三个结构层次，条目为记述的基本形式。编辑部地址设在深圳市光明新区综合办公室。至2017年，已连续编纂出版3卷。

《盐城年鉴·市民手册》创刊于2015年，由盐城年鉴编纂委员会主办，《盐城年鉴》编辑部编纂，线装书局出版，异形32开本。该手册采用篇、章、节和条目的结构层次，以条目为记述的基本形式。编辑部地址设在《盐城年鉴》编辑部。至2017年，已连续编纂出版3卷。

《河南年鉴（简本）》创刊于2016年。由河南省政府办公厅主管，河南省地方史志办公室主办，河南年鉴编辑委员会编纂出版（统一连续出版物号），小32开本，每卷印刷1200册，免费赠阅。该简本采用类目、分目、条目三个结构层次，条目为记述的基本形式。编辑部地址设在河南年鉴社。至2017年，已连续编纂出版2卷。

《佛山年鉴（简本）》创刊于2016年，由佛山市委、市政府主办，佛山年鉴编辑委员会、佛山年鉴社编纂，广东人民出版社出版，小32开本，免费赠阅。该简本采用类目、分目、条目三个结构层次，条目为记述的基本形式。编辑部地址设在佛山年鉴社。至2017年，已连续编纂出版2卷。

《湛江年鉴（简本）》创刊于2016年，由湛江市年鉴编辑委员会主办，《湛江年鉴》编辑部编纂出版（非公开出版），小32开本免费赠阅。该简本采用类目、分目、条目三个结构层次，条目为记述的基本形式。编辑部地址设在湛江年鉴编辑部。至2017年，已连续编纂出版2卷。

《宝鸡年鉴（简本）》创刊于2016年，由宝鸡市政府主办，《宝鸡年鉴》编纂委员会编纂，陕西新华出版传媒集团三秦出版社出版，32开本，免费赠阅。该简本采用类目、分目、条目三个结构层次，条目为记述的基本形式。编辑部地址设在宝鸡市地方志办公室。至2017年，已连续编纂出版2卷。

《北京教育年鉴（简本）》创刊于2016年，由北京教育年鉴编纂委员会主办，北京教育年鉴编辑部编纂出版（非公开出版），异形32开本，免费赠阅。该简本设类目、分目、条目三个结构层次，条目为记述的基本形式。编辑部地址设在北京教育年鉴编辑部。至2017年，已连续编纂出版2卷。

《信阳年鉴（简本）》创刊于2016年，由信阳市政府主办，信阳市地方史志办公室编纂，中州古籍出版社出版，小32开本，免费赠阅。该简本采用类目、分目、条目三个结构层次，条目为记述的基本形式。编辑部地址设在信阳市地方史志办公室。至2017年，已连续编纂出版2卷。

《日照年鉴（袖珍版）》创刊于2017年，由日照市政府主办，日照市地方史志办公室编纂，方志出版社出版，异形32开本。该袖珍本设类目、分目、条目三个结构层次，以条目为记述的基本形式。编辑部地址设在日照市地方史志办公室。

二、年鉴简本的体例体裁和内容

在编写体例体裁上，年鉴简本主要采用条目体，兼有文章体、编年体、文摘体等体裁。

年鉴简本的主要内容是从年鉴正本中精选主要内容，经调整压缩后编辑而成。主要内容涉及年度政治、经济、文化、社会情况的方方面面。

《上海经济年鉴（中英文对照简本）》2017卷分为综合经济、产业经济、地区经济、城市建设和社会事业五大部分，全面反映2016年上海国民经济和社会发展概况，体现全市经济运行总体平稳、提质增效的新态势，反映出创新转型、保障民生等工作成效。该卷年鉴"城市创新十大热点"栏目中，对上海建设"四个中心"、深化自贸试验区改革与发展、推进供给侧结构性改革、崇明撤县建区打造世界级生态岛等都有完整记述。

《嘉定年鉴（袖珍本）》1996年卷设置概况、大事记、政治、武装民防·治安司法、农副业工业·商贸服务旅游业、建设·环保、经济管理·金融保险、科教文卫、社会生活、人物、镇情、部市属企事业单位选介等12个类目，全面系统、翔实准确汇辑全区各方面的资料和信息，展示嘉定新成就、新经验、新发展。

《大连年鉴（袖珍本）》1998年卷设置特载、概貌、体制改革、对外开放、区域经济协作、工业、农业、交通·邮电、商业、旅游、口岸、对外经济贸易、金融、财政税务、城乡规划与建设、固定资产投资·建筑业、科技·教育·文化·卫生·体育、社会生活、对外开放先导区、市区县、社会经济统计资料21个类目，约19万字。该袖珍本站在市场经济角度，突出经济部类，全面、系统、翔实地记录大连市经济和社会发展的基本情况。

《胜利油田年鉴（袖珍本）》2006年卷设置概况、大事记、特载、专文、工作综述、二级单位、局属经济实体和派出机构、先进集体先进个人、人物、文件选辑及索引资料数据等类目，全面记录胜利油田建设发展情况。

《深圳年鉴（简本）》2017年卷设置市情概貌、大事记、年度聚焦、特色深圳、经济建设、政治建设、文化建设、社会建设、生态文明建设、前海蛇口自贸片区、附录 11 个类目，共 14.4 万字，翔实记述深圳市经济、政治、文化、社会、生态文明五位一体建设和年度经济社会发展情况。

《广东年鉴（简本）》2017 年卷设置省情概貌、广东大事记、年度关注、国民经济、社会事业、人民生活、便览资料 7 个类目，共 16.7 万字。该卷简本进一步突出“围绕中心，服务大局”理念，在保持基本资料连续反映的同时，准确把握年度广东经济社会发展的特点，从各地区、各行业、各部门实际出发，抓住发展的新情况、新特点和新问题选题立目，提高资料价值和现实反映能力，更好发挥决策参考、科研资料、省情读本作用。

《泰安年鉴（袖珍本）》2017 年卷设置领导讲话，市级领导班子，市直部门、单位主要负责人，中央、省属驻泰安单位主要负责人，2016 年大事记，2016 年经济和社会发展综述，市委部门及有关单位，市纪委机关，市人大常委会机关，市政协机关，市政府部门及有关单位，法院、检察院，民主党派，人民团体，市直属单位，中央省属驻泰安单位，县市区等 17 个类目，共 21.8 万字，全面记载泰安市委、市政府领导全市人民“践行新理念，增创新优势，建设新泰安”的实践，客观反映各级、各部门、各单位取得的突出成绩。

《北京年鉴（简本）》2017 年卷设置市情概况、大事记、中国共产党北京市委员会、北京市人民代表大会常务委员会、北京市人民政府、中国人民政治协商会议北京市委员会、纪检监察、民主党派·工商联、群众团体、政法、民族·宗教、台务·侨务·港澳事务、外事、军事、冬奥会筹办、京津冀协同发展、城市副中心建设、全面深化改革、综合经济管理、私营个体经济、创新示范区·开发区、工业、信息化建设与管理、农业与农村经济、商务、交通邮政、银行·证券·保险、旅游、科学技术、社会科学、教育、新闻出版、文化、卫生·计生、体育、精神文明建设、社会建设、环境保护、城市规划与国土管理、城市建设、城市管理、人力资源和社会保障、社会生活、区情 43 个类目，共 19.4 万字。记述上一年度北京市各方面所发生的重大事件和新情况。

《广州年鉴（简本）》2015 年卷设置市情概貌、经济社会发展概述、年度要事、大事记、经济建设、政治建设、文化建设、社会建设、生态文明建设等 9 个部分，共 32 万字，全面、系统、翔实载录广州地区经济、社会发展情况。

《成都年鉴（简本）》2017 卷设总述、政治、城建环保、经济产业、综合经济与管理、社会、行政区域、附录 8 个类目，共 39.5 万字，全面系统记录成都市政治、经济、社会发展情况。

《光明年鉴（简本）》2017 年卷设置大事记、总述、特色光明、党政机关、民主党派和人民团体、法治军事、规划和国土资源、城市建设和管理、生态文明建设、交通邮电、产业、金融业、经济管理与监督、科教文卫体、社会建设、办事处、区属企业、经济社会统计资料 18 个类目，共 19 万字，全面、系统、翔实记载光明区经济社会发展情况。

《盐城年鉴·市民手册》设盐城概况、沿海战略、城市功能、生态环境、产业结构、政治生活、文化强市、社会民生、区域发展、人物 10 个类目。全面系统地记述盐城市上年度自然、政治、经济、文化和社会等方面的情况，客观真实地反映全市各行各业所取得的新成就、新经验以及需要解决的新矛盾和新问题。

《河南年鉴（简本）》2017 年卷设置省情概貌、经济社会发展概述、年度要事、大事记、经济建设、政治建设、文化建设、社会建设、生态文明建设 9 个类目，共 27.3 万字，全面系统、实事求是地记述河南省的新成就、新事物、新经验和全省基本情况，为中原经济区建设、中原崛起河南振兴服务。

《佛山年鉴（简本）》2017 年卷设置基本情况、大事记、政治、经济、文化、社会生活、生态文明建设、统计资料 8 个类目，共 22 万字，全面、系统、准确反映佛山市政治、经济、文化、社会等方面的基本情况。

《湛江年鉴（简本）》2017 年卷设置市情概貌、2016 年大事记、年度关注、国民经济、社会事业、人民生活、县（市、区）· 开发区、便览资料 8 个类目，共 17 万字，全面、系统、准确记述湛江市自然、政治、经济、文化、社会等方面情况。

《宝鸡年鉴（简本）》2017 年卷设置宝鸡概况、组织机构及负责人、中共宝鸡市委员会、宝鸡市人民代表大会、宝鸡市人民政府、中国人民政治协商会议宝鸡市委员会、纪检监察、民主党派、人民团体、军事、政法、城乡建设、房地产业、环境保护、工业、农业 · 农村经济、交通 · 邮政 · 通信、宝鸡高新技术开发区、商贸、经济综合监督管理、文物 · 旅游、财政 · 税收、金融 · 保险、教育、科学技术、文化传媒、卫生 · 计生 · 药监、体育、社会生活、县区概况、统计资料 31 个类目，共 35 万字，全面反映 2016 年全市各级加快打造关天副中心、建设最具幸福感城市，努力走在建设“三个陕西”前列的发展状况，真实记载全市各项事业的新变化、新进展、新成果、新特点和新问题。

《北京教育年鉴（简本）》2017 年卷设置特载、北京教育总述、大事记、学前教育、基础教育、普通高等教育、职业与成人教育、民办教育、德育体育美育、综合管理、教育督导、科学研究、师资建设、学生管理、招生与考试、交流与合作、京津冀教育协同发展、各区教育、统计表 19 个类目，共 33.8 万字，记述北京教育事业改革发展的情况。

《信阳年鉴（简本）》2017 年卷设置特载、市情概况、人物、年度要事、年度关注、经济建设、政治建设、文化建设、社会建设、管理区开发区、县区概况 11 个类目，共 22.4 万字，翔实记述信阳市经济、政治、文化、社会、生态文明五位一体建设和年度经济社会发展情况。

《日照年鉴（袖珍版）》2017 年卷设置特载、文件选编、大事记、市情概览、组织机构概况、中共日照市委员会、日照市人民代表大会、日照市人民政府、中国人民政治协商会议日照市委员会、中共日照市纪律检查委员会、民主党派工商联、人民团体、法治军事、城建环保、交通邮电、经信工业、农村经济、海洋与水产业、商业、外经外贸、招商引资园区建设、经济监督与管理、财政税务、金融保险证券、教育、科学、文化广播电视、体育旅游卫生、社会生活、区县概况、城市·年度记忆 33 个类目，共 51.9 万字，系统记录日照市自然、政治、经济、文化、社会等方面基本情况。

三、年鉴简本数字化、网络化情况

年鉴数字化、网络化是近年来年鉴发展的一种主要趋势，年鉴简本也不例外。已经编纂出版的年鉴简本其正本年鉴基本配有电子光盘，并在政府网站、地方志网站发布。2017 年，随着手机功能的快速发展，二维码网络链接和手机阅读已在部分年鉴中使用，实现了年鉴阅读和资料链接网络化。如《深圳年鉴》2017 卷制作了手机阅读二维码，通过手机扫描可快速阅读全书的内容，同时通过书中大量的二维码实现年鉴资料的无限链接，真正实现了年鉴网络化的实际应用。但是，目前已经出版的简本年鉴与其正本年鉴相比，数字化、网络化水平相差较大。综合年鉴正本均已出版多年，有固定的网络化、数字化经费和管理人员，并建有独立网站，或者通过地方主管单位、主办部门网站进行数字化与网络化。而年鉴简本基本还是纸质版本，从目前已出版的简本年鉴中还未发现配有光盘版，在已出版年鉴简本的各单位网站上也尚未发现有简本的数字化内容。手机阅读和二维码链接是年鉴简本网络化的发展方向。

四、年鉴简本发展与展望

随着中国经济社会的快速发展，年鉴事业也出现了繁荣发展的可喜局面，但是年鉴简本的发展与正本年鉴相比却相对迟缓。从1995年出版的《上海经济年鉴（袖珍本）》到2017年最新创办的《日照年鉴（袖珍版）》的20多年时间里，只有19种年鉴简本出版，而且有部分年鉴简本已经停刊。制约年鉴简本发展的主要因素有：一是对简本的认识不足，不少年鉴编纂部门仅仅满足于完成正本年鉴的出版任务，认为年鉴简本中有的内容在正本年鉴中都有，并且正本年鉴内容更全面、资料更丰富，年鉴简本可有可无；二是许多地区年鉴编纂经费不足，特别是西部地区，从目前已出版的年鉴简本看，绝大多数在东部沿海地区，除《成都年鉴（简本）》外，其余都在东部和中部的省市。年鉴简本的编纂是将正本年鉴的内容进行精简、整合和补充，方便了读者的使用和携带，特别是部分年鉴简本增加了正本年鉴中没有刊载的内容和表格，如《北京年鉴（简本）》中的"每日创造、每日生活"，《广东年鉴（简本）》"便览资料"中的"广东省国家级自然保护区、广东省国家级森林公园、广东省国家地理标志保护产品"，《深圳年鉴（简本）》《广州年鉴（简本）》《河南年鉴（简本）》中的经济、政治、文化、社会、生态文明五位一体建设类目，《信阳年鉴（简本）》中的信阳市经济社会发展重大成就，以及《大连年鉴（袖珍本）》中的"全国部分城市统计资料"等，都是在正本年鉴中没有刊载的内容或经重新整合、增加补充新资料后的内容，具有较强的可读性和实用性，受到读者的欢迎。

年鉴简本具有正本年鉴所没有的独特优势，内容更精炼、资料更实用、使用更方便、携带更便利，一些不便于在正本年鉴中收录或更贴近市民的实用资料均可在简本中收录。因此，提高对年鉴简本的认识，丰富年鉴的品种，加快年鉴走进普通百姓中是年鉴工作者的当务之急。在大力推广年鉴简本出版的同时，加快年鉴简本的网络化、数字化也是年鉴编纂部门必须重视的一项工作，只有对年鉴简本有了正确的认识和重视，年鉴简本的编纂出版才能真正繁荣发展。

年鉴英文版发展报告

赵 冰

提要：本报告总结了几种年鉴英文版的英文名称、出版时间、开本、印刷、页数、装帧、字数、出版方式、定价、图表等基本情况，以及年鉴英文版的内容，并从出版时间、框架设置、内容选择、翻译情况和装帧排版等五个方面分析了年鉴英文版的出版情况。

关键词：年鉴英文版　出版

中国年鉴的英文版早于中文版，始于年鉴进入中国时期，因为此时期年鉴多由外国人编纂，如《香港年鉴》《澳门年鉴》《上海年鉴》等。后来，随着中国人自己开始编纂年鉴，英文版被中文版所取代。改革开放后，出于对外交流的需要，不少年鉴开始在中文版中增加英文目录，所以《地方综合年鉴编纂出版规定》第三十二条还规定“年鉴应编制详至条目的中文目录，根据需要可编制英文目录”。近些年，随着对外宣传力度的不断加大，不少地方开始尝试编纂年鉴英文版，使得年鉴英文版得以再现。

一、几种年鉴英文版的基本情况

目前，年鉴英文版大部分是选取年鉴中文版中最能反映地区经济社会发展情况的重点和亮点，出版年鉴简本，然后再根据简本的内容翻译成英文版出版。几种年鉴英文版的基本情况见表 1。

年鉴英文版编纂出版情况一览

表 1

年鉴名称	英文名	出版时间	开本	印刷	页数	装帧	字数	出版方式	定价	图表	其他
《北京年鉴（2016）》	Beijing Yearbook 2016	2017年7月	32开	彩色	334	平装	13万	内部	—	有图有表	有附录
《上海年鉴（2017）》	Shanghai Almanac 2017	2017年12月	32开	彩色	222	平装		公开	20元	有图有表	
《上海经济年鉴（2016）》	Shanghai Economy Almanac 2016	2016年8月	32开	彩色	622	平装	42.2万	公开	120元	有图有表	中英文对照版
《浦东年鉴（2017）》	Pudong Yearbook 2017	2017年9月	32开	彩色	218	平装		公开	60元	无图有表	有附录
《江苏年鉴（2016）》	Jiangsu Province Yearbook 2016	2017年12月	16开	彩色	478	精装	60万	公开	280元	有图有表	有索引
《南京年鉴（2016）》	Nanjing Yearbook 2016	2017年9月	16开	彩色	448	精装	56万	公开	200元	有图有表	有附录
《广州年鉴（2016）》	Guangzhou Yearbook 2016	2017年5月	16开	彩色	413	精装	100万	公开		有图有表	有附录
《广州年鉴（2015）》	Guangzhou Yearbook 2015	2016年5月	16开	彩色	386	精装		公开		有图有表	有附录
《深圳年鉴（2016）》	Shenzhen Yearbook 2016	2017年	16开	彩色	320	平装		公开		有图有表	有光盘，有附录
《深圳年鉴（2015）》	Shenzhen Yearbook 2015	2016年	16开	彩色	349	平装		公开		有图有表	有光盘，有附录
《成都年鉴（2016）》	Chengdu Yearbook 2016	2017年3月	16开	彩色	512	精装	60万	公开	150元	有图有表	有附录

二、年鉴英文版的内容

《北京年鉴》英文版创刊于2015年。《北京年鉴（2016）》英文版共设市情概况、大事记、中国共产党北京市委员会、北京市人民代表大会常务委员会、北京市人民政府、中国人民政治协商会议北京市委员会、纪检监察、台务·侨务·港澳事务、外事、冬奥会筹办、京津冀协同发展、经济体制改革、综合经济管理、私营个体经济、创新示范区·开发区、工业、信息化建设与管理、农业与农村经济、商务、交通邮政、银行·证券·保险、旅游、科学技术、社会科学、教育、新闻出版、文化、卫生·计生、体育、社会建设、环境保护、城市规划、城市建设、城市管理、人力资源和社会保障、社会生活36个类目。目录前，还有编者的话；正文前有北京数据和图表，其中图表总计25页，包括每日创造、每日生活、地区生产总值增速运行在合理区间等内容。

《上海年鉴》英文版创刊于2002年。《上海年鉴（2017）》英文版共设上海概貌、大事记、政党与政府、司法、经济、金融、旅游、环境保护、城市建设和管理、交通运输、科学技术、教育、文化、医疗、体育、社会生活、友好往来和外国人在上海18个类目；每个类目前均有专题图片，部分类目下设分目，分目下记述内容，部分类目下则直接记述内容。全书还包括上海数据和编后记。

《上海经济年鉴（2016）》英文版为中英文对照版，共设特载、总述、综合管理、产业经济、区县经济、城乡建设、社会事业和统计资料8个类目。类目下设分目，分目下设条目记述内容。在排版上，中文版简本在前，英文版在后，并非采用逐页中英文对照的形式。

《浦东年鉴（2017）》英文版共设浦东概况、特载、开发区、投资促进、外商投资、金融业、要素市场、国内贸易、对外贸易、旅游业、会展业、房地产、建筑业、工业、农业、私营经济、重大工程、城市管理、交通运输、邮政通信、公共事业、生态环境、综合配套改革、财政收入、税收、科学技术、教育、文化艺术、医疗卫生、体育、社会生活、附录32个类目。浦东概况设地理环境、气候、行政区划、国民经济与社会发展4个分目；特载设2016年政府工作报告和浦东新区十大标志性事件2个分目；其余类目直接记述内容。附录有统计表，包括浦东新区经济和社会发展统计数据、开发区和工业等内容，共计36页34个表格。

《江苏年鉴》英文版创刊于2012年。《江苏年鉴（2016）》英文版共设江苏省概况、2015年年度重要事件、年度回顾、附录和索引5个类目。其中，江苏省概况设地理、资源、历史、文化、社会、相关网站等5个分目；2015年年度重要事件以时间为序记述；年度回顾设政府组织、法律法规、国际贸易和港澳台贸易、收入和消费、公共管理、经济、制造业、服务业、农业、国际贸易、基础设施、生态环境、城乡发展、科学技术、教育、文化艺术、大众传媒、医疗卫生、体育、人力资源、社会安全、社会组织和服务、公共安全等23个分目，分目下设条目。附录为图表，分别是行政区划（2015年）、江苏国民经济占全国的比重（2015年）、国民经济和社会发展总量与速度指标、国民经济和社会发展结果指标、江苏的一天、就业基本情况、人民生活水平情况、江苏主要指标占长江三角洲比重（2015年）、地区生产总值（2015年）。目录前，还有序、江苏地理位置图、江苏省地方志编纂委员会组成人员、编辑说明、连云港彩图一张和江苏地情。

《南京年鉴（2016）》英文版共设南京概况、地方组织、南京江北新区、南京都市圈、城镇化建设、生态环境、农业、工业、贸易、房地产业、会展业、金融、旅游、软件和信息服务业、运输、经济管理、教育、科技、文化、卫生、体育、法治、社会生活、民族宗教、外事·侨务·港澳台事务、大事记、附录27个类目；部分类目下设分目，分目下记述内容，部分类目下则直接记述内容。目录前，还有卷首专题图片、编辑说明和2015年南京数据，其中卷首专题图片有南京地图1页、南京概况图片8页、年度图片4页。附录有统计表（包括南京经济社会主要数据、经济社会主要数据增长率、人口主要数据、长三角地区城市主要经济数据）（以上内容无目录）和文件目录（包括地方法规、政府规章）。

《广州年鉴》英文版创刊于2013年。《广州年鉴（2016）》英文版共设置市情概貌、组织和领导、经济社会发展概述、特色广州、年度入载地方志十件大事、大事记、经济建设、政治建设、文化建设、社会建设、生态文明建设和附录12个类目。类目下设分目，分目下设条目。目录前还包括《广州年鉴（2016）》（英文版）编委会名单、广州年鉴出版信息和编辑说明。

《深圳年鉴（2016）》英文版共设大事记、总述、年度重要事件、深圳特色、前海和蛇口自由贸易区、工业、支柱产业和新兴产业、商业和服务业、交通业、信息产业、人居环境、旅游业、外事、侨务、港澳台事务、国际贸易、港口、教育、文化、社会生活和附录19个类目。每个类目下设分目,分目下设条目。目录前包括编辑说明、深圳地图一页和专题图片30页。

《成都年鉴（2016）》英文版共设总述、政治、城建环保、经济产业、综合经济管理、社会、行政区域和附录8个类目。类目下设分目，分目下设条目。目录前还包括2016年卷《成都年鉴》（简本）撰稿人名单、编辑说明和2015年成都数据。

三、年鉴英文版出版情况分析

年鉴英文版的编纂各具特色。本报告仅尝试做些对比分析。

（一）出版时间

从出版时间看，除个别年鉴外，年鉴英文版的出版均晚于中文版。实际上，英文版的编纂均是在中文版出版后才启动的，是在中文版的基础上对内容进行进一步筛选，然后找翻译人员进行翻译，再进行出版，所以时间晚也就不足为奇了。但是，可以看到同一卷的出版时间相差可以达到一年。从使用的角度来说，显然是出版时间越早越好，这就需要编纂单位进一步优化翻译出版流程，争取尽快出版。

（二）框架设置

年鉴英文版均是在中文版的基础上形成的，所以类目的设置一般同中文版并无太大差异，在分目、子目的设置上，一般都进行了简化，但英文版字数一般为中文版字数的三分之一左右。鉴于英文版只是中文版的部分内容，建议英文版框架设置应与中文版保持一致，方便读者在对中文版进行延伸阅读时更容易找到自己需要的内容。

（三）内容选择

年鉴英文版的内容选择，基本都是以综述、概况为主，辅以少量的重要条目。相对中文版来说，全面性显然具有较大的差距，所以选取条目的标准是英文版特别需要把握的一点。结合英文版对外交流、扩大宣传的目的，在条目内容的选择上，除了突出综述、概况类内容外，还应多选各行各业对外交流信息、招商引资情况、经济社会发展成绩等内容，以做到编有所用。

（四）翻译情况

年鉴英文版基本都是委托高校或者翻译公司进行相关翻译工作，而非地方志工作机构自己翻译。中文版年鉴，以往多附英文目录，因为一般只涉及类目、分目，所以翻译方面存在的问题不多。但英文版要翻译的内容较多，除了翻译周期较长，会影响英文版的时效性外，还存在翻译标准不统一、专有名词翻译不准确、存在低级错误等情况。因此，年鉴英文版一定要把好翻译关：一是要相对稳定地委托一家水平相对较高的高校或者翻译公司，避免因为频繁更替，或者水平差异导致翻译水平不稳定，确保基本翻译质量；二是邀请具有较高水平的第三方翻译人员进行审核，进一步提高翻译质量；三是要对专有名词进行复核，确保不出现错误；四是要高度重视校对工作，尽量减少低级错误。

（五）装帧排版

年鉴英文版的装帧排版一般不同于中文版，都是重新设计的。就收集到的年鉴英文版看，精装、平装均有，与国外年鉴出版情况类似，但开本普遍有变化，即便同是16开，大小也不一致。从封面设计看，与中文版也并不完全一致，甚至有些是重新设计过的，如果从使用的角度看，保持一致应该是较好的选择。从排版看，个别英文版版面浪费严重，在页面留有一栏空白，《世界年鉴》《惠特克年鉴》等西方著名年鉴均未有此做法。此外，一部年鉴是中英文对照版本，但年鉴的前半部分为中文简本，后半部分为英文版，并不存在对照。其实，如果是中英文对照版本，建议向中英文对照读物学习，一页印中文、一页印英文，既可作为年鉴，又可作为中文或英文学习用书，一举多得。

年鉴英文版相对中文版年鉴来说，虽然历史悠久，但如何适应新时代的需求，还需要在今后的编纂、使用中积极探索。

年鉴数字化与网络化发展报告

赵海涛　宋建敏

提要：本报告中首先介绍了年鉴数字化、网络化的探索与创新，分析了年鉴数字化、网络化的发展机遇和主要任务，并对其发展中的现实价值和发展特点进行总结归纳；重点说明了2017年年鉴数字化、网络化的基本情况及取得的主要成绩，分析了2017年年鉴数字化、网络化建设中存在的主要问题，并提出相关预测。

关键词：年鉴　数字化　网络化

一、年鉴数字化、网络化的探索与创新

（一）年鉴数字化、网络化的发展机遇与主要任务

据中国互联网络信息中心（CNNIC）在北京发布第41次《中国互联网络发展状况统计报告》（以下简称为《报告》）显示，截至2017年12月，我国网民规模达7.72亿，普及率达到55.8%，超过全球平均水平（51.7%）4.1个百分点，超过亚洲平均水平（46.7%）9.1个百分点。

此外，光缆、互联网接入端口和互联网数据中心等基础设施建设稳步推进。在此基础上，网站、网页、移动互联网接入流量与APP数量等应用发展迅速，均在2017年实现显著增长，尤其是移动互联网接入流量自2014年以来连续三年实现翻番增长。以上数据表明：我国网民规模继续保持平稳增长，互联网模式不断创新、线上线下服

务融合加速以及公共服务线上化步伐加快，成为网民规模增长推动力，这也成为了年鉴数字化、网络化发展的新机遇。

新的历史时期，党和国家对地方志事业提出了新任务新要求，年鉴事业也迎来重要发展机遇。中国地方志指导小组于2016年12月印发《全国年鉴事业发展规划（2016—2020年）（以下简称《年鉴规划》），紧紧围绕国务院办公厅《全国地方志事业发展规划纲要（2015—2020年）》明确到2020年实现“年鉴全覆盖”核心任务，其中对年鉴的信息化、数字化也提出任务要求，即“将年鉴信息化建设纳入全国信息方志与数字方志建设工程，充分利用已有信息基础设施和数据资源，加快年鉴信息化建设步伐。支持民族地区年鉴信息化建设。逐步建立年鉴数据库。实现国家、省、市、县年鉴资源共享，面向社会提供优质服务”。

此外，党的十九大报告中提出“坚持文化自信，推动社会主义文化繁荣兴盛”的文化发展战略思想，年鉴工作是社会主义文化建设中的有机组成部分，按照这种新的战略思想进一步推进全国年鉴事业科学发展、推动年鉴事业为全面建成小康社会作出更大贡献，是今后我国发展的总要求和大趋势，具有很强的针对性，也为指导年鉴数字化、网络化指出了发展方向。

（二）年鉴数字化、网络化发展中的现实价值

年鉴作为一种传统媒介，要在数字时代保持竞争力，就要在坚守规范的同时，需要实现内容的差异化、独创性。当前年鉴数字化的理念已经深入人心，其任务就是让那些记录在纸质上面的文字重新被唤醒，挖掘年鉴的潜在价值并以多种全新面貌进入大众生活。年鉴正在逐步与互联网融合，运用云计算、大数据、数据分析、数据挖掘、多媒体等新技术，以软硬件平台和数字化建设为基础，建成高效共享、升级互动的网络编辑平台，同时在年鉴编纂内容选择和安排、编辑加工和手法等方面进行创新，实现网络编辑内容生产、管理过程、产品形态数字化、传播渠道网络化的时代要求。因此，在互联网时代大背景下，借助年鉴数字化与网络化，进一步推动互联网、大数据、人工智能同年鉴的深度融合，是推动中国年鉴加速向数字化、网络化、智能化发展年鉴发展的必然趋势。

（三）年鉴数字化、网络化的发展特点

表现方法。随着近年来互联网的发展、大数据时代的到来，视频越发普及，在个别领域视频已经取代了文字和图片，能够更准确地记录和传播事情的经过。目前年鉴仅包含了书目、图录、文献、表格等可以呈现在纸上的内容，但年鉴信息经过数字化、网络化处理后，可基本实现单一纸媒体年鉴向广泛运用数字化、网络化年鉴的转变。这种转变不仅可以实现由纸媒变成电子版，而且可以融入国家信息化发展行列，有助于利用好年鉴大数据发展机遇，抓紧年鉴数字化、网络化的开发与利用，推进年鉴事业转型升级。

2017 年 4 月《苏州年鉴》可视化网络年鉴系统正式上线，这不仅是苏州编纂出版模式由传统出版型向数字出版型转变的尝试，也是“互联网 +”战略背景下《苏州年鉴》的一次自我革新。《苏州年鉴》可视化网络年鉴系统通过数字化与网络化应用技术，利用图片、表格、视频和多维度可视化图表等多种表现方法收录年鉴信息（如图 1 所示）。

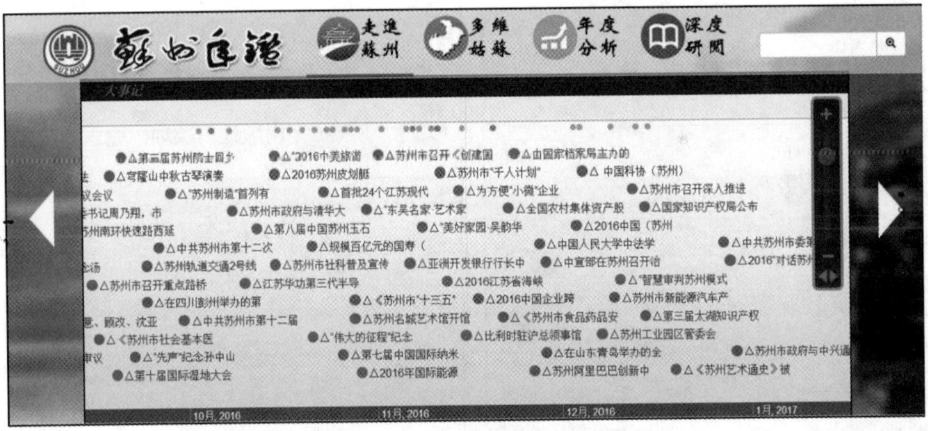

图 1 《苏州年鉴》可视化网络年鉴系统主页

载体形式。年鉴作为反映各行各业每年度重要时事、重要资料的工具书，从扉页、编委、目录到图片、文摘、统计、表格，内容可以说是包罗万象。传统以纸为媒介的年鉴，受到印刷技术和体积的影响，无法大范围的传播，而数字化可以将年鉴从厚重的纸质媒介中解放出来，使年鉴得到更广泛的传播。现在通过使用光盘、U 盘、硬盘、微信二维码等形式，就可以轻松地将纸质内容全部装下，基本实现了年鉴载体数字化、

网络化的初步探索。

2017 年卷的《深圳年鉴》将传统纸媒印刷与移动阅读互为依托，在每个类目中插入相关内容二维码，读者通过移动端扫描二维码，进入公众号来获取丰富资讯，包括视频、音频、网络链接等，拓展了阅读空间，扩展了类目内容（如图 2 所示）。《深圳年鉴》首次开发微信小程序的阅读版，能够实现年鉴移动阅读、图文检索、文本收藏等功能，为年鉴读者提供移动阅读的便利，拓展了年鉴的传播途径（如图 3 所示）。《澳门年鉴》还制作了可供手机、平板电脑等便携设备浏览、检索年鉴信息的 App 软件，分别有适用于安卓和苹果的操作系统的不同版本，公众可在网上手机软件商店自行免费下载安装《澳门年鉴》软件，从而实现对 2002 年以来《澳门年鉴》信息资源的自由检索、查阅（如图 4 所示）。

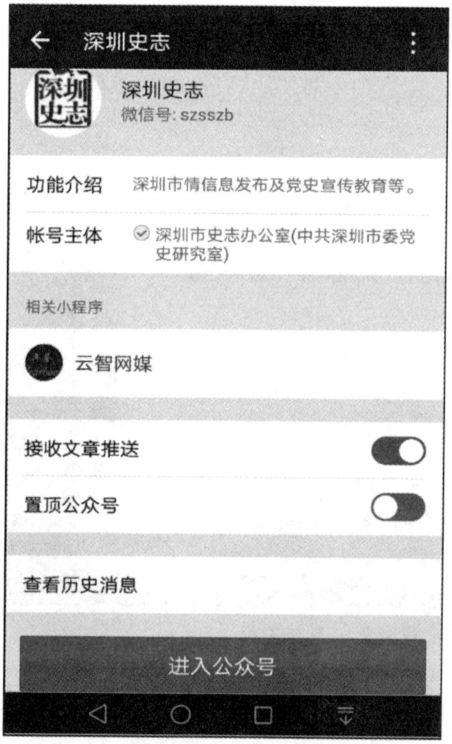

图 2　深圳史志微信公众号

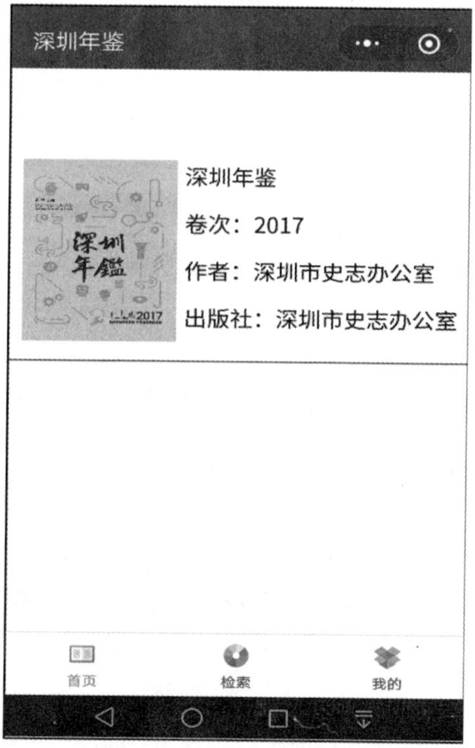

图 3 《深圳年鉴》微信小程序

图 4 《澳门年鉴》手机 App 软件

传播手段。随着信息技术和网络技术的迅猛发展，为了便于公众获取信息，部分地区年鉴嵌入政府信息公开网站，提供年鉴信息全文下载检索，用户就可以随时随地翻阅查看年鉴内容，有鉴于《上海年鉴》《深圳年鉴》等年鉴在政府信息公开工作中应用的经验，年鉴信息传播可以体现出主动性和互动性（如图 5、6 所示）。

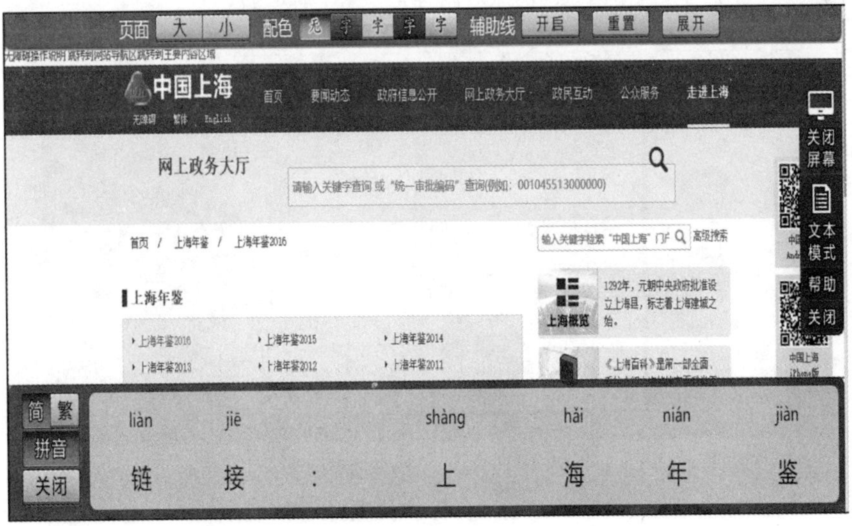

图 5 上海市政府网站收录的《上海年鉴》信息

图 6　深圳政府在线网站收录的《深圳年鉴》信息

为确保年鉴信息公开的实效，上海和深圳的政府门户网站均对年鉴信息资源实现了无障碍阅读，所有可查阅的年鉴信息均可以通过网页自带的音频播放软件读取，确保任何人在任何情况下都能平等地、方便地、无障碍地获取年鉴信息、利用年鉴信息。这种视听结合的信息传播方式在地方综合年鉴领域是处于领先地位的。

年鉴数字化后就能同电子书一样拥有检索和查询功能，可以快速有效地完成查找、全文检索等原本耗费时间和精力的工作，避免了逐字逐页查找的烦恼，只要输入关键字，很快就能从全书中查找到相关内容。例如，《成都年鉴》将全书内容及时上网，无缝链接，甚至开展个性化定制等服务，既方便公众在网上查找所需要的地情信息，也丰富政府公众网和地情信息网的服务内容（如图 7 所示）。

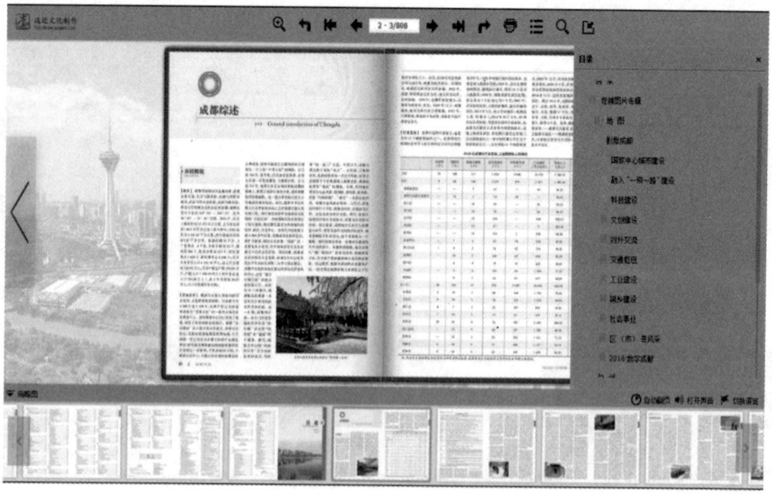

图 7 《成都年鉴》电子书网页

内容层面。年鉴是否实用，首先要看内容。内容是年鉴实用性的基础和关键。传播媒体，不论是传统纸质媒体，还是信息网站等新媒体都公认“内容为王”，内容决定信息的价值和传播的效果，内容是媒体的核心竞争力。所以，年鉴必须在内容上保持对主流价值的坚守，年鉴数字化、网络化可以改变年鉴的编纂方式、表现形式，但不能改变年鉴的本质属性。

数字化年鉴比传统纸质年鉴有更好的储存和收藏价值，数字化的内容在提取和再次利用上能做到更便捷，只需要复制粘贴下载，不论是文字、图片还是表格都可以随心所欲的拿出来使用。例如，中新金桥公司主持研发的《中国建设年鉴》数字化产品系统，初步实现对《中国建设年鉴》数据的可视化，对年鉴碎片化内容进行加工，重新组织内容资源，提供高级检索、作者浏览、图片浏览和全库浏览等多级检索界面，是传统优质出版资源实现数字化、知识化、产品化升级的典型示范（如图 8 所示）。

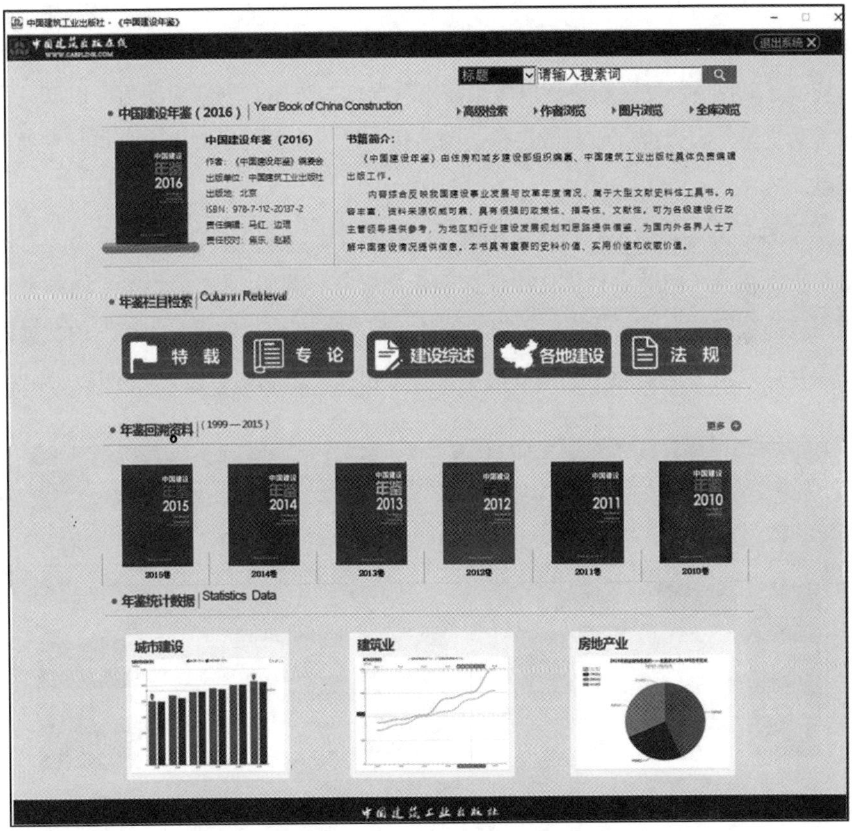

图 8 《中国建设年鉴》数字化产品系统网页

二、2017 年年鉴数字化、网络化基本情况及取得的主要成绩

（一）2017 年年鉴数字化、网络化基本情况

近年来，党中央、国务院高度重视地方志工作，党和国家领导人就地方志工作多次发表重要讲话、作出重要批示。面对党中央、国务院高度重视地方志的大好形势，全国地方志系统信息化工作机构和广大信息化工作者积极利用“互联网 +”等国家重大战略契机，进一步继续推进地方志事业的顶层设计，在信息化制度体系、标准体系建设等方面取得新突破，年鉴数字化、网络化发展取得新进展。

推动年鉴智库建设。2017 年各级单位切实推动年鉴全文数据库和信息资源数字化建设，服务于年鉴大数据中心建设和中国特色新型智库建设，建设年鉴数据库，通过大数据技术运用，让应用者获得可靠真实的资料，实现“众手编鉴”。年鉴智库建设顺应“互联网 +”发展趋势，以应用需求为导向，以融合创新为动力，以新一代信息技术为支撑，大力推进年鉴数字化、网络化建设，为提升地方志事业科学发展作出新贡献。

开展数字方志馆建设。各省市积极开展数字方志馆建设，推动本省年鉴系统网络互联、资源共享，向社会提供优质便捷的查询服务。例如，《成都年鉴》网站平台充分利用成都数字方志馆云计算中心强大的处理能力，实现“数字方志馆”内数据资源的安全存储以及快速访问（见图 9 所示）;《杭州数字方志馆》包含志书库、年鉴库、

图 9 《成都年鉴》社官方网站主页

地情资料库、古籍库、期刊库、多媒体库等六大专题数据库，杭州第一个时间跨度大、涵盖范围广、资料全面、可多角度检索的杭州数字方志资源总库，为大众查阅年鉴资料提供一个便捷、权威的平台（见图 10 所示）。

图 10　杭州数字方志馆主页

加强年鉴资源平台建设。2017 年面对“互联网 +”背景对传统出版行业带来的挑战，各地区充分利用已有信息基础设施和数据资源，加快推进全国年鉴数字化、网络化基础设施建设，加强对不同载体的地方文献收集、保护和开发利用，推动信息标准化工作。

《北京教育年鉴》编辑部创新“互联网 + 年鉴”模式，从年鉴的内容到形式都进

图 11 《北京教育年鉴》数据资源库主页

行了大胆的改革，其开通的北京教育年鉴在线资源平台立足于北京教育年鉴以及北京教育系统的年鉴资源，通过网站的形式，展现北京教育事业发展轨迹。该平台以社会读者为对象、以使用为目标、以广泛的需求为基础，包括“年鉴数据资源库、网络年鉴”“教育资讯”“史事回眸”等栏目，在内容上注重服务性、实用性和时效性。在现有年鉴网站的基础上，继续优化网络资源，加快年鉴及相关资料的数字化进程，努力实现年鉴资源共享，面向社会提供优质服务（见图 11 所示）。

（二）2017 年年鉴数字化、网络化取得的主要成绩

2017 年，一些地方利用多元化的网络信息传播平台，统一的技术标准规范，实现年鉴在线编纂和资源共享，以此来不断充实年鉴内容，拓展年鉴发行渠道，实现无障碍阅读，紧跟社会发展，提高年鉴的知晓度、利用率和影响力，鉴数字化、网络化水平全面提升，服务功能不断加强，大致体现在以下几点；

年鉴信息的永久性。年鉴数字化、网络化信息利用存储介质如光盘、移动硬盘、电脑存储、网站存储、云平台备份、二维码等介质，将文字、图像、声音等相关信息存储和传播，数字化、网络化的年鉴信息为永久性传播、开发和利用提供方便的途径，这样也达到的了知识的永久性，为年鉴的知识服务的初步发展奠定了基础。

年鉴信息的多样性。2017 年，年鉴的移动阅读和可视化展示已经逐步成熟，年鉴内容信息资源传播的渠道更加多样，例如微信、微博，知乎、百度贴吧等多样性的新媒体平台也在生产和制造大量的年鉴数字资源，对这些资源的多层次开发，突破了年鉴的专一性、定向性，促进了年鉴数字化、网络化建设。新媒体的每日发稿量远远大于传统媒体，通过新媒体来不断丰富年鉴资料，加快实现老旧志鉴数字化，为构建地方志新媒体传播平台发挥积极作用。

年鉴信息的交互性。数字技术使互联网成为一个整合的信息传播平台，数字技术最直接的作用对象便是网络，数字化与网络化也逐步呈现为交互的形态。例如，新媒体平台可以连接到相关网站的内容，这种年鉴网络化形态的出现和发展不断拓展了年鉴的广度和深度，因此年鉴数字化信息的传播方式不再是简单的复制，而是共享；不是单向的灌输，而是交互的沟通。同时，在开放性高交互性强的互联网时代，每个人都是传播内容的制造者和生产者，甚至将信息再创作、再生产，从而不断地进行重复传播。

年鉴信息的即时性。在大数据时代，年鉴信息的传播与利用是以光的速度进行的，

年鉴有效利用网络媒体可存储、易复制的特性，完全可以忽略时空的距离，尤其是随着全世界范围内无线上网浪潮的兴起，年鉴的即时性协同传播信息逐渐成为现实。年鉴数字化、网络化信息可以实现在各个平台上的即时传播和接收，彻底摆脱了传统媒体的时空限制，无论何时何地，用户只要浏览年鉴相关平台，进行简单的设置，就可以随时随地的阅读图文并茂的年鉴信息。

年鉴信息的共享性。传统纸质年鉴信息传播范围经常受限于“一定的范围”，但是数字化、网络化的年鉴信息的传播范围远远大于传统年鉴传播范围，它的传播是全球性的。年鉴信息网络新媒体平台覆盖面广，不仅可兼顾不同群体的阅读特点，而且可以跨越传统媒体的地域限制，借助网络向全世界用户传播年鉴动态信息，成千上万的年鉴数字化、网络化信息会以“电子”的速度传遍世界的每一个角落，在未来世界上任何一个具备上网条件的地方用户均可轻松浏览全球年鉴网站，以达到年鉴信息全球共享。

三、年鉴数字化、网络化中存在的主要问题

由于起步较晚、重视不够、保障性投入地域差别大等原因，部分地方地方志信息化建设发展缓慢，跟不上社会的发展，满足不了社会的需求。总的说来，主要存在以下问题。

（一）年鉴数字化体系缺乏整体性

随着一系列政策法规的出台，全国各级地方志工作机构开始筹建地方志网站，已建成的网站不断改版升级，数据库不断扩容和完善，自动化办公服务范围和内容得到扩展。但目前信息化建设无统一标准，部分地区依旧是根据各自情况独立开展，没有意识到规模效应和大数据的价值，不建设也不加入年鉴数据库，各卷之间也缺乏横向的数据整合，即使各地的地方志网站、数据库建成了，也可能会因技术标准不统一造成不兼容，网站、数据库之间无法成功链接，造成了年鉴网站布局较分散，年鉴数字化体系缺乏整体性布局。

（二）资金不足和复合型人才稀缺

在资金方面，由于各地对此项工作重视程度不同，加上受经费制约，软硬件资源

受到限制，有些地方年鉴文献的图像化与文本化不能同步进行，无法实现图文结合数字化，年鉴的数字化、网络化建设不能够持续健康发展。

在人才方面，年鉴数字化、网络化建设不仅需要懂得计算机网络技术，还要了解熟悉方志学、编辑学、历史学等方面知识。引进复合型专业人才能够在一定程度上能解决网络信息化建设上的一些问题，但是仍然无法从根本上解决年鉴数字化、网络化建设的人才瓶颈问题，所以吸引高素质年鉴专业人才也是各个地方志工作机构应该重视的问题。

（三）各地区年鉴数字化发展不平衡

就目前情况来看，地方志网站、数据库建设是经济发达地区比经济落后地区强，沿海地区比内陆地区强，东部比西部强。现在大部门年鉴已着手开发自己的新媒体平台，但是与新媒体在其他领域运用的程度相比，已开发的大部分年鉴新媒体平台存在活跃度不够、发布频次低、推送的信息内容缺乏吸引力、发布形式单一等问题，间接造成了用户群体的不固定。据统计，经济较发达地区各级地方志工作机构基本建立了年鉴网站、数据库。经济较为落后的西北地区，连市一级年鉴工作机构网站都没有建起,造成了年鉴资源的滞后和浪费。要解决这些问题,年鉴编纂人员必须认清当下形势，以移动互联网时代用户当下的需求来倒逼改革年鉴工作。

（四）年鉴从业人员整体素质有待提高

在年鉴队伍中仍然存在结构分布不合理，普遍存在年龄偏大、业务素质不高等情况。年鉴从业人员要改变多年形成的思维定势，不断学习创新，关注相关领域的行业动态，最重要的是年鉴从业人员要转变思想。如果从业人员没有培养数字化的意识，那么再好的政策、技术支持，都不足以完成转型。年鉴从业人员在保留有生机、有活力先进理念的同时，要加强年鉴编辑的数字化培训，抓住转型升级伊始的关键时期，率先实现理念升级，整合年鉴碎片化的内容，拓展深层次信息，实现年鉴事业转型升级中均衡发展。

四、年鉴数字化、网络化的建设预测

（一）构建统一数据库与标准体系

年鉴数字化、网络化的建设迫切需要有关部门牵头成立一个统一协调全国地方志资源数字化建设的机构，统一年鉴数据库的技术标准、结构模式，搞好数据标准化建设问题，不断完善以基础体系、应用体系、保障体系为支撑的数据资源体系，着力构建元数据标准、资源组织描述标准、数字资源系统服务标准等。

（二）抓好年鉴知识服务平台的开发

通过互联网及移动互联网应用平台，扩大年鉴的采集源，推进对年鉴的内容体系和知识组织形式不断创新，加速构建多样化的年鉴知识服务平台，提高软硬件的适用性，提供方便快捷的数据检索功能，提升年鉴从业人员工作效率，同时为地情资料的应用提升一个全新的服务模式，为大众查阅资料提供一个便捷、精准的年鉴知识服务平台。

（三）实现年鉴传播途径全覆盖

互联网时代是媒体融合的时代，任何一种媒体都很难依靠一种单一的形式继续生存下去，在传播途径上要不断适应互联网传播形式的新变化，才能继续获得大众的接受和使用。年鉴编纂工作必须适应全媒体时代的到来，对不同形式的年鉴进行不同的角色定位，实现年鉴形式上的全覆盖和功能上的有机统一，抓住年鉴事业发展的新机遇，2017 年是年鉴数字化、网络化的探索期，年鉴的传播途径逐渐适应互联网传播形式的变化，例如年鉴微信公众号、微信小程序、微博等新媒体传播途径的出现，体现了当下用户的多样化需求。所以，年鉴作为传统纸媒的一种，必须丰富其信息形式，扩展自己媒体传播途径，努力实现媒体的全覆盖，多方位全面探索改造年鉴工作，真正促进年鉴事业数字化、网络化的繁荣发展。

V

年鉴成果选介

2017年3月20日，中国地方志指导小组、中国地方志学会发出通知，印发《全国地方志优秀成果（年鉴类）评审活动实施方案》，启动全国地方志优秀成果（年鉴类）评审活动。实施方案明确，参评年鉴的范围为2015—2016年公开出版的省、市、县三级地方综合年鉴，专业年鉴（军事年鉴、武警年鉴不要求公开出版），各年鉴编纂单位选取其中一部参评。至7月底，经各地各部门评选推荐、专家小组评审、全国地方志优秀成果（年鉴类）评审活动领导小组办公室复审与领导小组终审，全国地方志优秀成果（年鉴类）评审工作圆满完成。8月5日，中国地方志指导小组、中国地方志学会印发《关于对全国地方志优秀成果（年鉴类）的通报表扬》，在省级综合年鉴、地市级综合年鉴、县区级综合年鉴、专业年鉴中确定特等年鉴31部，一等年鉴58部，二等年鉴87部，三等年鉴114部，提名年鉴80部，对总计370部年鉴进行通报表扬。8月8日，2017年全国年鉴工作会议在黑龙江省齐齐哈尔市召开，对获奖年鉴编纂单位进行通报表扬。这里选取介绍31部特等年鉴，介绍其年鉴编纂概况、主要内容与特点、主要做法和经验。

附：全国地方志优秀成果（年鉴类）特等年鉴通报表扬名单
（31部）

·省级综合年鉴（2部）

《上海年鉴（2016）》《江苏年鉴（2015）》

·地市级综合年鉴（6部）

《温州年鉴（2016）》《淮安年鉴（2016）》《淄博年鉴（2016）》

《武汉年鉴（2016）》《长沙年鉴（2016）》

《乌鲁木齐年鉴（2015）》

·县区级综合年鉴（17部）

《醴陵年鉴（2016）》《乳山年鉴（2016）》《陵水年鉴（2015）》

《天津市北辰年鉴（2016）》《肥东年鉴（2016）》

《三水年鉴（2016）》《北京海淀年鉴（2016）》

《太仓年鉴（2016）》《鄄县年鉴（2015）》《长沙县年鉴（2015）》

《越秀年鉴（2015）》《丰润年鉴（2016）》《红塔年鉴（2016）》

《海门年鉴（2016）》《金湖年鉴（2016）》《漳浦年鉴（2016）》

《璧山年鉴（2016）》

·专业年鉴（6部）

《国家电网公司年鉴（2016）》《上海文化年鉴（2016）》

《中国财政年鉴（2016）》《中国—东盟年鉴（2016）》

《中国考古学年鉴（2015）》《北京经济技术开发区年鉴（2016）》

《上海年鉴》简介

上海市地方志办公室 [①]

一、发展概况

《上海年鉴》创办于1996年，由上海市地方志办公室主办，是系统记述上海市自然、政治、经济、文化、社会等方面情况的年度资料性文献。自1998年起《上海年鉴》取得独立刊号，列入国家新闻出版特殊系列的年刊。

上海市委、市政府领导非常重视《上海年鉴》的编纂，1995年、2009年市政府办公厅先后两次发文，要求全市各委办局、区县加强《上海年鉴》的编纂。主编、副主编每年对《上海年鉴》的校样稿都会提出具体修改意见。

《上海年鉴》是上海市人大、政协会议资料用书，同时赠送全市主要党政机关、企事业单位、党派团体等作施政参考。2012年起，上海市地方志系统以"地方志公共文化进社区"为主题，每年配送年鉴至全市中心图书馆、社区文化活动中心图书馆。《上海年鉴》中文版赠阅全国各地（包括港澳台）主要图书馆，《上海年鉴》英文版向驻沪领事馆、上海市国际文化交流基地、上海市外商投资企业协会单位发放，并在《上海日报》刊登广告赠送有需求的单位、个人，也通过"上海之窗"项目推广。《上海年鉴》2004年起在中国上海政府门户网站和上海通网站发布历年的网络版。2017年《上海年鉴》在中国上海网站点击率达380万次。

回顾20余年的发展历程，《上海年鉴》已形成自己独有的编纂理念，并坚持精

① 执笔人：孙长青，上海市地方志办公室年鉴工作处主任科员。

品意识，无论是从篇目设计，还是从内容反映方面，都力求做到更好地体现上海的地域特色、年度特点。因此，《上海年鉴》屡次在全国及上海市的各类评奖中获奖。创刊后参加全国年鉴界评奖，7次获特等奖、1次获一等奖；参加全国年鉴编校质量评奖获表彰；多次参加上海期刊编校质量评奖均被评为优秀期刊，其中《上海年鉴》中文版2次、英文版1次获零差错奖。

二、主要内容与特点

《上海年鉴（2017）》卷首设申城速览、要闻大事、特记、专文、专记、上海概貌；卷中以中文序号标示的类目共有40个，每一类目均为“类目—分目—条目”三级结构层次，共列290个分目、1787个条目（包括资料条目44条）；卷末有文献、统计资料对照资料、索引。全书收录表格183张，图片463幅。

类目、分目之首分设综述、概况，反映各行业、各类事物的总体情况，记述基本要素，保持各年度间相关资料的延续性。主要记述形式为条目，体裁有述、记、图、表、录等。该卷年鉴全面准确地反映2016年上海的时代特征、地方特色和年度特点。

一是突出上海整体感，对“上海概貌”类目进行改版，下设基本情况，基础环境，经济中心，文化都会，魅力之城，国民经济和社会发展、体制改革、市领导班子成员及各部委办局、区县、工青妇负责人名录分目，并附上海历史大事记、全球城市排名图，更为系统全面。充实文化、社会内容，专文设“《辞海》编纂八十年”和“青龙镇遗址考古”。在社会生活、社会调查类目收录多档富有特色的调查，包括“‘80后’生活情况调查”“青年市民传统文化意识调查”“市民邻里关系调查”“上海妇女社会地位调查”“上海居住条件情况”等。

二是在选题择取上突出上海重大、特色选题，连续四年设“中国上海自由贸易试验区建设”特记，连续三年记录科技创新中心建设。专文“‘五违四必’区域环境综合整治”“上海道路交通违法行为大整治”等则体现了上海的年度特点。

三是图文并茂记录2016年城市演进。卷首策划“黄浦江两岸变迁”“八埭头”“图录上海”等图照专辑，留存城市记忆。正文中，根据条目内容，穿插串文照片，增加内容可读性。

三、主要做法和经验

一是坚持编纂体例，严格入选资料标准。根据《地方志工作条例》，地方志包括地方志书和地方综合年鉴。虽然两者有相同之处，但年鉴的编纂有其特有的体例。它主要以条目为记载资料的载体，条目分为综合性条目和事物性条目。前者记述年度内某一领域的基本情况、总体特点、重要数据等方面情况；后者记述年度内发生的大事、特事，必须坚持一事一条的原则。每年，上海在自然、政治、经济、文化和社会等方面都会发生许多重大事件，如何把握这些事件，并将有价值的资料准确地在有限的年鉴篇幅中反映是编好年鉴的关键。因此编辑部要求各部门先报条目选题，根据编辑部入选资料的标准，来筛选选题，以期达到整部年鉴资料间的平衡。

二是紧扣时代主题，体现地域特色。年鉴的篇目设计和内容记述是互为依存的两方面。合理的篇目设计是为了更好地反映年鉴所要记述的内容，而内容的记述必须通过适当的篇目设计来体现。《上海年鉴》的篇目设计始终紧扣时代发展主题，将中央对上海发展的战略要求和上海自身发展的实际相结合，以此反映上海的地域特色。20世纪90年代中期，上海遵照党的十四大指出的以浦东开发开放为龙头，进一步开放长江沿岸城市，尽快把上海建成国际经济、金融、贸易中心之一，带动长江三角洲和整个长江流域地区经济的新飞跃要求，经济建设稳中有进，城市发展做到建管并举，重在管理，提高城市现代化管理水平，经济体制进一步深化，并向纵深发展，重在建立现代化企业制度，加快形成社会主义市场经济运行机制。在创刊号1996年卷的《上海年鉴》中，除一些反映自然、政治、经济、文化、社会的常规类目外，还设有浦东开发开放、其他开发区、经济联合与协作、工业支柱产业、三资企业·民（私）营企业等特色类目。

三是把握年度要事，彰显年度特点。年鉴是年度资料性文献，年度性是其区别于其他资料性文献的重要特点，因此准确把握年度要事，将其充分记述，是年鉴编纂者的重要使命。年度内的大事分为两种情况，一种是年度内发生、发展，并结束的。在最初的1996年卷和1997年卷《上海年鉴》中，分别以类目的形式记述了纪念抗战胜利50周年和纪念红军长征胜利60周年。在随后的1998年卷起，《上海年鉴》设专记栏目，将一年中全市发生的大事、要事集中在专记中记述。如2015年卷“第四次亚信峰会”，2016年卷“上海司法体制改革”。另一种是年度内发生的大事，需要几年完成的，每年记述其发展的年度特点。如上海虹桥商务区建设、上海世博会地区的后续建设等内容需要连续记述，因此自2005年版起在专记中连续记述。

《江苏年鉴》简介

江苏年鉴杂志社[①]

一、发展概况

《江苏年鉴》是由江苏省政府办公厅主管、江苏省地方志办公室主办的综合性、公报性省情年刊，是全面记述江苏省自然、政治、经济、文化、社会等方面现状的年度资料性文献。其前身为创刊于1986年的《江苏经济年鉴》，1991年更名为《江苏年鉴》。截至2017年年底，共出版32卷。从2011卷起，同步出版英文版。

二、主要内容与特点

《江苏年鉴（2015）》设图片专题、特载、重要文献、大事记要、省情概览、政治、法治、公共管理、经济结构、制造业、服务业、农业、开放型经济、境外交流、基础设施、城乡发展、区域发展、生态环境、科学技术、教育、文化艺术、大众传媒、医疗卫生、体育、人力资源、收入消费、社会保障、公共安全、军事、市县建设、附录等31个类目，设条目2134条，共180万字。主要内容与特点如下：

一是做到特载要“特”。特载中记载了南京大屠杀死难者国家公祭、一次凝聚党心民心的成功实践——江苏省党的群众路线教育实践活动纪实、青奥纪事、大运河（江

① 执笔人：陈晓婧，江苏省地方志办公室《江苏年鉴》编辑。

苏段）申遗等具有年度特色的大事要事。

二是重点记述江苏产业转型升级、供给侧结构性改革情况。作为全国发展先行省份，经济大省江苏对发展遇到的新情况新问题感受更早更直接。面向供给侧结构性改革，江苏坚持科技创新、结构升级和制度优化。在“经济结构”类目中，对属于需求侧的投资、消费、出口三方面进行了重点记述，以名录形式列出了江苏省 2014 年重大实施项目，共 200 项，涵盖战略性新兴产业、先进制造业、现代服务业、现代农业、生态环保、基础设施等多个领域。在创新驱动战略指引下，江苏的新兴产业正在不断孕育壮大，爆发出强劲的新动能。在制造业类目中，对江苏省“无中生有”的新经济形态和“有中出新”的传统产业改造升级专门设置分目记述。江苏作为全国知识产权大省，把打造知识产权密集型产业作为主攻方向，在高质量创造、高标准保护、高水平运用上持续用劲，努力建设知识产权强省。在“公共管理”类目中，对江苏省知识产权状况从专利、商标、版权等方面进行了详尽记述。

三是反映江苏城乡发展新貌。江苏城镇化建设在全国处于前列，还被列为国家新型城镇化综合试点省。为此，在“城乡发展”类目中，对《江苏省城镇化与城乡发展一体化规划（2014—2020）》《江苏省城镇体系规划》都进行记述。还专门设置分目“人居环境奖”，记载在城乡建设和管理中加强城乡基础设施和生态环境建设成效突出的城市。

四是体现江苏民生工作成果。江苏坚持提高标准、整合资源、织牢底线，确保全省人民在小康路上一个不少、一户不落。在“人力资源”类目中设置重点记述城乡劳动就业创业成效。单独设置类目“教育”记述江苏各阶段教育发展情况。在“医疗卫生”类目中，重点记述江苏省医疗卫生资源总量不断增长、服务体系不断健全等内容。在“社会保障”类目中，记述江苏省建设多层次社会保障体系的内容。在“基础设施”类目中，记述江苏着力改善公共交通，方便居民出行方面的成效。

五是记述江苏对外开放成效。江苏始终处在开放的前沿，坚持不断创新对外开放的思路举措，拓展对内对外开放新空间，努力增创开放型经济新的优势。“开放型经济”和“境外交流”两个类目，全面记载江苏对外贸易高质量发展、利用外资结构不断优化、开发区创新发展水平提升以及与国际（地区）交流日益密切等重要内容。

三、主要经验和做法

一是调整栏目设置。相比 2014 年卷，2015 年卷根据经济社会发展新形势，类目由 33 个调整为 31 个。原“群众团体”类目并入“政治”,“台港澳交流”类目改为“境外交流”,“经济结构”类目新增“需求结构”分目,“公共管理”“服务业”“开放型经济”“境外交流”“公共安全”等类目的内容、结构均有不同程度调整，更加科学地反映江苏的发展实际。同时,2015 年卷首次在主题索引之外,设置图索引和表索引,更便于查询。

二是创新表现形式。《江苏年鉴》坚持图文并茂。2015 年卷图片专题设置“江苏要闻”“2014 年终・盘点”“国家公祭 12・13”“第二届夏季奥林匹克运动会”“运河记忆”“鱼米之乡、美好江苏”6 个专题，共选用图片 293 幅。此外，随文插图 353 幅。“2014 年终・盘点”专题引入新华日报年终报道，原版收录新华日报 7 个年终专题报道。“国家公祭 12・13”专题反映了首个国家公祭日期间各种悼念活动，警醒人们“铭记历史珍爱和平”。“第二届夏季奥林匹克运动会”专题记录运动会期间的精彩瞬间。“运河记忆”专题多维度展现运河的变迁历程和风貌。“鱼米之乡、美好江苏”专题展示江苏现代农业建设新成果，农村发展新风貌。《江苏年鉴》从 2015 年卷起由黑白印刷改为彩色印刷,提升了图片效果。《江苏年鉴》在大量精选图片的同时,还注重表格、名录的运用，2015 年卷共收录表格、名录 235 份，如在经济结构、制造业、服务业等类目中，以大量的表格、名录更直观地反映江苏省经济运行情况。

三是收录权威资料。资料性是年鉴的重要属性,《江苏年鉴》重视基础数据的采集和资料信息的完善，从 2013 年卷起，突破传统组稿渠道，主动利用新媒体大量采集各单位的公报、年报、白皮书、统计分析、监测报告、蓝皮书、情况通报等一次文献资料和权威资料，增强内容的权威性和公信力。《江苏年鉴》2015 年卷共著录引用参考文献 50 份，如《江苏省水资源公报（2014）》《江苏省地区信息化发展水平报告（2014）》《宁镇扬同城化发展规划》《江苏文学蓝皮书（2014）》《2014 年度江苏居民阅读状况调查》《2014 年度江苏省人力资源和社会保障事业发展统计公报》《2014 年江苏省卫生和计划生育事业发展统计公报》等。为拓展补充正文内容,《江苏年鉴》还在相关条目下设置“延伸阅读”,以扩展条目内容的信息量。2015 年卷设置“延伸阅读”40 条，内容涵盖法规文件解读、案例介绍、术语解析等，与正文相互呼应，增强年鉴的可读性。

《温州年鉴》简介

浙江省温州市地方志办公室[1]

一、发展概况

《温州年鉴》创刊于1998年，是温州市首部地方综合年鉴。《温州年鉴》创办之初，正值温州社会各项事业快速发展，社会面貌急剧变化的改革开放关键时期，《温州年鉴》抓住这个时代特点，反映时代变化下、改革开放中的温州。全书坚持“全面系统、特色鲜明、精编精选、常编常新”的原则，按社会分工和行业门类设置类目，除特载采用综合性文章外，其余均采用规范性记述。设卷首、百科、卷尾3个基本组成部分和类目、分目、条目3个层次框架结构。

2000年，《温州年鉴》设立“菱华奖”，每年举办“菱华奖”比赛活动，充分调动社会力量投稿积极性。2010年，《温州年鉴》着力提升编纂质量，框架设计更加合理。2012年起，《温州年鉴》开始减量提质，精简一些查询价值不高的内容，优化框架结构，提高全书有效信息量。2015年，《温州年鉴》编辑部创造性地引入“温州年鉴编纂信息系统”，加快推进年鉴信息化建设。同年，成功入选首批十家全国年鉴工作（中国年鉴精品工程）试点单位，《温州年鉴（2016）》入选中国年鉴精品工程首批“中国精品年鉴”。

① 执笔人：潘达，《温州年鉴》编辑。

二、主要内容与特点

《温州年鉴（2016）》策划赵降英，主编魏仕阔，副主编毛少甫、厉靖、殷洁、叶玮。篇目按自然、政治、经济、文化、社会分类，全书450页，有类目31个、分目310个、条目1921条，图30张，表91张，随文彩照213幅，约137万字，由方志出版社出版。主要有以下特点：

（一）框架设计上体现鲜明的时代特色。20世纪80年代以来，温州将改革开放政策同本地实际相结合，发展家庭工业、专业市场和个体私营经济，创造性地走出了一条特色鲜明的发展路子。民营经济和专业市场是温州的两张金字名片。在专业市场方面，温州是中国鞋都、中国皮都、中国纽扣之都、中国制笔之都、中国汽摩配之都、中国眼镜之都、中国合成革之都及中国低压电器之都等，这些行业都在《温州年鉴（2016）》“工业与特色工业”类目中有单独记述。

（二）着力体现温州地方特色。温州是全国知名侨乡，温州人历史上便有经商传统，温州走出去的华侨华人、港澳同胞有68万人之多，在温州居住的归侨、侨眷也有42万多人，华侨华人更是遍布世界112个国家和地区，这种独特的经商风采被人形容为“哪里有市场，哪里就有温州人；哪里没有市场，只要有了温州人，哪里就会有市场”，“侨”元素是《温州年鉴》最突出的特点，所以《温州年鉴（2016）》特设了“侨务工作”“外事工作”“侨联”“温州人在世界各地”等，用以反映温州的“侨”情，体现出温州作为侨乡浓郁的地方“侨”色。《温州年鉴（2016）》还设置了“新事趣闻”类目，将在温州发生的较为新奇的事件记录其中，这些事无法归入其他类目，但又是读者所喜闻乐见的，增强年鉴的地方性和可读性。

（三）着力突出年度重点，体现年度特色。2015年是温州“十二五”的收官之年，《温州年鉴（2016）》在特载前设置“十二五”回眸，对比2011年和2015年温州主要经济数据，直观地反映“十二五”期间温州的社会经济发展。2015年，温州市委、市政府提出实施生态化、信息化、时尚化、都市化、国际化的战略目标，全面加快转型升级，全面深化改革开放，全面推进法治建设，全面保障改善民生，全面加强从严治党，努力开创新常态下温州赶超发展新局面。《温州年鉴（2016）》在“中共温州市委”类目下设“五化战略”分目，分别记述“五化战略”的实施情况。

（四）有鲜明的记述重点。从全书结构上看，经济类占26.2%，是全书最重要部分。温州拥有众多专业市场，个体私营经济活跃，是一座商业气息浓厚的城市，反映在年鉴框架中，经济部类自然会成为全书的重点；社会类占27.5%，突出记载人民群众关心的社会事务，充分体现人民群众创造历史的唯物史观。从分目重点上看，含有10个以上条目的分目达12个，其中“工业与特色工业”类目下有多达20个分目。这就在突出特色的同时，也把握住记述重点，使得《温州年鉴》能更加全面、深入地反映温州市概况。

（五）装帧设计典雅，图文并茂。《温州年鉴（2016）》严格按照中国地方志指导小组办公室打造精品年鉴的要求，在封面和内文中使用“中国精品年鉴”统一标识；在排版设计上，采用深香槟色精品装帧为封面封底材质，进口金烫压技术，版式设计注重标准化、规范化；在延续《温州年鉴》以往风格基础上，装帧简洁不落俗套，版式明快不显张扬。同时，《温州年鉴》编辑部拓宽多种渠道，广泛征集图片，确保年鉴图文并茂。除向部门单位征集图片外，还每年开展“菱华奖”摄影赛，每年都会陆续征收到全市各行业众多摄影者几百幅参赛作品，穿插于类目之间，提高年鉴的美观度。

三、主要做法和经验

一是设立“菱华奖”。为不断提高编纂质量，增强年鉴可读性，更加真实记录历史，从2000年起，年鉴编辑部联合市文联和市摄影家协会设立“菱华奖”比赛活动，每年进行一次评比。该奖项包含文字奖和摄影奖，分别设置作品奖项层次，由市委、市政府两办联合发文表彰，充分调动社会力量投稿的积极性，有效提高年鉴文字和图片质量。

二是手段信息化。在年鉴编纂过程中，边实践边摸索，开发并启用“温州年鉴编纂信息系统”，形成全国独特的符合温州年鉴编纂流程的信息平台，实现年鉴编纂无纸化、编纂平台网络化。该系统包含组织管理子系统、供稿子系统、总纂子系统和编务子系统4部分，实现稿件自动分发、简便取用稿件、优化框架动态、协同对稿快捷并及时准确统计编纂进度。年鉴编纂信息系统的投用，减少流程环节，降低运行成本，节约人力资源，提高编纂效率。

三是成果数字化。为适应新时代人们的阅读习惯，扩大读鉴用鉴载体与范围，年鉴编辑部同步制作电子光盘，将历年出版的《温州年鉴》制作成可搜寻、可查阅的光盘合集；与清华大学中国学术期刊（光盘版）电子杂志社合作，将《温州年鉴》18册共计 2700 万字输入中国知识资源总库;将《温州年鉴》载入温州市人民政府门户网站，并与温州史志网链接，市民可进入该网站进行查询阅读，更加便捷、快速、全面地了解温州，认识温州，支持温州。

《淮安年鉴》简介

江苏省淮安市地方志办公室[①]

一、发展概况

1995年3月7日，淮阴市政府召开第一次《淮阴年鉴》工作会议，决定逐年出版《淮阴年鉴》，并成立《淮阴年鉴》编纂委员会。同年11月，《淮阴年鉴》（创刊号）由上海社会科学院出版社出版。2001年，淮阴市更名为淮安市，《淮阴年鉴》更名为《淮安年鉴》。至2017年，《淮安年鉴》（《淮阴年鉴》）共出版23卷。《淮安年鉴》编纂委员会由市长任主任委员，分管副市长、市政府秘书长任副主任委员；各县（区）县（区）长、市直主要单位负责人任委员。《淮安年鉴》编纂工作由淮安市志编纂委员会办公室负责。市志办主任任年鉴主编，副主任任副主编，办公室其他人员基本都参与年鉴编纂。

《淮安年鉴》自创刊起，就以"为各级党政领导科学决策提供可靠依据，为各界人士了解淮安提供翔实资料，为全市经济、政治、文化、社会、生态文明建设服务"为目标，力求充分反映淮安地方特色和年度特色。《淮安年鉴》坚持创新导向，不断探寻更加科学合理的框架结构。《淮阴年鉴》创刊号受首轮修志篇目设置影响，设21个类目。《淮安年鉴（2004）》细化为34个类目，该卷年鉴获全国地方志系统首届年鉴评奖综合特等奖。2008年，顺应五大建设潮流，《淮安年鉴》改设11个类目，核心部分为经济发展、政治建设、文化建设、社会建设、生态建设5个部分。《淮安年鉴

① 执笔人：周永达，淮安市志办年鉴处处长。

(2009)》获全国地方志系统第二届年鉴评奖一等奖。2014年,《淮安年鉴》设14个类目，核心部分由5个变成8个，该卷年鉴获2014年江苏省年鉴奖框架设计奖。

二、主要内容与特点

2016年10月,《淮安年鉴(2016)》由方志出版社出版。该年鉴分为类目、分目(副分目)、条目3个层次，部分分目设有次分目，以条目为基本组成单位。全书设图片专题、特载、文献、运河之都、生态家园、基础设施、产业经济、公共服务、社会保障、公共管理、法治军事、地方组织机构、县区概况、人物、大事记、附录、索引17个部分。该卷年鉴含分目66个，副分目173个，次分目55个，条目1286个，计80.1万字；公益图片专题计130版；文字部分328页，配置图片320余幅、表格52张。该卷年鉴具有如下特点：

一是框架结构创新。总体设计采用大类分类，正文设15个部分，分类对应当下主要发展理念。增设“文献”类目，将重要文献与“特载”相分离，“特载”专用来记载年内全市具有重要影响、重大意义的要事、特事。将原“市情概览”类目改名为“运河之都”，彰显淮安地方特色，并增加“文化”分目，对原来的内容进行合并整理，设地理、资源、气候、历史沿革、文化、区划、人口、风景名胜、淮安美食、经济和社会发展等分目。将“大事记”从原“市情概览”中独立出来，单设为一篇。将商贸、金融、旅游、电子商务、软件服务、通信服务、物流、中介服务等合并为“服务业”，体现大服务格局。在“服务业”中增设“电子商务”“物流”等副分目，以跟上电子商务、物流业发展的时代步伐。将典当、融资担保、小额贷款、广告业合并为“中介服务”，使分类更加清晰、科学。鉴于近年来小城镇的迅速发展，在“城乡建设与管理”分目中增设“重点中心镇建设”副分目。针对农村中农业合作社和农业经营手段的变化发展，在“农业”分目中增设“新型农业经营与农民创业”，及时反映农村经济的发展变化。继续设“生态家园”“台资高地打造”“宁淮挂钩合作”等类目和分目，体现淮安的城市定位和特色。

二是资料丰富扎实。全面反映全市自然、经济、政治、文化、社会、生态发展状况，既有准确的基本情况描述，又有大量翔实基础数据支撑，科学性、可用性更强。条目编写注重规范，增加基础性资料，扩大条目内容信息量。进一步提高综合性条目所占比例。全书综合性条目占比超过70%。在对当年各行各业发展变化等动态情况进行详细记载外，注重各方面基本信息等静态资料尤其是数据的记载，更加凸显《淮安年鉴》的资料性和文献价值。

三是图片画龙点睛。大胆发挥“图片专题”功能，130页彩页图片专题分基本市情和“十二五回眸”两个部分。其中“十二五回眸”按照综合、政治、经济、文化、社会、生态建设排序，下分综合、政治建设、公路、铁路、航空、航运、中心城市道路通达工程、公共交通、园林景观、城市小公园、淮安生态新城、水利、农业、水产养殖、工业·建筑业、盐化新材料、电子信息产业、高端装备、新能源·新材料、商贸服务、电商物流、金融、淮扬美食、旅游景区、开放开发、科技、教育、文化、卫生、体育、社会保障、生态建设32个分专题，全面展示“十二五”期间全市各个领域的发展成就和主要面貌。内文配置图片320余幅，基本达到每页一张，与文字、图表相得益彰，直观反映淮安市年度工作亮点。

四是特色鲜明浓郁。从框架到内容，从装帧到图表选用，无不凸显淮安地域特色和2015年年度特色。“运河之都”“生态家园”“台资高地打造”“宁淮挂钩合作”等内容，地方特色明显。按照体现区域个性和地方文化内涵，风格明显、无广告色彩要求，对年鉴封面风格进行重新定位。封面封底以黄色为背景色，封面以具有明显淮安特色的周恩来纪念馆和运河为主题，充分体现淮安运河之都和周恩来家乡的主要地方特色元素。

三、主要经验和做法

一是加强领导，争取支持。每年及时向市领导汇报年鉴工作，得到领导支持，将年鉴工作纳入目标考核。将各县（区）政府和市级主要机关单位主要领导纳入年鉴编纂委员会名单，为这些领导提供送年鉴上门服务，市志办领导与这些部门领导保持联系，争取支持。市志办主任、副主任全程参与年鉴编纂出版工作，随时发现并解决年鉴编纂过程中出现的问题。

二是加强学习，提高水平。每年组织年鉴编辑人员学习研究优秀年鉴，开阔年鉴编纂视野，结合淮安地方实际，对《淮安年鉴》进行完善。学习领会中指组、省志办关于年鉴编纂的指导性意见。积极参加省志办及南京都市圈年鉴业务培训。邀请年鉴专家对年鉴框架设计、条目编写进行把关。每年举办年鉴理论和实务培训班，邀请年鉴专家为全市各单位年鉴供稿人授课，从源头上提高供稿质量。建立淮安年鉴QQ群，通过 QQ 群对编辑及供稿人进行业务指导，提出编纂要求。

三是明确职责，规范程序。明确责任编辑职责。收到稿件后，立即审读稿件，并向供稿人反馈意见，提出补充完善要求。主动出击找资料，通过网络、报刊、调研报告、现有文件等收集查找。责任编辑上交的稿件要求内容无缺失、表述规范，不符合要求一律退回补充完善。稿件汇总后，年鉴负责人对篇目和内容进行审查整改。此后进行不少于 4 轮校对（不含蓝纸校对），并检查校对质量。第一轮校对采取电子稿校对，业务能力强的编辑和业务新手互校，部分稿件会有大的调整。此后三轮校对均采取纸质校对，第一轮纸质校对除文字校对外，也可以对内容做删减调整，但大的变动需经年鉴负责人确认。最后两轮校对主要对语言文字规范性进行检查，消除硬伤，一般不做大的调整变化。在整个编辑校对过程中，年鉴编辑负责人至少将全部稿件编辑校对一遍，部分新手编辑和涉及政策和敏感问题的内容要看两三遍。与此同时，对年鉴封面进行规划设计，对彩页、图表进行补充修缮排版。

四是坚持创新，注重奖励。遵循中指组、省志办对年鉴编纂的规范要求，同时也不忘创新。每年向优秀年鉴学习，并结合实际，适时对年鉴篇目进行优化，以体现地方特色和年度特色。不断拓宽稿源，丰富年鉴资料。除向年鉴供稿人发放较优厚稿酬外，每年还以市志编纂委员会名义，对优秀供稿人进行表彰，提高积极性。

《淄博年鉴》简介

山东省淄博市地方史志办公室 ①

一、发展概况

《淄博年鉴》由淄博市政府主办、淄博市地方史志办公室承编，1987 年创刊，是山东省首家创刊的地方综合性年鉴。《淄博年鉴》每年一卷，至《淄博年鉴（2017）》已连续出版 31 卷，总计 3000 万字，发行 10 万余册，刊载彩色、黑白插图 4000 余幅。

《淄博年鉴》始终坚持“据求实之本，走精品之路，为现实服务”的编纂宗旨，努力在年鉴编纂质量上下功夫，逐步走出一条注重质量、特色鲜明、创新发展的年鉴编纂之路。在山东省历届年鉴评奖中，《淄博年鉴》一直蝉联综合奖特等奖和单项奖的特等奖。2008 年、2009 年，《淄博年鉴》连续两年夺得全省史志系统“八个一优秀史志成果”评选活动唯一的优秀综合年鉴奖。此外，《淄博年鉴》还多次荣获省、市社会科学优秀成果奖。

二、主要内容与特点

《淄博年鉴（2016）》全面记录 2015 年淄博市自然、政治、经济、文化和社会生活等方面情况。采用条目式记事体，基本结构为类目、分目、条目三个层次，个别分

① 执笔人：赵建国，淄博市地方史志办公室主任。

目设次分目。2016 年卷设类目 37 个，总字数 103.8 万字，含条目 1354 个。该卷年鉴努力突出时代特色、地方特色和年度特色，主要有如下特点：

一是突出记载市委、市政府“一个定位、三个着力”总体部署，以“淄博市在 2015 年度全省科学发展考核中实现位次大幅前移”等 12 个主题的专栏图片，集中反映 2015 年度全市中心工作和年度新事、特事、大事、要事，突出年鉴服务现实的功能。

二是科学优化框架设计和类目设置，更加突出中心工作，进一步贴近社会民生。将经济部分置于政治部分之前，突出以经济建设为中心的思路。

三是充实“专记”“淄博概况”等类目的内容，着力突出淄博特色和年度特点。在“专记”中专题记述全市“三严三实”专题教育、淄博市“三最”城市建设和第二十二届国际历史科学大会淄博卫星会议；在“淄博概况”中增加“全面深化改革”分目。

四是全面记述淄博市生态文明建设，力求彰显时代特色。将原来分散于各处的生态建设保护内容如“空气异味治理”“孝妇河综合治理”等集中到一起记述，并采用参见方式避免内容重复。

五是突出民生方面内容，凸显以人为本、服务社会的办刊理念。充实完善“社会民生”部分，将相关内容集中到本部分记述，位置从卷末提前至政治部分之后，将人物的内容从卷末提前至“淄博概况”中记述，突出了年鉴对社会民生建设和人文内容的关注。

六是坚持在规范基础上创新。坚持从选题立目、标题拟定、要素齐全、表述规范等环节，规范条目编写；深化内容记述，规范“概况”等综合性条目编写，增强条目的资料性和存史价值；重视动态性条目的设立和编写，增强年鉴的信息性、新颖性和可读性，保证条目质量。

七是力求图文并茂。文内插入典型和有价值彩图 119 幅、图表 62 个。首次采用全彩印刷，更加突出文内图片效果。

三、主要做法和经验

在近 30 年的编纂实践中，《淄博年鉴》从体例框架设计、资料内容选编、突出地域特色和优势等方面不断进行探索，从资料搜集、编纂、审稿、校对、出版印刷等各环节建立起一套完整质量保证体系。先后制定印发《关于〈淄博年鉴〉》常设性条目中必要数据和情况的暂行规定》（1998 年）、《〈淄博年鉴〉编纂质量管理办法》（2008 年）

等，促使《淄博年鉴》工作在规范化、制度化、法治化进程上逐步向前推进。

一是坚持精品意识，质量第一。第一，科学设置框架，保证资料完整、重点突出，层次分明。《淄博年鉴（2016）》的框架设计和栏目设置在保持稳定的基础上进行科学优化，更加突出中心工作、贴近社会民生，是近年来变动幅度最大的一次。第二，严格资料报送、质量管理和编审程序。2016卷年鉴启动阶段，专门举办全市地方史志业务培训班，加强对供稿人员的业务培训，保证供稿质量和进度；编纂阶段实施多年来坚持的编审和校对工作程序，把好年鉴基础质量关；定稿阶段组织开展年鉴校对技能比武和岗位练兵活动，保证年鉴整体编纂质量。第三，高度重视条目质量。《淄博年鉴（2016）》尤其重视设置和写好概况类条目，保证某一方面的基本情况都收录在册，使全市各行各业的基础性信息尽量做到全面系统，也与其他卷年鉴形成连续性，体现年鉴的存史价值。同时，重视增加单一性或动态性条目。

二是坚持依法编鉴、良性发展。《地方志工作条例》使地方志书、年鉴编纂实现了有法可依。《淄博市地方史志工作条例》的施行使淄博市的年鉴编纂工作在法制化、规范化进程上又向前迈进了一步。中指组、历届省史志办领导和市委、市政府领导都对《淄博年鉴》给予了极大的关注和支持，保障了淄博市年鉴事业的良性健康发展。

三是坚持创新驱动、稳中求变。创新意识源自于对年鉴编纂工作现状的不满和不断提升年鉴编纂质量的内在需要。《淄博年鉴（2016）》首次采用全彩印刷，封面和版式设计更合理、美观；卷首扉页印有"淄博史志"微信公众号二维码和淄博市情网网址，为读者提供更方便的志鉴资料查阅和使用手段。

四是坚持提高境界、对标先进。认真遵循中指组、省志办对年鉴编纂的规范要求，注重学习兄弟地市的先进经验，注重学习全国优秀年鉴的先进做法，在对标先进的过程中，不断提升编纂人员的素质能力以及年鉴的编纂质量。

《武汉年鉴》简介

湖北省武汉市地方志编纂委员会办公室[①]

一、发展概况

《武汉年鉴》由武汉市政府主管、武汉地方志编纂委员会办公室主办，创刊于1985年，至今已连续出版34卷。作为一部系统记述武汉自然、政治、经济、文化和社会等方面情况的年度资料性文献，它为认识武汉、研究武汉、建设武汉提供翔实资料；为科学决策、指导工作提供可靠依据和最新信息；为开展教学和思想教育提供纪实资料和市情教材；为“让武汉走向世界，让世界了解武汉”提供窗口，发挥桥梁作用。

按照中共武汉市委“年鉴要年年办，要一年比一年办得好”的指示，《武汉年鉴》不断创新、提高质量。从2007年起，《武汉年鉴》既出版大16开精装本，又出版电子版和小型年鉴《武汉年鉴·实用手册》，实现了综合年鉴的“一大两小”。2017年，《武汉年鉴·实用手册》改版升级为《武汉市情概览》，并作为全市“两会”会议资料免费发放。2008年迄今，武汉地方志办公室联合武汉城市圈各市志办，编纂出版《武汉城市圈年鉴》。2010年，《武汉年鉴》荣获全国地方志系统第二届年鉴评比特等奖。近年来，《武汉年鉴》着力在“调架构、优结构、强质量、压篇幅、美装帧、控流程”

① 执笔人：张道旺，武汉市地方志办公室副主任科员。

等方面多措并举、多管齐下，获得专家与业界同行的高度认可。

二、主要内容与特点

《武汉年鉴（2016）》于2016年10月出版，收录2015年武汉经济社会发展的基本情况和基本资料，面向社会公开出版发行，并向武汉市有关单位和全国其他城市年鉴编纂机构赠送。全书180万字，设类目33个、分目179个、条目1454个。2016年卷在框架设计与主要内容上，紧紧把握时代脉搏，体现武汉地区特色，其特点主要有三：

一是优化调整框架设计，突显时代特征。第一，依据党情国情优化类目、分目。如在“四个全面”战略布局的时代大背景下，将“政法”类目更名为“法治”类目；根据“五位一体”总体布局凸显生态建设的理念，将“生态保护”分目更名为“环境监察”，增加生态执法的内容与比重。第二，依据武汉市自身发展特色与变化进行篇目调整。如为突出展示武汉城市年度重点项目，在“武汉综述”类目增加“重点项目建设”分目，更好展示年度城市发展成就；将“机械装备工业”分目更名为“装备制造业”，凸显武汉工业制造的升级换代。

二是坚持特色栏目创新，彰显地域特色。第一，坚持编纂独具特色的栏目，避免千篇一律的框架体系。如“书目·文摘·题录”类目刊载在武汉市域内的出版社获奖图书情况，摘编有关武汉城市发展的重大研究报告，辑录有关武汉的报道或研究文章出处。“大事记略”分目，用简略语言记载2016年1～6月城市发展大事，与“大事记”形成较好补充。第二，宣扬武汉城市特色，单独设立类目、分目加以突出反映。如设立“交通·邮政”类目，反映武汉交通枢纽城市地位；分别设立“教育”“科学技术”“社会科学”类目，凸显武汉科教大市特色；设立“会展业”分目，展现武汉发达的会展经济。

三是丰富入鉴资料信息，锻造精品年鉴。多渠道组稿，增加年鉴资料信息。如采取约稿形式，“方言”分目记录地方语言发展，保存非物质文化财富；“武汉的一天”分目以时间为轴，通过多方面的数据来反映武汉城市发展的速度与体量，彰显城市发展活力。“社会调查报告”分目，依靠国家统计局武汉调查队，发布一些读者较为关心的权威调查报告，贴近市民生活，提高读者阅读兴趣。注重二次文献刊载力度，丰富资料呈现形式。加大图表、统计资料、文摘、名录等二次文献比重，全书刊载随文表格 165 个、图片 289 张，二次文献刊载率达 40%。

三、主要做法和经验

多年来，《武汉年鉴》坚持立足市情、专注自身、提高质量、彰显特色，屡次在全国年鉴质量评比中荣获特等奖，主要经验如下：

一是围绕中心，坚持服务和反映大局。以记录和服务武汉经济社会发展为宗旨，在保持整体框架基本稳定的大前提下，依据党和国家最新的思想、方针、政策和武汉市年度发展特点，每年对框架设计作出适当调整。发挥特色条目作用，着力反映年度、地方特色。要求责任编辑在日常注意搜集所负责类目的大事要闻，总结年度特点，并在组稿、编纂阶段贯彻落实，确保做到大事不漏。

二是精益求精，坚持质量就是生命。坚持"三审三校两通读"制度，保证文稿质量。责任编辑负责一审，确保文稿无政治错误、文字通畅，条目要素齐全、信息充足，各分目内容完整、特色鲜明。编辑部主任进行二审，规范统一全书文稿，对一审提出的文稿问题提出修改、指导意见。最后由分管领导三审定稿。对全书文稿进行三次校对，每一次的校对稿均经责任编辑审读同意后进行校正。全书定稿后，交责任编辑和编辑部主任分别通读。坚持图文并茂的编纂特色。图片须"主题突出，具有较高的思想性、鉴赏性和存史价值"，画面清晰，保证彩色印刷需要，供稿数量是成书使用数量的 2 倍。

三是严格机制，坚持优良工作传统。坚持定期开展交流研讨，每月选定主题，指定专人进行主题发言，讨论年鉴条目的编纂、全书框架的设置、组编工作存在的问题等，提高编辑部的整体编纂能力。坚持专人专责组稿工作机制，划定每个编辑的责任板块，责任编辑要主动上门对接供稿作者进行约稿，反馈上年度稿件情况，倾听供稿作者意见，沟通本年度稿件内容，提出稿件质量要求。坚持倒排工期，保证出版时效。年初即根据各责任编辑分工，结合供稿单位工作特点、稿件篇幅情况，倒排编纂工期，责任编辑要在处室工作例会上汇报月度工作进展情况。通过责任编辑传导压力，倒排进度，明确时限，有力提升组稿工作的效率。

30 余年来，《武汉年鉴》从点滴与细微做起，为实现资料性、工具性、时代性、地域性、年度性等目标，孜孜以求，在锻造时代区域特色鲜明的精品年鉴之路上不断努力。《武汉年鉴（2016）》是武汉年鉴人多年编纂实践不断创新与积累的结晶。未来，《武汉年鉴》将不断传承特色优势，提高编纂质量，促进《武汉年鉴》更好发展。

《长沙年鉴》简介

湖南省长沙市地方志办公室[①]

一、发展概况

《长沙年鉴（2016）》创刊于1987年，由长沙市地方志编纂委员会主办，方志出版社出版。创刊以来，在长沙市委、市政府的领导下，经过年鉴编纂工作者的艰难探索，常编常新，品牌效应不断凸显。

回顾《长沙年鉴》的编纂历程，大致经历三个发展阶段：一是创刊阶段。1987年2月15日，长沙市召开第一次年鉴工作会议，印发《关于编纂出版〈长沙年鉴〉的通知》，启动年鉴编纂工作，首部《长沙年鉴》于1987年12月出版。二是探索阶段。创刊之初，年鉴编辑仅2人，负责与全市100余家组稿单位联系，采编近千万字的稿源，困难重重。市政府安排经费有限，大部分靠年鉴编辑部征集广告、编辑企事业名录等自筹。印刷排版技术落后，撰稿人交来的稿件都是手写，大多字迹看不清，考验编辑人员眼力和耐心，排版印刷也是铅印，由于铅字都是反刻，稍不留意就会出错，编校工作量很大。三是发展阶段。1998年，《长沙年鉴》开始电脑排版，这是编校手段的一次飞跃。2002年，中国知网、清华同方等国内知名网站开始收录《长沙年鉴》。2005年，《长沙年鉴》开始数字化，上传网络推广。2006年，国务院颁布《地方志工作条例》，《长沙年鉴》进入依法编鉴时代。2015年，《全国地方志事业发展规划纲要

---

① 执笔人：江雷，长沙市地方志学会秘书长，《长沙年鉴》副主编。

（2015—2020）》印发，长沙相继出台《关于进一步加强新时期地方志工作的意见》《长沙市地方志事业发展规划纲要（2015—2020年）》以及《长沙年鉴争创中国年鉴精品工程实施方案》，对年鉴编纂、“一纳入、八到位”、争创精品工程等方面作出明确规定，《长沙年鉴》进入依法治鉴的发展新时代。

二、主要内容与特点

《长沙年鉴（2016）》基本结构为类目、分目、条目三个层次，少数分目下设子目。全书前有总目录，后有索引，整体框架由特载、专文、大事记、长沙概况等类目以及区县、人物、统计资料、文件选编、附录、索引等部分组成，全面系统记述长沙自然、政治、经济、文化、社会、生态文明等方面内容，形成纵横交错、统分结合的编排模式。主要特点如下：

一是框架设计站位高。框架是年鉴的总纲目。《长沙年鉴（2016）》注重高起点谋划、高站位布局框架结构，每年初召开篇目研讨会，从全市经济社会、文化和服务民生等发展大局出发，按照统揽全局、科学分类、归属得当的思路做好顶层设计。如《长沙年鉴（2016）》根据2016年为“十二五”时期收官之年的特点，设置专文“‘十二五’长沙经济社会发展成就”。

二是组稿渠道广。年鉴编纂的一大难题是组稿难。近年来，《长沙年鉴（2016）》针对组稿难的问题深入研究探索，提出“背靠政府、面向社会”的组稿模式，以政府部门组稿为主渠道，面向社会广泛组稿，多管齐下。组稿渠道包括：向市直机关等政府部门组稿；向社会团体、企事业单位、各行业、协会组稿；向网络、微信等新媒介组稿。大数据时代，网络、微信等信息资料丰富且互连互通，从网络、微信上发掘新事、大事、要闻等信息，资源共享；向报刊、电视等新闻媒体组稿；深入社区（村）、民间艺人以及老百姓发掘稿源。如发掘有关民间艺人、奇闻轶事等信息资源，有选择性地编入年鉴；从政府工作报告、年度大事记、书刊以及专家学者“口述长沙”等渠道收集稿源。目前，《长沙年鉴（2016）》的组稿单位扩展到170余家，组稿人员200余名。

三是版式创新。版式创新是年鉴改版升级的有效途径。《长沙年鉴（2016）》版式的构成要素以标志、标准字、标准色、象征图案为主，凸显长沙文化亮点。如《长沙年鉴（2016）》在封面设计上，选择湘江橘子洲头青年毛主席雕像作为封面图，以体现长沙特色和深厚的文化底蕴，为追求年鉴古朴的特点，将艳丽的彩色调成古典浅褐色，并带有浮雕感，“长沙年鉴”四个字的书名选择大气有力的毛体，并采用黑色烫金，使书名字体、封面图、底色背景融为一体，具有较强的“视觉冲击力”。在书眉设计上，根据2016年农历的天干地支为丙申，生肖属猴，选择十二生肖中猴为书眉。从天干地支上讲，丙申年，丙为火，火为红，申为猴，所以民间亦称2016年为火猴年，根据这一特点，又选择以红色为图案背景，寓意长沙的各项事业红红火火，蒸蒸日上。

四是积极探索“年鉴+”发展模式。从2012年开始，每年组织开展《长沙年鉴》年度人物、年度事件评选活动，融合网络、微信、报刊、电视等多种元素投票和宣扬，“替小人物立传、将大事件存史”，讲好长沙故事，传播正能量。并加入彩页推介元素，将年度人物、年度事件在全书前页推出，精心打造长沙荣誉、长沙数字等版块，成为城市年鉴中的一大亮点。

三、主要做法和经验

为培育精品意识和打造精品年鉴，《长沙年鉴》在实际编纂中注重精益求精，严把“五关”：

一是政治关。《长沙年鉴》注重把握政治和政策敏感性问题，如国家观念、涉台、民族、宗教、保密等。

二是史实关。《长沙年鉴》注重述而不论，客观记录历史，用事实说话。明确要求概况条目重点记述四个要素：基本情况，年度内取得的主要成绩（或主要指标），年度发展特点以及存在的问题，避免报喜不报忧。

三是体例关。《长沙年鉴》重点做到“三看”：一看全书整体框架和单个类目框架是否分类科学、归属得当。二看人称。一律使用“第三人称”，不用“第一人称”。避免使用指代不明确的词语和含单数第一人称意味的词语。三看条目的时间、地点、事件、人物、原因、结果等“六要素”是否齐全。

四是文字关。《长沙年鉴》注重培养编辑和组稿人员“咬文嚼字”的基本功。咬文嚼字并不是玩文字游戏，而是提高文字表达的准确性。

五是出版关。按照《地方综合年鉴编纂出版规定》逐项审查验收，注重把握出版流程，选择符合要求的印刷厂，规范电子光盘制作及使用版权。

《乌鲁木齐年鉴》简介

新疆维吾尔自治区乌鲁木齐市史志办公室[①]

一、发展概况

《乌鲁木齐年鉴》创刊于1996年，是乌鲁木齐市委、市政府主办，乌鲁木齐市党史地方志办公室（乌鲁木齐市史志办）负责逐年编纂的地方综合性年鉴。从创刊至今20余年，经过年鉴编辑部的不懈努力和全市各部门、各单位领导与撰稿人的支持协作，使《乌鲁木齐年鉴》不断趋于成熟，稿件质量逐年提高，篇目结构日趋完善，地方特色和时代特色日益突出，编辑质量提高，差错率降低，设计印刷装帧美观大方，做到了形式和内容的统一。

《乌鲁木齐年鉴》以经济建设为中心，全方位、多视角、多层次地对乌鲁木齐市的经济发展和社会进步作了动态的反映和历史的记录，为国内外宣传乌鲁木齐、认识乌鲁木齐发挥了重要作用，为乌鲁木齐市的各级领导提供了系统的地情资料，为广大市民进行爱国主义教育提供了有益的教材，也为各方人士到乌鲁木齐投资、旅游提供了指南和服务。创刊至今，《乌鲁木齐年鉴》也以其科学合理的框架结构，儒雅优美的装帧设计，鲜明的地方特色，严谨的编纂水平，在社会各界及全国年鉴界享有良好的声誉，并多次在各类年鉴评比中荣获奖。

① 执笔人：阿依夏木·尤努斯，乌鲁木齐市史志办年鉴处处长。

二、主要内容及特点

《乌鲁木齐年鉴（2015）》设类目 33 个，分目 202 个，条目 1498 个，表格 127 个，经济指标图 20 幅，特写稿 1 篇，随文图片 121 幅，新闻图片 95 幅。主要特点如下：

一是框架设计突出整体效果。为了使《乌鲁木齐年鉴》篇目更科学、合理，更能全面地记述乌鲁木齐市的基本情况和经济、社会的发展进程，2015 年卷重新调整了篇目，在原有 192 个分目的基础上，增加旅游推介等 10 个分目，强调类目、分目、条目的层次，更加全面地反映乌鲁木齐的行业特色和地域特色。

二是强化条目信息性。2015 年卷对年度重点工作、重点项目都单独立条目反映，体现最新成就，增强年度信息，关注焦点信息，选取有代表性和社会影响的事件作为条目收入。例如“访惠聚工作”“‘去极端化’宣传教育”等条目。加强分析性条目，增加信息的深度，从较深层次反映年度经济与社会现状。如“土地利用现状”等条目。

三是增加图表设置。2015 年卷充分利用图表信息量大、直观性强的特点，设置各类图表 147 个，比 2014 年卷增加 26 个，特别是 20 个各类经济指标图表，包括近 5 年的数值指标，分析对比一目了然，增加年鉴的信息量。

四是提高“特稿”的含金量。特稿记载乌鲁木齐市一些典型的具有代表性的或有借鉴和指导作用的人或事，这些内容用条目形式容纳不下，就用特稿形式表现，对其作出完整的记载（可跨年度），在排版上分双栏，区别于条目排版形式。如 2015 年卷特稿“新疆民航安全飞行 60 周年”，以纪实手法历书新疆民航从 1954 年成立到 2014 年 60 年的全国民航保持时间最长的安全记录的运营历程，活跃了年鉴条目单一的表现形式。

五是加强附录的实用性。附录包括题录、调查、法规、统计资料等。2015 年卷在保持资料连续性的基础上，适应 2014 年度的变化特点，选录“乌鲁木齐居民消费潜力分析”“乌鲁木齐产业园发展报告分析”“乌鲁木齐小微企业发展现状、问题及对策”等调查报告，贴近年度热点，提供广泛权威性的分析资料以飨读者。

六是巧用补白。充分利用版面空间，以补白、小资料的形式载入知识性、信息性的内容，如 2015 年卷的“2014 年新疆十大新闻”等补白以花边、压底色、双栏排版区别于条目，丰富内容，调剂版面。

七是装帧设计美观大方。2015 年卷更加注重彩页照片内容的取材，通过精心挑选、归类，95 副图片设立成 10 个主题内容，形象直观地向读者展示城市最美风貌以及年度的大事要闻。全书色彩 5 年 1 个色系，稳中有变，内文色彩与封面、扉页、图照相呼应协调，版式格调一致，设计整体风格大气典雅，给人以赏心悦目之感。

三、主要做法和经验

《乌鲁木齐年鉴》编辑部重视优化编纂流程，不断提高年鉴编纂质量。

一是制订编纂方案。2014 年卷年鉴的编纂任务一结束，年鉴编辑部就着手编制 2015 卷年鉴编纂工作方案。年初，由市委、市政府两办发文，将编写任务落实到部门和单位。要求撰稿单位完成年鉴稿件后，必须先由单位领导审核签字并加盖单位公章方可上报。

二是建立内部工作机制。制定 2015 年卷年鉴工作流程和完成任务进度表，按流程和时间要求组稿、改稿、总纂。编辑明确自己的工作职责、承担的内容和完成任务的期限，2015 年卷的编纂工作环环紧扣、有条不紊。

三是建立联系组稿网络。第一，采取打电话、发邮件等方式组稿。针对组稿、改稿中遇到的困难和问题，编辑接待来人来访、零距离辅导，从而保证稿件的按时上报和质量。第二，制定稿件反馈修改办法。对交上来的稿件及时修改反馈，并对不规范的条目提出点评与修改，指出该条目缺项和不规范的部分，采取填空式的办法，减低返回率，保证年鉴稿件质量。

四是编校工作贯穿始终。从 2015 年卷年鉴初审开始，编辑就对稿件的文字语法标点符号等进行全方位把关，尽量不把问题留到最后校对解决。实行编辑自行完成三校制度，在全面完成校对的同时，着重对各条目交叉数字是否一致，条目的数字与统计资料的数字是否一致，文中的数字与图表的数字是否一致，与照片、表格涉及的数字是否一致等进行核校。编辑互校，编辑之间交叉校对。主编通读，再次把关。出版社的四审四校。对清样进行校对，重点校对版式。从编辑到成书《乌鲁木齐年鉴》2015 年卷通校 10 次。

《醴陵年鉴》简介

湖南省醴陵市档案史志局[1]

一、发展概况

《醴陵年鉴》创办于1987年，由醴陵市政府主办、醴陵市档案史志局组织编纂，是系统记述醴陵市自然、政治、经济、文化、社会等方面情况的年度资料性文献。1985年8月，醴陵市委、市政府成立醴陵市地方志编纂委员会。1987年4月，醴陵市委办公室印发《关于编纂1987年醴陵年鉴的通知》，要求全市各部门、各单位明确专人负责，将1986年度全市各地、各领域、各部门、各行业相关资料进行初步整理，报送至醴陵市地方志办公室。经过半年多紧张有序的工作，1987年10月，《醴陵年鉴（1987）》编纂完成，内部发行。

从1987年到2004年，《醴陵年鉴》一直是内部发行。2005年，《醴陵年鉴》由方志出版社出版。各级党委政府的深切关怀，广大读者的热情期待，是《醴陵年鉴》始终未曾懈怠的底气所在。创刊至今，《醴陵年鉴》以变革铸就发展、以创新实现跨越，影响力不断增强，在新的舆论格局中与时俱进、勇立潮头，多次参加湖南省乃至全国地方综合年鉴评审活动并获奖。

① 执笔人：陈灏，醴陵市档案史志局副局长；韩芳子，醴陵市档案史志局年鉴办主任。

二、主要内容与特点

《醴陵年鉴（2016）》是自创刊以来的第30卷，以条目为主要记事形式，基本结构为类目、分目、条目3个层次，个别分目下设子目。全书共设特载、概述、大事记、中国共产党醴陵市委员会、醴陵市人大常委会、醴陵市人民政府、政协醴陵市委员会、民主党派、群众团体、武装、法治、综合经济与管理、农业、工业、贸易·旅游、城建·环保、交通·邮政·通信、财政·税务、银行·保险、民政·社保、教育、文化·体育·传媒、医疗卫生、区·街道·乡镇、人物、荣誉谱、文件选登和市党政军及各部门单位负责人名录28个类目，有177个分目、783个条目、65.5万字，有彩版130幅、照片近900张，有表格25个。主要特点如下：

一是框架结构设置合理、完整。《醴陵年鉴（2016）》的类目设置主要参照往年《醴陵年鉴》，保持相对稳定，设置的28个类目涵盖年度内行政区域的基本情况，分类合理，层次清晰，且编制英文目录和索引。为纪念创刊30周年，采用图文并茂的形式，在卷首增设了专题彩页。

二是突出时代特色。《醴陵年鉴（2016）》坚持结合醴陵实际，围绕全市政治、经济、文化等方面工作调整栏目，使年鉴所辑入内容及时准确地反映全市重点工作。如为有力地配合党委、政府的中心工作，彰显政府职能从管理型到服务型的转变，对维护社会稳定、构建和谐社会、繁荣和振兴陶瓷花炮产业及全域旅游等工作重点给予充分记载。为重点反映县域经济的发展历程，不断调整政治、经济、社会记载的比重，加大经济内容记载的比重。

三是注重改进装帧设计。《醴陵年鉴（2016）》选取醴陵市状元洲、绿江书院等景点或特色建筑的图片缩影作为封面，地方特色明显，辨识度高。全书文字部分采用四色彩色印刷，专题彩版的编排采用专题化的表现形式，注重风格的协调统一。

三、主要做法和经验

一是坚持编纂标准，强化精品意识。《醴陵年鉴》编辑部严格按照年鉴编纂要求，根据框架总体安排，制订编纂工作方案并抓好落实。主编把握宏观方向，执行主编负责编纂。在编写过程中严格执行年鉴编写各项规定，经过编辑人员一审、二审、三审，对编审后的定稿再交出版社编辑审核，达到规范的出版要求。严格开展校对，以高度负责的态度，综合运用单人校、双人校、交叉校三项结合的校对方式，对已审稿的年鉴进行一校、二校，最大程度减少差错率。牢固树立精品意识，坚持年鉴的政治标准、体例标准、资料标准，从各部门供稿、编辑加工、主编审改，到领导审定，直到排版印刷每一个环节，都把质量放在首要位置，确保选题精当、体例严谨、文辞规范。

二是保留优良传统和编纂经验。30多年的编纂经验，组稿、审稿、校对等，每个环节已形成高效率的操作模式。每年3月完成组稿，4—7月执行主编分类目完成一审、二审稿，8月执行主编通读全篇完成第三次审稿，期间校对穿插于审稿中进行，9月全部稿件送交出版社，10月完成印刷出版。明确责任分工，年鉴编纂前召开专门工作会议，专题研究年鉴条目和编写要求，提出年鉴编纂工作的具体计划，将编纂任务分工到人，确保工作顺利推进。抓好编写培训，年初聘请专家组织全市各单位编写人员集中进行业务培训，针对供稿时出现的具体问题进行现场指导。在收稿时对原始稿件进行严格把关，要求单位负责人签字盖章，凡发现不符合年鉴要求或有明显漏项的稿件一律返回重写。多方收集资料，围绕确定的条目，加大搜集资料的力度，不仅搜集党委、政府、人大、政协工作报告、各单位的年度工作综合材料，还从报刊、政府网站等媒体上查找资料。组织评议活动，横纵对比，不断探索提高年鉴质量的办法。

三是增强阅读品位。年鉴是各部门各单位向社会展示形象的重要窗口。编辑人员特别注重在可读性、针对性、实用性上下功夫，让《醴陵年鉴》既体现“史书”“官书”的身份，又发挥“民用”“商用”的作用。一方面，各供稿单位高度重视图片资料的选送，当年发生的人事、要事、新事尽可能地创造条件以图片的方式记录下来，及时选送照片，保证《醴陵年鉴（2016）》图文并茂，让读者喜闻乐见。另一方面，聘请专业印刷设计人员，精心设计内文、彩页和封面，使年鉴版式格调一致，印刷清晰，色泽饱满，给人以赏心悦目之感觉，展现醴陵人民奋发向上的精神面貌，增强年鉴的政治品位和艺术品位。

《乳山年鉴》简介

乳山市党史市志办公室[①]

一、发展概况

《乳山年鉴》创刊于1999年，是中共乳山市委、乳山市政府主办，乳山市党史市志办公室主持编纂的综合性资料年刊。至2017年，连续出版18卷。创刊以来，坚持打造精品年鉴，品牌效应不断显现。《乳山年鉴》2016年、2017年连续获评山东省优秀年鉴，质量处于全省前列。

《乳山年鉴》大致经历了四个发展阶段：

一是创刊阶段（1999年）。1998年12月，《乳山市志》出版发行。为了接续记录留存资料，1999年乳山市委、市政府决定创刊《乳山年鉴》。为与市志下限保持衔接，首部《乳山年鉴》采用三年一鉴，记载1996～1998年内容。1999年3月召开全市会议部署，11月首部《乳山年鉴》出版。

二是探索阶段（2000—2010年）。自2000年起，《乳山年鉴》每年一鉴，记载上年度内容，全年市史志办基本能完成一部年鉴工作量。早期，主要是内部编辑，内容多用市志条目模式，版本采用小16开本，在政府自身的印刷所印刷，技术较落后。2001年创办“乳山市情网”。

三是规范阶段（2011—2014年）。《地方志工作条例》《山东省地方史志工作条例》

① 执笔人：徐华伟，乳山市党史市志办公室主任、党组书记。

颁布后，《乳山市地方史志工作管理暂行办法》发布实施，标志着依法编鉴进入新阶段。内容上开始向主体事业转变，逐步脱离单位报稿、总结模式。

四是提升阶段（2015 年后）。从 2015 年卷起全面改版提升，体现时代特色、地方特色和年度特色，积极构建年鉴编纂质量管理体系，大力探索年鉴即时资政以及信息化开发的有效途径，由方志出版社出版。版本由小 16 开改为大 16 开，由双栏排版改为三栏排版；印刷上由内文黑白印刷改为全彩印刷，并改由专业印刷厂印刷；框架上调整类目、分目设置，增加新业态内容；条目上突出主体事业，由以往的固定性条目为主调整为以特色性条目为主；照片上大幅度增加照片数量，选用存史资料性和视觉冲击力强的照片；载体上从单纯纸质版发展到年鉴内容全部数字化，并推出手机年鉴。改版后，年鉴可读性和生命力显著增强，得到社会各界好评。

二、主要内容与特点

《乳山年鉴（2016）》设专记、特载、大事记、乳山概况、党政群团、法治·武装、经济管理与监督、农业、海洋与渔业、工业、旅游·会展、商贸服务业、城乡建设·环境保护、交通·邮政·通信、财税·金融·保险、教育·科技、卫生·体育、文化、社会生活、人物、镇与街道、附录等类目。主要有如下特点：

一是追踪事业，以大事要闻支撑立体结构。《乳山年鉴（2016）》打破“规范化”条目设置模式，及时跟进年度大事要闻，增加年度特色性条目数量。框架设置和选题选材突出发展主题，尤其是在全市概况中充分反映。在各行业综述和概况部分，注重围绕事业发展来谋篇布局和组织材料。以“乳山概况”类目为例，大幅度增加蓝色经济区建设、全面深化改革、生态文明等经济社会发展主体事业的比重。准确把握年度工作特色、工作重点、重要工作、重大事件，按照“基础信息 + 大事要闻”的思路，增加反映主体事业发展的特色性条目比重，构建起概述性的全面条目、系统性的专项条目、典型性的特色条目相结合的立体条目结构。实行特色条目最少数量控制的办法，2016 年卷反映主体事业的特色性条目由上年度的 20% 增加到 50%。

二是即时宜用，借城市魅力塑造年鉴个性。《乳山年鉴（2016）》通过单设条目、专题彩页、随文图片、补白风光照片等方式对乳山独具的城市魅力进行展示，在即时服务大局、促进发展上展现价值，成为对外交往和招商引资的一张名片。突出滨海旅游、生态宜的城市特点。2016 年卷封面突出滨海生态环境，选择 160 幅彩页组图分滨海乳山、魅力乳山、生态乳山、宜居乳山等版块集中展示；在所有补白处采用生态照片通栏式装饰。对中国爱心城市建设、全国文化先进市建设以及以马石山十勇士等英雄群体、胶东红色乳娘等为代表的仁爱文化、红色文化进行彩页展示；对非物质文化遗产和省级古村落明清建筑文化进行展示；2016 年卷类目压图展示乳山从新石器时代以来的历史文化发掘成果。设置乳山旅游、漫游乳山寨等示意图，利用彩页和补白大密度展示旅游景点风光照片，多途径展示旅游现状和价值。优选介绍国家出口农产品质量安全示范区以及牡蛎、茶叶、大姜等国家地理标志产品，介绍海洋渔业发展情况，介绍乳山黄金工业、冶金工业、机械工业。

三是双维拓展，靠内容为王赢得年鉴价值。树立主动“掘金”意识。以社会价值和资料价值为原则选题选材，尽量选择读者普遍关注、查检率相对较高的题材，譬如及时增加旅游市场开发、会展业、担保和民间融资机构、非物质文化遗产等众多新业态内容。建立反映基本情况的指标体系，记清事物发展来龙去脉，上溯背景原因，下载发展成效、变迁价值以及揭示的问题，保证核心资料相对完整。运用多种比较方法，包括横向比、纵向比、与目标比、与成本比、与相关事物比，比速度、比增量、比总量、比结构、比名将、比后劲等。通过设置数字乳山、正文链接版块、收录附录等方式，让事实显得更直观。

三、主要经验和做法

《乳山年鉴》在编纂过程中不断增加年鉴记载内容的广度和深度，注重内容记述技巧和规律、提升编辑队伍素质和能力，以精耕细作促进年鉴内容更加丰富、记述更加规范。

一是实战培训，“众手成鉴”。借力专家团队提升年鉴层次，聘请具有丰富编鉴修志经验的 3 名离岗退休老干部担任特邀编审或副主编，邀请《苏州年鉴》主编、方志出版社编辑对《乳山年鉴》进行问题会诊，邀请年鉴专家为基层供稿员授课；开展年度供稿培训、培训成果共享、优秀年鉴研评、年鉴初稿内评、师傅带徒弟等活动，打造一支能吃苦、善钻研、作风硬的专业化编辑团队。近三年来，乳山先后组织供稿员和编辑培训 1000 多人次，180 个供稿单位均培养了 1—2 名供稿员。同时，实行执行主编、编辑署名、责任校对、印刷校对等制度，强化编辑责任意识，把好政治关、史实关、体例关、文字关、保密关。

二是图文并茂，两翼齐飞。在图片选用上把握存史资料性，注重选择能真实、准确、生动记载现实场景的图片。《乳山年鉴》2016 年卷就选择展示乳山新成就、新面貌的彩页图片 160 幅，反映各项事业发展亮点的随文照片 410 幅，类目组图 135 幅。同时，在表格设计上注重资政工具性，绘制图表 70 个，力求表现事物全貌、事物发展变化规律。

三是纸网互补，便捷服务。适应“互联网 +”时代要求，探索推进纸媒、光盘、网络、手机等“全媒体化”出版方式，满足个性化社会需求和资政服务。扩大赠阅范围，印数增至每年 3000 本，免费向党政机关及其负责人赠阅，向乳山籍在外老干部及曾在乳山工作的各级领导寄送，同时在城市书屋设立史志书苑专区，结合全域旅游思路选择宾馆酒店提供展示。打造网上年鉴，完成全部 18 卷年鉴数字化，协调将乳山市情网中的市情资源栏目上升到政府门户网首页，2015 卷改版后每卷同步推出数字版。开发手机年鉴，从 2016 年开始推出手机版年鉴，将二维码与电子书等软件结合，通过与手机移动应用程序相关联，把具体年鉴内容页面嵌入图片连接，实现手机端便捷查阅年鉴资料，提高查阅利用效率。

《陵水年鉴》简介

海南省陵水黎族自治县史志办公室①

一、发展概况

《陵水年鉴》创刊于2009年，是中共陵水黎族自治县委、陵水黎族自治县政府主办，陵水黎族自治县史志办公室主编的地方综合性年鉴。近十年，由于陵水经济快速发展，地方财力雄厚，各项事业得以蓬勃发展，陵水史志事业也顺势而上，日新月异。在经费保障有力的情况下，陵水年鉴人以不僵化、不停滞，勇于变革、敢于创新的立场与方法，通过“走出去”“引进来”等方式，广泛吸收各地年鉴编纂的成功经验，并秉持“功成不必在我、功成必定有我”的精神，经过近十年的不懈努力，陵水年鉴不断迈上新台阶。

二、主要内容与特点

《陵水年鉴》全面系统地反映了陵水国民经济和社会发展宏观态势及各行各业、各乡镇的情况，记述年度内重大事件，评述年度内重大发展、成就、问题等，收录年度重要法规和政策性文件，提供翔实的统计性资料以及其他实用性资料。《乳山年鉴（2015）》由部类、类目、分目和条目等4个层次构成，以字体、字号等版式设计区别

① 执笔人：陈敬词，陵水黎族自治县史志办公室副主任。

不同层次。2015 年卷设部类 22 个、类目 91 个、分目 124 个、条目 1630 个，表格 228 张，图片 107 张。主要体现六大亮点：

一是年鉴设计排版风格独异。全书以古朴典雅的理念为主轴，以陵水城市名片“珍珠海岸；美丽陵水”为起点，开启了白色代表珍珠，蓝色代表大海，虚化的大楼为蒸蒸日上在建设中的陵水，再加上每个章节中铅笔画的不同设计风格，呈现出有所思、有所想，让读者看后不觉得枯燥，看起来有更飘逸和空灵的感觉；同时进行了大胆探索，结合古典与现代时尚风格的融合创新，又把每一章，每一页以图片不同的形式体现出来，形成图文并茂进行搭配，深入融合，做到每一章，每一节尽量做到恰当好处。

二是清晰记载了陵水经济快速发展的脉络。近十年，陵水进入经济发展快车道，为全面、准确记载年度的经济发展情况，年鉴通过设置“总述”“产业”“经济”“科学技术”“统计资料”等篇目及图片、表格，尤其是“重点项目”和“统计资料”，既体现陵水经济发展的规模总量，又体现陵水经济发展的成效。使读者拥有良好的阅读体验。

三是突出陵水沿海经济发展的特征。陵水是海洋大县，近十年，围绕县委、县政府“建设海洋强县”的发展思路，做大做强海洋渔业的战略构思，陵水充分发挥海洋渔业的资源优势，以渔业增效、渔民增收为主线，渔业经济总体发展持续增长。海洋经济是陵水支柱产业之一，2015 年卷年鉴通过“海水养殖”“远洋捕捞”等来体现县政府的发展思路，重点体现各地游客对陵水水产品赞不绝口，心有流连忘返之意，把陵水海洋大县、海洋强县风采展现得淋漓尽致。

四是大展陵水独具一格的特色农业。陵水的地理位置得天独厚，农业发展一直位于全省前列，优质农产品更是享誉全国，2015 年卷年鉴通过“图片”“数字”“现代农业科技园”“农产品品牌建设”“南繁育种基地”等，从不同视角、不同季节记载了陵水农业欣欣向荣的景况，充分体现了“人无我有、人有我优”的特点。获得“国家地理标志保护产品”称号的圣女果，就独步海南、称誉全国。

五是突显改革开放的“发展成果”惠及区域百姓。2015 年卷年鉴通过“基础教育”“城市建设与管理”“文艺与体育”等，从不同层面、不同领域记载“发展成果”惠及百姓的内容，如突显全省首个实行从小学到高中全免费教育；城镇乡村实行硬化、亮化、绿化、净化、美化的工程，美丽乡村建设成果喜人；大建健身娱乐场地并对公众免费开放等。

六是突出全民共创精神文明，彰显“双创”文明城市风范。近十年来，“生态立县”“争创文明卫生城市”成为陵水标杆性名片和发展主线。2015 年卷年鉴通过设置“精神文明建设”“资源与环保”“森林资源培育”“爱国卫生”“统计资料”等,记载了县委、县政府坚定绿色崛起、绿色发展的理念。退耕还林、大兴植树造林、出台严厉的治污条例、设置“绿色碳汇基金”、建立宜居美丽环境等，在年鉴中都有重点体现。

三、主要做法和经验

一是组稿前调查摸底，不断改进和调整工作方法。每年年鉴组稿前，单位都组织人员分别到全县各承编单位走访，对年鉴组稿工作开展调研，摸清各承编单位的基本情况，然后根据情况对纲目进行修改和完善，并据此拟定新的工作方法。成立编纂委员会和编辑部，充实编辑队伍。要求各承编单位成立编写小组，并将编写小组名单、联系电话、电子邮箱报送县史志办，要求编写小组成员加入史志办工作微信群。各承编单位编写小组中主要领导任组长，将单位供稿责任落实到人，提高编纂效率和质量，也方便相互间的联系和修稿。对未能及时启动编写工作和编写工作进度较慢的承编单位，主要是通过约谈单位主要领导人和撰稿员，或通过县政府信息平台短信通知承编单位主要领导等方式推动承编单位的编写工作。由于方法科学、灵活且接地气,《陵水年鉴》每年的供稿工作开展得非常顺利。

二是落实工作责任，把指导工作抓好抓实。为加强对年鉴工作的指导、督促和检查，确保现有编辑人员落实编辑指导责任，县史志办细化工作分工，明确工作任务；确定指导编辑“一包到底”的方式,履行全程指导、修稿职责;采取“走出去、请进来”的方式来提高成书质量，在下到各承编单位指导编撰工作的同时，还聘请相关专业人员来研究完善终稿工作。

三是县委、县政府的重视和支持。陵水县始终坚持“县委领导、政府支持、地方志编纂委员会及史志办公室组织实施、各单位紧密配合、动员社会各界广泛参与”的编纂体制，每年的年鉴工作启动后，县委、县政府都非常重视，在下发相关组稿文件的同时，县委、县政府主要领导亲任编纂委员会主任和副主任，每年的组稿动员大会暨表彰大会县政府主要领导都亲自参加，为陵水年鉴工作提供了保证。

《天津市北辰年鉴》简介

天津市北辰区地方志编修委员会办公室①

一、发展概况

《天津市北辰年鉴》是在中共北辰区委领导下，由北辰区政府主办，北辰区地方志编修委员会办公室承办的综合年鉴。北辰区年鉴工作自2004年开始，2005年公开出版第一卷《北辰区年鉴（1998—2002）》，其后每年陆续出版。2006年至2011年作为内部资料出版,2012年开始恢复公开出版。其中,自第六卷改称《天津市北辰年鉴》,至今已出版15卷。自《天津市北辰年鉴（2009）》开始大量添加随文图照，大大增强了可读性。《天津市北辰年鉴》为国际大16开版本，内容涉及政治、经济、文化、社会、生态各个方面，兼具资料性和实用性，为领导决策提供依据，为改革开放、发展经济服务，为各行各业提供有价值的资料和文献信息，为各方面人士了解北辰、研究北辰提供最新资讯和历史借鉴，同时也为史志编修提供资料。

多年来，《天津市北辰年鉴》坚持与时俱进，多次精心改版，年鉴工作取得了多项荣誉。《天津市北辰年鉴（2011）》获天津市第四届年鉴编纂出版质量评比特等奖,《天津市北辰年鉴》先后获得全国地方志优秀成果（年鉴类）一等奖、特等奖。北辰区地方志办公室先后被评为天津市地方志系统先进集体、全国地方志系统先进集体。

---

① 执笔人：庄倩倩，《天津市北辰年鉴》编辑。

二、主要内容和特点

《天津市北辰年鉴（2016）》全面、系统、翔实地记述了2015年度北辰区各部门、单位及各镇街的主要工作和新情况、新业绩、新经验。采用类目、分目、条目格式，设特载、特辑、文献、专记、综述、大事记、区域经济、水务·环境保护、财政·税务·金融、经济管理监督、城乡建设与管理、中共北辰区委、北辰区人民代表大会、北辰区人民政府、政协北辰区委员会、民主党派·群众团体、法治·军事、社会事业、精神文明建设、社会生活、镇街、创先争优、统计资料、人物、附录25个类目，后附索引。其中，正文部分有分目105个，条目710个，图片300余幅，全书绘有示意图10余张，表格近20个，随文附12篇。整体上看，主要有三大特色：

一是坚持与时俱进原则，以创新性为指导，打造年鉴精品。《天津市北辰年鉴》数次改版，创立初时为28个类目，2011年时改为17个类目，2015年又改为25个类目。《天津市北辰年鉴（2016）》在此基础上，通过调整和补充，类目划分更趋科学，如"政法·军事"篇名改为"法治·军事"，更加科学，紧跟年鉴编纂理论前沿。此外，《天津市北辰年鉴（2016）》尚有多处更新内容，如在版面设计上，以多部特等年鉴为参考，融入北辰元素，设计集美观、时尚、活泼、严肃为一体的新封面；在彩页中，精心设计柱形图、锥形图等示意图全面展示北辰区年度经济发展情况；在内容上，大幅度增加随文照片和随文附数量，增强可读性。

二是坚持"三贴近"原则，以为人民服务为宗旨，增强实用功能。实际、生活、群众始终是优秀文化作品的活力与魅力所依、价值和意义所在，因此在年鉴内容选材时，《天津市北辰年鉴》一直十分注重贴近实际、贴近生活、贴近群众，有意识地增加与民生直接相关的内容。2016年卷无论是正文中的"北辰区公共自行车站点配置表"，还是附录中的重要决策文件及"为民服务"栏目，都是直接服务于人民群众日常生活的，增强实用性。

三是坚持重点突出原则，以全区重点工作为着眼点，集中记述专题活动。之前版别曾重点记述"改革开放30周年""新中国成立60周年"等活动。2015年，北辰区很多单位均有"三严三实""'十三五'规划"等相关内容，《天津市北辰年鉴（2016）》在区委主要工作中设置了"开展'三严三实'专题教育活动"、在政府主要工作中设置了"编制'十三五'规划"的条目，集中记述，从全区角度进行汇总与整合，各单位、各部门的部分予以删除，避免过多重复，增强统一性。

三、主要做法和经验

一是领导重视，队伍稳定，稳步推进年鉴工作。北辰区委、区政府高度重视和支持史志事业，认真落实“一纳入、八到位”，为北辰史志工作创造了良好的条件。史志工作被列入北辰区国民经济和社会事业“十三五”规划纲要中，并纳入全区绩效考核。同时，北辰区志办常年保持3—5人的专业编鉴队伍，指导协调年鉴工作，全区各单位、各部门均有专人负责年鉴资料收集和编写，形成了从区级到基层的工作网络，为年鉴工作有序开展奠定了基础。

二是加强培训，提高服务，抓好年鉴编纂质量。近年来，北辰区于每年年初召开年鉴工作会，下发《北辰年鉴行文规范》，对各单位年鉴撰稿人进行专题业务培训，并邀请市志办的领导和区志办编辑负责人，针对年鉴的报稿内容、撰写要求和行文规范进行培训。另外，在各单位、各部门编纂过程中，安排区志办工作人员随时解答各种问题，为其提供专业服务，从而使年鉴上报稿件质量逐年提高。

三是严格管控，紧按节点，保证年鉴编修时间。年鉴作为工具书是有其一定的时效性的，不能延后过久。北辰区志办每年都依据实际情况设计一张时间表，资料报送、领取初稿、领导签字、审核返稿均有明确的日期安排，并都会在全区下发通知进行提醒，要求各单位、各部门单位严格按照相关要求，在规定时间内完成相关工作，为年鉴工作的顺利完成提供保障。

《肥东年鉴》简介

安徽省肥东县地方志办公室[①]

一、发展概况

《肥东年鉴》是由中共肥东县委、肥东县政府主办，肥东县地方志办公室逐年编纂的地方综合性年鉴。创刊号《肥东年鉴（2011）》在2011年举办的以“创新合作、共赢发展”为主题的第七届中国国际徽商大会暨第十一届中国（合肥）自主创新要素对接会上展出。

8年来，肥东县地方志办公室秉承“传承历史文化，记载发展进程”的编纂理念，较为全面系统地记载了在中共肥东县委、县政府领导下，肥东县百万人民创业史，经济社会发展史，清晰地记述了肥东的风景名胜、风土人情、自然资源和投资环境，被县内外干部群众评价为肥东地方文化的一张名片。《肥东年鉴（2013）》《肥东年鉴（2016）》获得安徽省优秀综合年鉴一等奖。《肥东年鉴（2016）》获全国第四届地方志优秀成果（年鉴类）评审活动特等年鉴。2017年8月，中共肥东县委、肥东县政府专门发文在全县予以通报表彰。

① 执笔人：唐邦祝，肥东县地方志办公室副主任科员。

二、主要内容与特点

《肥东年鉴（2016）》采用条目式记事体，基本结构为类目、分目、条目三个层次。卷首设特载、大事记、肥东概况，主体部分涵盖肥东县政治、经济、文化、自然资源和社会生活等方面内容，卷末设附录和索引。主要有以下 7 个方面特色：

一是力求科学规划，常编常新。县地方志办公室科学合理设计《肥东年鉴》编纂框架，在凸显和强化已形成的特点和风格上做文章，求新求实，提高有效信息容量，在不断丰富年鉴资料形式和适用领域上做文章，从框架设计、条目编写、装帧设计、检索手段和校对质量等方面入手，在组稿、编辑、校对、出版等各个环节中严格把关。

二是力求整体结构完美和谐。《肥东年鉴（2016）》全书彩色印刷，色彩协调，印制美观大方。封面、封底与内文色彩相呼应；图文并茂，正文插图 300 余幅，生动反映了各行各业的工作情况，活跃了版面，增加了可读性。

三是力求对事物的记载具体细致，内容更加鲜活生动。《肥东年鉴（2016）》增加了实用性表格，如用表格的形式登记各行各业、各单位当年获得县委、县政府以上表彰的先进集体和先进个人名单，进一步表彰先进，激励后进，推动发展。通过数字统计表，有利于读者从数字的变化、比较、分析中，了解事物的发展变化。如增加乡镇主要社会经济指标、乡镇主要企业基本情况和村居（社区）委员会基本情况统计。用数据、表格的形式表述可以节省一定的篇幅，使“虚”的东西减少，“实”的东西增多，更加“接地气”。

四是力求突出特色，彰显个性。从肥东实际出发，《肥东年鉴（2016）》千方百计突出地方特色，张扬个性，使年鉴富于浓郁的“乡土味”。如肥东作为农业大县，该卷年鉴专门设置了“民生惠农”“农机安全行”等条目侧重反映农业产业化的最新情况；如全县全境旅游，侧重反映环巢湖旅游长临河老街、桥头集镇的“爱情遂道”、众兴乡的马政寺三月三庙会等旅游活动景点等内容。

五是力求在内容收录方面，与时俱进。《肥东年鉴（2016）》加大精选精编的力度，拓宽信息资料的选材范围，使年鉴资料性、权威性、可读性、贴近性有机统一。如设置“凡人善举”类目，有选择性地刊登一部分肥东的道德模范、创业标兵、贤妻良母、尊老爱幼、爱岗敬业、诚信友善的典型人和事，讲述老百姓自己的故事，为小人物树碑立传，贴近社会，贴近生活，贴近群众，增加年鉴的可读性。

六是力求在文字数量、图片报送方面，突出重点。强化责任，提高资料的权威性，文稿要求简洁明了，短小精悍，突出重点，突出亮点。在报送文稿时，必须注明撰稿人、审稿人，以加强各单位撰写文稿的责任心和资料的真实可靠性。最后由单位主要负责人审核签字，加盖公章，报史志办备案。近几年，随文图片刊载数量逐年上升，《肥东年鉴（2016）》刊载随文图片300余幅。

三、主要做法和经验

一是加强领导，健全组织机构。成立《肥东年鉴》编委会。县长担任编委会主任，县委常委、副县长、政府办主任、县志办主任为副主任，各主要部门负责人和乡镇长为成员。编委会定期召开全体成员会议，对年鉴的框架设计、体例规范、重点部类等进行决策和控制，同时建立考核制度，把年鉴编写工作列入各单位目标管理考核项目，促使各单位把年鉴工作放在同其他工作同等位置上，摆上各单位负责人的议事日程。建立健全史志工作机构，县直机关和乡镇均有分管年鉴工作的领导；建立史志联络员队伍，负责本系统年鉴稿的征集、编纂；建立供稿长效机制，确保供稿渠道畅通。每年年初召开全县地方志暨年鉴工作会议，总结上一年工作，部署当年任务。每年以县委办公室和县政府办公室名义联合下文，印发《肥东年鉴》编纂大纲和实施方案。县财政每年下拨专项经费，确保有钱办事。

二是坚持政治办刊，不搞有偿服务。作为政府主导编纂的地方性综合年鉴，《肥东年鉴》是政府公共信息传播的重要平台，是公益性精神文化产品，理应把讲求社会效益放在第一位。年鉴满足社会需要的程度越高，实用价值越大，年鉴工作的绩效就越大，年鉴编纂出版才能得到政府的重视和社会的认可。

三是注重学习，抓好培训，提升素质。2011年主要是学习兄弟县区的年鉴编纂的好做法、好经验，邀请省市年鉴专家到肥东传经送宝，每年对县直机关和乡镇园区开展经常性的业务培训，不断提高撰稿人员和编辑人员业务水平，不断提高编纂工作质量。

四是编纂配合有力，严把“三校一读”关。编辑部人员实行编、审、校一条龙工作制，组稿、改稿、定稿环环相扣，在保证质量前提下，抢时间、争速度。与印刷单位相互配合，最大限度提高印刷校对效率和质量，确保当年组稿，当年成书。编辑部合理分工，利用各种方式跟踪落实催报文稿，供稿单位大多在规定时间内完成文稿初稿上报任务。责任编辑积极校对，每年的年鉴都要进行三次校对，对发现的差错加以解决，并在校对人员“三校”的基础上，增加执行主编最后全书通读把关环节。

《三水年鉴》简介

广东省佛山市三水区人民政府地方志办公室[①]

一、发展概况

《三水年鉴》是佛山市三水区地方志办公室、区档案局、《三水年鉴》编辑部编纂的地方综合年鉴，自1996年起，每年出版1卷。近年来，三水区地方志办公室大力弘扬“高标准、严要求、创一流”的精神，使《三水年鉴》的编纂出版质量一年跃上一个新台阶，达到了较高水平。2004年，在第三届全国年鉴质量评奖活动中，《三水年鉴》荣获全国优秀年鉴二等奖、全国年鉴框架设计一等奖；2004年12月，《三水年鉴》2004年卷荣获首届中国地方志年鉴奖特等奖，成为广东省惟一获此殊荣的县（区）级年鉴；2010年，《三水年鉴》2008年卷荣获第二届中国地方志年鉴奖特等奖；从2014年起，《三水年鉴》进行改版，使用新型纯质纸印刷，对封面和内文版式进行重新设计，提高了整体品质。2016年，《三水年鉴》2014年卷获全国地方志优秀成果一等奖。

二、主要内容与特点

《三水年鉴（2016）》采取分类编辑法，以类目、分目、条目组成年鉴主体框架。该卷年鉴分设特辑、特载、专文等26个类目、149个分目、827个条目、80万字和彩

① 执笔人：蒋佳徽，佛山市三水区人民政府地方志办公室科员。

版 88 页，前有目录，后设主题索引。该卷年鉴坚持与时俱进，紧紧抓住年度热点和城市发展的亮点进行创新实践，全书主要呈现以下特点：

一是内容创新。该卷年鉴在稳定基本框架的基础上，对部分篇目的框架和内容进行调整和充实。为反映 2015 年全区重大活动及各行各业新貌，在特辑篇中设“美丽三水·跨越千亿”“文脉相传、源远流长”专栏，两个专栏以大量鲜活的图片，采用一页多幅或多页一幅的形式，通过高档铜版纸印刷，色彩鲜艳，画质饱满，具有视觉冲击力。两个专栏集中反映 2015 年三水区社会经济城市实现历史性的跨越发展，地区生产总值突破千亿大关的历史时刻，不仅展示“广佛创智之城、岭南水韵胜地”的新面貌，也展示了三水区丰富的历史文化资源。特设“专文”，包含政治、经济、文化和社会各项事业发展的亮点工作；在条目设置上，新设“便民服务”等，便于群众查询；在彩图专页中，开辟一个专版“数字看三水”，以点面结合的 7 张柱状表格，全面反映三水区 5 年来基本情况及国民经济主要指标完成情况。

二是科技创新。《三水年鉴（2016）》随书附赠的光盘精心策划，收录反映年度亮点的重要视频和音频，光盘内容分为编辑说明、正文检索、图片专辑、三水地图、伴读音乐、光盘简介等六大模块，集观赏性、实用性与保存性一体，既方便群众检索观看，又较好地集中展示了三水全区 2015 年重要事件，拓展了阅读空间，扩展了栏目内容。

三是封面创新。封面以独特的视角和设计理念，用蓝色和白色为主色调，融入三水标志性建筑物三水南站等元素，辅助以“和谐号”动车为主题，设计风格简洁明快、现代时尚，既展现出三水便利的交通环境和区位优势，又体现出三水社会经济发展如动车般飞速前进。

三、主要做法和经验

一是大力提升编纂水平。《三水年鉴》全体编辑人员严格按照年鉴的体例、文风要求修改稿件，精编精选。自创刊以来，就一直坚持出版社“三审三校”规范，把控好年鉴文稿的政治关和文字关，最大程度地减少可能出现的差错。定期邀请年鉴领域权威专家对全书进行评审，找出问题并加以修正。同时实行责任编辑专人负责制，将全书分成若干部分，各责任编辑每年固定负责相关部分内容，切实保障年鉴风格的连贯性和稿件的质量。编辑们每年还以自己的职业敏感捕捉新的资料信息入鉴，突出地方特色和年度特色，如《三水年鉴》2016 年卷设立的“文脉相传、源远流长”专题，在2017年改为“文脉三水、历史传承”，在保留以往精华的同时，增添新的文化元素，丰富专题内容。

二是着力增强社会效益。积极向区内机关、事业单位、学校、村居委会、有关企业、公司、省驻三水单位以及国家、省、市、区重点图书馆和博物馆等单位赠送《三水年鉴》，与全国10多个省、40多个地区建立了年鉴交流网络，对外宣传和推介三水。每年年鉴出版后，都通过各大媒体、多种渠道和形式，向各级党政部门、社会各界人士宣传推介。积极为各级领导、各界人士提供历史资料和地情资料等方面的服务，为海内外乡亲提供寻根问祖、村落姓氏、历史名人等方面的咨询服务。在年鉴编纂中增设交通和旅游信息、酒店饮食业电话等便民服务的各项内容，使年鉴成为三水区办事、商贸、交通、旅游、购物、娱乐等的“一本通”资料工具书。建立地情信息网站，积极为省、市志鉴工作部门提供历史和地情资料，做好各项服务。

三是加强年鉴队伍建设。长期坚持努力培养志鉴工作者队伍，要求各部门、单位的年鉴通讯员相对稳定，不能随意更换年鉴通讯员，使年鉴通讯员长期从事这项工作，熟悉年鉴条目设置、编写规范等要求，为提高年鉴编纂质量打下良好基础。每年初都召开全区年鉴编纂工作会议，对年鉴通讯员进行培训。在年鉴编写过程中，加强与新上岗的年鉴通讯员的联系沟通，为他们及时解决编写中的难题，切实做好具体的指导工作。发现质量较差的稿件，就着手辅导年鉴通讯员调整条目、补充资料、反复修改，直至验收合格为止。同时定期表彰年鉴编纂工作先进单位和先进个人，增强年鉴工作者的光荣感、使命感。

《北京海淀年鉴》简介

《北京海淀年鉴》编辑部[①]

一、发展概况

《北京海淀年鉴》是由北京市海淀区政府主办，海淀区党史地方志办公室（简称海淀区史志办）承编的地方综合年鉴。2002 年开始逐年编纂并公开出版，至 2017 年共计 16 卷。从创刊至今，在每本年鉴后面附加一张多媒体光盘，实现年鉴的无纸化阅读。海淀区史志办的官网平台上有海淀年鉴专栏，下设年鉴成果和编纂规范两部分。年鉴成果栏有网络版（电子书）2002—2017 年卷《北京海淀年鉴》，可在网上直接浏览；编纂规范栏可以查看海淀年鉴的编写方案、编写规范及相关工作事项。《北京海淀年鉴》还与中国知网合作，面向广大读者与群体提供服务；建立海淀年鉴交流群，方便大家沟通协调。

《北京海淀年鉴》多次荣获全国、北京市奖项，其中 2014 年卷和 2016 年卷分别获得 2016 年、2017 年全国地方志优秀成果（年鉴类）特等年鉴。《北京海淀年鉴》2016 年卷、2017 年卷入选中国地方志指导小组办公室中国年鉴精品工程“中国精品年鉴”。2017 年卷被北京市地方志办公室确定为北京市首批精品年鉴打造对象。

---

① 执笔人：黄佳佳，北京市海淀区党史地方志办公室《北京海淀年鉴》编辑。

二、主要内容与特点

《北京海淀年鉴（2016）》是记述海淀区经济和社会发展各方面的年度基本情况和重大事件的资料性文献，为领导决策提供翔实的资料，同时发挥育人、存史的功能。2016 卷设类目 31 个，分目 181 个，条目 1729 个，照片 238 张，字数 108.5 万字。主要具有如下特点：

一是框架结构和编纂规范。2016 年卷为进一步规范完善《北京海淀年鉴》编纂质量，对一级类目和文章内的分目标题添加底纹，使整个框架看上去更加明朗清晰，层次分明；对部分一级类目下的重要记述标题升级为条目，让读者查找相关资料更加方便快捷，一目了然，如 2016 年卷的街道·镇（地区）就做了相关调整；对照片的选取贴近群众生活文化娱乐、为民办事，做到图文并茂，既给读者留下深刻印象，又生动直观的点出正文要突出的相关内容；同时照片的边框设计以四方形为主，更加美观整洁。

二是抓住年度特色，展现区域风采。《北京海淀年鉴》注重与时俱进，抓住年鉴的“年度”属性，力求突出“年度”的主旋律。用“数字海淀”栏目记述当年经济社会发展所取得的成就，2016 年卷增加“文化创意产业收入及增速”数字图画形式，以年为单位根据人们关注的时事做调整。在卷首页设置“政治建设”“经济建设”“文化建设”“社会建设”“生态建设”这五个方面用照片记述年度重要事件、重要活动，把人们最关心最想知道的年度时事放在最前面，以便更好的了解海淀年度发展。同时，在每章首页采用突出主题、紧扣内容要点的照片开篇，且正文每篇设置篇章页。为突出中关村国家自主创新示范区在创新发展中的核心地位，强化“核心区就是海淀区，海淀区就是核心区”的意识，设有“中关村国家自主创新示范区核心区”类目，下设“园区服务与管理”“专业园区建设”“产业与企业发展”“经济信息化建设”等分目，反映中关村在海淀区作为科技园区、技术产业开发试验区、人才特区等科技创新中心，每年在经济、专利发明授权、企业创新生态环境等方面取得的新成绩，同时也成为推动全国创新发展的重要引擎。适应教育大区拥有众多高校优势，“教育”类目下设“学前教育”“基础教育”“高等教育”“职业教育”等条目，着重介绍每个教育阶段所取得的成就和发展，教育服务更加优质均衡。

结合海淀区名胜古迹众多，并拥有以“三山五园”为代表的古典园林区的独特区域特色，“旅游业”类目下设“旅游行业管理”“旅游景点”“旅游活动”条目，记述区域内著名景点，以及各景点丰富多彩的活动，为海淀的旅游经济和人文活动带来新发展。

三是提升装帧品位。在装帧设计方面，封面设计追寻简单美观大方，突出地方特色，展现人文景观历史等。《北京海淀年鉴》从2014年卷开始封面使用刚古特种纸精装，采用形象叠加和替代法的方式用书法字体书写“海淀”二字，用颐和园、圆明园、香山、清华大学等著名标志性景观的图像代替字体结构的局部笔画，文字内涵外露，使用专色、压凹、起鼓的印刷方式凸显该字体，字体苍劲古朴、朴素无华。在此基础上，以鲜明的颜色使用书法字体书写封面的基本要素，与底部凸起的“海淀”相互呼应，契合海淀拥有“三山五园”和高等院校的区域特色。做到内容准确、鲜明的传达，给人以清晰的视觉效果，体现独有的沉静雅致、古朴典雅的风格。

三、主要做法和经验

一部年鉴的资料要丰富且有价值，其中资料的收集是至关重要的，同时要做到资料的权威性、全面性、准确性。为此，需在资料的“广度”“深度”“准确度”这“三度”上下功夫。

一是拓展“广度”。编辑部每年都摘录一、二百条资料信息，拓宽资料的广度，保证资料的全面，主要事件、主要工作没有遗漏。文字资料征集主要通过以下10个渠道：最重要的渠道——撰稿单位的稿件；某些重要单位（部门）的工作总结；某些重要单位（部门）的大事记；机关报（《海淀报》《海淀城市周刊》《中关村科技园区报》）；主要部门的官网；主要部门编印的资料（如《海淀宣传》《海淀研究》《海淀金融》等）；政府OA网；《海淀新闻报道汇编》，汇集全国各级媒介有关海淀的报道；用专文形式（选取调研报告），深度反映全区年度重点工作或重要工作；善于在稿件中发现有价值的线索。

二是挖掘“深度”。各单位交来的稿件，对有些重要的事件有所记述，但有时记述的深度不够，就需要编辑做额外的功课。例如：《北京海淀年鉴》2016年卷经过对初稿“曹雪芹诞辰300周年纪念活动暨第六届曹雪芹艺术节”条目挖掘加工，增加2个条目“红迷嘉年华活动”“曹雪芹诞辰300周年纪念大会”，全面、完整、深度地反映第六届曹雪芹艺术节的丰富内容。

三是把握“准确度”。作为地方综合年鉴，资料（某些信息、条目的记述）不仅要全面，更重要的是要真实准确。《北京海淀年鉴》保证资料的“准确度”主要采取6种方式：在编纂环节，通过单位撰稿人、编辑部、专业人士三方人员配合，确保所有资料、尤其是报摘资料的“准确度”；同一件事情涉及几个部门的，要用几个部门的资料相互映证；与上年的年鉴对照，对那些跨年度的事件、工作在记述时特别注意工作的阶段性，对于年底完成的工作，注意消灭重复记述；与别的地区有关联的事件，适当延伸记述，以确保信息的完整性；反馈制度，即定稿后，把稿件再反馈给各撰稿单位，请他们对实事、数据等作最后的把关；坚持送审制度，即送区领导审阅把关；送专家评审对编纂质量把关，最后送出版社审校，使之符合出版要求。

《太仓年鉴》简介

江苏省太仓市史志办公室 ①

一、发展概况

《太仓年鉴》创刊于1997年，是由太仓市政府主办、太仓市史志办公室具体组织编纂的地方综合年鉴，是江苏省苏州市10部区县级综合年鉴之一。至2017年，连续编纂出版21卷。

多年来，《太仓年鉴》把“坚持太仓特色，形成太仓风格”视为年鉴工作的着力点和落脚点，坚持全面、系统、准确、客观地记载太仓自然、政治、经济、文化、社会和生态等方面现状，发挥年鉴为领导决策所用、为一线工作所用、为百姓知情所用、为学术研究所用、为宣传交流所用的功能，并为社会各界了解太仓、建设太仓和续修志书提供地情资料。21年间，《太仓年鉴》发展经历了初创阶段、发展阶段、调整阶段和创新规范等阶段，经过多年探索与实践，《太仓年鉴》以自身的特色和风格在中国地方志指导小组和江苏省地方志系统的各项评审活动中多次获奖。其中，《太仓年鉴（2003）》获首届中国地方志年鉴奖特等奖，《太仓年鉴（2011）》获第二届江苏省年鉴奖市县（市、区）综合年鉴一等奖，《太仓年鉴（2014）》先后获第三届江苏省年鉴奖市县综合年鉴特等奖和全国地方志优秀成果（年鉴类）一等奖，《太仓年鉴（2016）》获第四届江苏省优秀年鉴综合优秀一等奖。

---

① 执笔人：邢友来，太仓市史志办公室综合科科长。

二、主要内容与特点

《太仓年鉴》自创刊以来框架结构基本采用类目、分目、条目三个层次，以条目为基本单位。2014年起，《太仓年鉴》整体框架进行较大改革和调整，基本结构分为类目、分目（副分目）、条目等层次，部分类目增设子目，仍以条目为基本单位。框架设计主要分为卷首部分、正文部分和卷后部分，全书共15个类目，分别为封面故事、年度便览、视觉太仓、特别报道、大事纪要、城市概况、人居环境、太仓港、中德中小企业合作示范区、区域经济、公共服务、社会管理、地方组织机构、城镇街道和附录、索引等，其中卷首类目3个（封面故事、年度便览、视觉太仓），主要以图片形式展现太仓地方特色和年度工作亮点，并常设封面故事、数说太仓、年度重要荣誉、年度要闻、现代田园城·美丽金太仓、十大新闻、十佳新人新事、友好交流等内容；正文类目11个，为全书主体部分；卷后类目2个，即附录、索引。

《太仓年鉴》在设计、构思、编纂、审校、出版等方面坚持以"创新创优、追求完美"为理念，围绕"做美视觉、形成风格，做优框架、形成特色，做实内容、保持特点"的要求开展工作，狠抓框架设置、内容编排和装帧设计等环节，质量得到较大提升，形成自身独具的风格和鲜明的地方特色。

一是封面设计主题鲜明。2009—2014年的6卷《太仓年鉴》，封面设计采用蓝色衬底，烫银大字，并选取代表太仓城市建设和社会发展的建筑场景作为主体图片，统一规格样式，形成自身风格特点，构成完整系列。2015年起，封面设计融入太仓磨漆画工艺，将场面宏大的天镜湖公园、长江口旅游度假区的图片作为封面底图，运用金黄色为主色调，充分体现"金太仓"的地方特色，在视觉上给人以耳目一新的感觉。

二是框架设计科学合理。2014年起，《太仓年鉴》框架设计实行较大规范的改革创新，将原30多个类目调整为16个类目，进一步突出太仓特色。框架的调整改变了以往年鉴编写分类标准混杂、单纯模仿《中国百科年鉴》的分类方式和以部门、职能为标准来划分内容的弊端，更加着眼于从年鉴功能和读者使用的角度来编纂年鉴，更加着眼于年鉴的史料性、编述性和科学性，同时在正文编纂中有意识的增加综合性条目的记述数量，从根本上提升年鉴的文献史料价值和参考研究价值，并不断加强对图片的运用，特别是卷首"视觉太仓"等栏目的设置，有力地凸显了太仓的地方特色，使《太仓年鉴》逐渐成为展示太仓地情文化、地域特色的名片和窗口。

三是特色栏目独树一帜。《太仓年鉴》在卷首图片专题和正文类目设计中，充分体现地方特色和年度特点，如 2014 版年鉴卷首增设“撤县建市 20 年巨变”等栏目；2015 年增设“群众路线教育实践”“竞走世界杯”等栏目；2016 年增设“回眸十二五”“我是共产党员专项教育活动”等栏目。正文部分，从 2014 年起，将“港口建设”和“中德合作”等内容划出升格，单独设置“太仓港”“中德中小企业合作示范区”类目，紧贴太仓实际，彰显太仓港口经济发展和中德合作方面的成就。以上栏目逐渐成为《太仓年鉴》的亮点和品牌特色栏目。

三、主要经验和做法

一是精心开展前期准备工作，科学设置年鉴框架结构。《太仓年鉴》在每个岁末年初都会进行一次纲目论证和调整，并紧密结合太仓地情，科学设置更符合地方特色的框架大纲。框架初稿形成后，在一定范围内征求意见，并报送有关领导、专家审阅，然后结合各方修改意见，进一步完善纲目。随后，通过市委办、政府办将年鉴组稿通知和新一年的年鉴大纲一并印发至各单位，以便各单位对照纲目组稿，尽可能做到系统、全面，凸显地域性，紧贴时代性。

二是认真抓好初稿落实工作，从源头上提升稿件质量。《太仓年鉴》十分重视各分目初稿的落实工作，着重针对有些单位初稿存在的总结模式明显、部门痕迹浓重、资料过于琐碎等问题，分门别类召开小型座谈会进行培训指导，指出各单位的问题所在和初稿撰写的重点，明确资料收集方向和入鉴内容的详略等。针对各年鉴撰稿员多为办公室文员、习惯于总结报告写作的特点，列举出总结报告和年鉴初稿撰写的不同点，如总结报告是高度概括、记述过程做法、内容广泛和主观色彩浓厚的，而年鉴撰写则是要详细记述年度状况，是客观的呈现事件。通过分门别类的指导，有针对性的落实初稿撰写要求，从而在源头上提升年鉴初稿质量，同时为后期编纂工作打好基础。

三是抓紧抓实后期稿件编校，统筹提升整体质量。《太仓年鉴》稿件编校注重围绕各单位主要职能，系统记述和反映各系统、各行业、各领域年度情况，多侧重“主业”记述，多反映面上的做法，少记述点上的事件，将重要的点上事件统一记入“大事纪要”等类目。在编辑过程中，围绕提升年鉴文献资料的历史价值和参考研究价值，注重增加综合性条目编辑修改，达到以综合性条目为主、单一记事性条目为辅的结构。同时，注重挖掘条目有效信息，补充完善行业、系统的基础资料，拓宽重要内容的深度，使条目的有效信息得以广泛归集、重点领域的内容得以充分反映。在修改稿件过程中，责任编辑同各撰稿单位保持经常性沟通联系，及时查漏补缺，将一些数据多、文字少的条目转换成图表，使内容更直观、便览。经过实践操作，不仅年鉴内容一目了然，而且一定程序上改变基础信息缺失、有效信息简略的情况，使成稿更符合年鉴资料性、权威性特点。

《黟县年鉴》简介

安徽省黟县地方志编纂委员会办公室[①]

一、发展概况

《黟县年鉴（2015）》是黟县人民政府主办，县地方志办公室负责编纂出版的综合性地情资料工具书，是黟县出版的首部年鉴，记述时限为2007年1月1日至2014年12月31日。

二、主要内容与特点

《黟县年鉴（2015）》有30个类目，1151个分目，1057个条目，插图137张，100万字，彩色印刷。该卷年鉴紧扣八年来黟县人民在县委、县政府领导下所取得的发展成就和民生改善状况，为社会提供认识了解黟县各方面情况的基本判断，是继第二轮《黟县志》（记载下限为2016年年底）之后的重要史册。设有概述、特载、大事记、党派、政治协商、群众团体、政法军事、经济管理、财政税务审计、农业、工业、商业旅游、交通邮电、城乡建设、科教文卫体、社会生活、乡镇社区、人物、统计资料、附录等类目。插图和随文图表重点贴近全县经济社会发展亮点，力求具体、形象、生动地反映黟县的发展全貌。该卷年鉴具有如下特点：

① 执笔人：胡时滨，《黟县年鉴》主编。

一是突出旅游强县的特色。黟县是第一批中国旅游强县之一。《黟县年鉴(2015)》在全书开篇第一面的彩页“荣誉奖匾”专题下，收录了“联合国教科文组织为西递宏村颁发的世界文化遗产证书”、国家旅游局颁发的“中国旅游强县证书”、国家农业部旅游局联合颁发的“全国休闲农业与乡村旅游示范县”牌匾、中国旅游协会颁发的“中国最有幸福感的休闲城市”证书、中国风景名胜区休会颁发的“中国风景名胜区摄影基地”牌匾，力求给读者以深刻的第一印象。同时在25个彩页中，安排了10个页面，分“经典黟县”“活力黟县”“生态黟县”“文化黟县”诸部分对域内风光名胜、民俗特产加以直观反映。在年鉴正文中专设“旅游”类目，除了介绍“旅游发展”外，还分“景区简介”“红色旅游资源”“古岭驿道”“重大项目”“历届中国黟县摄影大展”“传统特色村落”等对“旅游资源与项目”进行总结推介，对黟县旅游发展作系统科学的介绍。

二是突出传统村落集中的特色。传统文化村落遗产是中华文明的重要载体，是乡情所系，是血脉之根。作为徽州文化发源地，黟县不仅有世界文化遗产地西递宏村，而且有中国历史文化名村屏山、南屏、关麓村等5个村落，有31个国家级传统村落，黟县的中国历史文化名村及中国传统村落的数目，安徽省名列第一。《黟县年鉴（2015）》编纂过程中十分注意收录相关历史材料，着力收录传统村落的物质文化要素（以特色建筑为中心，包括植被、古树、名木、小巷、水巷、青石板、白粉墙、河埠头、街楼、庭院、圈门、水阁、河房、舟船、平桥、拱桥、桥廊、桥亭等）、社会文化要素（以特色社会要素为中心，包括戏台、庙观、美食、手工艺、祠堂、祖坟、匾额、石刻、茶室、小吃、邻里、社交场所、酒肆茶坊等）、人文文化要素（以特色人文要素为中心，包括诗词、绘画、戏曲、民歌、野趣、掌故传说、名人、文化记忆、楹联等）、历史文化要素（氏族郡望、衍派、祖地、谱牒、排行、乡贤名人等）共收录介绍全县60多个传统村落的文化历史资料。该卷年鉴趣味性、科学性、文化性相融合，增强了可读性及收藏价值，不仅是对黟县传统村落的一个大普查、大总结，也是一个很好的推介；不仅能为游客旅游、学者考察时提供参考线索，对本地年轻人来说也是一次历史文化传承的普及与传承。

三是整体设计上突出地方特色。《黟县年鉴2015》封面有全县地域轮廓中容纳黟县历史及风光景物的照片9张，下方是夏日宏村南湖风光图片；封底是灰色的灰墙黛瓦的古民居，正中镶嵌“黟县年鉴”篆刻章。历史的沧桑感与古黟历史相协调，“黟县年鉴”的篆刻也十分鲜明地彰显以国家级非遗“黄士陵徽州篆刻黟山派”的特色。全书正芯所用的本白纸张，略带灰黄色彩与黟县的悠久历史及深厚的文化底蕴十分吻合。

三、主要做法和经验

《黟县年鉴（2015）》是创刊号，时间跨度大，多卷本年鉴编纂困难很大。为此，《黟县年鉴（2015）》作了如下探索：

一是在写好大事记外，在行文时重视图表的作用。能够用文字也能用图表表达的，优先使用图表。二是既写好“概况”，概括好各单位及部门8年来的主要情况，每年相似的例行工作，写第一年和最后一年的情况，使之“始末清楚”；也重视“重大事件的专条”的记述，必要时另附统计表加以反映。三是把好综述与专题的分工关，原则上是综述条目写全貌，专题条目写具体。已有专题条目的，综述点到即可，不再展开，尽量减少重复。比如交通部分，如果“公路建设”“公路运输”“公路养护”都已有专题条目，在“交通综述”中只简单提到一个总数即可，不再展开作详细具体的叙述。有些问题没有设立专门条目，在综述中适当展开写详细一些。四是提升表彰收录的档次，凡是收到黄山市委、市政府以上表彰才收录至年鉴的“荣誉榜”。这样做既突出重点，又兼顾全面，为多年年鉴编纂探索出一条新路。

《长沙县年鉴》简介

湖南省长沙县史志档案局 ①

一、发展概况

《长沙县年鉴》由长沙县政府主办，长沙县史志档案局承编，逐年连续编纂出版，是全面、系统、客观反映全县经济社会发展新成就、新经验、新问题的资料性工具书。《长沙县年鉴》创刊于 1999 年，首卷为“五年一鉴”，2013 年起实现“一年一鉴”。截至 2017 年，编纂出版 9 部年鉴。其中，《长沙县年鉴（1993 ~ 1997）》获评湖南省优秀年鉴一等奖；《长沙县年鉴（2014）》获评全国地方志优秀成果县区级综合年鉴三等奖；《长沙县年鉴（2015）》获评湖南省第四届年鉴奖“县市区级地方综合年鉴一等奖”。

二、主要内容与特点

《长沙县年鉴（2015）》系统记述了 2014 年度长沙县（含长沙经济技术开发区）自然、政治、经济、文化、社会、生态等方面的发展状况和最新成就，行文规范，语言精炼，信息量大，具有权威性、科学性和参考性。主要有以下特点：

一是框架设置上重规范，创特色。该卷年鉴分为类目、分目、条目三级结构层

① 执笔人：张娜，长沙县史志档案局党史县志科科员。

次，部分涉及面较广的分目下增设副分目。每年根据机构、职能调整变化情况科学设置类目，综合运用图、文、表、录等多种方式进行记述。《长沙县年鉴（2015）》，设有特载、专文、大事记、长沙县概况、中国共产党员长沙县委员会、长沙县人民代表大会常务委员会、长沙县人民政府、政协长沙县委员会、纪检·监察、社会团体、法治、武装、园区建设、经济管理与监督、农业·水务·气象、工业·建筑业、城乡建设与管理、生态环境保护、交通·邮政·通信、商贸·旅游、财政·税务、金融、科学技术·知识产权、教育、文化·体育、卫生、社会民生、镇街要览、人物·荣誉录、文件、统计资料、综录、索引等32个类目，在兼顾各部门各单位职能职责工作的同时，注重各类目篇幅之间的综合平衡。对“气象”“气候”“工业”“建筑业”“园区建设”等部分篇幅悬殊的问题，在编排结构上反复推敲，多次调整，力求既尊重原稿，又符合分类标准，达到篇幅均衡。特别是在综录部分增设专栏“人文荟萃”，刊载传奇人物、名人故里、秀丽山川等知识，史志结合，增强可读性和趣味性，彰显县域特色，擦亮文化名片。在“附录”中还设立“新闻存目”一目，将年内中央、省级党报党刊和国家级主流媒体报道长沙县的文章、短讯标题列表；在“人物·荣誉录”类目中，设立“先进模范人物”“有影响的社会新闻人物”两个栏目，新辟“荣誉录”，按照获中央、省级、市级表彰奖励的先进集体、先进个人分类列表。这些看似可有可无的细节，使年鉴内容更充实，要素更齐全。

二是条目设置上删繁就简，力求精炼。《长沙县年鉴（2015）》采用综合类条目和专题类条目有机结合，比例适当。概况内容高度凝炼，有效精减常规条目，常规性工作均在概况中记述。对于内容相同而在不同类目下记述的条目，统一调整至职能职责部门中进行记述，力戒雷同。通过编制索引，精炼主题词，在合并同类项时，如同一主题词出现频率过高，则对相应条目或删或并，有效瘦身。如此，含金量更高，信息量更大，纵观全鉴，虽然涉及全县120多个单位，但只有80万字。

三是排版设计上博采众长，彰显个性。在《长沙县年鉴（2015）》封面设计上，编辑部反复修改打磨，对“长沙县”和“年鉴”五字分别以不同字体竖排，封面左上角插入星沙LOGO图标，并将松雅湖晨景照贯通封面封底，以突出松雅湖作为全省最大的湿地公园这一城市开发建设成就，寓意星沙如同旭日初升，魅力无限，具有视觉冲击力。在该卷中注重排版，尽量使各类目从单数页开始，32个类目中有20个均从单数页开始，且整体留白较少。该卷年鉴还系统规范年鉴中的所有表格，将其统一排序编号，方便读者查阅。《长沙县年鉴（2015）》中按领导视察、重要会议、重大活动、重大项目、年度概览、年度荣誉等编排图片和表格，图文并茂地展现全县经济社会发展的新成就、新面貌。精心设计公益彩版，不再为各单位另设彩版，采取图文混排，版面更为灵活，结构更趋合理。

三、主要做法和经验

一是注重编纂规范。编纂过程中，编辑部根据当年编纂最新要求，对年鉴文字使用、文体文风、时间表述、数字用法、计量单位等进行统一规范。对于各单位概况条目中的内容，按照年鉴的统一规范和要求，重点突出各单位职能工作内容，各单位的内视信息如队伍建设等内容均予以弱化或删除，开门见山，榨干“水分”，套话、空话一律删去，避免总结式、报告式写法。

二是注重审核修改。加强同各组稿单位交流，对文稿中存在的问题及时反馈，协调落实。经方志出版社严格审核后，编审人员对全书反复审核，保证完整性、协调性。

三是注重细节，即使是年鉴编纂中最容易被忽视的索引编制，编辑人员同样一丝不苟，精益求精，内容上求全，字数上求少。

《越秀年鉴》简介

广东省广州市越秀区人民政府地方志办公室①

一、发展概况

《越秀年鉴》创刊于1996年，是由中共越秀区委、越秀区政府主持，越秀区政府地方志办公室（以下简称“越秀区志办”）组织编纂出版的地方综合性年鉴。越秀区志办始终坚持“精益求精服务社会发展”的理念，以规范和创新为抓手，坚持质量第一，打造精品年鉴。2013年，探索打造精品年鉴新模式，实践出了包括设计框架—制订大纲—部署组稿—总纂汇编—校对审核—专家评议—印刷出版的七个步骤全流程质量和周期管控有序的越秀模式，实现“一年一鉴、公开出版、当年出版”目标；创设“年度关注”篇，凸显特色和亮点；2014年，在全省率先开展年鉴出版前两轮专家评议，年鉴质量迈上新台阶；2017年，改版为大16开本。经过多年探索和实践，2016年《越秀年鉴（2014）》、2017年《越秀年鉴（2015）》连续两届被评为全国地方志优秀成果（年鉴类）特等年鉴，获得中国地方志指导小组、中国地方志学会通报表扬，是广东省唯一连续两届获得特等年鉴的县区年鉴。

《越秀年鉴》出版后及时在广东省地情网站发布，以其丰富、翔实、权威的资料，成为宣传越秀科学发展的主流平台、社会各界人士了解越秀的重要窗口和全景式记述越秀的“金名片”。

① 执笔人：郭艳玲，越秀区人民政府地方志办公室主任，《越秀年鉴》主编。

二、主要内容与特点

《越秀年鉴》全面、系统记录越秀区围绕建设广州“中央文化商务区、创新发展先行区、品质城市示范区”的目标定位，在政治、经济、文化、社会等方面的基本面貌和年度发展情况。采取分类编辑法，以篇目、分目、条目组成框架结构和主体部分，资料丰富，记述充分，门类齐全。《越秀年鉴（2015）》设18个类目，下设121个分目、1057个条目，配图315张，共85万字。主要亮点如下：

一是重视记载越秀区作为“公共服务中心”以民为本的惠民举措。《越秀年鉴（2015）》在“年度关注”类目专门设置“民生实事”“登革热疫情防控”“社区治理”“扶贫”专题，同时在“政党”类目中设置“社会工作”分目，记载越秀区将民生实事落实与社区建设交融在一起所取得的民生实事成果。

二是分类梳理越秀区作为“千年商都核心”，促进经济转型升级发展的创新路径。《越秀年鉴（2015）》设置“产业经济”“经济管理”类目，在“年度关注”《越秀年鉴（2015）》设置“民间金融街建设”“专业市场转型升级”“产业园区创新发展”专题，记载越秀区经济发展实绩。

三是重点记述越秀区建设“品质城市示范区”生态文明风貌。《越秀年鉴（2015）》设置“城区建设与管理”类目，下设“城区规划”“市政建设与水务”“环境保护”等8个分目，分类设置83个条目，体现越秀区实施城区环境精细化品质化长效化管理机制，记载越秀区纵深推进干净整洁平安有序城市环境建设成果。

四是点面结合记述越秀区作为“中央文化商务区”，在彰显古城“广府文化源地”文化价值方面的独特作用。《越秀年鉴（2015）》设置“文化”类目，在“文化建设”分目中设置“公共文化服务体系”条目；在“产业经济”类目设置“文化产业”分目，体现越秀区在文化要素的沉淀和储备情况。

五是动态反映越秀区作为“创新发展先行区”的影响力和辐射效应。《越秀年鉴（2015）》设置“广东首个民间版本收藏邀请展”“广州市首个党代表工作站”“广州市首座慈善医馆开业”“广州市首个社区‘法律诊所’成立”“越秀区首届‘区长质量奖’评选”“越秀区‘首届杰出人才’评选”“越秀区城市管理综合考评总分全市第一名”等条目，体现越秀区创新观念、工作领先、影响力强的工作成效。

三、主要做法和经验

一是多维细致地呈现重点工作的发展轨迹。根据越秀经济社会发展实际，注重凸显越秀年度亮点和特色，设立“年度关注”类目，以专文形式记述越秀经济发展和社会事业成果，在《越秀年鉴》2013—2017年卷共撰写专文42篇，涵盖政治、经济、文化、社会等基本情况，专题记述越秀经济发展和社会事业成果，突出地方性、年度性和全局性。第一，立足区情，记述“人无我有”的区域特色。《越秀年鉴（2013）》专题记述习近平总书记视察东濠涌，并对东濠涌整治成果作出重要指示的要闻，留下珍贵史料。第二，立足区域发展规划，对越秀中长期发展特色进行连续记载，以完整反映中长期重要项目的发展脉络。记载广州民间金融街发展历程，从2013年卷“广州金融街开业”、2014年卷“广州民间金融街建设（二期完工、三期启动）”、2015年卷“广州民间金融街三期工程完工”到2017年卷“‘全国民间金融产业知名品牌示范区’成功创建”，完整记述广州民间金融街创建过程；跟进记述北京路文化核心区建设，从2015年卷“北京路文化核心区建设”、2016年卷“广州北京路文化核心区建设”到2017年卷“北京路文化核心区正式挂牌国家AAAA级旅游景区”，详尽记载北京路文化核心区创建过程。第三，立足民生实事，充分反映年度特色。从2013年卷开始，每年将民生实事、社区网格化管理、登革热疫情防控等社会普遍关心和涉及群众利益的事项，纳入“年度关注”类目，内容涵盖环保、教育、医疗、社会保障、养老服务、文化、便民服务等。

二是合理编排动态条目。坚持每年开展条目编排两轮全区各单位大范围征求意见。第一轮是每年1月，组织力量整理查阅上年区各单位工作材料、媒体报道及政府信息，通过分析研究，拟定出《越秀年鉴》编写大纲，列表细化到每一个条目，以通知形式向全区各单位进行第一轮征求意见。在各单位反馈意见的基础上，既遵循《越秀年鉴》总体框架体例相对稳定，又根据全区经济社会各项事业发展情况，调整年鉴框架，完善动态条目。第二轮是将经过调整后的条目再次以通知的形式向全区各单位征求意见，并在完善条目的同时，组织召开全区年鉴培训工作会议，布置年鉴组稿工作。在培训会议上，将敲定的年鉴条目发送各单位，并且围绕条目的撰稿进行针对性培训，使撰稿人员在培训中掌握撰稿要领，完成撰稿任务。由于条目经过两轮征求意见，有助于区各单位提前安排资料收集，同步展开撰写稿件工作，为年鉴总纂赢得宝贵时间，保障年鉴工作有条不紊地开展。

三是提高审稿精细化程度。坚持年鉴规范的理念，在年鉴编纂质量的审核把关方面，邀请年鉴专家为全区年鉴编纂人员讲授培训年鉴业务，指导行文规范，有效改善年鉴编纂人员调整频繁、业务不熟悉的状况。把握年鉴记述内容，对越秀区年度工作信息实行电子化收集、动态化跟进、精准化组稿，充实年鉴内容。组织专家团队，在全省率先坚持每年开展两轮专家评议，依托专家优势，规范框架、篇目、条目设置，提高年鉴编审人员专业能力。同时，落实主编负责制和责任编辑责任制，从确定框架、组织文稿、编辑整合、终审把关、封面设计、排版印刷等各个环节进行全程把关，每次审核发现问题，及时修改，保证不出现明显的硬伤和重大问题。

《丰润年鉴》简介

河北省唐山市丰润区地方志办公室①

一、发展概况

《丰润年鉴》创刊于2011年，由唐山市丰润区政府主办，唐山市丰润区年鉴编纂委员会编纂，公开出版发行的年度性地方综合年鉴。《丰润年鉴》以“服务当代、以启未来”为宗旨，力求分类科学，层次清晰，领属得当，编排有序，突出年度特点和地方特色，努力打造精品佳鉴。至2017年，先后编纂出版《丰润年鉴（2006—2010）》和2011年卷、2012年卷、2013年卷、2014年卷、2015年卷、2016年卷、2017年卷。实现一年一卷、当年编纂当年出版的目标。其中，《丰润年鉴（2016）》110万字，被评为2017年度河北省地方志优秀成果（年鉴类）一等奖。

二、主要内容与特点

《丰润年鉴（2016年）》按照“分类科学，层次清晰，领属得当，编排有序”的分类规则，设类目、分目、条目3级，层层统领，条目为基本记述单元。标题动静结合，力求简洁、准确、规范。

《丰润年鉴（2016）》坚持稳定和创新的有机统一，“大稳定、小调整”的原则，

① 执笔人：潘贵存，《丰润年鉴（2016）》主编。

适当调整结构布局，彰显年度特点和地方特色。如将浭阳新城、唐山（丰润）· 中国动车城、中国北方现代物流城单设为类目，突出地方特色。2015 年，按照中央、省、市委部署，区委组织开展“三严三实”教育活动，《丰润年鉴（2016）》反映时代脉搏和教育成果，增设“三严三实”教育活动类目，内设综述、实施方案（概况、总体要求、节点工作、解决问题）、推进措施（概况、周密安排、严把节点、注重实效、舆论宣传）、主要成果（概况、加强学习、立规执纪、统筹推进）4 个分目和 13 个条目。析解政治类目，将原政治类目包含的中国共产党、人民代表大会、人民政府、人民政协、民主党派·人民团体分离单设，使原来 26 个类目增加到 31 个类目，即特载、大事记、丰润概况、中国共产党唐山市丰润区委员会、“三严三实”教育活动、唐山市丰润区人民代表大会、唐山市丰润区人民政府、政协唐山市丰润区委员会、民主党派 · 人民团体、武装、政法、城乡建设·环境保护、浭阳新城建设、综合管理、财政·税务、农业、工业 · 建筑业、唐山（丰润）· 中国动车城、交通 · 邮电、商贸服务业、中国北方现代物流城、金融业、科学技术、教育、文化、卫生·体育、社会生活、乡镇·街道、人物、文献文件辑存、统计资料。

三、主要做法和经验

一是遵守出版规定，保证质量。第一，严把政治关。坚持以马克思列宁主义、毛泽东思想、邓小平理论、“三个代表”重要思想、科学发展观、习近平新时代中国特色社会主义思想为指导，实事求是的记述本行政区域内自然、政治、经济、文化等方面的发展进程，使编纂出版的《丰润年鉴》成为“功在当代、利泽千秋”的精品佳鉴。第二，严把资料质量关。体现“求实、求精、求准、求新”特点。年鉴所采用的资料既丰富翔实，又真实可靠，保证入鉴资料的权威性和可信度，发挥年鉴的资政、教化、存史作用。第三，严把行文规范关。制定《〈丰润年鉴〉编纂规则（试行）》。包括总则、条目标题、条目撰写、语言文体、名称表述、时间表述、数字、标点、计量名称、图片表格、版面版式共 51 条，规范年鉴编写，保证年鉴行文严谨、朴实、简洁、流畅，防止随意性。

二是规范责任，保证质量。第一，建立主编负责制。承编单位上报资料后，由专职责任编辑按照年鉴编写规范梳理、提炼、加工、归纳，形成初稿。然后提交主编修改、审查。主编提出修改意见并签字，返回责任编辑修改完善。第二，建立承编单位核审制。经完善修改的年鉴稿，提交各承编单位审核，提出修改意见。承编单位主要负责人在《承编单位年鉴资料审核表》内签字盖章，以示负责。第三，建立责任编辑核校制。年鉴出版前的排印阶段，先由责任编辑自校、互校、通校，最后由主编统校。第四，建立审核批准发行制。按照《地方志工作条例》规定，《丰润年鉴》在出版前，区地方志办公室向区政府提交出版发行申请，经审核批准后正式排印出版发行。

三是完善培训机制，建立覆盖全区的高素质的专兼职编纂队伍。为了实现“当年编纂、当年出版”的目标，主要开展如下工作：建立有主管领导、有撰稿人员的年鉴资料编纂专兼职队伍；编写《丰润年鉴编纂指南》工具书，发至各承编单位，内容包括年鉴的功能与定位、年鉴的特点与性质、年鉴的价值与作用、条目的编写等方面，方便撰稿者学习参考；加强业务培训，采取集中与分散、自学与个别指导相结合的培训方式，提高编纂人员承担年鉴编纂业务能力。由于组织网络体系健全，有高素质的专兼职编纂队伍，资料搜集精准到位，《丰润年鉴（2016）》基本实现“当年编纂、当年出版”，打造精品佳鉴的既定目标。

《红塔年鉴》简介

云南省玉溪市红塔区史志编纂办公室[①]

一、发展概况

《红塔年鉴》创刊于1987年，是玉溪市红塔区史志编纂办公室（以下简称“红塔区史志办”）负责逐年编纂的县级地方综合性年鉴。红塔区史志办坚持“围绕区委、政府的中心工作，以人民为中心，服务社会、服务经济、生态立区、工业强区”的编辑理念，在创新中发展、发展中创新。1987年，创刊32开本，刊名《玉溪市年鉴》，内部出版发行，由市政府主办，市政府办公室和市志办公室承编，全面系统地记载上一年度全市经济和社会发展情况，成为云南省第一部县级综合年鉴。1991年，改为正16开本，公开出版，国内外发行。1998年，更名为《红塔区年鉴》。2000年和国际接轨，改为大16开本。2003年，更名为《红塔年鉴》。2002—2011年，《红塔年鉴》由中共玉溪市红塔区委、区政府，中共红塔集团委员会，中共玉溪市烟草专卖局委员会联合主办。其中2004—2008年，《红塔年鉴》与中共红塔集团委员会合办，烟草产业是玉溪的经济支柱，烟草兴，经济兴；红塔兴，玉溪兴。政企合办年鉴后，加大“两烟”生产、经营的记述力度，促进了烟草产业的发展，开创了全国政企合办年鉴的先河。2005年起，《红塔年鉴》除纸质版外，还制作“DVD光盘”，方便广大读者使用。2013年，经上报主管领导批准增加费用，全书改为全彩四色印刷，图

① 执笔人：蒯学庆，《红塔年鉴》执行主编。

文并茂。

二、主要内容与特点

《红塔年鉴（2016）》采用条目式记事体，基本结构为类目、分目、条目三个层次，设时政要闻、特载、大事记、概况、政治、经济、云烟之乡、文化、社会·生活、人物、附录 11 个部类，部类下设类目 32 个，栏目下设分目 151 个，分目下设条目 1801 个，共 136 万字，有红塔区行政区划图、红塔区旅游示意图各 1 张，图片 458 幅，表格 88 个，统计资料图 18 个。卷首有目录、英文要目，卷内有书眉，卷末有索引。《红塔年鉴（2016）》呈现六个特点：

一是突出记载红塔区转型升级、园区创新发展的工作。园区经济类目设置“红塔工业园区”“研和工业园区”“高新区”类目记述创新创业、人才引进、园区企业的培育、项目的引进等内容，结合红塔区现状凸显发展重点，呈现红塔区现代园区发展之路。

二是突出地域文化特色。红塔区素有“云烟之乡”“花灯之乡”“聂耳故乡”美誉，通过对“三乡”特色的记载，延伸和拓宽“云烟之乡”的经济优势支柱产业的美好经济效益前景，同时促进“花灯之乡”的文化兴盛，特别是为红塔区打造聂耳品牌拓展空间。

三是突出记述部分驻境内省、市单位和驻军部队的重大建设、科技创新和经济发展、地震救援、安全稳定等情况。

四是突出记述红塔区各条战线涌现出的先进模范人物，将其及时收入年鉴人物部类，收录标准均为受省（部）级以上表彰的先进工作者。

五是突出时政要闻年度专题特点，专题记载由原来的“重要会议”“领导调研”延伸到民生问题上。如“建筑工地上的农民工”“干海子的安居梦”“美丽宜居乡村”“高鲁山下彝家情”“增绿添色、点亮红塔”等民生专题图文集。

六是突出物流产业化、交通公路网格化建设，体现健全完善城市综合服务功能和城市商业体系。

三、主要做法和经验

一是不断创新，合理调整框架结构。根据形势发展，适时对框架结构进行调整，使框架结构更加合理科学。框架上采取“进一退一的”做法，退出“专文”栏目，增加“年度图片专辑”栏目。

二是重视装帧设计。注重封底、封面、版式设计，采用极简风格，用具有代表性的民族特色暗红色春框及聂耳铜像夜景小图点缀封面。封面书名“红塔年鉴”采用水晶、磨砂、UI工艺制作而成；封面、封底采用进口铜版纸四色印刷；双扉页采用进口铜版纸和展现红塔区蒸蒸日上的一张全景图制作而成；内页全部使用特种环保轻型纸；栏目上使用不同色块和图片；版心上下左右采用波浪暗绿色为基调，蕴含着“碧玉清溪、和谐红塔、宜居生态”的意义。

三是精心编校。年鉴编纂按照“三、六、九”计划方案实施，3月负责分工的编辑人员完成催稿收稿；6月完成交流、对接、沟通、编辑任务；9月完成设计、编排和三次校对及送审稿，同时印刷由出版社公开出版发行，严格按照时间节点推进编辑工作，确保时效性及书籍质量。

《海门年鉴》简介

江苏省海门市地方志编纂委员会办公室[①]

一、发展概况

《海门年鉴》于2000年创刊，是中共海门市委、海门市政府主办，海门市地方志编纂委员会办公室承编（以下简称“海门市志办”）的年度资料性文献。至2017年年底，已连续出版17卷。2015年，《海门年鉴》作了创刊以来最大一次改版，对年鉴框架结构进行全面科学的整合和改进，以分类编排法为基础，按照篇目间内在的逻辑关系，适当调整部分部类编排顺序，调整、合并相关类目、分目设置，并改为全彩印刷，进一步提升了《海门年鉴》的内涵和质量。《海门年鉴》全面、系统、真实地记载了海门市年度政治、经济、文化、社会、生态等方面的基本面貌和发展情况，为社会各界了解海门、宣传海门、建设海门提供翔实、准确的地情人文资料；为地方领导决策提供了依据，同时也为续编海门地方志累计资料。自创刊来，海门年鉴多次在全国、省各类年鉴比赛中获奖。

二、主要内容与特点

《海门年鉴（2016）》注重科学分类、系统编纂，全面、系统、真实地记载2015

① 执笔人：朱红兵，《海门年鉴》主编。

年1月1日至12月31日海门市政治、经济、文化、生态等多个方面的基本面貌、发展情况、重大事件和主要成就。《海门年鉴（2016）》由特载、大事要闻、海门概览、产业发展、园区经济、旅游休闲、城乡建设、生态环境、公共管理、社会事业、政治、法治、武装、群众团体、镇场概览、人物、附录、索引等19个类目组成。采用大16开本，文字100万字左右。该卷年鉴全方位、全角度贴近全市工作重点和经济发展情况，及时捕捉亮点和特色，更好地突出海门城市发展和年度发展的特点。

一是充分挖掘年度特色。如《海门年鉴（2016）》特载类目，下设专记、媒体聚集2个分目。专记下设“三严三实”专题教育、精彩海门——回眸“十二五”、培育和践行社会主义核实价值观、叠石桥市场贸易采购方式试点4个子分目。

二是全面记录海门市生态文明、绿色发展的工作举措。《海门年鉴（2016）》设置“生态环境”类目，下设“综述”“环境质量”“生态建设”“污染减排”“环境监管”“环保宣传”“环保服务”分目，体现海门市坚定走生产发展、生活富裕、生态良好的绿色发展道路。

三是重点突出地方特色。叠石桥家纺市场是中国家纺知名品牌聚集区、家纺科技创新研发设计基地、家纺指数发布基地、全国家纺产品集散中心，在全球也有一定的影响力。《海门年鉴（2016）》在“服务业”分目下专设“叠石桥家纺市场”子分目，集中记载海门特色城市名片的发展轨迹。

四是侧重体现为现实服务的功能。《海门年鉴（2016）》主要记载全市的基本情况和主要成就，为党政领导总结经验、统筹规划提供资政服务。同时，善于突破常规视角，为读者提供直观、震撼的文字和图表。首先，以案说法。在“纪检监察”分目下设“违纪违法案件查处”子分目，反映年度有影响力的违纪违法案例，以警示全市各级领导干部；在“法治”类目下设“重大案例”集中体现公安、检察、法院的年度典型案例，以警示世人。其次，让数据说话。在附录下设“统计资料”分目，列海门市主要经济指标、各区镇主要指标、海门的一天、南通各县市主要指标、海门主要指标占南通市比重、全国百强县江苏前十位主要指标6张表格，分层次、多角度地客观反映海门市主要经济指标在省、市的位次情况，便于总结经验，寻找差距。

五是着力体现海门市以民为本理念。《海门年鉴（2016）》专设“社会事业”类目，下设“人民生活”“就业创业”“社会保障”“住房保障”“教育”“科学技术”“文化”“传媒”“医疗卫生”“体育”分目，集中体现海门市在民生领域所做的工作、所取得的成果。

六是提升公共彩页的内涵。《海门年鉴（2016）》公共彩页突出海门年度亮点，“精彩海门 2015”收录 2015 年度海门在小康水平建设、转型升级创新驱动、口岸开放、市场采购贸易、现代农业与休闲旅、文明创建等方面的亮点；“数说海门‘2015’”用图表直观地表现“十二五”期间海门的发展变化，全面提升公共彩页设计质量。

三、主要做法和经验

一是年鉴框架设计常编常新。在《海门年鉴》的编纂过程中，2015 年卷的框架设计作了一次大的整合，其余几年始终坚持“整体稳定，局部创新”的原则，每年都在充分研究上年度海门的发展变化和亮点特色的基础上作调整，紧扣年度工作的“亮”“特”“新”，推动《海门年鉴》的编纂体例、框架设计随着时代的发展而更新。通过调整，年鉴刊载资料的全面性、系统性、实用性得到了有效彰显。

二是年鉴信息务实求真。《海门年鉴》不断拓宽信息资料的选材范围，力争在增强年鉴资料性、权威性和实用性等方面有所突破。尤其是近几年，《海门年鉴》持续完善各类目，加大各类表格、随文图片的刊载力度，同时注重二次文献的开发，进一步丰富年鉴资料的表现形式。在“附录”表格设置和刊载方面，除较为全面地收集和反映海门各行各业的基本数据外，还刊载南通市六县（市、区）主要指标等横向比较数据。让读者直观地看到海门在区域所处的位置，也充分发挥资政的功能，为理政者提供借鉴、参照的信息资料与科学依据。在公共彩页和随文图片的选择、运用上强化整体编排意识，从质和量两个方面都得到了有效的提升，图片既成为文字内容的有效延伸和补充，扩大了信息含量，也增强了年鉴的可读性。

三是质量意识常抓不懈。质量是年鉴的生命线。《海门年鉴》编辑部不断地规范和完善责任编辑制，并把提高编辑的业务能力作为提高质量的基本保障。通过对编纂规范和标准的专题讨论、过关考核、基本功比赛等形式，保证队伍的专业性。同时注重提升撰稿人质量的提升。通过专题培训、范例引路、评选等有效机制，提高初稿的质量。尤其在稿件编辑、校对阶段，实行责任编辑、责任校对制，严格三审三校程序，在此基础上增加责任编辑交叉读和全书通读环节，努力将差错率控制在最小范围之内。

《金湖年鉴》简介

江苏省金湖县地方志办公室 [①]

一、发展概况

《金湖年鉴》创刊于1995年，是由江苏省金湖县政府主办、金湖县地方志办公室（以下简称“金湖县志办”）负责逐年编纂的地方综合性年鉴。近年来，金湖县志办牢固树立“解放思想，与时俱进，突出个性，存史资政，服务发展”理念，始终把规范编纂作为年鉴工作立身之本，把创新形式作为年鉴内涵提升之魂，力求在规范的基础上提高质量，在创新的举措下彰显特色。2010年，《金湖年鉴（2009）》在全国地方志系统第二届年鉴评比中获一等奖，在首届江苏省年鉴评比中获优秀奖。2013年，《金湖年鉴（2011）》在第二届江苏省年鉴评比中获一等奖。2017年，《金湖年鉴（2015）》在第四届江苏省优秀年鉴评比中获综合一等奖，《金湖年鉴（2016）》全国地方志优秀成果（年鉴类）评审中获县区级特等年鉴。

二、主要内容与特点

《金湖年鉴（2016）》主要记载年度金湖县自然、政治、经济、文化、社会等方面的情况，以类目、分目（副分目）、条目三个层次组成框架结构主体，少数分目增设子目，

① 执笔人：姜海舟，金湖县委党史办、县地方志办公室主任。

以条目为基本单位。全书设图片专题（包括金湖名片、数字金湖、领导视察、节庆专题、金湖风光）、荷都金湖、生态家园、产业经济、公共服务、社会管理、法制·军事、地方组织机构、镇·场圃、大事记、人物、附录、索引等类目 13 个，共有分目 50 个、副分目 130 个、子目 61 个、条目 1005 个，表格 71 张，随文图片 118 幅，共计 72 万字。主要特点如下：

一是封面设计主题鲜明。2010—2015 年的 6 卷《金湖年鉴》，封面设计主图以“荷”元素为主，“金湖”二字为著名书法家米芾的集字，封面底图为仿宋风格竖版金湖赋，淡淡地衬在下面，左下角为当代画家的水墨荷花图，整个封面为竖版，力求体现荷的挺拔与古意风格。工艺采用铜版纸彩色印刷，覆哑膜，局部 UV，“金湖”二字烫黑。封面设计为系列方案，每年配合内芯色彩进行主色调更换，左下角荷图在不影响整体风格的前提下每年也更换不同画面，形成自身风格特点。2016 年卷年鉴，围绕“荷”主题，将摄影作品作勾线处理，以简洁的手法体现荷的隽秀空灵，背景仍衬以金湖赋，为呼应荷花的横构图，将金湖地方志二行字安排在左上角横排。封面采用彩烙纸，荷花图案采用高温烫烙的方式烙印在艺术纸上，视觉上给人以耳目一新之感。工艺采用彩烙艺术纸彩色印刷，局部烙压，“金湖”二字继续烫黑。

二是框架设计科学合理。自 2014 年起，《金湖年鉴》着眼于年鉴功能和读者使用的角度考虑，改变以往年鉴纲目分类标准混杂、单纯模仿《中国大百科全书》分类方式和以部门、职能为标准来划分的模式，突出年鉴纲目创新，对原年鉴框架和编写大纲进行改革和调整，将原 32 个类目调整为 12 个类目。比如将原“农业”“工业”“经济开发区”“招商引资与对外及港澳台贸易”“民营经济”“商贸服务业”“金融”等 7 个类目组合为“产业经济”类目，优化调整后层次更分明、结构更合理，检索使用更方便。增设“公共服务”“社会管理”类目，调整原“财政．税收”“教育”“劳动保障”“民政事务”等类目 10 多个，按其职能和社会属性分类，使得年鉴内容编排更加科学、归属更加得体，解决部门痕迹比较严重的问题。设置“生态家园”类目，将原生态环保、城乡规划、城市化及交通、水利等基础设施建设内容并入，年鉴时代特征更加鲜明。

三是特色类目独树一帜。《金湖年鉴》在卷首图片专题和正文类目设计中，充分体现地方特色和年度特点，卷首的“视觉金湖”部分，从 2014 年卷常设“金湖名片”“数字金湖”“领导视察”“节庆板块”“要事荟萃”类目；从 2014 年卷起，增设“荷都金湖”类目，将原“金湖概况”“荷花美食节”等类目并入，集中反映金湖“荷文化、荷经济、荷风尚”；2016 年卷增设“金湖风光”类目，精选的图片凸显了金湖地方特色。以上特色类目体现了《金湖年鉴》地域性与个性化。

三、主要做法和经验

一是突出业务培训，在源头上控好质量。供稿与编纂人员的水平高低，直接决定着年鉴价值的高低。鉴于供稿单位相关人员岗位流动快的实际，为明确年鉴供稿要求，规范年鉴类目、分目、条目的写法，坚持每年定期举办年鉴业务培训班，组织 200 多家单位撰稿人员参加培训，通过专题讲解、案例分析、现场释疑等方式，不断提高撰稿人员思想认识和撰稿水平，力求供稿分类科学、内容客观、要素齐全。坚持分批组织金湖县志办编纂人员参加省市业务培训班，依托培训开阔眼界、强化认识、补齐短板。多年的实践证明，抓好培训方能在源头上把好年鉴质量关。

二是突出与时俱进，在内涵上提升层次。年鉴的价值体现在真实记载、存史资政、服务发展。只有顺应时代的发展，紧扣发展的重点难点，精准记载发展的每个重要轨迹，才能体现时代的特征与记忆，才能为发展提供参考价值。近年来，在各单位供稿的基础上，积极引导编纂人员坚持每天读报，尤其是读本地报纸，及时收集时代发展中的大事件、热点和难点事件，为提高年鉴时代性，充实材料奠定了良好的基础。在编纂过程中注重体现年度的时代特色，比如《金湖年鉴（2016）》增加了“生态家园”类目，在《金湖年鉴（2017）》“荷都金湖”类目中增加了“全域旅游”分目。这些与时俱进新增类目，既体现了时代性，也使得年鉴在内涵上更加丰富。

三是突出理念创新，在功能上彰显特色。没有思想的破冰，就没有行动的突围。只有解放思想，敢于打破常规，才能在革故鼎新的变化中体现特色。近年来，《金湖年鉴》在构思、编纂、设计、出版等方面以“创新创优、追求完美”为理念，围绕“做美视觉、形成风格，做优框架、形成特色，做实内容、保持特点”原则，始终坚持问题导向、需求导向，敢于顺势而为，从 2014 年开始，对陈旧的分类方式（部门、职能划分为标准）进行自我革新，经过省、市志办专家两次对《金湖年鉴》框架改版指导，并借鉴先进市县的经验，将年鉴框架由过去的 31 个类目的小篇制缩减为 12 个类目的大篇制，突破了传统的编排方式。善于运用条目、图片、表格等手段，集中反映重要主题事项。敢于改变年鉴报喜不报忧的做法，对重大自然灾害、重大事故、企业亏损、环境污染等如实记载，并分析其原因，凸显年鉴的存史资政功能。

《漳浦年鉴》简介

福建省漳浦县地方志编纂委员会[①]

一、发展概况

《漳浦年鉴》创刊于2010年，是漳浦县政府主办，漳浦县地方志编纂委员会（以下简称“漳浦县方志委”）承编的地方综合性年鉴。创刊以来，漳浦县方志委按照《地方志工作条例》和《地方综合年鉴编纂出版规定》要求，摸着石头过河，广泛学习借鉴，坚持常编常新的工作态度，致力于将每一年的年鉴打造成地方社会主义文化精品。至2017年，先后完成2008—2016年9个年度的年鉴编辑和出版。其中2008年、2009年的年鉴为合编本，2010年起为一年一鉴；从2013年卷开始，《漳浦年鉴》由内部资料提升为文史出版社正式出版刊物。2016年，漳浦县方志委被省方志委确定为“福建省年鉴精品工程试点单位”。按照省方志委要求，围绕打造精品年鉴的目标，漳浦县方志委于2015年12月着手编纂《漳浦年鉴（2016）》，2016年10月《漳浦年鉴（2016）》由方志出版社出版。

二、主要内容与特点

《漳浦年鉴》全面、客观地记载漳浦县自然、政治、经济、生态、社会、文化发

① 执笔人：姚鸣声，《漳浦年鉴（2016）》执行副主编。

展等方面的基本情况，采用条目体结构编辑，主体部分由类目、分目、条目组成；类目一般按行业或归口管理部门编排，类目下的分目除少数特殊行业外，一般按县域一级单位编排，个别层次较多的在分目之下增设二级分目。《漳浦年鉴（2016）》设有县情概貌、专记、大事记、中共漳浦县委员会、漳浦县人大常委会、漳浦县人民政府、政协漳浦县委员会、人民团体社会团体、法治、人民武装、农业、工业、园区、商务贸易、经济管理、财政税务、金融保险、社会民生、城乡规划管理环境保护、交通邮电、科技教育、文化传媒旅游、卫生计生、气象测报防震减灾、乡镇、农林盐茶场、人物和先进单位、文献、附录等类目29个，下设分目171个、条目近2000条，表格13张，65.6万字。主要的亮点如下：

一是框架、类目分类明确、科学，能更框定年鉴内容的谋篇思考，能更明确具体内容的归属和结构层次。将原“乡镇场”类目拆分为“乡镇”与“农林盐茶场”2个类目，把政与企分开；将原归属在“漳浦县人民政府”类目、“政务纪略”分目内的“法制工作”条目，提升设立“政府法治建设”，作为一个分目，归置在“法治”类目中。

二是展现年度大事，记载社会经济发展的步履。在卷首彩插部分，设置“漳浦县富美乡村建设掠影”照片专题。在文字部分，设立“专记”篇，收录“电商发展进行时——漳浦县创建‘全国电子商务进农村综合示范县’侧记”和“谱写食品安全共治新篇章——漳浦县创建省级食品安全社会共治示范县工作纪实”2篇专文。

三是关注民生，呼应社会热点，满足社会信息需求。在“人力资源与社会保障”类目下，设立“整合资源优化结构”分目，下设县人社局2015年分别成立“劳动人事争议调解仲裁庭”“县劳动人事争议纠纷多元调处中心”“县人才市场和劳动力市场”3个条目。在“民政事务”类目下，设立“健全社会救助体系”条目。在“出入境检验检疫”分目下，设立“建成食品农产品检测实验室”条目。

四是落实“为当代提供资政辅治之参考，为后世留下堪存堪鉴之记述”编辑理念。在最后设立“人物和先进单位”类目，下设“漳浦县副科级以上领导名录”“2015年获地厅以上表彰的个人名表”2015年新获评的“漳浦县副高级以上专业技术职务人员名表”3个分目。设立“附录”类目，下设“县委（县政府）出台的部分重要文件（通知）目录”“县政府出台的部分重要文件（通知）目录”“县委办出台的部分重要文件（通知）目录”“政府办出台的部分重要文件（通知）目录”4个条目。

五是合理利用空间，最大化地融入信息量，为未来积累更丰富的资料。在各篇尾部的留白处，用漳浦县的地理标志商标、地方特产（部分）资料进行补白；并采用通栏排列的形式，以示区别。全书基本做到不留白。

六是在年鉴的装帧设计上下功夫。《漳浦年鉴（2016）》封面采用漳浦地图图形，版权页置于内封背面，地图置于彩色照片之前，彩色插页保持着比较美观、大气及年度特色。

三、主要做法与经验

一是学习借鉴，取长补短。总编室本着“年年有创新、年年有突破、年年有亮点”理念，注重学习借鉴各兄弟县（市、区）年鉴编纂的好做法、好经验。在被确定为省年鉴精品试点单位后，总编室安排出充足的时间，翻阅全省各县（市、区）乃至全国一些县已出版的年鉴，借鉴学习，汲取优点，集各兄弟县（市、区）年鉴所长，补自家的短板。组织编辑人员先后参加在北京、山东、建宁、泉州、龙岩、福鼎等地召开的精品年鉴编纂培训和会议；参训回来后，即组织全体编辑人员、工作人员对培训会上领导、专家、学者的课件进行贯彻学习，领会课件精髓和要点，掌握新的政策要求及编校规范。

二是常编常新，深化年鉴质量建设。漳浦县方志委在着手年鉴编纂之前，编辑人员从框架结构、类（分、条）目的设置、资料的加工与补充等方面进行反复调整、修订。对年度内的资料进行审视和取舍，并将对全年工作有指导意义、有存史价值的成果、事件和问题在年鉴中予以体现，把年度所出现的新事、奇事、特事、大事、要事等贯穿到年鉴中。

三是将精品意识、质量意识和认真负责态度贯穿在年鉴编纂的全过程中。严格把好年鉴的政治关、史实关、体例关、文字关、保密关，将精品意识、质量意识和认真负责态度穿插在年鉴组稿、编辑、审稿、校对、印刷各环节中。确保每一本出版的年鉴观点正确、体例完备、内容翔实、记述得当，成为精品。

四是报送单位积极配合支持。《漳浦年鉴》每年的组稿单位近200个，要编好年鉴，单单靠县方志委的力量是不够的，须依靠县直各企事业单位、各乡镇场及社会各方面的通力合作。围绕编纂精品年鉴的目标任务，县方志委十分重视与各报送单位的联系与沟通，争取他们的关心、支持。在县政府办《关于报送2015年度年鉴资料的通知》下发后，县方志委通过下乡下基层到一些乡镇及单位，与分管领导、撰稿人员进行面对面的交流；向各单位赠送县志、年鉴书籍，电话联系等，使他们认识到年鉴编纂的重要性，也促使他们能够按组稿要求，保质保量提供稿件。

《璧山年鉴》简介

重庆市璧山区地方志办公室[①]

一、发展概况

《璧山年鉴》创刊于1998年，是重庆市璧山区地方志办公室（以下简称“璧山区志办”）负责逐年编纂的地方综合性年鉴。璧山区志办坚持“服务当代、服务发展、服务社会、服务群众”的编纂理念，恪守“科学、严谨、精品、满意”的质量方针，努力把年鉴打造成地方文化品牌。回顾20年的发展历程，《璧山年鉴》不断开拓创新，砥砺前行，茁壮成长，走出了一条革故鼎新之路。2008年，建立璧山地情网。2010年起，引入专家加“外行”参与编鉴机制。2013年，探索建立完善编纂全过程管理机制，确立“科学设置框架、明确编辑责任、提供编写条目、组织集中培训、上门服务指导、精心组织编辑、全书总纂合成、责任编辑初审、市区专家复审、主编完成终审、报市志办审批、出版社“三审”、制作随书光盘、印刷出版发行”等14道流程，构建既分工协作又各负其责的规范化体系，同时建立年鉴工作交流群。2015年起，《璧山年鉴》公开出版发行，开始制作光盘；2016年起，《璧山年鉴》采用全彩印刷，每册配制电子光盘。同时建立微信璧山档案方志工作群，突出“互联网+”理念，积极探索新媒体下地方志事业发展之路。

---

① 执笔人：王福忠，重庆市璧山区地方志办公室年鉴科科长。

二、主要内容与特点

《璧山年鉴》全面记录辖区自然、政治、经济、文化、社会等方面的情况。采用条目为主要记事体,基本结构为类目、分目、子分目、条目四个层次。《璧山年鉴(2015)》设类目14个,下设分目60个、子分目176个、条目1096个。彩色专版66页125张图片,正文365页,收录黑白图片120张,约71万字。2016年卷设类目14个,下设分目66个、子分目160个、条目1066个,彩色专版30页56张图片,正文387页,收录彩色图片101张,约68.8万字。《璧山年鉴(2015)》主要呈现以下亮点:

一是突出记载璧山"智慧破题、绿色发展、高位赶超、全面迈进"的最新成果。设置专记,放到全书第一类目,专题记述"数说璧山十二五""璧山国家高新技术产业开发区""成渝高铁璧山段建设"三个方面。其中,"数说璧山'十二五'"重点记述2011—2015年璧山五年发展;"璧山国家高新技术产业开发区"重点记述璧山高新区升级为国家级高新区,"成渝高铁璧山段建设"记述建设始末,体现璧山区"谋在新处,干在实处",主动适应经济发展新常态的发展道路。

二是重点记述璧山创新引领、协调发展的地域特质。2016年卷设置"'三区一美'建设概览"类目,下设"重庆的生态宜居区建设""重庆的新型工业化示范区建设""重庆的乡村振兴先行区建设""和美璧山建设"四个分目。其中,"重庆的生态宜居区建设"分目下设"绿城建设""水城建设""古城建设""天安城市综合体建设""环秀湖商圈建设""'人生链条'服务体系建设"等特色条目,体现璧山区绿色、生态、宜居的特质;"重庆的新型工业化示范区建设"分目下设"装备制造""电子信息""食品医药""推动企业改制上市"等特色条目,体现璧山低碳、环保特质;"重庆的乡村振兴先行区建设"下设"精准扶贫脱贫""道口经济发展""璧北十万亩蔬菜基地建设""璧南十万亩苗木基地建设""璧西五万亩果木基地建设""生态创建"等特色条目,体现城乡一体化协调发展;"和美璧山建设"分目下设"重点民生实事"特色条目,体现璧山人民安居乐业的良好氛围。

三是注重内容和形式的统一,提升社会美誉度。为进一步增强广大群众对年鉴的喜爱,提升社会影响力和美誉度,2015年卷《璧山年鉴》进行全新改版,力求内容和形式的有机统一。璧山组织区内外专家对编纂质量审读把关,强化对图片的运用,制定图片的分类、选择标准和放置位置以及对留白处采用延伸阅读的方式,将璧山年度内地情资料与年鉴正文有机融合,增强可读性。同时,对年鉴的表现形式作视觉上的创新，主要表现为：第一，围绕璧山1258年历史，在年鉴的装帧上下功夫。采用两重封面，即外封和内封。外封上采用璧山老八景之一的茅莱仙景作为底图；对璧山年鉴四个字镀以黑金，并加以凹凸感增加质底；图案和字体以深灰为衬色。外封版面给人以厚重的历史感。内封上以柴灰色为总基调，字体采用镀白金方式，内封不植入图案。装帧封面力求庄重、大方，将璧山千年文化底蕴彰显，形成一张独特的璧山文化名片。第二，正文纸张采用颜色淡黄的特种纸，具有柔韧性特点，能吸收部分光线，对读者眼睛具有保护作用，同时这种纸张色泽有一种历史韵味感，照应了史书特性。第三，对目录首次采用英文翻译和中文并存模式，为年鉴进入更多、更广阔的空间创造条件。

四是点面融合，图文并茂。以全书前置图片为契入点，以点带面重点反映璧山新面貌和最新成就，“前置图片”分别设置1980年的城市旧貌和2015年的城市建设新貌对比。同时设置“璧山速览”，展示璧山重要经济数据；设置“领导关怀”专题，收录图片13张，作为体现111人次省部级领导驻足璧山的缩影；设置“区级主要领导调研”专题，记录区委、区政府、区人大常委会、区政协主要领导的调研工作；设置“交流与合作”专题，收录图片15张，体现184批次外地党政考察团到璧山调研的典型代表；设置“重大活动”专题，收录图片7张，体现七大方面的重要成果；设置四个专版，分别反映不同部门的业绩和风采；正文插图分别在类目、分目、子分目和条目中紧扣主题，配置图片101张。

三、主要做法和经验

一是调整年鉴目标定位，树立精品年鉴意识，标注文化品牌是关键。

二是不断优化年鉴框架是保证。

三是充分运用“外行”和专家的智慧是助推器。

四是内容和形式的有机统一是重要载体。

《国家电网公司年鉴》简介

《国家电网公司年鉴》编辑部[①]

一、发展概况

《国家电网公司年鉴》是由国家电网公司编纂的企业年鉴，在编辑委员会的领导下，由《国家电网公司年鉴》编辑部按年度编辑出版。2006年，《国家电网公司年鉴》正式创刊，至今已正式出版12卷，按年度全面记录了国家电网公司的改革发展历程，是一部集史实性、资料性、连续性、综合性及权威性为一体的年度工具书，是向社会各界展现国家电网公司企业形象和成就的重要窗口，也是承载记录历史、启迪未来的“存史资治”的重要载体。在公司新的发展阶段，年鉴将承载记录新时代进程的宣传载体作用，其社会价值将更加突出。历年来，《国家电网公司年鉴》曾获得中国书刊发行协会全行业优秀畅销品种、全国地方志优秀成果（年鉴类）特等年鉴。

二、主要内容与特点

《国家电网公司年鉴（2016）》由类目、分目、条目三个层次组成，设17个类目，即“十二五”创新发展、特载、公司概况、电网发展、企业管理、安全生产、电网运行与电力市场、科技信息、国际化发展、党的建设和精神文明建设、公司分部、省电

① 执笔人：王春娟，《国家电网公司年鉴》编辑部副主任。

力公司、公司直属单位、公司荣誉及人物、大事记、重要文献、统计资料，共 101 个分目 847 个条目，配置图片 227 幅、视频 11 个（二维码扫描浏览）。主要特点如下：

一是紧随机构变化，适时调整框架条目。企业年鉴编撰是一项系统工程，按照国家电网公司 2015 年年底组织机构构成，公司总部新设“全球能源互联网办公室”，农电工作部撤销，部分职能合并入“营销部（农电工作部）”，部分职能合并入“运维检修部”，故调整相应条目和负责人；“公司直属单位”类目，由于直属单位新增 4 家，故同步新增 4 个分目。《国家电网公司年鉴（2016）》总体按照国家电网公司总部部门 32 个、分部 6 个，下属各省电力公司 27 个、直属单位 37 个布局框架。

二是及时承上启下，增强年鉴实用价值。2016 年正值“十二五”总结和“十三五”开局之年，公司系统各项工作都对“十二五”作了深入总结。年鉴编辑部充分意识到将这些总结性的数据资料加以归集整理、提取有效信息留存对于今后公司各项工作具有重要的参考指导意义，因此一方面总体框架增加了“‘十二五’创新发展”类目，对取得的成绩进行概括总结；另一方面在发送撰稿框架时，在各省公司、直属单位类目中要求各单位相应增加“‘十二五’发展回顾”条目，体现各单位“十二五”期间的工作特色和数据。

三是形式体现创新，扩展读者阅读体验。《国家电网公司年鉴》编辑部设在英大传媒集团，具有较强大的多媒体资源支撑。英大传媒集团由于设报纸、图书、期刊、影视、数媒、广告等业务板块，具有多媒体得天独厚的资源。因此，年鉴编辑部博采众长、充分借鉴、广泛收资，特别是考虑近年来互联网对读者阅读的影响力极速提升，决定开展“互联网 + 年鉴”创新。通过整理挑选，《国家电网公司年鉴（2016）》在文前彩页增加了公司 2015 年度重要活动、重点工程和国家电网公司印象等 11 个视频资料，通过在相应内容处设置二维码实现手机扫描阅读，有效延伸了年鉴内涵，拓展了读者阅读渠道。

三、主要做法和经验

年鉴编撰涉及部门和单位多、专业性强、工作量大，要确保工作按期完成，必须全力以赴抓好落实。

一是公司党组和公司领导高度重视是做好公司年鉴编纂出版工作的强大动力。公司党组对年鉴工作提出很高的要求，同时也十分关心和支持年鉴工作，从工作的组织协调、框架结构的设计、具体内容的审定以及出版发行等各个环节，都给予了具体的指导和帮助。公司办公厅于年初下发关于开展《国家电网公司年鉴》撰稿工作的通知，对年鉴工作作出了具体安排。年鉴正式出版前公司领导多次审查样书，并提出修改意见，确保了年鉴优质高效出版。

二是公司各部门、各单位积极配合是做好公司年鉴编纂出版工作的重要保证。公司各部门、各单位在征求大纲意见、撰写稿件、审核清样等各环节始终与编辑部紧密配合、鼎力支持，特别是公司总部各部门表现出较高的工作能力和水平，来稿质量较高，大局意识强，为做好公司年鉴编辑出版工作做出了榜样。公司各单位在确定条目内容、提交文字素材、选取最佳照片、落实征订任务等方面，付出了艰辛的努力，成效突出。

三是编辑部面对新形势和新要求，提出"三个到位"要求，推动年鉴工作纵深高效开展。第一，管理责任落实到位。明确各部门和各单位年鉴工作负责人既是具体执行者，也是组织协调者。要认真落实组织协调职责，分解落实撰稿、审核等工作任务，调动发挥本部门和单位的整体合力，协同推进年鉴编撰工作。第二，工作要求落实到位。组织制订工作措施，着力加强督办考核，确保各项要求落到实处。开展各部门、各单位撰稿人参加的年鉴撰稿人培训会议和质量提升研讨会，邀请专家授课，提高年鉴编纂整体水平、明确时间节点、确保务期必成。第三，质量标准落实到位。作为公开出版工具书，在体例架构、稿件内容、图片和视频质量等方面都有严格标准。要求各单位精益求精、精雕细刻，字斟句酌、推敲琢磨，高标准、严要求，确保稿件质量。

四是注重计划性和实用性，加强编辑部进度管控，推进年鉴编撰出版发行工作有序开展。第一，形成月度工作汇报机制，编辑部每月向办公厅汇报当月已完成的工作和下一个月的工作计划，借助公司力量有序、稳妥推进年鉴出版工作。第二，制定全流程出版进度计划，严格遵守时间进度，安排好审稿、样书审核等任务，9 月即正式出版发行。第三，提高年鉴利用率做好发行征订，累计印数 13000 册，扩大年鉴影响力，做好政府赠阅工作，增强年鉴的实用价值，为电网各层级领导和员工提供参考和借鉴。

《上海文化年鉴》简介

《上海文化年鉴》编辑部[①]

一、发展概况

上海是中国的历史文化名城，也是中国新文化的发源地和中外文化的汇集点之一，上海的文化对全国、全世界都有一定的影响。1986 年制定的《上海文化发展战略》指出，要使上海在建设社会主义现代化中心城市的过程中，成为具有国际影响的文化中心之一。《中共上海市委关于"七五"期间社会主义精神文明建设的实施规划》中明确指出，"1987 年起，定期出版《上海文化年鉴》，集中反应上海各项文化事业的成就。"编辑出版《上海文化年鉴》，就是为了适应上海文化事业发展的形势，记录上海文化发展的足迹，展现上海文化建设的面貌，为关心和研究上海文化的国内外读者和学者提供可靠的资料和数据。1987 年，《上海文化年鉴》首卷出版，此后每年出版一卷，已连续出版 30 卷，是国内最早出版的以文化为主题的专业年鉴；《上海文化年鉴》编辑部同时组建，先后隶属于上海市委宣传部、上海市地方志办公室。1999 年起至今，《上海文化年鉴》由上海图书馆（上海科学技术情报研究所）主管主办，《上海文化年鉴》编辑部编纂发行。

历年来，《上海文化年鉴》多次在各项专业评审中获奖。《上海文化年鉴（2017）》于 2017 年 10 月出版，全书采用大 16 开，34 印张，共有 1400 千字，图片 1054 张，

① 执笔人：练成圳子，《上海文化年鉴》编辑。

彩页 104 张，随书附光盘一张。

二、主要特点

《上海文化年鉴》是一部全面反映上海文化发展面貌的地方专业性年鉴，客观记录上一年度在上海文化领域发生的重大事件及其事实性资料和数据，记录了各个学科和领域的新情况、新成果、新进展，为国内外人士、社会各界提供研究和了解上海文化的信息。书中所收录内容以上一年 12 月底为限，个别资料延续到出版当年。各条目主要由有关行政管理机构和业务单位的工作人员撰写，部分条目组织专家撰写，并经领导和有关方面审核。《上海文化年鉴（2016）》主要有以下特点：

一是框架结构设置合理，编排科学。《上海文化年鉴（2016）》全书将所记述的资料按照类目—分目—条目三级结构层次进行科学系统编排，依据上海文化发展的特点，兼顾分类科学、结构合理、区域特色与时代变化等因素，分设特载、专文、上海文化概况、精神文明建设、哲学·社会科学、文学、新闻报业、出版、文化艺术节庆、广播·电视、电影、舞台艺术、美术·书法·摄影·雕塑、文博、图书馆·档案、教育、体育、旅游、民族·宗教、文化人物、上海文化大事记、文献与附录、索引 23 个类目，涵盖上海文化领域的各个方面。部类由辑封导入，下设若干分目，分目相对固定，个别分目会结合实际情况适时调整，确保同一类目下内容分类科学合理。该结构设置沿用数年，是编辑部不断探索与调适的成果。例如，2012 年起，为适应上海不断扩大的国际影响力，取消原有的“长三角文化合作与发展”类目，将其内容并入“上海文化概况”类目中的“对外及港澳台地区文化交流”分目；取消“文化信息化建设”分目；针对日新月异的科学技术对文化产生的影响和“二次元”“新媒体”“网络视听”等文化新现象、新名词，编辑部将“文化创意产业”分目更名为“文化产业”，使分目更具包容性、稳定性；为突出文化“为人民服务”的理念，编辑部调整“上海文化概况”部类下属的分目顺序，将“公共文化”分目放置最前以示重视等。

二是版式设计图文并茂，兼顾实用性、美观性和读者的阅读兴趣。《上海文化年鉴（2016）》正文部分采用双栏排版，既方便读者快速阅读查找，又可以最大程度地节约版面，为读者提供更多信息。与条目有关的图表直接插于文中；反映本类目内容的图表一般放于类目内容的结尾；为减少某些类目所占篇幅的比重，一些大型图表集中放置在附录中，有利于读者专门查阅相关资料。为了发挥文化题材特有的优势，《上海文化年鉴（2016）》选取大量质量上乘的图片，并在正文前附有40页彩页，既提高读者的阅读兴趣，也便于读者快速浏览、了解上海整一年度的文化概况。

三是收录内容全面，突出重点，具有上海地方特色。《上海文化年鉴（2016）》的供稿单位基本涵盖上海文化系统的相关单位，能保证做到年鉴资料全面、权威、真实、可靠。此外，编辑部还会根据当年实际情况自行组稿，以弥补个别资料的不足。对于最受读者关心的文化政策、新闻报业、电影、广播、电视、舞台艺术、文博等领域，编辑部会做重点收录。同时，设置“专文”“文化人物”等分目突出地方特色。例如，“专文”每年邀请两到三位上海有关部门的领导，就一个领域的发展结合当年文化热点加以论述；“文化人物”分为“纪念人物”和“逝世人物”两部分，是为系统地反映上海文化人才优势所设，收录了在上海文化各界作出一定成就、享有较高声誉者。

《中国财政年鉴》简介

财政部中国财政杂志社 [1]

一、发展概况

《中国财政年鉴》创刊于 1992 年，至 2017 年已出版 27 卷，由财政部组织编纂、中国财政杂志社出版。中国财政年鉴编辑委员会坚持科学的年鉴编辑方针，准确把握年鉴的性质、定位、功能；树立信息意识、规范意识、创新意识、读者意识和市场意识；把好政策、内容、数据、文字和体例五个关口；不断提高年鉴的实用性、可读性、权威性和存史价值；努力做到内容翔实、框架合理、文字精练、图文并茂、分类科学、使用方便。作为记录我国财政改革发展进程的重要载体，《中国财政年鉴》能够全面、系统地反映全国每一年度财政工作情况和重要信息，客观记录我国财政改革发展历程，累鉴成史。作为财政宣传的重要阵地之一，一方面牢牢把握正确的政治方向，肩负起为财政修史的社会责任和历史使命；另一方面培养创新思维，根据社会需求，不断调整、充实、完善年鉴的内容和形式，使之更具有实用性，吸引更多读者，更好地服务财政工作大局。顺应时代潮流，加快数字、网络等基础设施建设，充分利用互联网和新媒体推广年鉴品牌，拓展内容发布，逐渐形成多元化新型业态发展格局。

① 执笔人：郑维桢，财政部中国财政杂志社主任。

二、主要内容与特点

《中国财政年鉴（2016）》由重要财经文献、国家财政工作概况、财经统计资料、重要财政法规选编、财政机构人员、财政大事记、附录7部分组成。主要有如下特点：

一是重要财经文献突出一个“深”字。第十二届全国人民代表大会第五次会议关于政府工作报告的决议，政府工作报告，第十二届全国人民代表大会第五次会议关于2016年中央和地方预算执行情况与2017年中央和地方预算的决议，关于2016年中央和地方预算执行情况与2017年中央和地方预算草案的报告，第十二届全国人民代表大会财政经济委员会关于2016年中央和地方预算执行情况与2017年中央和地方预算草案的审查结果报告，全国人民代表大会常务委员会关于批准2016年中央决算的决议，国务院关于2016年中央决算的报告，全国人民代表大会财政经济委员会关于2016年中央决算审查结果的报告，国务院关于2016年度中央预算执行和其他财政收支的审计工作报告，全国人民代表大会常务委员会关于批准2016年中央预算调整方案的决议，关于《2016年中央预算调整方案（草案）》的说明，全国人民代表大会财政经济委员会关于《国务院关于提请审议2016年中央预算调整方案（草案）的议案》的审查结果报告，国务院关于深化财政转移支付制度改革情况的报告，财政部部长在全国财政工作会议上的讲话，国家税务总局局长在全国税务工作会议上的讲话。

二是国家财政工作概况突出一个“新”字。财税工作部分：有全国财政工作综述，海关税收工作综述，全国税收工作综述。专题部分：有积极财政政策实施情况及成效，全面推开“营改增”试点，深入推进财政体制改革，加强地方政府债务管理，扎实推进预算公开和绩效管理工作，推进专项转移支付清理整合，推动中央部门决算公开迈上新台阶，健全反映市场供求关系的国债收益率曲线，多措并举进一步强化财政库款管理工作，中央财政科研项目资金管理改革情况，完善家庭经济困难学生资助政策体系情况，推进统一城乡义务教育经费保障机制改革，中央财政支持中华优秀传统文化传承发展工程，中央财政推动农产品收储制度改革，中央财政支持化解过剩产能，贫困县统筹整合涉农资金试点情况，财政扶持农村集体经济发展试点情况，全国行政事业单位资产清查工作情况，中央财政加大农业保险支持，发挥大国影响力务实推进“10+3”财金合作，利用世界银行发展政策贷款支持地方财政可持续发展，财政部与世行等国际机构合作举办第四届全球交付倡议大会，地方预决算公开情况专项检查。中央财政工作部分：有财政政策研究、财政综合、彩票管理、财政法制、税政建设、关税、中央公共财政预算、地方公共财政预算、国库管理、政府采购、财政国防工作、财政行政政法工作、财政科教工作、财政文化工作、财政经济建设工作财政农业工作、财政社会保障工作、财政资产管理工作、财政金融管理工作、国家债务管理、国际财经交流与合作、会计改革与会计管理、财政监督检查、财政专员办工作、农业综合开发、人事教育、财政部机关党建、财政巡视工作、财政干部教育与培训、财政科研工作、财经图书出版、财经期刊出版、财经报纸出版、财政信息化建设、财政预算评审、会计专业技术资格考试和会计人才评价工作、清洁发展与PPP工作、注册会计师事业、资产评估事业、国家会计学院工作、中国财税博物馆工作、中华会计函授学校工作等。站在大国财政的高度，充分反映上一年度财政工作的特点和重点，突出财政作为国家治理的基础和重要支柱作用。既充分肯定成绩，总结经验，又反映存在的困难和问题。地方财政工作部分：记录各省、自治区、直辖市、计划单列市和新疆生产建设兵团财政工作。结合本地区的实际，如实记述和反映上一年度本地区基本经济情况和财政工作重点，突出地方特色。

三是财经统计资料突出一个“全”字。财政经济指标部分：2016年中央及国家财政预算、决算，2016年中央部门财政预算、决算，2016年地方财政预算、决算，历年财政收支，行政事业单位财务收支，社会保障，国有企业经济运行，PPP综合信息统计年报，农业综合开发，历年关税平均水平。国民经济指标部分：国民经济主要指标，香港特别行政区主要财经指标，澳门特别行政区主要财经指标，台湾省主要财政经济指标，我国经济、社会统计指标同世界主要国家比较，统计图，附必要的统计指标说明和正确使用统计资料的方法简介。

重要财政法规、财政机构人员、财政大事记、附录突出一个“实”字。

三、主要做法与经验

一是领导重视。财政部党组对《中国财政年鉴》编辑出版工作一直高度重视，多次强调要把年鉴办成精品。专门成立中国财政年鉴编委会，由部长担任编委会主任，副部长担任编委会副主任，财政部各司司长、各地财政厅厅长担任编委。在编委会的大力支持和指导下，年鉴已经成为财政部的品牌，成为财政宣传的一个重要阵地，为助推财政改革与发展作出了贡献。

二是认识到位。中国财政年鉴编委会充分认识到编辑出版年鉴的历史和现实意义。

作为记录我国财政改革发展进程的重要载体，年鉴收录了大量准确、翔实的数据、资料，具有较高的实用价值。编委会上下同心，保证稿件质量，全面担负起准确记载中国财政改革和发展历程的历史重任。

三是与时俱进。年鉴内容紧跟时代步伐，充分展示财政改革发展成就。找准时代定位，客观真实地记录改革的每一进程，让读者能够感受到财政工作的真实情况、发展变化，并服务于这一进程，充分发挥年鉴的实用功能。

四是服务大局。创新年鉴体制机制，更好地服务财政工作大局、服务读者。

五是狠抓质量。本着对历史负责的态度，财政部领导主持召开年鉴编委会会议，要求各位编委认真履行职责，关注、指导本部门（单位）年鉴稿件撰写工作。部内各司局和地方财政部门要把年鉴工作纳入整体工作中安排部署，布置专人负责年鉴稿件的组织、撰写工作，加强沟通联系，严格按照编纂大纲要求组织稿件，按时保质提供稿件。广泛征求各司局及相关单位的意见建议，做好每年编写大纲的修订工作，逐年丰富编写内容。通过召开财政部年鉴编委会会议，审定编纂大纲；通过召开通讯员会议布置编写任务；全力抓好组稿、审稿、清稿工作，保证年鉴出版进度；狠抓编校环节，确保编校质量；认真负责做好稿件三审及校对工作。严格把关，认真细致地做好稿件复审、发排、版式审校等相关工作。抓好撰稿人员和编辑人员队伍建设，组织编辑人员每周召开工作例会，就编辑工作中发现的问题，会上研究解决；开展财会业务、年鉴编辑业务学习，提高编辑业务素质；强化业务能力提升，针对改稿、校对过程中遇到的共性问题，探讨学习，不断提高编辑业务能力，规范改稿标准，提高编校质量。加大宣传力度，积极向财政系统内和社会各界推介年鉴，让更多的人认识和使用年鉴，最大程度地发挥年鉴的社会效益。

《中国—东盟年鉴》简介

广西社会科学院中国—东盟年鉴编辑部[①]

一、发展概况

《中国—东盟年鉴》创刊于2004年，是由广西社会科学院负责逐年编纂的国际综合性年鉴。2004年，中国正式出版的年鉴达1500多种，但年鉴的种类结构还不够合理，尤其是国际性年鉴过少。这与中国对外开放的既定方针和国际地位极不相称，也与经济全球化、区域经济一体化的发展潮流不相适应。《中国—东盟年鉴》的出版填补了中国国际区域性年鉴出版的一个空白，为国际性年鉴的编纂出版开了一个好头，并带动了一批国际性年鉴的出版，为服务不同层次读者的需求发挥了积极作用。

《中国—东盟年鉴》的编纂始终坚持实事求是的科学精神，客观地反映中国和东盟10国的情况，追求年鉴的科学性、权威性和实用性。截至2017年，年鉴已出版14卷。其中《中国—东盟年鉴（2006）》的《中国与东盟关系大事记》被菲律宾《世界日报》在2006年12月17日、12月24日，2007年1月14日、3月11日全文转载；《中国—东盟年鉴（2005）》获广西壮族自治区第九次社会科学优秀成果奖三等奖。

① 执笔人：张磊，广西社会科学院助理研究员，中国—东盟年鉴副主编。

二、主要内容与特点

《中国—东盟年鉴》着重收载中国和东盟各国的基本资料及区域内各国政治、外交、经济、文化、社会等方面的重要信息，旨在为海内外各界人士了解中国和东盟及其成员国的基本情况、中国和东盟及其成员国的交往合作、中国—东盟自由贸易区的建设进程、中国—东盟区域及次区域合作、中国及东盟重要节会展会等提供一个窗口，以促进中国和东盟各国的相互了解和交流合作。

《中国—东盟年鉴（2016）》主要类目有：概况、动态、专题、新闻人物、大事记、文献、投资贸易指南、统计资料、附录等。“概况”类目按照国别，详细介绍了中国和东盟 10 国的地理、国民、资源物产、国体政体、国家领导人、行政区划、经济、交通通信、教育、传媒、文化体育、医疗卫生、科技、历史等内容，为读者迅速了解各国基本情况提供全面、简洁的信息。“动态”类目从政治、经济、文化、社会四个方面分类收录 2015 年中国和东盟 10 国发生的主要事件，并按照“大事不漏、小事不收”原则选取内容，基本能全面反映中国和东盟 10 国年内各领域发生的变化。“专题”为 2016 年卷新设类目，将原有的发展报告、东南亚国家联盟、中国—东盟自由贸易区、区域经济合作、中国和东盟及各成员国交往与合作、重要节会 6 个分目收入其中。其中，“发展报告”为论文体，按照国别对中国和东盟 10 国的年度发展进行回顾与展望；“东南亚国家联盟”分目在以概况条目全面介绍其历史及发展过程，以保持资料的完整性，然后收录 2015 年的历时性资料，介绍其年度建设情况。“区域合作部门”分目在保持大湄公河次区域经济合作、中越“两廊一圈”区域合作、泛北部湾区域经济合作等中国—东盟重要次区域合作条目的基础上，不断根据中国—东盟关系的发展增设新的条目。2016 卷紧随我国“一带一路”倡议的推进，增设“一带一路”建设合作条目，着重收录“一带一路”在东南亚国家的推进和建设情况。“交往合作部门”分目为论文体，收录中国—东盟交往与合作及中国与东盟 10 个成员国的交往与合作内容。“重要节会”分目包括中国—东盟博览会、中国—东盟商务与投资峰会、南宁国际民歌艺术节、东盟国家重要展会 4 个条目。为提高年鉴的时效，2016 年卷大事记除记述 2015 年的大事外，还记述 2016 年 1—6 月的大事。

三、主要做法和经验

一是紧跟中国—东盟关系发展，不断丰富收录内容。《中国—东盟年鉴》应中国—东盟关系发展而生。2002 年，中国—东盟自由贸易区建设被提上日程后，东南亚研究逐渐成为中国的研究热点，东南亚各国也加大了对中国的研究力度。2003 年 10 月，中国国务院总理温家宝在第 7 次中国—东盟“10+1”领导人会议上提出：从 2004 年起，每年在广西南宁举办中国—东盟博览会。这一建议得到东盟国家领导人的普遍欢迎，并写入会后发表的主席声明。在此背景下，首卷《中国—东盟年鉴》于 2004 年应运而生，由广西年鉴出版工作者和东南亚研究学者共同完成。《中国—东盟年鉴》成为增进中国和东南亚各国相互了解的、具有一定权威性的重要资料来源。

《中国—东盟年鉴》紧跟中国—东盟关系发展，不断丰富收录的内容。如 2007 年卷新增中国—东盟商务与投资峰会、南宁国际民歌艺术节条目；2008 年卷新增中国与东盟及各成员国交往与合作；2015 年卷新增东盟国家主要展会；2016 年卷新增“一带一路”建设合作；2017 年卷新增澜沧江—湄公河区域合作等。《中国—东盟年鉴》着重记述上一年度发生的事情并收入相关资料，其中部分内容为保持资料的完整性适当追溯历史，作适当上溯处理。

二是不断完善自身框架设计。为更符合年鉴的编纂体例，《中国—东盟年鉴》不断完善自身框架设计。《中国—东盟年鉴（2004）》类目有：概况、动态、东南亚国家联盟、中国—东盟自由贸易区、中国—东盟博览会、新闻人物、大事记、研究报告和论文选辑、重要文件、工商资讯、统计资料、附录；随后几年基本保持这一框架，2016 卷对本年鉴的框架进行了较大改动，新设“专题”类目，以“专题”与“概况”“动态”等类目对应更符合年鉴编纂体例。2017 年卷的编纂延续这一框架。

三是严格遵守年鉴编纂规范。《中国—东盟年鉴》的编纂严格遵守年鉴的编纂要求和规范。年鉴中的概况和动态信息一般作条目化处理，“专题”类目中的发展报告、中国和东盟及各成员国交往与合作以及某些附属资料则采用文章体。东盟各国资料的编排，依国际惯例按国名的英文字母顺序排列；一国之内发生的事情，在同一类目中一般按时序编排。作为资料性工具书，《中国—东盟年鉴》内容资料的选题选材和编排、条目的内容要素和记述程序等，都依年鉴的体例予以规范。为方便读者阅读、检索，本年鉴配备双重检索系统：书前刊有详细目录，书后备有索引。

《中国考古学年鉴》简介

《中国考古学年鉴》编辑部[①]

一、发展概况

《中国考古学年鉴》创办于 1984 年，是由中国考古学会编辑出版的一本专业性学术年鉴。由中国考古学界资深专家担任编委，中国考古学会历任理事长担任主编。自创办以来，已经连续出版 30 卷，未曾中断。中国考古学年鉴自创办之日起立足高起点做学术年鉴，各时段学科综述均由该领域内学科带头人、知名学者撰稿；书中大量篇幅发布当年的考古发掘与调查新资料，简明扼要让学术界能一睹最新材料；考古教学、学术会议、对外交流、文物展览则为学术界提供各种学术资讯；书后所附考古文献资料目录，全面收集一年来出版的图书和期刊论文，包括各种内部书和期刊。总之，《中国考古学年鉴》在网络并不发达的 20 世纪 80—90 年代，是每一个考古学者案头必备的工具书。创办 30 多年来，它目前仍然是一本集学术性、资料性、信息性于一体的重要工具书，是进行学术史研究的基本参考书，是海内外学术界了解中国考古学的一个重要窗口。

① 执笔人：庞小霞，中国社会科学院副研究员。

二、主要内容与特点

《中国考古学年鉴（2015）》是年鉴创办30多年来的第一次重大改版。全书由原32开普通版本，改为大16开的精装本。该卷年鉴内容共计八个部分。学科综述仍是第一部分，首先，从内容上综述篇目增加近年来具有特色和代表学科发展新方向的学科，如动物考古和植物考古综述；其次，为体现专家学者的学术高度，增加评述力度，加重评述学术热点。此外，各篇综述的语言风格各有特色，不再统一模式，引领学界学术评价新风。综述的上述改版新思路，得到了良好的读者反馈。

第二部分是本年度的考古新发现，篇幅一般占据40%左右。这是《中国考古学年鉴》不同于其他年鉴的最大特点。这部分内容在编撰中力求全面和准确，之前由于篇幅限制，往往文字内容做很大删减。但是改版后，许多考古遗迹、遗物尤其重要考古发现的信息详实具体。改版后这部分内容最大不同体现在对全国十大考古发现稿件的编撰，找发掘负责人单独约稿，增加文字篇幅，并配彩色铜版图片。这样十大发现稿件基本在年鉴中就可以全面反映出来，图文并茂，成为重要的学术资料。

第三至六部分分别是学术会议、对外学术交流、考古教学、逝世考古学者。这也是本书改版后仍然保留的内容。这几部分内容是行业工作、学术信息的汇总。编撰中力求准确是我们第一位的要求，内容上则依据编委会的相关编撰原则有所取舍，但力求基本反映一年内中国考古学的重要学术资讯。

第七部分是考古学文献资料目录。内容包括过去一年出版和发表的考古学书目、考古学论文资料和新发表的古代铭刻资料三个方面。尤其论文资料索引，每年编辑部安排专人在专门的数据库中完成。目前很多年鉴不再有论文资料索引，但是《中国考古学年鉴》一直坚持下来，而且论文资料来源不仅包括正规出版物，内部刊物、不定期出版物等等也全都网罗进来。在专业分类的精准性、资料收集的全面性上是中国知网不能替代的。

第八部分大事记是改版后新增的篇目。大事记对于学科发展、学术史的重要性不用质疑，增加这一部分，《中国考古学年鉴》的资料性、信息性更加凸显。

三、主要做法和经验

一是《中国考古学年鉴》的定位是学术性与行业事务性相兼顾。学术性主要是从年鉴第一个栏目学科综述来体现的，因为年鉴从创办以来对于综述撰稿者就有严格条件限制，要求必须是在国内同行中享有一流的学术地位和学术影响力，是各学科领域重要学术带头人和引领者。在秉承此传统的基础上，《中国考古学年鉴（2015）》做了较多调整。

二是确保内容全面准确。编辑部每年向全国除去港澳地区的32个省、自治区和直辖市以及约40多所高校（每年有新的学校开办考古专业，就立即增加）发去电子和纸版的组稿通知，通过各种手段、措施保证稿件及时汇总至编辑部。

三是及时根据学科发展新动向调整栏目。如随着考古工作内容的不断拓展，未来出版的《中国考古学年鉴》中计划增加“赴外考古”分目。而有些分目则不定期出现，如考古学会团体会员单位的组织机构、人员构成及考古教学单位的课程等等。《中国考古学年鉴》在2015年卷改版中还有一些很好的思路，编辑部也将贯穿到今后年鉴的编撰中。

《北京经济技术开发区年鉴》简介

■《北京经济技术开发区年鉴》编辑部[①]

一、发展概况

《北京经济技术开发区年鉴》于 2012 年创刊，由北京经济技术开发区管理委员会主管，北京经济技术开发区年鉴编纂委员会编纂，方志出版社出版。《北京经济技术开发区年鉴》主要记述北京经济技术开发区 46.8 平方公里规划区及 12 平方公里功能拓展区经济、社会等方面的发展概况。全书采用类目结构，以条目体为主，附之以文章，约 80 ~ 90 万字，采用图文混排的编排方式，刊登照片约 300 张；涉及 300 家参编单位。其内容均通过“亦庄地情”网站、“亦庄地情”微信公众号，以及中国年鉴全文数据库（中国知网）发布展示。至 2017 年已出版 6 卷年鉴，均在全国和北京市地方志编校质量、综合质量评比中获奖。

二、主要内容与特点

《北京经济技术开发区年鉴（2016）》设区情概况、特载、文件选载、大事记、产业促进、主导产业、支撑产业、科技、综合经济管理、规划 · 建设 · 管理、区属国有资产经营、财政金融、社会发展、公用事业、党建事务、综合行政事务、法治建设、

① 执笔人：李秀芬，《北京经济技术开发区年鉴》编辑。

统计资料、附录19个类目，1487个条目，成书87.2万字，刊登照片225张、表格49张。各类目顺序按先经济后行政、先产业发展后服务保障的逻辑关系排列，“区属国有资产经营”在园区“规划·建设·管理”后，体现开发区总公司在园区建设中的重要作用。各类目下同一级分目按惯例排列，四大主导产业和其他产业顺序按北京经济技术开发区“十二五”产业规划顺序排列。《北京经济技术开发区年鉴（2016）》主要有以下五大特点：

一是《北京经济技术开发区年鉴》结构设置围绕国家和北京市发展的重大战略方针和中心任务，结合开发区经济和社会发展五年规划，每年做一次微调，五年做一次大调，始终将产业发展、科技创新等内容放在年鉴突出位置，将开发区发展的突出变化和鲜明特点融入到年鉴框架结构的设计中。2016年卷年鉴围绕开发区“发挥首都实体经济主力军作用，建设首都科技创新中心主阵地”的功能定位，设产业促进、主导产业、支撑产业、科技4个产业相关类目，设产经活动、区域合作等16个产业相关分目，用全书主体内容三分之一的篇幅侧重记述产业内容。科技类目在产业促进、主导产业、支撑产业后，体现开发区的创新驱动。

二是突出记载开发区产业结构转型升级、“中国制造2025示范区”和“科技与文化融合发展示范区”建设工作。产业促进类目下设产经活动、区域合作，体现区域产业结构调整、服务京津冀协同发展工作。主导产业、支撑产业两个分目体现开发区构建“高精尖”产业结构，立足新一代信息技术、汽车制造、生物医药、智能制造四大主导产业基础，着眼“互联网+”、文化创意产业发展方向，发挥中芯国际、京东方等龙头企业引领作用，带动区内产业链上下游企业集群发展。科技类目下设综合管理、技术研发、成果转化、表彰奖励、重点工程、资质认证6个分目，体现开发区创新服务体系建设情况以及区内企业自主创新能力。

三是重点记述构建宜业宜居新城的工作举措。设置综合经济管理、规划·建设·管理、区属国有资产经营、财政金融、社会发展、公用事业6个类目，记述开发区强化经济运行调度、推进绿色低碳经济发展模式和产业转型升级工作，以及生态园区建设、城市治理、完善公共服务体系、保持社会稳定等重点内容。

四是全面记录开发区加强党的建设、优化营商环境、提升政府服务效率的各项举措。设置党建事务、综合行政事务、法治建设3个类目，侧重记述改革创新、改进作风、依法行政、产业政策创新等内容。

五是突出年度大事要事，展示发展成果。2016年卷新增“区情概况”类目，下设“区域简介”介绍开发区总体发展情况以及2015年开发区重要经济指标，在开篇较直观地反映开发区全貌。“特载”类目刊载开发区年度政府工作报告、“十二五”经济运行综述以及“十三五”规划，与文件选载、大事记分目集中展示开发区年度重点工作、五年发展成果以及下一个五年发展规划。

三、主要做法和经验

一是坚持信息化建设，有效拓展年鉴资源开发利用。2013年，依托《北京经济技术开发区年鉴》资源，“亦庄地情”微信公众号开通；2015年，建成《北京经济技术开发区年鉴》微网站；2017年，“亦庄地情”网站正式上线。“亦庄地情”网站在线的协同编纂实现300家参编单位的线上提交稿件、修改、编辑、反馈，稿件在组撰稿人员和编辑人员之间的流转更加高效，流程管理更加清晰。利用网站建立起地情资料管理系统，对大量的信息化资源进行分类梳理、统一存储，为编辑部提供了资料的多维查询和使用功能，实现地情资料的电子化管理。

二是加强年鉴编纂队伍建设，实现年鉴编纂队伍的常态化管理。《北京经济技术开发区年鉴》的编纂工作始终把编纂队伍建设放在首位，坚持常抓不懈。第一，针对组撰稿人员大多兼职，难以有更多的时间集中培训的现实情况，编辑部采用以会代训的方式每年召开年鉴编纂工作会，结合上一年度工作总结，针对问题和薄弱环节进行培训。第二，针对组撰稿人员变化大的问题，请北京市地方志办公室领导或专家亲自授课，指导组撰稿人员了解资料收集途径、稿件编辑规范、照片拍摄技巧等业务知识，掌握要点、把握关键。同时，通过分组研讨的方式，扩大经验分享交流，形成传、帮、带的工作氛围。第三，编辑部在年鉴编纂过程中不断更新流程规范，针对组撰稿人和编辑人员分别编制工作手册，形成一套长效化、制度化的工作规范，为组撰稿人员提供方便实用的教材。经过6年的实践，开发区已建立起一支由300多家单位组成的编纂队伍，稳定性、专业化逐步提升，使年鉴编纂工作的可持续发展有了坚实的组织保证。

Ⅵ

研究与借鉴

2017年全国年鉴理论研究综述

范锐超

提要：撰写年度年鉴理论研究综述是一项具有重要意义的基础性工作，既是满足学术发展所需，也对年鉴学学科建设有所助益，得到年鉴界很多专家、学者的期待和关注。对2017年年鉴研究情况作梳理，年鉴编纂注意事项、存在的问题、质量提高、创新等方面取得一定数量的研究成果，近年来年鉴理论研究保持稳中有进的局面。首先，年鉴学论文数量较往年有大幅提高；其次，年鉴学研究方法和视野有所突破，不少论文运用当代西方理论和其他学科的研究方法；再者，一些学者与时俱进，密切关注国家方针政策和新技术的变化，由此寻求年鉴的发展。同时，我国学者对年鉴的研究在理论、规范、多视角方面还存在不足，仍需进一步加强深入研究。

关键词：年鉴　理论　综述　发展

年鉴作为一种独特的图书载体,具有“集万卷为一册缩一年为一刻”的突出特点。近年来，我国年鉴事业尽管已有很大发展，但无论在宏观上、总体上，还是微观上、个体上，都存在许多亟待改进的问题。要促进年鉴事业进一步发展，需要理论研究的的分析及支撑，年鉴理论研究方心未艾。2017年，深入学习贯彻党的十九大精神，开创了年鉴工作新局面，年鉴理论在继承历年成果的基础上，亦取得较好的成绩。

本文分年鉴基础理论、年鉴编纂应用理论、年鉴创新与发展、年鉴工作保障体系四大部分，从年鉴学基础认识，外文年鉴研究，年鉴述评，编纂工作，框架设计，条目编写，年鉴大事记、图照、附录及装帧，数字化与网络化，开发和利用，年鉴质量，队伍建设和经验交流 12 个方面对 2017 年年鉴理论研究情况作简要梳理，梳理的主要对象是有关年鉴编纂与研究的国内公开发表的期刊论文。有关学术研讨会议论文、论文集论文，不在研究范围之内。

一、年鉴基础理论

任何专业学术理论研究都离不开与之相适应的学术理论研究的基本原则和方法，并遵循其基本原则和方法所规范的思想认识定式。对于中国年鉴理论研究而言，明确学术理论研究的原则，运用基本原则和方法所规范的思想，促进年鉴事业理论发展的重要保证和基本前提。弄清年鉴基本理论问题，对年鉴编纂者和读者都有重要意义。

（一）年鉴学基础认识

关于年鉴学的基础理论，专家学者们主要围绕年鉴的性质、特点、功能、年鉴发展史以及年鉴与志书的关系等问题进行讨论。莫秀吉《年鉴实用性述论》(《中国年鉴研究》第 2 期）指出，增强年鉴的实用性需要从内容与传播方式的结合、编纂者与使用者的结合、政府行为与社会效益的结合、为现实服务与存史功能的结合等视角，通过突出权威主流信息的记载，加大公共信息的反映力度，拓展深层次信息，增大有效信息含量，发挥现代信息网络的传播作用。许辰君《浅谈年鉴落实〈规划纲要〉修志为用原则》(《黑龙江史志》第 2 期）认为年鉴工作是落实修志为用原则的重点。在年鉴中落实修志为用原则，需要树立质量意识、读者意识和开放合作意识。王淑红《如何提高地方年鉴的实用价值》(《黑龙江史志》第 08 期、第 10 期）提出年鉴的价值体现在能够服务于社会现实。提高年鉴的价值要围绕地方政府的中心工作和社会热点谋篇立目，收录全面、翔实、权威、精准的地情信息，具备与时俱进的编纂思想。张凯《提高地方综合年鉴实用价值的途径——以桂林市为例》(《广西地方志》第 5 期）通过调整框架结构，突出地方特色和优势；择优选题选材，突出年度地情资料工具书的特色和优势；严格规范撰稿和编辑内容，建立条目内容要素规范化；挖掘和拓展地方年鉴的深层次资料；加大公共信息的反映力度，突出政府主办年刊的特色和优势；增加便鉴性和实用性资料，突出县（区）地方综合年鉴的特色和优势等六个方面提高地方综合年鉴的实用价值。汪昕《浅析年鉴的作用和编纂——以〈山东新闻出版广电年鉴〉为例》(《现代视听》第 12 期）梳理年鉴发展历程，明确年鉴有为决策提供依据、搭建了解当地人文环境平台、提供资源共享媒介载体和保存史实资料的作用。桑荟《提升地方综合年鉴文献价值的思考》(《江苏地方志》第1期)指出，地方综合年鉴的文献价值是通过年鉴资料的系统性、年鉴内容的权威性、年鉴信息的综合性、年鉴记述的专业性等方面体现出来，通过科学设计篇目，拓展资料采编渠道，加强内容归纳整合，全面深入记述等多措并举，努力提高年鉴文献价值。姚敏杰《关于志书“沉淀说”的商榷——兼及志书、年鉴和史书的区别》(《广西地方志》第1期)阐述理论界流行的志书“沉淀说”：一是成为一些论者区别志书与年鉴的重要标志，二是成为志书编纂时间上下限以及选择适当编纂时间的依据。认为“沉淀”对于反映事物本质、揭示事物发展规律的意义是相对的，并不是志书和年鉴的本质属性；志书质量取决于包括志书主编在内的编修人员的综合素质，而与“沉淀”关系不大。方书生《近代中国年鉴的特征与启示》(《上海地方志》第4期)指出，近代中国年鉴源于英文《上海年鉴》与海关年报，出现英、中、日三个年鉴系列。大约在1934—1935年，中国年鉴的编撰水准初步赶上国际序列，形成中文年鉴系统，既包括综合年鉴（全国或地方）和专业年鉴。在这一过程中，形成近代年鉴的基本属性（资料性与年度性）、价值属性（专业技术性、知识权威性、资政参考性）。牟国义《清末预备立宪时期年鉴编纂活动考察》(《中国年鉴研究》第1期)指出，刊行统计年鉴作为清末预备立宪时期政治体制改革的一项目标和内容，清政府编纂年鉴活动的积极尝试，对民国以后的年鉴认知、年鉴体式、年鉴编例等产生广泛的影响。1907年为我国政府主持编纂年鉴活动的元年，是中国年鉴事业走上自主发展道路的开端和起点。冷晓玲《我国年鉴出版历程与发展态势》(《中国社会科学报》2017年5月23日)回顾我国年鉴编纂的历史，指出我国年鉴事业发展存在地区发展不平衡、年鉴质量参差不齐、年鉴的实用性不强以及信息化工作滞后等问题。该文强调，我国年鉴编纂出版和管理进入制度化、规范化轨道，年鉴的社会需求不断旺盛，影响力扩大，年鉴作为特殊信息的载体，其跨媒体发展前景广阔，年鉴的理论研究和学科建设将加强和完善。刘迪《中国博物馆机构年鉴刍议》(《中国年鉴研究》第1期)指出，博物馆机构年鉴是博物馆年鉴的一种重要类型。具有博物馆史研究的史料作用、博物馆行业内的交流作用与社会监督的窗口作用。从博物馆机构特点出发规划有针对性的编纂思路，增强博物馆机构年鉴信息的可视性。范俊涛《博物馆年鉴与博物馆档案》(《自然博物》第1期)提出博物馆的年鉴和档案是博物馆信息资源的重要组成部分，博物馆档案是年鉴编纂的基础，博物馆年鉴是强化的档案信息汇集。认为博物馆年鉴发挥丰富档案的馆藏、提高档案的利用和为博物馆服务的作用。黄梓根、何旭《中国高校年鉴研究的现状、问题及方向》(《高教探索》第 8 期)指出，高校年鉴研究水平同高校与日俱增的人才优势和科研优势不相匹配，与高等教育快速发展的理论需求与创新要求不相适应，年鉴研究队伍专业化不够，研究对象与内容单一固化等。切实提升年鉴研究意识，创新研究视角，壮大专业队伍，通过强化研究，为年鉴发展提供理论和实务指导，促使高校年鉴发挥好资政、育人和文化传播作用是高校年鉴的研究方向。

(二)外文年鉴研究

了解国外年鉴的编纂、出版概况，研究其语言情况，对我国的年鉴事业有参考作用，为年鉴工作者的深入思考提供帮助。陈敏《中美地方综合年鉴的语类差异比较研究》(《中国年鉴研究》第 1 期)以语类理论为基础，通过选取中美地方综合年鉴的平行栏目的两组对等语篇进行比较分析，分别得出其语篇结构及语类结构潜势公式，语篇的语类差异受制度惯例与意识形态这两个文化语境因素影响。田润宇《英文版年鉴编纂发行工作中存在的问题与对策论析——结合海南的实践》(《史志学刊》第 4 期)指出，国内英文版地方综合年鉴编纂工作存在目标与受众定位不够明确、内容安排不尽合理、翻译质量有待提高、发行渠道需要拓展等主要问题。科学、合理定位英文版地方综合年鉴，提升翻译质量，充分利用数字和互联网技术，拓展发行渠道，提高宣传效率和社会效益是解决这些问题的思路。王亿绵《〈大英百科年鉴 1994・中亚与南亚〉翻译实践报告》(《校园英语》第 27 期)在对《大英百科年鉴 1994・中亚与南亚》翻译地基础上完成翻译实践报告，从词汇、句法及文化方面着手，具体分析翻译中的细节。为研究 20 世纪 90 年代的中亚和南亚地区的外文年鉴提供译文。

(三)年鉴述评

相关研究研究论文有 31 篇，总量较去年增多，但在写作方式上以评介为主。张昊鹏《创意学术年鉴集合出版开拓学术存史新境界——“中国社会科学年鉴系列”出版综述》(《中国年鉴研究》第 2 期)指出，出版学术年鉴精品是加快构建中国特色哲学社会科学的现实需要。在实施过程中，注重规范化建设，树立年鉴权威，发挥年鉴“交流互鉴”独特作用，争取学术话语制高点。王继杰《地方史料价值的认识与研究——〈上海年鉴(1854)〉整理与研究述要》(《中国年鉴研究》第 2 期)梳理中国大陆第一部城市年鉴——《上海年鉴(1854)》发现、整理的过程，表明其融原文影印与专题研究相结合的西文地方文献整理的特点。通过对《上海年鉴（1854）》体例、内容研究及其史料价值以及早期中西城市年鉴比较研究，对年鉴类地方文献的整理具有启发意义。郭淑敏《民国〈美术年鉴〉的编辑特色述评》(《设计艺术》(山东工艺美术学院学报）第1期）从编辑缘起、编辑团队、编辑理念、编辑内容、编辑方法等几个方面，分析民国《美术年鉴》的编辑特色，对当代美术年鉴的参考价值。该年鉴辑录清末至民国时期的美术发展史实，装帧精美、内容丰富，是近现代美术研究具有代表性的一部史册性工具书。李新祥、曾静平《论〈中国互联网年鉴〉的出版价值、框架设计与编纂组织》(《出版科学》第1期）指出，年鉴在编纂组织上，要明晰出版理念、创新体制、理顺机制、加强机构与编纂队伍建设、提高时效性、开展全媒体与全版权运营、精心选择条目、认真撰写条目、优化表现方式、践行社会责任、做好发行营销。杨丹玫、周钢、牛景琳《开中国新闻传播教育史先河——读〈中国新闻传播教育年鉴（2016）〉》(《新闻前哨》第2期）从研究时间、研究领域和研究方法三个维度，介绍《中国新闻传播教育年鉴（2016）》。认为其系国内第一本以新闻传播教育为主体的年鉴，时间跨度大、研究范围广。陈强《记录中国新闻传播教育历史与现实的著作——评〈中国新闻传播教育年鉴（2016）〉》(《新闻与写作》第7期）认为新闻传播年鉴中应添加外国新闻传播教育与中国新闻传播教育的互动影响；增设通讯录部分，介绍交流平台，制作随书附赠电子光盘，提供相关内容的电子档案，为后人的研究提供更形象的史料记载。王丽莎、李鹏《浅谈高校年鉴编纂工作——以〈沈阳农业大学年鉴〉编纂为例》(《文化学刊》2017年11期）以《沈阳农业大学年鉴》编纂为例，具体分析高校年鉴编纂工作的现状和经验，并将高校年鉴的涵义和价值加以阐释，寻求高校年鉴编纂方式方法的创新与应用，以适应互联网和大数据时代环境下的理论建构。陆奇《事业蓬勃发展文献特色鲜明——读《山西师范大学年鉴（2013、2014）》点评》(《黑龙江史志》第9期）论述大学年鉴编纂的重要性；认为《山西师范大学年鉴（2013、2014）》基本符合提高文化自觉，打造年鉴品牌，达到出版标准，逐步形成精品年鉴年鉴编纂标准。杜丙旭《用照片记录城市发展——评〈中国建筑设计年鉴（2016）〉》(《全国新书目》第7期）以《中国建筑设计年鉴（2016）》以“年度”为切片，分8个方面内容，以记录中国建筑行业内优秀设计单位的典型作品为第一原则，把握优秀的建筑设计项目、新的设计理念以及中国建筑行业发展的新趋势。张月《抢抓机遇　开拓创新　全面推进年鉴编纂工作》(《图们江报》2017年6月13日）指出，《珲春年鉴》从建立健全有力的机制体系推动年鉴编纂工作，依法编鉴加强年鉴编纂工作，开拓创新转型升级提升年鉴编纂工作质量，加强队伍建设强化地方年鉴编纂等方面向精品年鉴目标努力。

二、年鉴编纂应用理论

年鉴在社会经济发展的地位和作用必将随着知识经济时代的到来而更加突出。改革开放以来我国编修与应用年鉴文化事业蓬勃发展，年鉴界发出构建中国特色年鉴学的呼声甚高，并正在积极推进且取得基础性成果。

（一）编纂工作

年鉴编纂是一项政治性、历史性、现实性很强的工作。年鉴编纂工作逐渐走上专业化、规范化发展道路，年鉴编纂从优化篇目设置、规范编纂流程、提高编校质量、改进装帧设计、积极开拓创新等方面都有较高水平的发展。桑荟《地方综合年鉴编纂的整体性思维》（《江苏地方志》第 5 期）认为地方综合年鉴编纂的整体性思维广泛地落实在具体条目编写中，运用整体思维、改变年鉴“碎片化”记述倾向、注重独家资料收录、加强历史分析提升地方综合年鉴的权威性、系统性和学术性。张新贵《地方综合年鉴编纂必须坚持以人为本》（《江苏地方志》第 2 期）指出，年鉴在框架结构设计时，把反映人民群众的生活及诉求作为出发点和落脚点；在内容选择上，把与人民群众生活密切相关的、普遍关心关注的内容作为重点；在表现形式上，力求全方位、多角度、深层次地反映社会、人文等内容，彰显以人为本。林忠玉《地方综合年鉴的组稿和编审》（《福建史志》第 2 期）认为年鉴资料的收集、鉴别、整理以及图片选用，是做好年鉴编辑和审稿工作的基础，应着力通过规范选条和行文处理，提高年鉴编纂质量。年鉴文稿编审要注重条目选材规范、条目选题原则、条目编审规范、条目名称设计和图照选用等方面。刘德元《论年鉴规范、创新与传播》（《新疆地方志》第 2 期）指出，年鉴编纂要规范得体，以提高整体质量为前提；要有创新意识，使其生命力得以不断延续和健康发展；要体现大众传播，为社会各界提供丰富、优秀的文化产品。刘树波、由岳峰《论地方综合年鉴的编纂创新》（《黑龙江史志》第 22 期）分析地方综合年鉴存在的因忽略著述性所造成的可读性不强，记述门类和内容不够综合、全面，地域特色不突出，服务能力不强，精品意识薄弱等问题，提出地方综合年鉴编纂从体现著述的鲜活性、内容的全面性、地域的特殊性、服务的实用性、质量的精品性和理论研究性6方面创新。齐凯、王爱凤《浅析互联网信息背景下年鉴的编纂出版》(《中国集体经济》第3期)指出在互联网背景下年鉴载体、组稿模式、传播途径都发生变革，推动整个年鉴编纂出版向着数字化、信息化方向发展。年鉴的权威性依然是年鉴编纂的关键，新时期的年鉴编纂出版工作需要进行综合的权衡和考量，既要与互联网深度融合，又要保障自身的权威性，打造年鉴编纂出版的健康生态环境。郭大勇《将年鉴做大做新做美》(《广西地方志》第2期)指出，年鉴做大，即把领导工作做大，把编纂队伍做大,动员各级领导和全区优秀撰稿人的力量共同参与。做新,即突出地方特色，突出年度创新工作和新生事物。做美，即文字精炼美、生动美，二是插图美，三是包装美。李鑫《省级综合年鉴编纂的三重创新方向》(《史志学刊》第5期)指出，省级综合年鉴的编纂从政府视角的内容、社会视角的内容、编纂理念和工作机制三个方向创新。政府视角的内容创新包括在年鉴各传统部类开头以图表形式集中展现该省年度基本统计数据，及在各传统部类结尾设立专题阐述该省年度重大政策、项目、事件和活动两个方面。社会视角的内容创新是将民众在社会日常生活各方面所关注的百科信息知识集中设立为“百科”部类。编纂理念和工作机制的创新是为民众社会生活服务和为设立新内容进行调查研究。阳晓儒《省级综合年鉴与生态环境保护——以〈江苏年鉴(2014)〉〈山东年鉴(2014)〉〈广西年鉴(2014)〉为例》(《中国年鉴研究》第1期)通过对三部省级综合年鉴的生态环境保护等篇目内容的分析，发现省级综合年鉴在记述生态环境、环境保护等方面的内容时，采取相对集中、分散等记述方法进行记载，取得较好的成效。但还存在内容记述不全面、不系统、栏目设计不科学、内容要素缺失等问题。地方综合年鉴应重视生态环境保护内容的记载，全面反映区域生态环境的基本状况、发展特点和改善生态环境所采取的各项举措。王玉琴《县(区)年鉴编纂中存在的问题及应对措施——以宁夏为例》(《新疆地方志》第3期)指出，县(区)地方志工作机构在年鉴编纂过程中，要树立“依法治志”的信心，弘扬修志问道、直笔著史的方志人精神；坚持“一纳入、八到位”的工作机制，根据编纂实际改进工作方式方法；遵循年鉴体例与记述方法的特殊性，提高质量不断创新；提高编辑的业务能力，注重高素质人才的储备与队伍建设。郭琳《国有企业年鉴编纂中存在的问题及对策研究》(《企业改革与管理》第20期)阐述企业年鉴编纂的重要性，分析国有企业年鉴编纂过程中存在时效性差，内容单一、陈旧，年鉴编纂人才力量薄弱等问题，针对性地提出精选静编，强化服务功能，加强年鉴编纂人才专业化发展的应对措施。鲍玲莉、李燕、理文、顾伟、李银银《信息化背景下的高校年鉴编纂工作研究》

（《办公室业务》第 19 期）从高校年鉴编纂工作的现状和问题出发，结合信息化的背景，指出信息化背景下高校年鉴的编纂工作要切合时代发展和高校自身特色，“编以实用”，合理调整年鉴内容结构，稳定高校年鉴的编纂队伍，提高编纂水平。郭嘉《地方性社科年鉴组稿工作中遇到的问题与对策探析》（《新疆社科论坛》第 4 期）指出，当前地方性社科年鉴组稿工作存在的问题：一是对组稿工作重要性的认识程度不够，工作难以推进；二是组稿方案缺乏创新思维，组稿要求不能紧跟时代发展；三是供稿单位的具体责任部门不固定，编纂工作沟通困难；四是供稿人员流动性大，撰稿水平参差不齐；五是所供稿件专业性内容撰写不规范、不准确。提出加强年鉴编辑部的自身建设，增强组稿供稿单位的责任意识的措施。邢秋萍《专业年鉴编写：如何储备充足的“鉴能”——拾零所阅专业年鉴内容为例》（《黑龙江史志》第 12 期）充分储备可被利用的内容之能源应从强化专业年鉴的鼓舞性撰起、以充分储备“鉴能”，强化专业年鉴的指导性撰起、充分储备“鉴能”，强化专业年鉴的统计性撰起、充分储备“鉴能”，强化专业年鉴的警戒性撰起、充分储备“鉴能”等方面。

（二）框架设计

年鉴的框架是承载年鉴内容的主体结构，是年鉴的骨架。编纂年鉴首先要进行框架结构设计，以便于搜集、选择和组织智联，组织作者撰稿。年鉴的框架设计，需要面向开放的社会。融入全新的思维，不断优化其结构，显示特色和个性，增强其生命力。在这方面研究论文有 14 篇。颜小忠《地方综合年鉴记述年度地情的思考》（《中国年鉴研究》第 2 期）指出，地方综合年鉴在框架设计上，要加强体裁划分和形式、功能以及框架结构层次的系统研究；“行政区域概貌”应系统记述年度行政区域的概括面貌，在形式上可分成若干个板块分记若干部类事物的概貌；“综述”应综合记述大类事物的基本全貌；“概况”系统地概括分目所记事物的要项内容，囊括分目下没有条目记述的要项内容；条目遴选则应加强与分目概况、栏目综述系统配合反映年度地情的研究。阳晓儒《地方综合年鉴综合情况篇目编写探析——以 8 部地市级综合年鉴为例》（《史志学刊》第 1 期）通过对 2016 年全国地方志优秀成果（年鉴类）地市级综合年鉴获特等的 8 部地市级综合年鉴考察，发现地方综合年鉴编纂综合情况篇目采取沿用、压缩归纳、增补、突出特色等方式方法进行编纂。认为地方综合年鉴编纂者应重视年鉴综合情况篇目的编纂，力求全面反映一个地方的自然、政治、经济、文化、社会等方面的基本情况，突出年度特色、时代特色和地方特色。焦学健《〈南通年鉴〉

框架设计的自我演变与创新研究》(《江苏地方志》第6期)提出框架的顶层设计是否完善，直接关系到年鉴的整体形象和编纂质量。年鉴框架应紧贴发展实际、强化框架设计的全面性，紧贴时代变化、提升框架设计的科学性，紧贴年度特点、凸显框架设计的特色性3个方面进行优化调整。詹跃华《谈地方综合年鉴框架设计》(《新疆地方志》第3期)指出年鉴框架设计要拓宽思路，与时俱进，面向社会，选择适合该行政区域的结构形式，遵循全面系统、突出特色、稳定有变的基本原则，并处理好稳定与创新、全面与重点、共性与个性的关系，确保框架结构科学合理，为提高年鉴质量奠定基础。胡少诚、任一丁《高校年鉴框架设计的比较分析》(《中国年鉴研究》第1期)结合作者工作交流情况，通过查询中国知网·年鉴网络出版总库以及在各校主页发布的信息，选取北京高校年鉴样本10种，京外高校年鉴样本11种，从年鉴的体裁和结构入手，对每一部分进行比较分析，试图形成层次和类目划分的规律性认识，并提出具有一定普遍性的框架设计方案。孙磊石《用为续修志书服务的理念定位铁路年鉴框架设计》(《黑龙江史志》第5期)指出年鉴的"框架设计"是续修志书的重要源泉。在年鉴编纂中树立"为续修志书搜集和积累年度资料"的意识，突出时代特点、年度特点、工作特点，搞好年鉴的框架设计，成为编史修志资料的重要来源。石红英《〈山东水利年鉴〉栏目编排优化调整思路》(《山东水利》第3期)认为专业年鉴突出的行业和地方特色应从准确定位原栏目、合理设置新栏目、科学整合原栏目三个方面，对内容进行重新整合，对栏目编排进行系统调整，使整体框架结构更加科学合理，应用更加方便。

(三)条目编写

条目是年鉴细胞和基本单元，反映年鉴绝大部分实际内容。其编纂质量决定年鉴的编纂质量，影响年鉴的可读性、实用性和存史价值。在这方面研究论文有8篇。詹跃华《年鉴条目撰写应避免"四化"倾向》(《广西地方志》第1期)指出年鉴撰稿人撰写年鉴条目出现总结化、新闻化、辞书化和志书化的"四化"现象。年鉴撰稿人要把好年鉴条目撰写关，分清年鉴与总结、新闻、辞书、志书的异同，杜绝条目出现"四化"现象，必须提高稿件质量。詹跃华《论地方综合年鉴条目的立体性》(《广西地方志》第6期)指出年鉴的条目具有立体性，主要表现在三个方面：一是"点、线、面"的立体结构体系；二是"动态与静态相结合"的立体材料体系；三是"宏观、中观、微观"的立体记述体系。武晓敏《浅谈年鉴条目内容的编辑》(《黑龙江史志》第8期)围绕年鉴编纂特点及条目的选取，首先，要每个单位和部门的基本条目每年入鉴，保证每部年鉴从内容上相互衔接，纵向编辑系统，便于读者连续检索利用，保证年鉴的连续性；保持主要数据连续记录，且保证连续记载的数据符合事物发展规律；注意基本内容记述上也要上下衔接，保证事物记述的连贯。谢华、刘赛宇《浅谈概况条目在湖南科技年鉴中的编撰应用——以产业园区及基地为例》(《科技创新导报》第 26 期）分析产业园区及基地篇章概况条目的写法，通过分析查找出概况条目写法存在交代不清，具体有实用价值的信息含量少；空话套话多，影响年鉴信息使用价值；缺乏整体数据，反映具体综合信息程度不全；撰写产业园区及基地概况条目的启示等常见问题及原因。

（四）大事记、图照、附录、装帧及数字编辑

大事记、图照、附录及装帧构成年鉴的重要部分。大事记在全书中占有显著位置。是上年度区域内全貌的概括，是整部年鉴的提要，总纲。图照是年鉴体裁之一，年鉴所配图照应与相关文字同步，配图比例以图文并重为最佳。附录融信息性、知识性、实用性为一体，使年鉴的性能得到更好的发挥。装帧设计应与时俱进，既不背离年鉴作为政府刊物严谨、权威的要求，又要跟上时代审美潮流。在这方面研究论文有 7 篇。许家康《年鉴大事记脞议》(《广西地方志》第 3 期）通过对年鉴大事记类型、作用、特点的分析，认为允许多种例式并存、完善收录原则和标准、规范记事的内容要素、严格控制记事数量及其篇幅，是提高地方年鉴大事记编写质量的当务之急。殷国富《年鉴随文图照选编的实践与思考》(《江苏地方志》第 3 期）阐述随文图照编排质量的好坏，直接影响综合年鉴编纂质量的高低。编辑随文图照内容样真实可靠，画面清晰，构图简洁。在编排上，遵循图文相随，释文完整，疏密有致、各居其位的原则。年鉴栏目编辑要注意提高自身的政治洞察力、专业鉴赏力和社会协调能力，以确保地方综合年鉴常编常新。叶建维、许家康《关于年鉴附录的考察与思考》(《广西地方志》第 2 期）通过对 57 种国内在版年鉴的考察与分析，认为年鉴附录内容具有实用性、便览性、超时空性的特点，并提出规范年鉴附录栏目设置、规范年鉴附录内容选择、规范年鉴附录表现形式的设想。葛玉峰《年鉴的装帧设计——以〈扬州年鉴〉为例》(《苏州工艺美术职业技术学院学报》第 4 期）认为年鉴装帧设计在兼顾年鉴书籍特点的基础上，以年鉴所处的地方文化为切入点，不断提炼地方文化的视觉符号，用图案的语言来表达装帧之美。摆脱“老面孔”，树立年鉴自己的文化品牌。郑锦《年鉴数字编辑“七巧”》(《新闻传播》第 5 期）阐述数字编辑“七巧”：一是巧排数列，让年

鉴作为工具书其检索、查阅的功能更完备；二是巧作对比，让数字更能说明问题；三是巧排版，从细节出发，让检索抄出差;四是巧变形式，让数字更有魅力;五是巧目录，让数字检索更方便；六是巧梳理，让数字富含逻辑顺序；七是巧用数字，突出主旨。

三、年鉴创新与发展

年鉴的发展在于创新。创新是年鉴事业可持续发展的源动力。年鉴创新，符合地情实际，符合社会发展现状，贴近群众生活，满足读者求知欲望，使年鉴在激烈的市场竞争中更好地发展下去。年鉴发展，内涵丰富，涉及面广且杂，是一项艰巨的系统工程，需要树立年鉴可持续创新发展理念，长期坚持不懈的探索和追求。

（一）数字化与网络化

信息技术和人工智能得到空前的发展，尤其是网络技术和软件技术突飞猛进，给人类的工作、学习和生活带来深刻的变化。信息与技术成为一种不可或缺的资源。作为年鉴创新与发展的一项重要内容，现代信息技术应用的问题已经迫切地摆在年鉴工作者面前。除年鉴网络化和电子化外，现代信息技术在编纂中应用的方面还有很多，比如编纂流程自动化、各种信息数据库的应用等。国内年鉴行业有待于做更深入的研究和探索，以便能够迎头赶上科技发展的潮流，发挥年鉴信息资源优势，服务于社会。在这方面研究论文有 13 篇。游桃琴《大数据思维方式对地方综合年鉴工作创新的启示》(《史志学刊》第 4 期）认为创新思维方式成为驾驭大数据和实现价值的关键。着重建立以大数据整体性为支撑的总体思维，以大数据多样性为支撑的容错思维，以大数据关联性为支撑的相关思维，以大数据开放性为支撑的智能思维。林忠玉《浅议年鉴信息化的发展态势》(《中国年鉴研究》第 2 期）提出以信息技术社会化普遍应用为保障，逐步推进发展数字年鉴是年鉴未来的发展模式。建立和完善年鉴信息化的理论体系，探索年鉴信息化模式的发展趋势，统筹协调年鉴信息化过程中环境、技术和人才，使“互联网 + 地方志”成为开发利用地方志资源的重要手段。崔震《网络年鉴创新途径的探索》(《中国年鉴研究》第 2 期）指出，实现“互联网 +”是年鉴发展的新趋势，在此过程中出现的诸多问题与困境同样无法忽视。年鉴理论研究与实践者要以坚持年鉴基本属性为前提，以互联网思维全面改造年鉴工作为关键，以年鉴编纂实践为基础,推动网络年鉴的创新发展,实现年鉴事业在互联网时代的繁荣发展。欧长生《从方志微信公众号开发利用看志鉴数字化传播》(《福建史志》第 4 期) 认为数字化发展是地方志融入信息社会的必然选择，通过微信公众号平台的资料传播和实现高度社会化的利用，是志鉴数字化传播利用的有效便捷的途径，人才队伍建设是实现微信公众号平台持续高效运营的重要基础和保证。张巍《互联网环境下年鉴营销之思考》(《出版参考》第 22 期) 对年鉴营销制约因素进行分析的基础上探讨网络环境下年鉴营销策略。指出网络影响的下年鉴的载体以及阅读的方式、内容、用户、出版时间、与读者之间的交流、营销与广告均发生变化。王永超、严文强、汤淏、孙琳、王雪芬《"互联网 +" 思维对提升科技年鉴编纂质量和信息资源利用率的研究》(《江苏科技信息》第 7 期)阐述制约科技年鉴编纂质量和信息资源利用率的因素。提出借助"互联网 +"思维，从编校人员管理和培训、编校流程等方面提升编纂质量。借助微媒体的优势，科技年鉴可以通过多种渠道提高信息资源利用率。张莹、刘迎春《高校档案数字化建设与年鉴编纂关系探析》(《沿海企业与科技》第 2 期) 高校档案数字化建设与年鉴编纂关系。提出搭建系统交流平台、建立档案资源分库、加强权限管理等可行性建议将高校档案数字化建设与年鉴编纂工作有机统一起来。陈婉婉、李士进、胡金龙、高祥涛《一种新的水文年鉴数字化方法》(《计算机与现代化》第 1 期) 提出基于版面分析的多特征融合数字识别方法，结合水文年鉴中数值的时间序列相关性提出后期纠错机制来提高识别的正确率。对水文年鉴图像的实验结果表明，该方法具有较高的识别精度，并且能够还原误识结果的真实值。刘建军、邢小丽、郭宝群、田文君《水文年鉴数据入库方法介绍》(《东北水利水电》第 11 期) 选用水文年鉴电子书作为水文数据库源数据，采用模块化方式设计水文年鉴数据入库软件，最大限度的保证水文数据库和水文年鉴数据的一致性。水文年鉴数据入库软件设计方法和当前的水文资料整汇编工作模式相符并得到应用。张泉荣、谢运山、姚允龙《水文年鉴复刊过程中的数据处理》(《人民长江》第 12 期) 论述江苏省水文年鉴复刊过程中数据处理的背景研究、水文年鉴复刊工作所需要的相关资料及其软件的准备过程、数据处理程序以及复刊过程中存在的问题及其处理方式等方面情况，着重对纸质版的水文资料整编成果生成最终的电子版年鉴文件过程中的数据处理情况进行分析。

(二) 开发与利用

年鉴编纂，除存史的功能，更重要的是应开发其丰富的资源。开发年鉴资源，使丰富的信息为社会各阶层所利用，使年鉴在市场经济的竞争中立于不败之地。因此，要积极有效合法地开发年鉴中丰富的资源，从观念、措施、工作机制、宣传工作、应用新技术等方面提出推动年鉴资源利用。深度开发，正确有效地开发年鉴的资源，提高信息把握能力。努力开发推广年鉴资源，提高年鉴的整体效益是年鉴的主要发展发现年鉴资源的利用要顺应时代要求，提高年鉴资源的利用效率，转变现行的年鉴管理与利用方式，积极同信息技术相融合，拓展发展空间。在这方面研究论文有38篇。田润宇《关于省级地方综合年鉴资源开发利用的思考——以海南省的年鉴情况为例》（《广西地方志》第5期）总结海南省在地方综合年鉴资源开发利用封面取得的主要进展，分析海南省在年鉴资源开发利用工作中存在的问题，从观念、措施、工作机制、宣传工作、应用新技术等方面提出推动年鉴资源开发利用工作的对策。周训安《年鉴在“一带一路”建设中的意义及助力探究》（《新西部》（理论版）第1期）从年鉴在“一带一路”建设中的意义入手，阐述年鉴在“一带一路”建设中发挥认识与实证、宣传与教育、交流与传播、资政、信息与史料留存五个方面作用。年鉴工作者需担负起“一带一路”战略实施任务中的一部分。汤淏、王永超、孙琳《科技年鉴在地方科技志编修中的作用与思考》（《甘肃科技》第6期）以科技年鉴与地方科技志的共同点为基础，结合科技年鉴和科技志编纂的工作实际介绍科技年鉴在科技志编修中的作用。分析在科技志编修实际过程中科技年鉴的不足之处。从增强科技年鉴为科技志续修服务的意识、合理优化科技年鉴篇目做好与科技志的衔接和加强“互联网+”在科技年鉴工作中的应用三个方面提出建议。曾志明《浅析年鉴为续志提供基础资料的依据和途径——以桂林续志和同期年鉴为例》（《广西地方志》第5期）认为方志理论界对年鉴为续志提供基础资料有多种认识，年鉴为续志留存基础资料的依据是由二者所具有的内在共通性决定的。年鉴为续志提供基础资料的途径：一是一致性途径，包括直接一致性、间接一致性和非一致性途径；二是保障性途径，包括年鉴记述的连续性途径和年鉴框架结构、方志工作人员稳定性途径。金久仁《我国基础教育资源配置的省域差距研究——基于〈中国教育统计年鉴〉2013年数据分析》（《黑龙江教育学院学报》第1期）根据《中国教育统计年鉴》2013年相关统计数据，分析当前我国省域间基础教育在人力、财力、物力等资源配置方面的差距，影响省域教育资源差距的实质性因素。汪建中、韩维柱《我国基础教育信息化发展的区域差异研究——基于中国教育统计年鉴2011—2014年数据分析》（《内蒙古科技与经济》第10期）以《中国教育统计年鉴》为信息源，对全国和天津等直辖市“十二五”期间基础教育信息化发展指标进行测评和比较分析。宋林佳《基于四川省统计年鉴的城镇职工基本养老保险参保情况及相关指标研究》

（《四川劳动保障》第 5 期）选取 2007—2015 年四川统计年鉴的 10 项统计数据，进行 Pearson 相关性分析，并进行双侧显著性检测。依据城镇职工基本养老保险参保人数的关键相关指标，进行曲线估计，确认模型各方程的拟合优度。闫志利、侯小雨、刘燕《职业培训发展的省际差异、关联因素及对策建议——基于 2014 年中国教育统计年鉴数据分析》（《河北科技师范学院学报》（社会科学版）第 2 期）选取《中国教育统计年鉴》2014 年职业培训机构数量、结业生数量、专任教师数量、固定资产总值 4 项指标，建立职业培训发展综合指数，对区域社会经济发展指标实施灰色关联分析。梅桂花、汪建中、宋文超《我国义务教育信息化基础设施建设城乡差异性研究——基于〈中国教育统计年鉴〉的统计与分析》（《科技经济导刊》第 20 期）从文献计量学角度集中分析 2006—2015 年《中国教育统计年鉴》数据，以文献计量方式揭示我国义务教育信息化水平的年度变化、各城市间发展速度、城区镇区和乡村的区域差异。吴勋、王雨晨、高黎力《国家审计机关地位与审计功能的实现——基于〈中国审计年鉴〉的分析》（《西安财经学院学报》第 4 期）以《中国审计年鉴》数据为基础，运用单因素方差分析和最小显著差法实证检验国家审计机关地位对于审计功能实现的影响情况。朱克朋、樊士德《劳动力成本变动与我国制造业产品的出口竞争力——基于 WTO 数据库和各统计年鉴数据库的匹配数据》（《产业经济评论》第 4 期）以 WTO 数据库中的贸易数据及历年中国劳动统计年鉴和中国工业经济统计年鉴中的数据，计算近年来我国制造业的单位劳动力成本。李积鹏、叶长文《我国成人高校教师队伍的现状分析及对策研究——基于〈中国教育统计年鉴〉相关数据》（《西北成人教育学院学报》第 4 期）对 2001—2015 年《中国教育统计年鉴》的记载，分析成人高校的发展现状并提出对策。那威、孙永宽、侯静、武涌《我国民用建筑时间序列面积统计年鉴数据分析》（《暖通空调》第 11 期）分析我国不同统计年鉴中民用建筑面积相关数据。确定我国现有宏观建筑面积统计数据的主要问题并给出建议。马晓雯、刘雄伟《基于统计年鉴的深圳市建筑终端能耗发布模型与计算方法》（《暖通空调》第 11 期）依据统计年鉴统计数据，给出居住建筑与公共建筑终端能耗计算方法。韩云环、郑子彦、肖宇、马柱国《基于统计年鉴和 MODIS 的中国区域土地利用 / 覆盖变化特征研究》（《气候与环境研究》第 6 期）利用中国统计年鉴和中分辨率成像光谱仪（MODIS）遥感观测资料，以行政区为研究单元对 3 种典型土地利用 / 覆盖类型（森林、城市和农田）的变化进行比较分析。李庆、郭慧《反射机制下半智能报表实现年鉴智能排版技术的研究与应用》（《电脑迷》第 2 期）以统计年鉴智能排版系统为例，提出切片导出的设计思路，形成智能导出算法，以实现年鉴报表的排版导出。钱伯章、李敏《能源市场处于转型期，长期转变正在进行中——2017 年世界能源统计年鉴解读》(《中国石油和化工经济分析》第 12 期）根据《世界能源统计年鉴》数据，得出石油是全球最重要的燃料，中国仍然是世界上最大能源消费国的结论。李媛、代益荣、潘小会、周雪、董媛《论陕西学前师范学院文化系 2015 年年鉴编撰的实践意义》(《新西部》，第 18 期）围绕编撰文化系 2015 年年鉴，通过年鉴编撰分析其三点实践意义：一是增强自身能力，包括分工协作能力、文献检索和搜集资料能力、论文写作能力、计算机使用能力都得到提升；二是对所在系管理工作的促进作用，可以促进院系档案工作的规范化建设，增强系部领导和全体师生的荣誉感、责任心和进取精神；三是提升就业竞争力。

四、年鉴工作保障

分析年鉴的工作特点，总结年鉴的编纂经验及发展规律，发挥年鉴的功能和作用，是年鉴事业科学发展值得思考的问题。通过加强队伍保障和协作机制，以质量、进度为抓手，全方位推进年鉴事业科学发展

（一）年鉴质量

质量是年鉴生存和发展的基础和保证。相关论文以顺应时代需求，提高年鉴质量，树立精品意识，创新编辑模式和新媒体模式，适应图书市场、适应读者群体为研究方向。只有树立年鉴质量意识，打造品牌年鉴，年鉴才会更具生命力。李江《编纂出版精品年鉴要论》(《中国年鉴研究》第 2 期）认为从出版角度来看，编纂精品年鉴应从内容和形式两方面入手。在内容方面，应注重加大信息量、提高资料性，增加焦点性内容，写出年鉴的深度，打造独有的品牌栏目，突出年度特色、地方特色，以人为本，关注民生，精心锤炼标题，增强实用性等；在形式方面，要注重封面、彩页、书眉与内文的版式设计，增强年鉴的视觉效果。王世伟《试论年鉴编校合一的可行性》(《江苏地方志》第 4 期）指出，年鉴编辑出版机构的特殊性是实现年鉴编校合一的客观条件，年鉴编校质量下滑的趋势是要求年鉴编校合一的重要因素，年鉴原稿电子文本化的事实是实现年鉴编校合一的重要条件。年鉴编辑出版工作要严格遵循相关规定，年鉴编辑部要对编辑、校对人员的职责有明确的规定。年鉴编校合一要避免同一稿件责任编辑、校对人员同为一人。詹跃华《谈衡量年鉴编纂质量的几项重要指标》(《新

疆地方志》第 1 期）指出，衡量年鉴编纂质量的要素最重要的是框架结构、信息资料、条目内容、行文表述。重视和提高年鉴编纂质量，是年鉴工作的核心之处，也是编纂人员的追求目标。只有重视和提高年鉴编纂质量，才能有效推动年鉴事业可持续发展，充分发挥年鉴的功能。田瑞库《论如何提高志鉴编纂质量》(《黑龙江史志》第 5 期）认为提高志鉴编纂质量的必要条件包括四个方面，即领导重视是提高志鉴编纂质量的保障、选好主编是提高志鉴编纂质量的关键、文体严谨是提高志鉴编纂质量的基础、图文并茂是提高志鉴编纂质量的要素。许家康《再论专业（行业）年鉴内容质量控制要领》(《史志学刊》第 1 期）结合专业（行业）年鉴的编纂出版现状和存在的突出问题，提出专业（行业）年鉴编纂必须突出年鉴的记述重点，适当突破题材的时空范围，增加二次文献的品种和数量，进一步规范条目编写。俞慧军《提高地方综合年鉴质量的实践与思考》(《黑龙江史志》第 14 期）指出，举才荐贤，建立高素质复合型的年鉴人才队伍；创新分类，把握年鉴框架设置的三个关系；优化选题，彰显条目的时代特色与亮点，是提高地方综合年鉴编纂质量必须把握好的三个关节点。冯钰《关于进一步做好科协年鉴编纂工作的思考》(《科协论坛》第 11 期）提出提升科协年鉴编纂质量的主要原则，即创新工作理念、加强思想重视，加强培训交流、打造过硬队伍，优化篇目设置、突出科协特色，利用信息化手段、加快年鉴编辑出版效率，融合“互联网 +”思维、助力年鉴宣传利用。程立海《行业年鉴出版质量的流程管理研究——以〈中国测绘地理信息年鉴〉为例》(《新闻研究导刊》第 23 期）阐述行业年鉴编制出版全流程及其质量控制，建立并实施流程管理质量保障体系。行业年鉴的编校质量和出版流程是影响行业年鉴出版质量的主要因素，出版单位能够加强编校质量工作，普遍忽视出版流程管理对于提高出版质量的重要作用。郑雨苹、吴朝庭《年鉴精品建设的实践探索与启示——以〈福建科技年鉴〉精品工程试点为例》(《福建史志》第 6 期）回顾年鉴精品工程的背景及其重要意义，从行业管理、自身成长、读者使用三个方面阐述实施年鉴精品工程的重要性和必要性。结合福建省年鉴精品工程试点建设工作，提出年鉴要确立精品导向、提高精品意识、夯实精品质量、锻造精品特色、提升精品价值、保障精品落地六大方面的具体实，对持续打造年鉴精品的长期性、艰巨性的认识。王德维、冉四清、胡必要《浅谈水文年鉴汇编及其质量控制》(《江苏水利》第 1 期）介绍水文年鉴的定义、特点及汇编的组织管理形式，从汇编说明、测站一览表、水沙对照表和各项目整编成果表 4 个方面阐述汇编资料的要求。提出正确执行规范、纠正不良习惯做法和采取有效审查技巧等 3 项可以严格控制水文年鉴汇编质量的措施。

（二）队伍建设

加强年鉴队伍建设，是提高年鉴质量的基础。人才队伍素质是年鉴事业发展的决定性因素。增强年鉴编纂工作的荣誉感、责任感和使命感，充分认识编修地方志工作的重要意义，真正将队伍建设当做一项重要工程是年鉴工作的重点。年鉴工作者要创新服务手段和方式，用人们喜闻乐见的方式利用年鉴和传播年鉴，推广得越多，运用得越好，年鉴的现实意义就越重大，贡献也越大。在这方面研究论文有23篇。马艾民《对年鉴编纂队伍建设的调查与思考——以吉林省地方志工作机构从业人员为调查对象》(《中国年鉴研究》第2期）利用吉林省年鉴编纂队伍的若干详实数据，反映我国现阶段年鉴编纂专业人才匮缺，后继乏人的现状。在高校增设年鉴专业、多渠道提升在职年鉴编纂人员专业水平、开辟聘用地情专家通道、为年鉴工作者搭建事业发展平台等举措对年鉴队伍建设将产生积极的推进作用。刘传仁《转型升级中的年鉴事业发展思考》(《史志学刊》第6期）提出年鉴工作者应适应转型升级需要，提高认识、明确责任、勇于担当、求精求新；配合转型升级发展，坚持创新理念，与时俱进，紧随经济社会发展的脉搏，形成信息密集、堪存堪鉴的实录；紧跟转型升级步伐，加强信息化建设，增强公共服务能力，提高年鉴利用率和影响力。张小莲《如何编写优质年鉴稿件》(《新疆地方志》第2期）认为年鉴稿件质量的优劣直接影响年鉴的质量，年鉴撰稿人应该熟知年鉴稿件撰写的流程，熟知年鉴条目撰写的要素规范，在资料收集方面也要做到重点突出，主次分明，同时加强个人的文学素养，有一个认真的工作态度，几者结合起来就能写出高质量的年鉴稿件。俞富江《提高年鉴编辑群体素质》(《黑龙江史志》第8期）指出，年鉴要提高质量关键是提高编辑群体素质。年鉴编辑群体要与时俱进，不断适应社会发展，应从政治意识、精品意识和品牌意识3方面提高年鉴编辑群体的素质，提高年鉴编辑群体素质的包括切实把好入口关和建立继续教育制度两个途径。同时，需处理好年鉴编辑全体与撰稿人、年鉴主编与编辑人员、年鉴年鉴群体与征集单位分管领导的三种关系。马艾民《年鉴主编应把握的几个重要数字》(《新疆地方志》第4期）认为年鉴主编的风格、品位、眼光、能力、水平决定一部年鉴的品质。只有主编对年鉴条目内容、栏目结构，特别是年鉴编纂中的几个重要“数字”把握恰当，才能编出符合年鉴体例和规范要求、入鉴内容丰富而合理、查询检索方便而实用的精品年鉴。杨波《企业年鉴的创新实践》(《科技视界》第13期）认为企业年鉴从创新编纂意识、创新框架结构、创新年鉴内容三个方面进行实践，提出年鉴编纂人员应该不断学习交流、提高观察力，与时俱进、了解企业年度特色；了解企业发展状况、调整框架结构，优化栏目设置、完善框架结构；年鉴内容要新颖、及时反映企业发展状况，文字简练、信息量大。杨波《企业年鉴编纂的研究与实践》（《江苏科技信息》第36期）结合年鉴工作实践，研究编纂企业年鉴的现实意义、要点以及对企业年鉴编纂人员的要求，提出年鉴要具有权威性，满足企业的需求，反映企业的发展变化；年鉴编纂人员要有政治意识、保密意识以及为企业服务的意识。孙明《推进志鉴工作创新助力企业发展》（《中国石化》第9期）志鉴工作者要在指导思想、编纂形式及出版创新，突出实用性特点，满足企业发展。在志鉴编纂过程中，把议稿审稿工作贯穿始终，加大志鉴应用力度，创新使用形式，对成果进行再开发。

（三）经验交流

学者就不同种类年鉴的编排与组稿，年鉴工作的关键与发展方向，创新与突出人文特色等方面研究和探讨，对工作中实践经验加以总结和交流，切磋琢磨，进一步提高各类年鉴的质量，促进年鉴的编纂出版的影响力，更好地为中国经济社会发展服务。在这方面研究论文有27篇。孙志红《浅谈如何做好市级综合年鉴组稿工作——打好提高年鉴时效和质量基础》（《福建史志》第1期）认为做好年鉴组稿工作，要明确年鉴框架内容，以部门供稿为主要渠道，选择最佳时机，采取足够力度和督促举措，及时有针对性地靶向培训和指导，保证部门组稿高质量按时完成。采取多元组稿方式收集信息、材料，提高年鉴信息的全面性。参与者要有责任感和足够信心与耐心，良好的沟通、合作素质；责任编辑要有过硬的业务指导能力和充分的准备并积极主动作为。蒋华、潘道德《树立供给侧意识创新综合年鉴编纂——〈滨海年鉴（2016）〉编纂工作的实践与思考》（《江苏地方志》第1期）指出编纂年鉴应建立和形成“供稿、征稿、撰稿”“三通”运行的编纂机制，有效保障年鉴编纂的时效和质效。即全新改革年鉴框架设计，全面记载县情年鉴史实，全力彰显本土人文精神。在封面设计上个性化，内容上凸显人文化，在章节上突出本土化。陈源发《浅谈如何突出地方综合年鉴的地方特色——以〈大田年鉴〉编写为例》（《福建史志》第3期）从大田县“山区特色”“人文特色”“经济特色”“编纂特色”四个方面入手，介绍《大田年鉴》在突出地方特色方面的主要做法和点滴经验。郭翠凤《综合年鉴编纂工作的关键——以〈招远年鉴（2011）〉为例》（《新疆地方志》第4期）认为年鉴编纂确立框架要科学论证，门类设置要齐全。要全面真实反映现实情况，突出地方特点和优势，以增强年鉴的可读性。扎实抓好资料征集，为年鉴编纂打下坚实基础。重视文字编辑工作，突出每个行业的工作主题。杨文宇《编撰企业年鉴建好“微型档案室”》(《中国石油企业》第11期）以考核和奖惩提升年鉴工作组织水平，以良好工作机制确保年鉴工作的持续性，把创新发展作为培育年鉴核心竞争力的有效抓手。郑锦《高校年鉴工作可持续性初探》(《中国年鉴研究》第2期）概述高校年鉴的特点、发展情况以及断编原因。高校年鉴工作可持性开展进行可行性分析，转变观念、优化体制设计，从制度上规范年鉴工作、建立一支精干的年鉴编纂队伍、巧妙地设计年鉴形式、研究高校年鉴的特征，注重创新，增强年鉴可读性、使用性，通过寻找、落实年鉴研究项目和年鉴合作单位，增强年鉴的生命力和活力，加大力度宣传推广等方面探索。吴玮《年鉴编纂对高校建设发展的意义及做法——以西安航空职业技术学院为例》(《郑州铁路职业技术学院学报》第1期）提出年鉴编纂工作要加强顶层设计、材料筛选、科学立目、横向交流、队伍建设，以提升高校年鉴编纂的质量。林佐明《从服务金融业改革发展大局出发做好期刊年鉴出版工作》(《黑龙江金融》第9期）认为应从把握正确的政治方向和舆论导向，不断满足社会对金融文化的需求；从服务金融业改革发展大局出发，做好期刊年鉴出版工作；找准自身定位，打造具有鲜明特色的独特品牌；坚持改革发展，不断开创工作新局面建立长效机制等方面做好期刊年鉴出版工作。黄谦《基于烟草企业发展视域下年鉴编写工作探讨》(《经贸实践》第6期）指出烟草企业在编写企业年鉴时需要注意在编写的内容上要做到全面，在编写的形式上要做到有新意，现企业的特色化。企业领导要给予高度的重视与大力的支持，企业年鉴的编制要规范化，提高企业年鉴编纂人员队伍的职业素质。张勇、王静《坚持年鉴编纂正确方向　推动郭沫若研究蓬勃发展》(《中国社会科学报》2017年11月14日）提出《郭沫若研究年鉴》今后的编纂应注重对有关郭沫若以及同时代文化名人文献资料的抢救性保护，通过访谈、口述、约稿等方式让历史的参与者们留下珍贵的历史影像，要以精心细致的年鉴编纂工作不断丰富郭沫若纪念馆的史料收藏，推动郭沫若研究的蓬勃发展。

此外，在高校学位论文中年鉴作为重要的资料也得到广泛的重视和利用。覃玲《新时期我国公益广告价值观表述研究——基于历年〈IAI中国广告作品年鉴〉的考察》(华南理工大学硕士论文）阐述《IAI中国广告作品年鉴》旨在增强全社会对广告事业的关注与参与。该问以其为考察对象，采用多种方法，结合广告学等相关理论，总结新时期我国公益广告发展类型、特点，分析公益广告价值观表述的内容与规律。黄琳《文本类型学视角下联合国年鉴的翻译》(苏州大学硕士论文）以文本类型学为指导，以 2011 年联合国年鉴为例，具体从信息型文本翻译策略的角度出发，从忠实度和流畅性两方面探讨联合国年鉴的翻译方法。刘晨《〈2014 年中国商务年鉴〉（节选）汉英翻译实践报告》（西南交通大学硕士论文）指出，《中国商务年鉴》英译对于促进信息交流，了解中国商务发展概况，制定相关决策具有重要意义。在目的论指导下，选取了《中国商务年鉴（2014）》“专文”“地方商务”和“国别（地区）经贸”专栏中的十篇报告作为翻译实践的素材，从词汇和句法层面对其英译具体分析，探讨相应翻译方法。王斌《〈海南年鉴 2015〉（大事记）翻译报告》（海南大学硕士论文）认为，年鉴属于信息型文本，译文需在忠实原文的基础上适应目标读者的阅读习惯，满足读者获取信息的目的。翻译项目的原文本选自《海南年鉴（2015）》大事记部分，详细介绍 2014 年海南所发生的大事和取得的辉煌成就。

通过年鉴可以了解国内外发生的重大事件和时事动态，查找政策法规、人物生平、书刊论文等统计资料，获取行业、学科发展中最为详实准确的数据信息。综观 2017 年的研究成果，学者对年鉴的研究经历从“探索认知”到“广泛深入”和“细化研究”的阶段，并在年鉴编纂注意事项、存在的问题、质量提高、创新等方面取得一定数量的研究成果。有更多的专家学者积极参与中国特色年鉴学的讨论研究与构建。然年鉴理论研究的现状不容乐观，主要表现为：高质量的文章数量较少；年鉴学研究的内容依然有局限性；高校科研单位与各省市方志办的学术交流较少。由此看来，年鉴学学科建设之路任重而道远。

“浩渺行无极，扬帆但信风。”我国自古就有“盛世修志”的传统，年鉴在我国的兴起，是时代的召唤，是改革开放的产物，是社会需求的必然。年鉴研究是年鉴学科体系建设的基础，学者应研究借鉴外国优秀年鉴的编纂与应用做法，将中国特色年鉴打造成为具有世界水准的文化作品，积极推进中国从世界年鉴大国向世界年鉴强国迈进。

英国年鉴历史发展概要

杨永成

提要：英国年鉴从欧洲中世纪末期1497年起开始大规模编撰出版，走上快速发展道路，在16世纪中期—19世纪进入编撰出版繁荣阶段，拥有众多读者。在这前后400多年时间里，英国年鉴经历从古代历书、早期年鉴到现代年鉴发展演化过程，并于当中演化和形成Yearbook、天文航海年鉴等多种形式年鉴。随着英国在北美建立英属殖民地，将年鉴带向美国，为年鉴在世界传播和推广奠定了基础。

关键词：年鉴　英国　历史

在世界年鉴发展史上，英国是一个举足轻重的国家。它在欧洲中世纪之后对年鉴进行系列改良，推动年鉴从古代历书向现代年鉴转变。经过种种尝试，丰富年鉴记载内容，创新年鉴收录方式，扩大年鉴出版类型，提高年鉴使用功能；并将之带出欧洲，推向北美，最后在世界传播。人类通过年鉴这种工具书记录社会，传达信息，指导生产，丰富生活，在社会实践活动中获得很大便利。年鉴是人类发明的又一种记载社会、传递文明的文字载体交流工具，在社会发展进程中起到传达、沟通和推动社会向前发展作用，这一切都和英国在历史上对年鉴进行一些列改良有着很大的关系。因此说英国是年鉴发展和最终形成的推动者与奠基者，在世界年鉴发展史上占有很高的位置。

一、英国年鉴早期起步阶段

年鉴作为记载社会及其某个领域或行业的年度资料性参考工具书，在西方泛指一群性质类似的书籍。它们各有名称，其中历史最悠久、资历最深的算是一种叫做“Almanac”的年鉴，在其带动下，欧洲记载年度资料的参考工具书得到很快发展，孳生和演化出其他许多类型年鉴以及工具书，从中世纪欧洲一直发展到今天，在世界很多国家得到推广和应用。其年鉴在欧洲中世纪出现，文艺复兴时代崛起，最初在西欧几个国家发端，其中英国是这些年鉴生产国家之一，曾于早期编撰和出版过几本年鉴，但影响不大，未能在社会引起广泛注意。

英国真正大规模编撰年鉴（Almanac）是从1497年开始。

在这之前，欧洲年鉴还不能算是现代意义上的年鉴，只是在西欧几个国家偶尔或零星编撰的一本古代历书。其最初产生于欧洲地中海沿岸国家，像西班牙、希腊、意大利等，后来一路北上，经过欧洲大陆，最后传至英国。当时这种历书内容十分简单，核心部分为下一年日历表，里面排上各月月份和天日，在其旁注明基督教节日、集市开市和歇业日期、吉日与忌日，以及配上一些天体运行图等，页数不是很多，皆为手写稿，使用人数也较少，只是用来为教会和一些专门人士服务。欧洲大陆第一本历书出现在公元354年，其后发生很多变化，演变为现代年鉴，但书名一直沿用“Almanac”，为叙述方便，本文统一将称其为年鉴。

1497年，欧洲处于“黑暗”中世纪末期，文艺复兴运动刚刚开始不久，是一个旧时宗教、封建思想和新人文主义交混的年代。此时各种新思想、新文化蓬勃兴起，近代科学和新技术向前发展。年鉴在这一时期由于受到天文学（Astronomy）发展和占星学（Astrology）流行的影响，开始在欧洲得到较大传播。其间，德国人古腾堡（Gutenberg）发明近代印刷术，他于1448年（一说1457年）在德国西部港口城市梅因茨（Mainz）印制的年鉴，成为欧洲历史上第一本印刷年鉴，为年鉴在欧洲迅速传播打开方便之门，使其在欧洲大面积流行开来。

然而此时英国并未打算马上开始编印年鉴，虽然在这之前1380年和1386年，英国牛津分别出版过约翰·萨默斯（John Somers）和尼古拉斯·德·林恩（Nicholas de Lynne）两本年鉴，但影响不大，英国社会并未广泛认知和接受年鉴这一种书籍。1448年之后，随着印刷本年鉴在欧洲广泛传播，年鉴之风终于吹到英国。当时因为受到经济利益驱使，外国商人开始将年鉴销往英国。1497年，英国出版第一本印刷年鉴《牧羊人年鉴》（Shepherd' s Kalender），为一本法语年鉴翻译版，从此打开年鉴在英国风行之门。该书由法国人理查德·品桑（Richard Pynson）在英国翻译印制并出版，但也有说意大利占星家威廉·帕龙（William Parron），在 1498 年编印的英语年鉴才是英国第一本印刷年鉴，两本年鉴出版前后相差一年。理查德·品桑是一位出版商人，在英国印制很多书籍，年鉴只是其出版书籍的一种。在当时，他是第一位使用标准英语印刷英文书籍的人，并在印刷出版过程中将英语罗马印刷字体介绍给英国，为英国印刷业做出很大贡献。

在此之后，英国年鉴一直依靠外国出版商翻译进口，其中主要由比利时拉埃特（Laet）家族掌控。从 1497 年至 1560 年 63 年时间里，英国一共出现 35 位年鉴出版商，当中只有 8 位出版商是英国人。此一时期，英国年鉴销量快速增长，其中原因一方面是当时资产阶级才将兴起，城市商人通过销售年鉴来进行获利；另一方面更重要原因是当时盛行天文学和占星学，年鉴中有很多星象学和预言（Prognostication）方面的内容，受到当时社会推崇和追捧。

第一位为年鉴增加现代天文内容的是德国数学家、天文学家雷乔蒙塔努斯（Regiomontanus），他在 1473 年编著一本很著名年鉴《Ephemerides ab anno》，把最新天文学知识收入其中。此一时期，欧洲社会开始刮起预言之风，认为通过太阳、月亮和当时人们已知的其他星体于一年当中在天上的位置及相位，来预测天气、潮汐、战争、灾难、饥馑、人体功能和疾病以及人生的未来。起初，预言之风只是在小范围流行，后来越刮越猛，到 1470 年以后，欧洲社会开始大量出版预言书籍；到 1539 年，英国出现第一本预言书；1540 年，它与年鉴合二为一，成为年鉴首要内容，在全国随处可见，几乎所有年鉴在第一页和第二页都排列着宇宙天体运行方位表。在其当时，年鉴编撰者也是占星家，他们通常将自己称为“数学爱好之人”（Philomath），在年鉴中排列、演绎星体对自然、社会和人生的影响，花样不断翻出新；其中法国内科医生迈克尔·诺斯特拉德马斯（Michael Nostradamus）是当时最有名的预言家，他于 1550 年编撰的年鉴，是欧洲历史上迄今为止在预言方面最为突出和有影响的年鉴。虽然这种预言在欧洲当时遭到一些人质疑和批驳，但在那个时候依旧受到社会高度欢迎和推崇，年鉴当中大肆弥漫天文学和占星术的内容，以至到 18—19 世纪，欧洲大多数年鉴仍然保留着一些天文学和占星术的内容，即使在当代西方年鉴中，天文学、星座、天气和潮汐预测仍是一部分年鉴中的必备元素。

16 世纪中期以后，英国预言之风愈刮愈烈，它除了告诉人们怎样用预言来指导人生未来，甚至还干预到英国社会政治、经济和宗教正常运转。1559 年，英国皇家发出禁令，对预言进行严格控制，但出版商对其置若罔闻；1571 年，皇家将年鉴印制垄断权授予其国内两家出版商，条件是禁止印刷有害危险的预言。1603 年，出于对出版利润追求和舆论安全控制考虑，英国国王詹姆士一世（James I）设立“英国股份”（English Stock），控制和垄断初级读物、《圣经》、宗教诗篇、年鉴等小型书籍（Small Books，估计是指当时这类书籍开本较小，便于携带）出版印制，并交由股东“文具商公司”（Stationers' Company）掌控，年鉴出版商在每次这类书籍印刷时必须把它们交到文具商或其公司进行审查，以得到印刷出版批准。当时剑桥、牛津大学出版公司对此不服，向“文具商公司”提出挑战，其中剑桥大学于 1623 年获得年鉴印刷权。

二、英国年鉴高速发展阶段

英国年鉴发展最快时期是在 1550—1700 年，从 1550 年开始，其年鉴成为当时图书市场主要产品。据统计，在 1600 年以前，英国至少有 160 位年鉴出版商共出版过 600 种年鉴；在整个 17 世纪，英国年鉴大销，成为当时仅次于《圣经》的第二种畅销书；到 17 世纪中期，其年鉴销售量大概每年有 40 万册；在整个 17 世纪 60 年代，英国每 3 个家庭就拥有一本年鉴。此一时期英国出版比较著名的年鉴是：理查德·阿莱斯特里（Richard Allestree）于 1617—1643 年编纂的年鉴，弗朗西斯·摩尔（Francis Moore）于 1697 出版的天文年鉴。其中弗朗西斯·摩尔在其天文年鉴出版后，继续完善内容，于 1700 年出版《Vox Stellarum》（Voice of Stars，星际之声），即是后来著名的《老摩尔年鉴》（Old Moore’s Almanack），内容以天文观测为主，内含大量的预言内容。《老摩尔年鉴》一年一卷，于 18—19 世纪十分畅销，其中在 1768 年销量达到 10.7 万册。今天《老摩尔年鉴》依旧在版，主要内容还是预言预测，包括对潮汐、体育以及世界大事的预测，其中据它自己宣称：它曾成功预测过美国“911 事件”。1764 年，英国之旁爱尔兰有一位叫作西奥菲勒斯·摩尔（Theophilus Moore）的人，出版了一本叫《爱尔兰先知》（The Irish Merlin）的预测年鉴，也非常出名，因其编撰人也姓“摩尔”，后该书在 1853 年改名为《老摩尔年鉴》（Old Moore’s Almanack），成为另外一本《老摩尔年鉴》，到 1900 年，该本年鉴为与英国《老摩尔年鉴》有所区别，将其名改写成“Old Moore’s Almanac”，依然叫《老摩尔年鉴》，只是把“Almanack”少拼了一个字母“K”，成为现代写法，今天这本年鉴仍在出版。

从17世纪开始，英国年鉴逐渐形成自己特色。首先在形式上，它通常被设计为一种手册形式；其次对于年鉴内容，当时出版商和印刷商相互配合，根据不同年份、地区、教堂忏悔室和职业等，制作不同类型年鉴，内容和价格也跟着目标市场变化进行调整和波动。他们在年鉴制作上手段灵活，纸张有好有坏，开本分为4开、8开、12开、16开共4个规格，根据读者需要，既有活页年鉴，也有和很多空白纸装订在一起的年鉴，以方便读者在阅读时做一些零星笔记。其活页本年鉴通常纸张薄、印刷差，价格便宜，为社会普通消费者购买。一般读者购买大开本年鉴，是为了把它们贴在商店或自家厨房墙上边，便于人们随时观看。在这一时期，年鉴在其内容上做出很大改良，增加许多新内容；除古代历书常备元素之外，还加入一整套其他标准固定的和日历、天文不相干的元素，其年鉴中常设篇目有预言（告诉未来和即将发生的大事）、健康指南（通常配有一幅星座人[①]插图）、气象指南、潮汐表、集市表、君王列表、法律注解、度量衡等，开始从古代历书向早期年鉴演变。出版商在大众年鉴内容设计上动足脑筋，一本书除拥有统一固定内容外，还为英国不同地区和职业人群设置专门特定章节，使一本年鉴能够通全国、行天下；既有全国性内容，也有本地区、本行业专门内容。在这些大众年鉴之外，出版商还为一些特定职业人群专业性年鉴设计其他内容，增加许多非专业性内容，比如在其内科医生年鉴当中，增加很多和医学不相干的资料，把日历、天象、占星术、医学忠告、金融讯息、度量衡、土地测量方法、朝圣指南、韵文、英国城堡和主教职位图表混合在一起，是一个相当实用的商业和生活手册，换句话说，是一本实实在在的年鉴。其当时年鉴在内容主题上已经开始出现注重年鉴特色和编撰方向上分化。比如有些年鉴关注政治性内容，向这个方向上发展；有些年鉴紧盯商业利益，在年鉴中出现大量广告，刊登占星大师住址，兜售治病秘方和数学工具，成为一种商业味很浓的年鉴。但从社会一般读者来讲，他们既不关心政治，也不热衷星象，只不过是把年鉴当作一种工具，在平时使用和阅读年鉴过程中，只是在其边页记记日常生活小事或者每天所思所想。目前英国一些大学已将这些年鉴拍照发布上网，制成数据库，供人们研究那时读者在年鉴边页或空白页中记录的内容，了解那个时代和社会历史。其记录五花八门，内容极为丰富；既有反映自然方面的记录，如天气、洪水、地震等，也有反映社会方面的笔记，如经济、战争、灾祸等。

---

① 星座人（Zodiac man）：是指中世纪预言书籍或年鉴插图中的人像，编撰者在人像身体不同部位标上不同星座，共12个星座。其画极具装饰性，对当时读者既是好的收藏品，也为他们提供参考。

17—18 世纪中期，英国历史发生翻天覆地变化。1688—1689 年，英国资产阶级和新贵族发动“光荣革命”（Glorious Revolution），推翻詹姆士二世（James II）和天主教统治，成为君主立宪制国家。在此之后，英国一路冲击，先后打败当时欧洲头号强国法国以及西班牙等国，并于 1756—1763 年通过“七年战争”摧毁法国和西班牙海上力量，夺取法国在北美大陆和印度几乎所有的殖民地，成为欧洲大国以及欧洲之外的海上和陆上新主人，进入“日不落帝国”时代。与此同时，从 18 世纪 60 年代起，英国开始工业革命（The Industrial Revolution），以机器取代人力，形成大规模工厂化生产，生产技术和科学得到飞速发展。

18 世纪中期以后，随着科学进步，英国年鉴中那些粗制滥造、耸人听闻的预言和带有巫术内容的信息开始减退，或多或少被当时新兴科学和信息取代。特别值得一提的是，随着英国科学技术发展和大航海的需要，1767 年，英国创刊《不列颠航海年鉴》（The British Nautical Almanac），具有认真严谨的科学精神，其问世直接影响到后来美国《航海星历表》（Ephemeris and Nautical Almanac，1855 年创刊）及其他航海年鉴的出版。这里需要补充说明的是，西方“Almanac”类年鉴自其古代历书产生以来，就依照原书中的内容和版式，朝着三个方向演进和发展。其中第一个方向是根据其书在社会大众当中使用，扩展原书中世俗、社会性的内容与记载范围，变成大众综合年鉴。第二个方向是固守原书“历书”“天文”方面资料，不断对其更新和提高，变成后来以“天文”方面内容为主的专业年鉴，这其中英国编撰的《不列颠航海年鉴》是其在这项领域中出现的第一本具有现代科学精神的年鉴。自其问世以后，便影响和带动后来很多天文航海年鉴的出版。在这些年鉴中，人们使用最新天文科学知识，编撰出版天文航海年鉴，通过提供太阳、月亮、行星和头顶上方白羊座等恒星于全年每一个小时在空中的位置，为船舶导航员导航，确定其船在海上具体位置和航行方向。天文航海年鉴对于船舶导航作用巨大，二战期间，英美盟军于 1944 年发动诺曼底战役，其战艇在登陆过程中就曾使用过英国的《里兹航海年鉴》（Reeds Nautical Almanac）。后来天文航海年鉴继续发展，成为航海、航空、越野、探险领域导航用书。第三个方向是沿用原书中“日历”“天文”表格，在后来的年鉴中收录规整其他各种数字或文字性内容，这其中最重要的标志是“Almanac”类年鉴从 19 世纪开始刊登统计方面资料。统计学最初萌芽于 16 世纪意大利，后传至法国、德国、荷兰等国，17 世纪英国学者约翰·格朗特（John Graunt）正式拉开统计学帷幕，1787 年，英国齐默尔曼（Zimmermann）将古代“statistik”译成现代英语“statistic”，固定其“统计”资料含义。1828 年，英国出版第一本含有统计资料内容的年鉴《大不列颠年鉴》(The British Almanack)及其相关年鉴，运用统计方式来记载英国王室、政府部门、大学教授、英国人口和大事年表等，第一次在大众年鉴中摒除预言巫术方面的内容。直到今天，运用统计方法来记载收录社会各项内容，依旧是“Almanac”类年鉴区别与其他年鉴的一项重要特征。

在整个18—19世纪期间，“Almanac”类大众年鉴依旧是英国日常生活的重要一部分，它们即便宜、又实用。除延续上世纪年鉴内容之外，还增加笑话、比赛、农耕指南、大学学期表和历史大事记等各方面内容，成为现代年鉴雏形。到19世纪初，这些年鉴被设计得更加科学专业，为社会不同读者服务。其中英国“文具商同业公司”(Worshipful Company of Stationers)独揽年鉴印制垄断权，仅其一家公司当时就印制有20种带有不同书名和内容的年鉴，读者一书在手，即可通览天下，也能读到自己关注、感兴趣的内容。19世纪初，英国年鉴销量继续攀升，据统计，当时全国每7个人当中就有1人拥有年鉴。而在当时，英国男性识字率只达到65%，女性识字率只有50%，此一时期年鉴盛行，对提高英国人阅读习惯和劳工阶层识字率做出了不可磨灭贡献。当时即便社会上有很多其他读物，但仍有很多人购买年鉴，并且这些人每天都有阅读和使用年鉴的习惯，在年鉴空白处记下他们每天所遇所想，成为当时一种风尚和人们生活习惯。年鉴出版商特地印制出版留有较大边页的年鉴，以方便人们在年鉴中记录，提高年鉴销量，公众把年鉴当作日记本也是其时英国年鉴畅销的另外一个重要原因。18—19世纪，美国总统乔治·华盛顿(George Washington)和英国首相、大学问家威廉·格拉德斯通(William Gladstone)就是从年鉴记录开始，继而写日记，成为著名的日记大家。

1608—1776年，英国在北美逐步建立起英属殖民地，共有13个州，其地人口以英国移民为主。随着年鉴在英国的盛行，他们将这一风尚带向北美。1639年，哈佛学院威廉·皮尔斯(William Pierce)出版的《新英格兰年鉴》(An Almanac for New England)成为北美第一部年鉴，随后北美出现很多年鉴，其中最著名的是1725年纳撒尼尔·埃姆斯(Nathaniel Ames)编撰的《天文日记和年鉴》(Astronomical Diary and Almanack)，它是后来所有著名年鉴的先驱。接着本杰明·富兰克林弟弟詹姆斯(James Franklin)于1728年出版《罗德岛年鉴》(Rhode Island Almanack)，本杰明·富兰克林(Benjamin Franklin)于1732—1758年在费城出版《穷人理查德年鉴》(Poor Richard's Almanack)，为美国年鉴盛行打下坚实的基础。这一时期，由于不满英国在北美经济政策，年鉴中开始出现反对英国统治的革命预言，变得十分畅销，导致大量年鉴出版商在其年鉴中也加入他们对各地“反叛”事件的看法，甚至在年鉴中发表关于革命性内容的文章和宣传，这些年鉴作用远远大于报纸和其他文字载体，因为在那时报纸和其他文字载体非常稀少（报纸于 19 世纪 20 年代以后才开始普及），在北美几乎难以找得到，年鉴此时发挥出极大作用，对各地爆发“反叛”事件起到推波助澜作用，最后直接导致美国独立战争（American Revolutionary War，1775—1783 年），最终迫使英王代表与北美殖民地代表在法国凡尔赛宫签订“1783 年巴黎条约”，英国正式承认美利坚合众国成立。

三、英国其他类型年鉴出现

经过将近 1500 多年的时间，“Almanac”在英国和欧洲完成了从古代历书，到中世纪早期年鉴，再到现代年鉴蜕变和演化的过程。由于它最初属于历书性质，西方以这个名称命名的年鉴都含有日历和天文方面的内容；也正是因为它自出现以来本身就具有指南和实用性质，因此在整个英国一路发展过程中，其年鉴始终都是一本带有指导和指南性质的大众化工具书。这些书或是专注百姓生活，为他们提供生活、生产、娱乐方面的资料；或是变成专业性手册，为船舶航海提供导航方便。但是它们总体上在反映社会各领域具体共时信息或历史资料方面就显得非常粗糙，不能满足人们对社会各领域进一步的了解、探索和研究。因此从 16 世纪起，英国另辟门路，又产生另外一种以“Year Book”命名的印刷本年鉴。其年鉴当时是专门用来收录英国皇家法院的辩护案卷，资料跨度时间是从 1268 年到 1535 年，最初为学习法律专业的学生在法庭庭审时做的现场笔记，后来经他们整理编印，定名为“Year Book”，意思是“每年合订集”，其中有把多年记录合订为一本，也有把一年记录订为一本。当中在 1678 年和 1680 年编印的质量最好，被后来英国职业律师作为庭审参考标准。“Year Book”在英国后来变成一个专门词组，单指这些判案集。18 世纪以后，英国这种“Year Book”工具书编撰方式得到很快发展，成为另外一种年鉴编撰方式，被许多编撰者使用，专门用来收集社会或某个专业、行业年度性信息与资料。他们在使用“Year Book”这两个词时，或用一道横线将它们连接起来，变成“Year-Book”，或干脆把它们合成为一个词“Yearbook”，其中以后者为多，成为大家普遍使用和熟悉的词或工具书。美国《语源词典》说：“直到 1710 年，“Yearbook”才出现现代年鉴含义：成为记载上年度大事和统计资料的工具书”。“Yearbook”后来传到美国，在美国演化成学校毕业学生纪念册，其中耶鲁大学于 1806 年出版全美第一本官方毕业学生纪念册，记录该校毕业生和教师在学年中的信息，算是学校当中的一本专业年鉴。英国于1864年出版《政治家年鉴》（The Statesman's Yearbook），是一本世界著名的专业性年鉴。

从18世纪以后，英国还出现一些列其他形式的年鉴。其中在1758年，英国詹姆斯（James）和罗伯特·多兹利（Robert Dodsley）出版《世界大事件年鉴》（The Annual Register），专以“Annual”命名。该年鉴最初记载英国历史事件，后来发展成为一本专门记录分析世界各地每年大事和发展趋势的年鉴。在此之后，英国年鉴类型继续增加，出现《简氏》（Jane's）系列年鉴、《吉尼斯世界记录大全》（Guinness World Records，1955年创刊）等，这些年鉴不使用任何“年鉴”专名，丰富了年鉴收录内容和记载方式，为世界年鉴发展做出巨大贡献。

参考文献：

1. “The Almanac Archive”（年鉴档案）。网址：http://almanacarchive.org/ about.html

2. “Almanacs and Prognostications”（年鉴与预言）。作者：L Kassell。网址：http://xueshu.baidu.com/

3. “Elizabethan Almanacs and Prognostications”（伊丽莎白一世时代的年鉴与预言）。作者：C Camden。《Library》, 1931 (1)。网址：https://academic.oup.com/library/

英国年鉴选介
——《政治家年鉴》与《惠特克年鉴》

杨永成

提要：《政治家年鉴》《惠特克年鉴》分别是英国 Yearbook 和 Almanac 两类年鉴当中的典型代表，这两本年鉴出版历史悠久，都在 19 世纪后半期英国年鉴发展高峰阶段出版，并且在英国和世界具有较高的知名度。文章通过对这两本年鉴介绍分析，以期总结英国在年鉴编撰方面的一些方法和特点，给我国年鉴编撰带来一些启示和帮助。

关键词：英国　年鉴　《政治家年鉴》《惠特克年鉴》

一、英国《政治家年鉴》—— 一部详备的学术性参考工具书

《政治家年鉴》（The Statesman's Yearbook）为英国专业性年鉴，由英国帕尔格雷夫·麦克米伦（Palgrave Macmillan）出版社出版。其年鉴创刊于 1864 年，每年一卷，2018 年为第 154 卷本，专门提供全世界各国政治、文化、经济和国际组织年度信息。其出版社英国帕尔格雷夫·麦克米伦为国际知名学术出版商，拥有 170 多年学术出版传统，出版领域涵盖人文、社会科学、经济管理等。它出版了很多改变世界的学术研究成果，同时也出版了很多成功的教科书。

19 世纪中叶，英国时任首相罗伯特·皮尔（Robert Peel）建议当时亚历山大·麦克米伦出版社，出版“一部反映文明世界各国政治、社会实际情况的简洁型手册”。该年鉴第一任主编（Editor）弗雷德里克·马丁（Frederick Martin）在其任职 20 年时间

里，将《政治家年鉴》打造成为当时一部主要参考工具书。他在年鉴首卷前言中写到："《政治家年鉴》最大目标就是保证书中各项实据准确。为达到这个目标，必须使用官方材料，只有当官方材料无法获得或出现明显错误时，才采用其他权威书籍或有影响力报纸当中的资料"。一个多世纪以来，《政治家年鉴》一直坚守这条准则，保证年鉴质量，从没有改变过。自马丁以后，《政治家年鉴》先后有6人接任年鉴主编，平均每位主编在任时间22年。从2014年起，其主编改为发行人（Publisher），下设1位学术编辑（Research Editor）和若干名研究员（Researcher），其中2018年卷共有19位研究员。100多年以来，《政治家年鉴》除在第二任主编时于书中增设地图外，再没有发生其他改变，全书由文字和少量地图组成，基本保持该书在初版时期的编撰风格。

《政治家年鉴》是一本学术性和专业性都很强的年鉴，主要服务对象是全球政治家、学者和社会科学研究人员，发行到世界各大图书馆和参考书阅览室（Reference library）。为此，其编撰人员付出艰辛努力，该年鉴115卷主编曾在前言中写道："如果《政治家年鉴》不出现在世界大多数图书馆书架上，就不会庆祝这一卷的问世。"他们非常注重年鉴质量和细节，每年对书中内容一页一页仔细推敲，与其年鉴信息采集通讯员（Correspondent）和世界各地读者保持密切联系，每年都会收到他们大量意见和建议，并将他们好的观点贯彻到年鉴编撰当中，以保证和提高年鉴质量。近年来，《政治家年鉴》紧跟世界潮流，对书的外观进行重新设计。将封面标题关键词"Year-Book"改为"Yearbook"，去除年鉴19世纪印象；同时对年鉴副标题进行更新，使其更加符合现代社会要求。其副标题共经历3次变动，在最初创刊时为"对文明世界国家和君王统计、谱系与历史的报道"；20世纪中后期改为"世界各国统计与历史年刊"，删除初版标题中"君王"和"谱系"；2018年卷副标题是"世界政治、文化和经济"，内容全新，文字更短。

《政治家年鉴》2018年卷共有1552页；售价399.99美元，折合人民币近2800元；于2017年10月20日出版，在笔者写稿时，其在全球最大电商"亚马逊（Amazon）"销售网站"年鉴类"（Almanacs & Yearbooks）"畅销书排行榜"（Amazon Best Sellers Rank）中列于第415名。《政治家年鉴》2018年卷主要反映2016年4月—2017年3月全球各个国家和国际组织信息与发展内容，间或夹以其他年度资料。全书以文字叙述为主，统计表格不多。其内容按功能或结构可划分为三个环节，其中第一环节、第三环节为读者提供辅助服务，第二环节是年鉴主要部分，为年鉴正文，这里先介绍讨论第二环节正文部分。

《政治家年鉴》正文共有1470页，内容分“国际组织”（International Organizations）和“世界各国”（Countries of the World）两大部分。其中“国际组织”为第一部分，“世界各国”为第二部分，年鉴分别对这两部分做出标记：“Part I”“Part II”，并将其前后排列，成为年鉴两个最大部分。其年鉴对每个国际组织和国家内容均以条目形式呈现，并按照内容对每个条目进行二次或三次切割，化分成若干个小条目，各个小条目之间存在上下逻辑关系，若将它们合在一起便成为一个介绍该组织或该国的整体条目，或者换句话说，成为一篇大的文章。下面截取该年鉴“国际组织”中“欧盟”和“世界各国”里“英国”内容的一个小片段，按原书编排形式排列并翻译如下（为节省篇幅，引文中的省略号为笔者所加）。

欧洲联盟（EU）

起源。欧盟由现存欧洲共同体发展而来。其欧洲共同体根据巴黎（1951年）和罗马（1957年）条约成立。欧盟条约由1986年《单一欧洲法案》、1992年欧盟《马斯特里赫特条约》、1997年《阿姆斯特丹条约》、2000年《尼斯条约》和2009年《里斯本条约》修订增补过。

成员。（28个）。奥地利、比利时、保加利亚、克罗地亚、塞浦路斯（仅希腊－塞浦路斯地区）、捷克共和国、丹麦、爱沙尼亚、芬兰、法国、德国、希腊、匈牙利、爱尔兰、意大利、拉脱维亚、立陶宛、卢森堡、马耳他、荷兰、波兰、葡萄牙、罗马尼亚、斯洛伐克、斯洛文尼亚、西班牙、瑞典和英国（英国在2016年6月全民公投中，以微弱多数票赞成退出欧盟，其将按照适当法律程序失去会员资格）。

历史。第二次世界大战后，欧洲对民族主义幻想破灭，促使其将欧洲主要国家法国和德国（西德）联结在一起，以防止未来冲突。1946年，温斯顿·丘吉尔呼吁以“欧洲合众国”形式建立一个道德联盟。

……

英国

……

能源和自然资源

2011年，仅3.8%能源消耗来自可再生能源（风能、太阳能、水利发电、潮汐能、地热能和生物质能源）。欧盟平均水平是13.0%。欧盟将2020目标定为15%。

环境

2011年，英国能源消费产生的二氧化碳排放量相当于人均7.8吨。据估计，英国温室气体排放总量已从1990年8.09亿吨减少到2013年5.68亿吨。2016年编制的一项环境绩效评价指数显示英国为87.4%，位于世界第12位。……

电力

发电。1989年《电力法》实施电力工业重构和私有化。1999年，国内电力市场（最高负荷不足100千瓦）实行开放竞争。

根据1989年法案，国家电力公司接管中央发电委员会所有化石燃料和水力发电站，于1991年实行私有化。……

其条目内文标题在“国际组织”和“世界各国”中呈现形式不一样。其中，在“国际组织”中，条目内文标题在段落前以斜体字形式出现，与正文处于同一行。在“世界各国”中，条目标题在段落前则分为三级形式，当中一级标题和二级标题为黑体字，居于正文上方；其中一级标题字号比正文大一号，如上例中的“能源和自然资源”；二级标题字号与正文同号，如上例的“环境”“电力”；三级标题与正文同处一行，用斜体字表示，如上例中“发电”。无论是“国际组织”还是“世界各国”，其条目内文段落前用斜体字作标题的，则表示该段落或条目只是在这个组织或国家内容中存在，在别的组织或国家内容中不一定存在；其“世界各国”条目内文用黑体字表示的标题则表明该段落或条目在每个国家都有，为统一的格式。

《政治家年鉴》第一部分“国际组织”，按照联合国、欧洲、非洲、美洲、亚洲 / 太平洋、中东、国际环保组织、国际条约、国际主流智库次序，列出联合国及各大洲和中东地区的国际性组织及其分支机构，其中“国际条约”只录 2 个条约全文内容，分别是《南极条约》和《核不扩散条约》。其在介绍各国际组织及其分支机构时，对于各组织机构资料编排采取不同处理态度，在内容设置上呈现出多寡和详略不一现象。其中把“联合国”和“欧盟”分别排列在“国际组织”第一和第二位置，对其两个机构进行全方位介绍。比如在“联合国”篇中设有“联合国（相当于“概况”，笔者注）、世界人权宣言、联合国系统、联合国专门机构、联合国其他相关机构、联合国公约”等分目；在“欧盟”篇设有欧盟（相当于“概况”，笔者注）、欧盟机构、欧盟其他机构、欧盟主要办事机构等分目，每个分目下再设置若干个条目，其中“欧盟主要办事机构”共设置 39 个条目。而对其他世界“国际组织”只单设一个分目，分目下不设有条目。

《政治家年鉴》在介绍各“国际组织”时，以该组织或机构为标题（如上例），分别叙述它们成立背景，组成国家和成员，机构沿革，工作目标、规则和内容，主要领导人背景介绍，制发的重要宣言、文件等等，在每个条目下列有该组织机构总部及其各地办公室地址和网址，有的还列出该组织机构或领导人出版的期刊、杂志（Periodicals）或文章著作（Publications）等，资料详尽、细致，读者所需资料和内容均能在其条目中查到。

《政治家年鉴》第二部分“世界各国”，以每个国家国名为该国年鉴条目标题，各国家依其英文名称第一单词首字母，按 A–Z 顺序排列。每个国家为一个单元，或是一个大条目。其对大条目当中内容安排，采用条目套条目形式，使每个国家情况内容一气呵成，结构完整，上下衔接紧密；缺点是其条目内容过于庞大，文字密集，各小条目内容在书前目录中得不到反映，不方便检索。出于这个原因，《政治家年鉴》曾在书中“世界各国”首页专设一个检索方法表，告诉读者该年鉴国家条目构成的方式，指出每个国家条目中各段落或小条目主题与标题，不仅详细列出各段落中包含的小条目和标题，还列出各小条目当中固定的释文要素，后来此检索方法表被取消，可能是他们认为读者常用其书，对其书结构比较熟悉的缘故吧。《政治家年鉴》记载每个国家内容有长有短，其中美国和英联邦国家内容比较多，除记录它们国家层面上内容外，还分别介绍这些国家下辖的一级行政区，如州、郡或省等，并把这些关于州、郡、省的内容另设为一个独立单元，因此它们比世界上其他国家多出了一个单元。其年鉴对世界其他国家情况介绍，则根据该国资料，也可能会多出一个单元，比如在对中国情况介绍时，除介绍大陆情况外，还另外设置一个单元，分别介绍中国香港、澳门和台湾情况。所以《政治家年鉴》在介绍和记载各国内容时，每个国家的页码不一定相同，存在多少不一情况，其中美国页码最多，中国页码居中，其他国家页码一般。下面列举年鉴中部分国家所占页码情况，按页码数量，从大到小排列：

美国 133 页，英国 71 页，德国 35 页，加拿大 34 页，印度 25 页，中国 24 页，俄罗斯 20 页，法国 19 页，南非 13 页，意大利 12 页，日本 11 页，巴西 10 页。

在这几个国家中，美国、英国、日本、法国、德国、加拿大、意大利是西方 7 国集团成员国，中国、俄罗斯、巴西、南非、印度为世界“金砖”五国。

《政治家年鉴》在每个国家国名条目标题下，设有一幅该国简略地图，图中标出该国首都和主要城市所在位置，并在图中嵌有一张该国于所在大洲位置的小图。地图下方为该国刊头信息，字数不多，只占 7 行，位于条目正文和地图之间，包括该国官方正式名称在本国的读音和英语名称、首都名称在本国的读音和英语名称等等，所有国家使用同一格式。例如在“中国”条目中，其刊头信息如下：

刊头信息以下，并进入该国条目正文。和我国地方综合年鉴编撰方法不同，《政

Zhonghua Renmin Gonghe Guo
（中华人民共和国）
首都：Beijing（北京）
人口预测：2020 年：14.0285 亿人
人均国民收入：2014 年：（购买力平价 美元）12547
人类发展指数 / 世界排名：2014 年：0.727/90=
互联网域名扩展：.cn

治家年鉴》在介绍各国情况时只有一个概况性条目，不设特色条目。其概况性条目撰写方式类同“百科全书”风格，内容详备、信息密集、行文简洁；全书采用模板化编撰方式，实行统一、规范的格式化处理方法；所有国家采用同一模板，以固定条目文字，防止内容跑偏走题，造成各条目内容不一，各说各话，出现条目必要释文要素缺失和不需要释文要素冗余现象，方便读者对各国条目资料进行年度纵向对比和国与国之间横向比较。其各国条目内容组成为如下结构，其中黑体字代表其条目内文中大段落（条目）的标题，黑体字后面括弧里的宋体字代表小段落（条目）标题，小段落包含在其括弧前大段落当中：

主要历史事件、区域与人口、社会统计数据、气候、宪法与政府（国歌）、政府年表、最近选举、当前政府、当前领导人、国防（陆军、海军、空军）、经济（概况、货币、预算、表现、银行业和金融业）、能源与自然资源（环境、电力、石油和天然气、矿藏、农业、林业、渔业）、工业（劳动力）、国际贸易（进出口贸易）、交通（公路、铁路、民航、航运、通讯）、社会机构（司法、教育、卫生、保障）、宗教、文化（世界文化遗产、出版、旅游、节日）、外交代表。

《政治家年鉴》在各个国家条目内文中共设有19个大条目，每个国家大条目统一不变，其小条目也是各个国家条目当中固定的内容；但在有些国家中，因为各国情况不同，会在上面小条目基础上出现几个新的小条目，如在中国“能源与自然资源”条目中，于小条目“电力”前多出一个“风力”小条目，这是因为中国是目前世界上最大的风力发电国家。在“国防”大条目中，俄罗斯于小条目“陆军”之后，多出一个“战略核导弹部队”小条目；美国于小条目“海军”之后分别多出“海军陆战队”和“美国海军岸上警卫队”两个小条目。

在上述每个条目中，如“农业”条目，由于各国情况不一样，其条目中一些固定释文要素可能会变，在这个国家为这种情况，在另一个国家是另种情况。比如“农业”条目因各国涉及的粮食及其农产品品种不同，其条目出现的粮食和农产品品名就不一样；但在对这些要素进行叙述时，采用统一格式和方法。当其在所有国家条目中涉及到同一个释文要素，在保持叙述格式和方法不变情况下，也会根据各国情况，出现条目文字长短不一现象。在通常情况下，针对大国或世界主要国家叙述的文字相对较多，对于普通国家或小国则叙述的文字相对较少，甚至在有的国家只出现一句话。如在2018年卷《政治家年鉴》“经济”条目“表现”中，只设置“GDP”（国内生产总值）一个释文要素，但各国释文内容简繁不一。下面为该年鉴“智利”“中国”“美国”3

国条目的内容，其中“智利”内容简单、“中国”“美国”文字相对较多，见下表：

表 1　　国内生产总值统计表

<table>
<tr><th>国家</th><th colspan="10">条目内容</th></tr>
<tr><td rowspan="4">智利</td><td colspan="10">实际 GDP 增长率（基于 OECD[①]统计数据）：</td></tr>
<tr><td>2006</td><td>2007</td><td>2008</td><td>2009</td><td>2010</td><td>2011</td><td>2012</td><td>2013</td><td>2014</td><td>2015</td></tr>
<tr><td>5.8%</td><td>5.2%</td><td>3.3%</td><td>−1.1%</td><td>5.7%</td><td>5.8%</td><td>5.5%</td><td>4.0%</td><td>1.8%</td><td>2.3%</td></tr>
<tr><td colspan="10">2015 年 GDP 总额为 2408 亿美元。</td></tr>
<tr><td rowspan="4">中国</td><td colspan="10">GDP 总额 11007.70 亿美元。2015 年，排名第二，仅次于美国。中国占世界 GDP 的比重从 2000 年的 4% 上升到 2014 年的 13%。2010 年它取代日本成为第二大经济体。据预测，中国将在 2020 年左右超过美国成为世界上最大经济体。在最近 2000 年，美国经济规模大约是中国 8 倍。实际 GDP 增长率（基于 IMF[②] 统计数据）：</td></tr>
<tr><td>2006</td><td>2007</td><td>2008</td><td>2009</td><td>2010</td><td>2011</td><td>2012</td><td>2013</td><td>2014</td><td>2015</td></tr>
<tr><td>12.7%</td><td>14.2%</td><td>9.6%</td><td>9.2%</td><td>10.6%</td><td>9.5%</td><td>7.9%</td><td>7.8%</td><td>7.3%</td><td>6.9%</td></tr>
<tr><td colspan="10">根据国家统计局数据，2016 年 GDP 增长为 6.7%（临时统计），为 1990 年以来水平最低。尽管近年来中国经济高速增长，但按购买力平价计算，中国 2014 年人均国民收入（GNI）为 12547 美元，而《人类发展报告》的“非常高的人类发展”平均水平为 41584 美元。</td></tr>
<tr><td rowspan="4">美国</td><td colspan="10">2015 年 GDP 总额为 18036 亿美元（在某种程度上，使美国成为世界上最大经济体），占世界 GDP 22%（尽管在 2000 年美国占全球 GDP31%）。实际 GDP 增长率（基于 OECD 统计数据）：</td></tr>
<tr><td>2006</td><td>2007</td><td>2008</td><td>2009</td><td>2010</td><td>2011</td><td>2012</td><td>2013</td><td>2014</td><td>2015</td></tr>
<tr><td>2.7%</td><td>1.8%</td><td>−0.3%</td><td>−2.8%</td><td>2.5%</td><td>1.6%</td><td>2.2%</td><td>1.7%</td><td>2.4%</td><td>2.6%</td></tr>
<tr><td colspan="10">根据经济分析局数据，2016 年实际 GDP 增长率为 1.6%。美国经济于 2008 年第三季度收缩 1.9%，在第四季度收缩 8.2%（为 1958 年以来最大季度跌幅），在 2009 年第一季度收缩 54%。2009 年第二季度也出现 0.5% 负增长。经济衰退以 2009 年第三季度增长 1.3% 结束。在世界经济论坛《全球竞争力报告 2016–2017 年》中，美国在全球竞争力指数中排名第三，与 2015–2016 年报告持平。该指数分析了 100 多个国家的 12 个竞争力领域，包括宏观经济、高等教育和培训、机构、创新与基础设施。在国际管理发展学会编制的 2016 年《世界竞争力年鉴》中，美国排名（从 2015 年第一名下降）到第三。这本年鉴对国家商业环境如何创造和维持企业竞争力进行了排名和分析。</td></tr>
</table>

根据经济分析局数据，2016 年实际 GDP 增长率为 1.6%。美国经济于 2008 年第三季度收缩 1.9%，在第四季度收缩 8.2%（为 1958 年以来最大季度跌幅），在 2009 年第一季度收缩 54%。2009 年第二季度也出现 0.5% 负增长。经济衰退以 2009 年第三季

① OECD：国际经济合作与发展组织。
② IMF：国际货币基金组织。

度增长 1.3% 结束。在世界经济论坛《全球竞争力报告 2016—2017 年》中，美国在全球竞争力指数中排名第三，与 2015—2016 年报告持平。该指数分析了 100 多个国家的 12 个竞争力领域，包括宏观经济、高等教育和培训、机构、创新与基础设施。在国际管理发展学会编制的 2016 年《世界竞争力年鉴》中，美国排名从 2015 年第一名下降到第三。这本年鉴对国家商业环境如何创造和维持企业竞争力进行了排名和分析。

《政治家年鉴》"世界各国" 在对全球各国情况记载同时，还对某些国家下辖一级行政区域或其他一些特殊区域进行介绍。这里我们以"美国"为例，介绍一下《政治家年鉴》在介绍美国 50 个州（另加 1 个华盛顿哥伦比亚特区）情况时，其条目内容组成的结构，各段落标题如下：

主要历史事件、区域与人口、社会统计数据、气候、法律与政府、最近选举、当前领导人、经济（预算、表现）、能源与自然资源（电力、石油和天然气、水、矿产、农业、林业、渔业）、工业（劳动力）、交通（公路、铁路、民航、航运）、社会机构（司法、教育、卫生、保障）、宗教。

可以看出，《政治家年鉴》对于国家下辖一级行政区域条目内容记载，与该年鉴的国家条目释文差不多，但在内容结构和文字上要比国家条目简单。

《政治家年鉴》在条目释文编撰过程中，始终重视内容与时代发展同步，在资料和信息处理上坚持国际大视野，运用最新世界研究成果为年鉴内容注上新鲜元素，使其资料信息站在国际学术最前沿，具有较强科学性、实用性和先进性。如 20 世纪 90 年代中期，便将"人类发展指数"（HDI——Human Development Index）这一统计指标加入到年鉴每个国家条目刊头信息当中。"人类发展指数"由联合国开发计划署于 1990 年创立，是衡量联合国各成员国经济社会发展水平的指标，它结合各国人民"预期寿命、教育水平和生活质量"三项基础变量，按照一定计算方法，得出综合指标。该指数不仅衡量每个国家社会经济进步成就，还提供了在不同国家之间进行同步比较的可能性，为各个国家在全球发展提供了一个"世界排名"。《政治家年鉴》与世界其他年鉴编撰方式还有一处不同是，它在全书"国际组织"和"世界各国"每个条目结束之后，都设置一个"延伸阅读"（Further Reading），在"延伸阅读"里列上与该条目相关的各种高质量、参考性强出版物名称，方便读者进一步查阅和参考研究。如在 2018 年卷"中国"条目后面，列出的材料包括中国国家统计局《中国统计年鉴》在内的各种书籍、报告等共计有 58 部。

《政治家年鉴》在第二环节正文前后，分别设有第一环节和第三环节两大环节。

其第一环节共有 30 页，分别由内扉、编辑名单、前言、目录、专文、热点统计表、延伸阅读推荐、大事记共 8 个部分组成。第三环节共有 52 页，设附录、索引两项内容。下面捡其重要给予介绍。

第一环节。

前言：按照《政治家年鉴》一贯做法，其“前言”由年鉴主编（“2018 年卷”改为发行人）亲自撰写，发表主编对本年度《政治家年鉴》编后感，以及对年鉴编撰年度世界重要时事进行简短回顾和点评，指出本卷年鉴主要看点以及在书中增加和删改的内容。

目录：列出年鉴中各部分内容。其中在“国际组织”和“世界各国”中只列出各组织或国家名称，对全书核心内容起到一个指示作用，至于各组织或国家条目内文中包含的各种小条目不在“目录”中列出。

专文：全书共有专文 2 篇，第一篇为署名文章，题目是“民粹主义的抬头和兴起——巴里·特纳[①]对席卷全球民粹主义浪潮的调查”，介绍 2016 年度全球民粹主义抬头趋势和发展规模；第二篇为“2016 年 1 千字回顾”，为编辑部撰文，介绍 2016 年度全球政治、经济、自然灾害概况，文章简短精悍，只有 1000 字。

热点统计表：共有三张表，分别是“世界人口进展表”，列出 1950 年、2015 年、2050 年世界十大国家人口数字；“最大城市（人口）集聚表”，列出 1950 年、2015 年、2025 年世界十大城市人口数字；“世界关键数据表”，从联合国角度，列出各项世界统计数据，内含“人口、贸易、军事、吸烟、互联网、妇女权益、贫困人口、卫生、环保”等各项数据。

第二环节。

延伸阅读推荐：在第二环节正文每个条目“延伸阅读”基础上，再推荐 2016 年全球出版的相关重要书籍，主要涉及到政治、经济、战争主题，共 31 本书。

大事记：对 2016 年 4 月—2017 年 3 月世界每周大事进行记述，主要涉及各国政治选举及领导人更迭问题。

第三环节。

为两个部分。其中，第一部分为附录，有两张表：“政治家年鉴资料来源精选”，列出该年鉴资料来源所使用的国际性年鉴和报告，并给出它们网址；“缩略词表”，

---

① 巴里·特纳（Barry Turner）：英国著名作家和编辑。

排列年鉴中所用英文缩略词及其正常语词。第二部分为索引表，共有两个："现任领导人索引"，列出世界各国际组织和各国家第一领导人及其在书中的页码；"地名和国际组织索引表"，列出全世界地名和国际组织及其在书中页码。

从西方社会两大主要年鉴类型"Almanac""Yearbook"发展历程及其内容性质来看，《政治家年鉴》有着"Yearbook"的典型特征，在内容上讲究严肃性、专业性和学术性。就其年鉴资料范围、内容性质和服务对象来讲，它和目前我国地方综合年鉴的编纂有着一定的相似之处，比如都涉及到对组织、部门、单位和行政区域介绍，记录和传递它们在年度中发展信息，为特定读者人群服务。其中《政治家年鉴》为全世界政治家、学者和社会科学研究人员服务，我国地方综合年鉴主要为政府和各类专家学者服务。由于两种年鉴在年鉴认知、编撰模式和编撰方法上存在不同，使其年鉴内容出现较大差别。

《政治家年鉴》注重资料学术性和实用性，在年鉴内容上特别讲求可靠性（Reliability）和时事性（Topicality），对条目结构、释文要素和行文方式采用统一规范、格式化的编写方式。其在年鉴编撰过程中实行编写合一，对年鉴通讯员采集的信息资料进行统一规范化编写；对条目设置、释文要素安排及其行文方式特别在乎与细心；同时注重与年鉴通讯员和读者实时沟通，汲取他们编撰建议和阅读感受，做到对年鉴内容形成方式和要素每年及时更新。其年鉴讲究信息资料完备、翔实、整齐、规范，重视资料来源出处，为读者提供海量伸展阅读，能以一种科学、研究态度，统计、分析眼光以及宏观视野，记录传递各种社会信息和资料，为读者了解世界各种组织和各国资料及其发展信息提供实实在在参考，具有较高实用性和学术价值。

总体来讲，我国地方综合年鉴对于内容编撰关注程度，是按照从篇目到条目再到释文要素顺序依次递减下去的，年鉴编辑部每年花在篇目上的研究时间要多于条目和释文要素；《政治家年鉴》与我国相反，他们重视释文要素和条目的程度要大于篇目，其中每年花在释文要素上的时间和功夫最多。

通过介绍分析《政治家年鉴》，我们可以看到国外年鉴一些长处，只有我们不断总结年鉴编撰经验，向中外优秀年鉴虚心学习，才是改善和提高我国地方综合年鉴编撰质量的一个有效办法。

二、《惠特克年鉴》——英国百姓实用型的生活指南

"这些注解涵盖到法律某些方面，因为它们可能影响普通人。"

这是《惠特克年鉴》书中一个篇目"法律注解"开篇的第一句话。如果把《惠特克年鉴》从头到尾看一遍，就会发现这句话其实也涵盖了它整本书的内容风格，即一本处处为"普通人"服务的工具书，它书里的"普通人"是指英国的普通社会大众。

《惠特克年鉴》（Whitaker's Almanacs）是一本英国大众年鉴，在英国和世界都比较著名。该书于 1868 年创刊，后连年出版，每年一卷，到 2018 年卷是它的第 150 卷本。其书从创刊至今，先后经历 9 任主编。它的第一任主编，约瑟夫·惠特克（Joseph Whitaker，1820—1895 年），出生于伦敦一个银匠家庭，从 14 岁时开始做书商学徒，辗转过多家书商公司，在取得足够营销经验后，开始自创门户，出版神学著作。1858 年在其 38 岁时创办书店，彼时英国年鉴正当盛销，他决定自编年鉴，并按当时习惯，以自己姓氏为年鉴命名，于 1868 年 12 月出版《惠特克年鉴》首卷，一发成功，被当时报纸称赞，认为是其时最大廉价年鉴，比同类其他年鉴拥有更多有价值的信息。

在《惠特克年鉴》出版之前，英国一直是欧洲乃至世界年鉴编撰出版大国。其年鉴从 1497 年开始大规模编撰，其中因受到早期天文学和占星学影响，年鉴中充满有关自然、社会和人生等各方面的预言和巫术，并且愈演愈烈，直到 18 世纪 60 年代英国工业革命以后，随着科学技术进步与发展，年鉴中这方面内容才开始减退，但到 19 世纪时其神学内容依然在年鉴中可以见到，遭到社会强烈批判。此时，约瑟夫·惠特克出版《惠特克年鉴》，决定摒除旧时神学糟粕。他在首卷前言中写道：编辑不敢说这本年鉴很完美，但他朝着这个方向成功地为人们提供了一本他们渴望看到的有改进的年鉴。惠特克在其年鉴中一改同时期其他年鉴固有编撰方法，加入很多有用统计资料及世界各国内容，以期读者能够知道更多天下之事。

《惠特克年鉴》自 1868 年问世以后就一直由"惠特克父子"（J Whitaker & Sons）公司出版，直到 1997 年以后，才转入另外两家出版公司，目前其书由"布鲁姆斯伯里出版社"（Bloomsbury Publishing）出版，该出版社是英国大众出版领域著名出版公司，曾在 1997 年出版过《哈利·波特》系列图书，名声鹊起。《惠特克年鉴》从 2014 年开始，将其封面书名改为新的品牌名《惠特克》（Whitaker's），但在其书序言中仍旧

使用“Whitaker's Almanack”名称。其封面除书名外，还有一个副标题：“今日世界览于一册”（Today’s World in One Volume）。其书目前每年出版两种版本，分别为标准版和简明版，这两种版本曾在1993年和2004年重新设计过，目的是加大和提高其年鉴开本尺寸和书的可读性。新版本年鉴为大32开本,其中2018年卷于当年1月份出版,标准版售价为122美元,简明版售价是37.95美元。其标准版和简明版于笔者写稿时间,在全球最大电商“亚马逊（Amazon）”销售网站“年鉴类”（Almanacs & Yearbooks）“畅销书排行榜”（Amazon Best Sellers Rank）中，分别列于第604名和第3233名，可见标准版比简明版受欢迎。

《惠特克年鉴》初创时只有370页,后不断增大资料收录范围和内容,到2018年卷,其标准版共有1181页,涵盖英国政治、经济、文化、社会以及世界各国等多个方面内容。其书以英国内容为主，主要为英国读者服务，是一种生活指南型年鉴，为英国百姓提供各种类似百科指南性质的信息、知识和资料,具有较大实用性。下面是2018年卷《惠特克年鉴》标准版目录全文翻译，排版基本按照原书格式：

目录

行政区政府

伦敦

欧洲议会

地方政府

英格兰

郡议会

区议会

大都会区委员会

统一议会

伦敦

伦敦自治市议会

伦敦金融城公司

城市公会

威尔士

苏格兰

北爱尔兰

议会组成结构

曼岛

海峡群岛

法律与秩序

法院与律师事务所

苏格兰司法

北爱尔兰司法

法庭

监察专员事务

警察

监狱

国防

工资

教育

教育体系

大学

职业教育

私立学校

国家科学院

研究委员会

健康

国家公共医疗卫生服务

社会保障

社会福利事业

国民保险

养老金

退役军人养老金

税收抵免

福利

公共事业和运输

水

能源

运输

宗教

英国宗教

教堂

通信

邮政

电信

网络

自然保护与历史遗产

世界遗产地址

历史建筑与遗迹

博物馆和美术馆

伦敦名胜

金银制品印证标识

银行和金融

英国货币

银行与个人理财

金融服务管理

国民储蓄

国家债务

伦敦证券交易所

经济统计数据

生活成本

保险

税收

所得税

增值税

法律注解

知识产权

媒体

广播

电视

广播

媒体

报纸

期刊

团体机构

贸易及专业机构

工会

体育机构

俱乐部

慈善与协会

其书共分 5 个部分，以“目录”中带下划线标题为示，分别提供日历、英国、世界各国、大事记和天文学 5 个方面内容。其中第二部分“联合王国”涵盖英国社会生活各个方面，占有内容最多，为全书核心部分。目录中黑体字为各篇篇目，黑体字下面楷体字有的是分目，有的是条目；当楷体字为分目时，其在书中还有条目，只是在“目录”里没有展现条目标题。“目录”中带下划线标题底下楷体字有的是条目，如“2018 年日历”；有的是篇目，如“世界各国 A–Z”。因此上说，《惠特克年鉴》“目录”并没有展现书中全部内容，只是将它们放在书前，为读者起到一个圈点、指示全书主要内容作用；并且其“目录”中各条文字也并非与书中内容标题在行文上完全一致，所以其“目录”只能算是全书内容的一个“导向牌”，真正发挥检索作用的是位于书后的“索引”。《惠特克年鉴》这种“目录”设置法，在现在英国和西方国家比较流行，主要是为读者购书或平时查检书中内容时，能够快速抓住读者眼球，吸引读者注意力或快速定位书中内容的具体位置。

纵观《惠特克年鉴》全书，其年鉴有如下 4 个方面特点。

保持英国古代年鉴传统特色。《惠特克年鉴》创刊于19世纪后半期，这一时期西方年鉴仍然处在从17—18世纪一直延续下来的出版高峰阶段，涌现出很多年鉴，其中有些年鉴一直发展到今天，成为世界著名年鉴，比如像英国《政治家年鉴》（The Statesman's Year-book）、美国《世界年鉴》（The World Almanac and Book of Facts），以及比它们更早一点时间出版的美国《老农夫年鉴》（The Old Farmer's Almanac）等。它们这些年鉴不仅保留在创刊时期的年代特点，也继承了一些古代年鉴特征，直到今天多少还保留一些旧时传统的印记。但是，正如世人对英国人一直以来持有的印象那样，其年鉴比别的年鉴更传统、更保守，留有更多的旧时印记，这一点在《惠特克年鉴》当中表现得更加明显。

《惠特克年鉴》一直使用“Almanack”作为它的书名，但这个词是一个古代英语旧词，在当代英语中已经不再使用，对当代英语国家人来说比较晦涩难懂。《惠特克年鉴》坚持使用这个词，估计和美国《老农夫年鉴》在其书名中使用“老”（Old）字是一样，目的在于彰显其年鉴出版历史悠久，是一个“老字号”。“Almanack”在今天英语拼法中已省略其最后一个字母“k”，并且其新的拼法在当代英语国家当中普遍使用，像上面提到的美国年鉴以及英国其他年鉴如《不列颠政治年鉴》（Almanac of British Politics）等，都使用“Almanac”这个新词作为它们的书名。

除书名之外，《惠特克年鉴》在内容上也保留了18—19世纪英国和欧洲年鉴的一些特点。比如说，从前面“目录”中可以看到，其“日历”“宗教”“天文学”“昼夜变化与历法”“潮汐预测”是欧洲中世纪国家“Almanac”类年鉴的标配，为其当时所有年鉴共有内容。《惠特克年鉴》2018年卷在其书中第一页提供“日历”内容，里面包含“传统纪年”“宗教日历”“民用历”“法定日历”等4种日历，分别列有世界各种纪年（如中国农历纪年、日本平成纪年）、宗教节日和英国各个民间传统节日及学校上课学期表等。并且将日历和天文学内容特地放在书中最前和最后位置，不仅带有旧时年鉴特征，更为英国读者查阅使用它们提供很大便利。其“目录”中“王室”“王国显贵”“贵族”“法律详解”更是带有英国旧时年鉴色彩，是古代英国年鉴当中重要元素，在英国中世纪及其后来出版的年鉴中随处可见。

一部英国百姓生活年鉴。和其他英国年鉴记录和传递社会年度最新发展信息不同，《惠特克年鉴》是一部生活指南性工具书，其从生活角度为英国读者介绍和解析英国社会各种情况和现象，帮助他们了解英国各个领域、各种公众机构、各种事项的状况规律、体系结构、规则章程等，为他们提供生活指导、办事指南以及方法和技巧，具有百科便民性质。其年鉴具有这种编撰方法和使用功能，也是西方“Almanac”类年鉴最核心的特征，最早为其年鉴前身古代历书拥有的特色，并且由古代历书一路传承下来，成为西方“Almanac”类年鉴和“Yearbook”等其他类年鉴之间最大的区别。在社会资料选取角度上，《惠特克年鉴》只抓取那些对社会公众在实际生活中最有用、最有价值的部分，而其他和公众生活没有多大关系的资料一律不用。如在2018年卷“目录”中，就没有关于“农业”“工业”“商业”和“科学技术”部类的篇目；在“公共事业和运输”中关于“水”的内容，也只涉及居民饮用水，至于其他工业用水、污水处理等方面内容在年鉴中都没有设置。其在编排“目录”时，按照各项社会领域与公众实际生活关系的远近来进行位次排列，如在“目录”中于王室、贵族、政府、法律、国防之后，涉及民众生活部分，把教育、健康排在最前面，是因为这两个领域和公众关系最为密切，其后也按照这个要求，来安排各部分内容在书中的位置。其书在介绍各领域情况时，也是从生活指导的角度，帮助读者了解各个领域和部门情况，告诉读者在该领域或部门中如何行事以及处理问题的方式。下面是其年鉴“教育”篇开头的内容。

英国教育体系

英国是一个把教育下放到各个王国的体系结构，各王国拥有各自教育体系，由各自政府管理。他们在学校课程设置、考试和最终毕业方面都存在不同；就大学层面来讲，其在学位设置和学费方面也有差异。英格兰、威尔士和北爱尔兰教育制度相似，彼此之间有很多共同点；苏格兰与他们不同，存在较大差异。

英格兰教育由教育部监管。

威尔士教育由威尔士政府教育技能部负责。苏格兰教育归学习和终身学习主任领导，由政府部长负责，而在北爱尔兰其教育由政府教育部门和经济部门负责。

教育部 电话：037 -000 2288

网址：www.gov.uk/government/orgnizations/department-for-educaion

教育技能部 电话：T0300-060 3300

网址：www.gov.wales/topics/educationandskills

……

其在介绍一些和读者实际生活没有特别直接关系的领域时，也是从社会大众角度出发，去记载他们关心、关注或感兴趣的内容，比如在其“法律与秩序”篇里，介绍英国法院体系结构、律师事务所开展的服务、各地警察具体人数、长官姓名、警察工资、各地具体监狱数以及监狱名称和所在位置、全国监狱具体犯人数（分拘留、判刑、罪行种类和男女犯人数）等。在“国防”篇里，介绍英国从 1975—2018 年各兵种人数，牺牲、受伤人数，各兵种拥有的先进武器，各高级长官姓名以及长官和士兵工资等。其年鉴关于英国经济领域方面的统计，反映在其“银行和金融”篇当中的“经济统计数据”里非常少，只有 2 页，分别是“2017 年春季预算”“贸易”“英国就业”3 张表；表格很简单，其中“2017 年春季预算”有“政府支出”（包括政府各部门支出）、“政府收入”（包括政府各项收入）两项内容。其全书科学技术只体现在“教育”篇中“国家科学院”“研究委员会”一点内容，也只有 2—3 页，属于概况简介性质。

一部典型的英国特色年鉴。通过一本国家编撰的年鉴，可以清楚地看到这个国家的特点、社会和生活习惯；其在年鉴中记载的内容和编排方法，能够清晰地反映出这个国家的“性格”以及他们所做所关注和从中表现出来的趣味。《惠特克年鉴》就是这样一本年鉴，从其独特年鉴编撰内容和设计方式，我们能够感受到一股浓浓的英伦风。其中最独特的地方就是有一些我们在别的国家年鉴当中根本看不到的内容，比如“皇室”“王国显贵”“贵族”“法律详解”“金银制品印证标识”等。正如上文所述，《惠特克年鉴》是一部百姓生活手册，其对各种社会资料截取都是从公众关注和兴趣角度出发，并且对收录到年鉴中的信息资料，也是根据公众需要，来决定它们内容多少和叙述详略。正因如此，其书中虽有经济、科学方面内容，但由于它们对百姓实际生活不重要或没有直接关系，所以只有很少篇幅。其书中在英国部分（即目录中“联合王国”部分）按篇目多少排列分别是：贵族 76 页、教育 56 页、地方政府 42 页、皇室 29 页、宗教 27 页、法律详解 26 页。排在前 2 名的分别是“贵族”和“教育”，从中能够看到英国社会一些特点和关注点。其“贵族”篇对各种贵族来源、贵族等级、冠冕头饰、徽章和人员名录一一列表，详细叙述。“教育”篇详细介绍英国 4 个王国（英格兰、威尔士、苏格兰、北爱尔兰）不同的教育体系，对各王国学前教育、义务教育、特殊教育、家庭教育、继续教育、高等教育、终身教育、学费、奖学金、课程设置、教师等进行解释，列出英国所有大学详细表格，注出各个大学地址、电话、网址，校长、副校长、招生办主任姓名等。

《惠特克年鉴》中“法律注解”篇是英国年鉴当中最古老篇目之一，从 17 世纪开始就在英国年鉴中出现，为英国“Almanac”类年鉴的一个“保留曲目”。在 2018 年卷《惠特克年鉴》中，“法律注解”篇涉及很多内容，它在篇目开头中写道：“这些注解涵盖到法律某些方面，因为它们可能影响普通人。”其“法律注解”是一个帮助指导社会公众如何使用法律方面的篇目，有点类似法律援助百科指南，内容涉及很多方面，包括：堕胎、孩童收养、出生登记、结婚和死亡证明书、英国国籍、消费者法律、对王室诉讼、死亡，离婚、关系解除、就业、人权、父母监护、陪审、房东租户、法律援助、结婚、建房、选举人资格、遗嘱、知识产权等方面的诸多内容，告诉公众在每个事项中的办事方法、法律程序和注意事项，如何请律师、行业或专业处理人士和见证人，以及一般社会公众和穷人打官司等。

除此之外，《惠特克年鉴》还非常关注艺术、建筑、古迹、旅游、美术、音乐、舞蹈、出版、体育等方面内容，其中有些内容不仅在正文中出现，在书后“大事记”里还被单独列为一个单元，从多个角度对它们进行记载。令人奇怪的是，在《惠特克年鉴》这样一部实用型生活年鉴当中，其在“自然保护与历史遗产”中对非常小众的“金银制品印证标识”都讲述的头头是道、有滋有味；全书没有一个篇目记录英国关于“吃”的方面的信息，看来这个国家对“吃”没有兴趣或是在饮食方面没有什么可写的内容。所谓“民以食为天”，我们把吃排第一，那英国人排在什么位置呢？据 2015 年一项世界统计[①]，中国一天花费在“吃”上的时间平均是 1 小时 40 分钟，位于世界第 4 位；英国是 1 小时 19 分钟，列于第 10 位。人的基本生活是“衣食住行”，其书没有“衣食”，但有“住行”，而且不止一处。随着中国现代化生活水平提高和节奏加快，我们在“衣食”方面的花费和时间相对变少，而在教育、住房、交通方面投入越来越多，这就是《惠特克年鉴》和英国公众更多关注教育、住房和交通的原因吧。

一部用西方年鉴常见手法编撰的年鉴。《惠特克年鉴》在年鉴资料信息安排上，采用西方常用编撰方法，将全书资料分为静态、动态两种类型，用正文记载社会静态资料，对它们给予介绍和分析，用“大事记”记载动态信息和各种事件；两种资料和信息互不混淆，使年鉴内容看起来整齐、秩序、清爽。其在遇到性质类似、内容相近资料时，科学设置其条目以及条目当中的释文要素，做到规范有序，便于读者查找和对比文中内容。这方面典型例子就在于其书对“世界各国”资料的处理。

《惠特克年鉴》在书中按英文字母 A–Z 顺序排列世界各国，对于世界每个国家国情介绍采用格式化处理方式，各个国家在内容上使用同一个模板。其在介绍各国内容时相对较为简单，每个国家资料分别由本国国名发音及英文名、本国简略地图、刊头

① 见 Statista 统计：www.statista.com。

信息、条目正文4部分组成。其刊头信息提供该国基本信息，分别是：面积、首都、大城市、币种、人口、宗教、语言、人口密度、城市人口占比、年龄中位数①、国歌、国庆节、消费物价指数评分、军费开支等内容；有的国家在这几项内容以下，可能根据该国情况多出几项内容，比如识字率、出生率、死亡率、HIV（艾滋病）、征兵等。其条目正文共有5项内容，每项内容是该国条目中的子条目，分别是：气候与地形、政治、经济与贸易、交通、教育与卫生。各子条目内容根据所记国情况，会出现内容文字多少不一的情况，其中有的国家可能多一点，在上面子条目基础上多出另一个子条目，如在“阿根廷”条目中多出一个“阿根廷南极领地”，“澳大利亚”条目中多出一个“外部领地”等。

纵观《惠特克年鉴》整本内容和编撰方法，其不仅为英国人出版一本实用的、符合英国人社会生活习惯的指南手册，在年鉴编撰方法上也为我国年鉴提高年鉴实用性和科学性提供应了一些可参考和借鉴的地方。比如在社会领域信息资料记载方面，我们一方面可以从政府工作角度去记录它们，也可以从百姓生活角度去介绍它们，使年鉴资料变得更加具有可读性和实用性。对于年鉴资料内容选择，不仅要跟上时代潮流，记录社会新事物；还要充分利用现代社会科学研究成果，不断为年鉴注上新元素，如在“世界各国”中普遍使用的“年龄中位数”“消费物价指数评分”等统计学衡量指标，在我国地方综合年鉴中似乎很少能看得到。只有我们不断虚心学习国内外年鉴先进编撰经验和方法，我国年鉴质量才能得到更大的提高和发展。

参考书目：

“The Statesman's Year-Book”（政治家年鉴）1978—1979卷、1979—1980卷、1980—1981卷、1981—1982卷、1982—1983卷、1983—1984卷、1984—1985卷、1996—1997卷。

“The Statesman's Yearbook”（政治家年鉴）2018年卷。

① 年龄中位数是将全体人口按照年龄大小顺序排列，居于中间位置的那个年龄。年龄中位数是考察人口年龄构成类型的重要指标之一。

非洲研究中 6 部国际年鉴介绍

杨宝荣

提要：国际年鉴是开展非洲研究的基础材料。随着中国对非洲研究的关注，对有关国际年鉴使用的关注度日益提升。在国际年鉴使用方面，除传统的《撒哈拉以南非洲年鉴》外，国际多边组织所提供的专门“年鉴”或年度报告电子版在非洲研究的数据获取中所发挥的作用日益突出。这些年鉴或年鉴发展报告在形式和内容上都有各自的特点，除提供基础数据外，也反映了相关机构对非洲发展议题关注的变化。

关键词：非洲研究　国际年鉴　年度报告

一、非洲研究中国际年鉴的整体使用情况

作为基础研究材料，年鉴所提供的系统性信息和基础数据通常是研究人员关注的重点，非洲研究也不例外。相比于较多的国内年鉴数据报告，国内非洲研究曾长期受困于统计资料的不足。但随着应用信息技术的扩展及交叉学科的不断发展，年鉴编撰内容传播方式正发生着明显的变化，由此也给国内非洲研究的繁荣创造了条件。目前看，国内非洲研究使用的年鉴有以下几个特点。

非洲基础研究离不开国际统计数据年鉴。作为基础研究，无论是政治还是社会经济发展研究，非洲国家的基本数据必不可少。但受限于非洲国家众多及统计口径差异，在非洲基础研究中，采用国际机构的数据通常发挥着重要的作用。此外，由于一些非洲国家社会经济发展水平较低，年鉴数据的统计工作严重不足，因此，依

靠国际机构统计也成为非洲研究过程中长期存在的现实。

国内非洲研究对年鉴的使用关注度日益提升。非洲学是国内学术教研中的小众学科。长期以来，受制于语言、研究人员规模、信息传播方式及关注度等多种因素影响，对记述非洲事务和数据的相关年鉴的使用并不普遍，关注度也较低。但研究非洲问题，特别是对基础研究而言，年鉴文献所提供的资料无疑是非常重要的。特别是随着近年来国内非洲研究的不断升温及众多新兴研究机构和研究人员的加入，对非洲发展数据的应用日益增多，了解非洲研究的国际统计数据迫切性也得到了提升。

记述非洲事务和数据的相关年鉴形式趋于多样化。在年鉴资料的实际使用中，记述非洲事务和数据的相关年鉴在形式上并不是仅仅以年鉴形式体现。一类年鉴是，非洲研究有专门的国别综合年鉴。如国内常用的《撒哈拉以南非洲年鉴》（AFRICA SOUTH OF THE SAHARA）①，还有专业的统计年鉴，如《非洲统计年鉴》（African Statistical Yearbook）。② 前者是传统的综合年鉴，由总部设在伦敦的劳特利奇出版社（Routledge）1971 年印刷第一版，之后每年更新出版。后者是由联合国非经委（UNECA）、非洲开发银行（AfDB）和非盟委员会（AU）共同发布的关于非洲国家基础发展数据的重要基础统计报告。该报告不仅在联合国非经委网站上年度更新，也在非洲开发银行网站上年度更新。另一类年鉴是，作为发展议题，国际机构也以年度报告的形式编撰年鉴，以引起国际社会广泛关注。这些年度专题分析报告在介绍非洲基本数据的基础上，针对当前国际社会对非洲研究的关注议题进行深度分析，这类年度报告是对前者以“年鉴”形式存在报告的有益补充。如“联合国贸易和发展会议”（UNCTAD，以下简称联合国贸发组织）、非洲开发银行、联合国非经委作为关注非洲发展的权威国际或地区组织，其年度报告不仅反映了国际机构和非洲区域组织对非洲发展突出问题或新问题的关注，是国际社会非洲发展的综合性前沿报告，同时也是中国非洲问题研究的重要参考资料。因此，对比 21 世纪以来联合国贸发组织和非洲开发银行的年度报告核心议题，是了解非洲近年来发展议题变化的重要参考。尽管二者的很多数据出处相同，但关注的不同点反映了非洲自身及国际社会对社会经济发展变化的新认识。

---

① Routledge，Europa Regional Surveys of the World，AFRICA SOUTH OF THE SAHARA.

② https://www.uneca.org/publications/serie/African-Statistical-Yearbook.
https://www.afdb.org/en/documents/publications/african-statistical-yearbook/.

记述非洲事务和数据的相关年鉴出现两种趋势。其一，数字化和平台化。网络的发展为国际多边机构的年鉴报告提供了很好的展示平台，也为研究人员获取相关报告提供了极大的便利。无论是以上提到的《非洲统计年鉴》还是各类年度发展报告，均可以在其网站上进行浏览并下载，比如在联合国非经委、非洲开发银行免费查询和下载年度《非洲统计年鉴》；在联合国贸发组织网站、非洲开发银行等机构查询下载年度专题报告。其二，“年鉴”或年度报告的内容不断扩大，既包括国际发展众多议题的发展指标，也包括核心议题的专题分析等。以《非洲统计年鉴》为例，日益成为一个综合多家国际多边机构统计数据的年鉴。如营商环境指标是世界银行2002年启动的旨在对全球190个经济体的营商环境进行年度评估的指标，《非洲统计年鉴》将其作为一项内容加以罗列。

二、联合国非经委、非洲开发银行、非盟委员会《非洲统计年鉴》

联合国非经委、非洲开发银行、非盟委员会发布的《非洲统计年鉴》是一部重视基础性、综合性统计数据的年鉴。该年鉴特点不仅体现在多机构联合发布，同时在内容上也涵盖领域较多。

《非洲统计年鉴》在内容上整体分为两大部分。其中第一大部分是《非洲各国统计简表》(SUMMARY TABLES),第二大部分是《非洲各国的国别数据》(COUNTRY TABLES）统计表格。前者是关于非洲54个国家的整体社会经济数据集中体现，后者是各个非洲国家的专门行业数据。而《非洲各国统计简表》的内容又分为六部分。第一部分是关于社会和人口指标统计，其内容包括人口数量、结构、经济人口规模、国际移民数量、识字率、中小学入学率、教师数量、中小学性别比例、初级卫生状况等。第二部分是经济数据统计，其内容包括各国GDP规模、GDP年度增长率、人均GDP、GDP结构、通胀率、农业和食品生产指数、工矿业和制造业生产指数、电力生产类型及规模等。第三部分是货币和财政统计，其内容包括广义货币供应、汇率变化、政府财政情况。第四部分是对外经济统计，其内容包括外债、国际贸易收支、国际金融流通（包括政府开发援助和外国直接投资）、非洲区内贸易情况（按照非洲的地区一体化组织进行分类统计进出口）。第五部分是经济结构和投资环境。其中包括旅游业人口流入及相关基础设施能力、通讯服务水平、营商环境指标等。第六部分为可持续发展目标。包括贫困人口数量、饥饿人口数量、婴幼儿死亡人口数量、儿童受教育比例、性别平等体现、获得卫生用水人数比例、能享用电力人数比例、不同性别的失业率及儿童或青少年务工比例、失业人口的收入增长及政府转移支付等数据。在《非洲各国的国别数据》栏目中，又具体细化介绍了社会经济发展的部门数据。目前《非洲统计年鉴》网络版最早报告是2006年版，社会经济数据统计溯及1997年，而2017年的报告数据基本可更新到2016年。从研究角度看，二十年的年鉴数据，已足以开展对相关国家的基本研究。

三、《撒哈拉以南非洲年鉴》

作为较早发行的纸质版年鉴，《撒哈拉以南非洲年鉴》（AFRICA SOUTH OF THE SAHARA）曾是国内非洲研究学者长期使用的工具书。但随着21世纪以来国际多边机构众多年度电子报告的出现，该年鉴在国内学界研究中所发挥的作用不断下降。

《撒哈拉以南非洲年鉴》在内容上整体分为两部分。第一部分是"综述"，尽管在1971年到2017年间的不同年鉴中内容有所变化，但基本上包括了政治发展、经济趋势、健康及医疗卫生、政策变化、安全形势、国际关系等内容。第二部分是该年鉴的主要内容，以国别的形式，分别介绍了地理、历史、经济等统计数据。在应用中，该年鉴最大的特点是以文字的方式介绍相关国家的历史及年内的一些重大事件。但相比于本文提到的《非洲统计年鉴》，该年鉴却又在数据的详实度上存在不足。如国别数据中，虽然也有部门经济发展的指标数据，但很显然同前者是有差距的。此外，相比查询国际多边组织电子年鉴报告，该年鉴不仅使用成本较高，而且使用不够方便。

四、联合国贸发组织《非洲经济发展报告》

联合国贸发组织组织编撰的《非洲经济发展报告》（Economic development in Africa report）[①] 是以发展专题为导向的年度报告。该报告通常根据年内非洲发展形

① http://unctad.org/en/Pages/Publications/EconomicDevelopmentinAfricaseries.aspx.

势设定一个核心研究议题，并围绕该议题就相关数据进行分析研究。从基础数据看，报告数据不像专门年鉴所涉及范围较广，但从研究议题看，报告却反映了当前国际组织对非洲发展核心议题的关注。

2001 年到 2016 年间，《非洲经济发展报告》的主题分别为 2001 年“表现、前景与政策问题”、2002 年“从调整到减贫的新问题”、2003 年“贸易表现和大宗商品依赖”、2004 年“债务可持续性：绿洲还是海市蜃楼？”、2005 年“外国直接投资作用的再思考”、2006 年“增加援助：加大工作力度”、2007 年“国内资源流动和发展型国家的政策空间利用”、2008 年“贸易自由化之后的出口业绩：模式和政策前景”、2009 年“为非洲发展而加强地区经济一体化”、2010 年“南南合作：非洲和发展伙伴的新合作模式”、2011 年“新全球环境下培育非洲产业发展”、2012 年“非洲的结构转型和持续发展”、2013 年“非洲内部贸易：释放私营领域的动力”、2014 年“促进投资来实现非洲的变革型增长”、2015 年“为促进增长和发展释放非洲服务贸易潜力”、2016 年“非洲债务和开发金融”、2017 年为“旅游业在促进转型和包容性增长中的作用”、2018 年为“结构转型中的移民”。这些进入 21 世纪以来的关于非洲的年度发展报告，其议题反映了非洲 21 世纪以来发展的基本事实，即非洲发展成绩是显著的。与此同时，非洲持续增长和发展所面临的问题也是突出的。这种突出性问题既表现为非洲发展长期存在的问题，也包括新形势下非洲发展及持续发展面临的新问题。如 2004 年关注非洲债务可持续性问题，2016 年再次回到该问题。问题虽是老问题，但是在新的发展形势下，出现了新的发展特点。如减贫、大宗商品依赖、债务、援助、发展转型等，在经历多年的高速增长后，并没有得到根本性解决。

五、非洲开发银行《非洲经济发展报告》

非洲开发银行作为非洲地区性金融机构所发布的《非洲经济发展报告》(African Development Report) [①] 也是非洲社会经济研究常用的年鉴报告，报告每年通过网站进行发布。目前网站上存在的报告涵盖 1998—2015 年共计 15 份 (包括 1998、1999、2000、2001、2002、2003、2005、2006、2007、2008/2009、2010、2011、2012、2014、2015 年)。

---

① https://www.afdb.org/en/documents/publications/african-development-report/.

从网站公开的报告看，1998、1999、2000 年年度报告缺乏鲜明主题，尽管报告也涉及一些导向性议题，如政府作用、市场改革、融资合作、减贫等，但更多是以“栏目”形式介绍当年非洲经济发展的基本数据及情况。2001 年到 2015 年间，非洲开发银行的年度《非洲发展报告》主题分别为 2001 年“构建非洲良治”、2002 年“非洲农村减贫和发展”、2005 年“非洲公共部门管理”、2006 年“援助，债务减免和发展”、2007 年“非洲自然资源为可持续发展的作用”、2008/2009 年“非洲的冲突解决、和平与重建”、2010 年“非洲的港口、物流和贸易”、2011 年“私营业成为非洲经济发展的驱动”、2012 年“非洲的绿色增长”、2014 年“促进包容性增长而一体化”、2015 年“为持续发展而战胜增长、贫穷和不平等”。

与联合国贸发组织的非洲报告相比，非洲开发银行 21 世纪以来的年度发展报告有三个特点。其一，除关注非洲经济发展议题外，也对非洲国家的内部治理问题，也包括民主良治、冲突解决、公共管理等有较多关注。其二，涉及到近年来非洲发展的道路方向和新理念选择，如仍将私营业的发展定义为非洲经济发展的主要推动力，提出非洲的增长方式向“绿色”转变以及在一体化过程中实现各国的“包容性增长”。其三，对贸易问题较为关注。涉及到的报告包括 2003 年“贸易表现和大宗商品依赖”、2013 年“非洲内部贸易：释放私营领域的动力”、2015 年“为促进增长和发展释放非洲服务贸易潜力”，其中非洲贸易对大宗商品的依赖仍是非洲的老问题，而对“内部贸易”“服务贸易”的关注与贸发组织报告有很大的相似性。

六、联合国非经委《非洲经济报告》

联合国非洲经济委员会（简称联合国非经委，UNECA）作为专门关注非洲发展的联合国机构，其任务是支持联合国的非洲成员国经济和社会发展。该部门出版年度《非洲经济报告》（Economic report on Africa ）更多从全球产业经济、融资环境、发展水平、增长和就业及可持续发展等全球议题关注非洲的发展。这为开展以非洲为基础的国际经济发展与合作研究提供了较好的介入窗口。

联合国非经委《非洲经济报告》[①] 2000 年到 2017 年间的年度报告主题分别为：2000 年“转型中的非洲经济”、2002 年“非洲经济的表现和进步”、2004 年“释放

① https://www.uneca.org/publications/serie/economic-report-on-africa.

非洲的贸易潜力”、2005 年“面对非洲的失业和贫穷挑战”、2006 年“非洲在资本流动和开发融资”、2007 年“通过经济多元化促进非洲发展”、2008 年“非洲和蒙特雷共识”、2009 年“通过地区价值链发展非洲农业”、2010 年“促进高水平的可持续增长削减失业”、2011“经济转型中的国家地位：非洲的治理发展”、2012 年“最为全球增长极的非洲尚未释放潜力”、2013 年“利用非洲的大宗商品促进产业增长就业和经济转型”、2014 年“具有推动力的非洲工业政策”、2015 年“贸易带动工业化发展”、2016 年“非洲的绿色工业化”、2017 年“非洲的转型：城市化和工业化”。

联合国非经委 21 世纪以来的非洲发展报告关注非洲发展的议题主要集中在以下几个方面。其一，非洲的转型发展问题，2000 年、2011 年、2013 年、2017 年的年度报告都将转型发展作为核心议题。从大的方面看，经济的转型主要包括两个方面，一个是社会制度的转型带动的，如不同所有制制度下的经济转型。这也可以说明为何伴随前苏联解体及冷战的结束大量前社会主义国家实行所谓的转型发展。这种转型是社会制度转型带动的经济转型。另一个是资源或者资金、技术、市场等要素流动带动下的转型。从近年来国际多边机构的对非转型关注看，通过后者来推动非洲经济结构的转型是主要内容。这是基于非洲国家已经在冷战结束后按照国际多边金融机构的方案进行了改革，其中包括放弃原有的以公有制为基础的社会主义制度，实施私有化和市场为导向的经济改革。而要通过后者实现经济的转型，就必须在转型的过程中实现持续的资源流入。一方面，在国际大宗商品价格繁荣的时候，通过贸易盈余为非洲转型提供资金支持并推动相关行业发展；另一方面，通过吸引外资的流入来实现转型，正如非经委 2014 年报告所指，“非洲的结构转型伴随着资源的重新分配，特别是投资从低生产率领域转向高生产率领域。”其二，非洲工业化问题，特别是在 2014 年以来，该问题持续受到关注，2014 年、2015 年、2016 年、2017 年年度报告中工业化都是关注非洲发展的核心议题。略加分析可以发现，其间关注的议题分别涉及非洲工业化政策、工业化发展的突破口、发展方向、发展目标。除此之外，2009 年报告则从农业附加值产业链延伸角度关注非洲的工业化发展。其三，对非洲资本流动问题的关注，主要是 2006 年报告和 2008 年报告。21 世纪以来非洲发展资本流入的特点整体上在 21 世纪初仍重视强调援助到 2010 年以来更加重视市场及资源手段。从此角度来看，非洲市场所发生的根本性变化是显而易见的。

综上所述，中国的非洲问题研究方兴未艾，中国学者对记述非洲事务和数据的相关年鉴使用也仅仅是起步。了解非洲的发展离不开文献和统计数据的分析，也离不开国际社会对非洲发展核心议题的关注。因此，中国的非洲研究学者了解记述非洲信息和数据的非洲年鉴及分析非洲问题的年度报告，对于提升研究水平具有重要的意义。与此同时，国际机构的网络版年鉴或年度报告为学者获取相关资料提供了便利条件，重视通过该途径获取相关资源对于非洲研究无疑将有很大帮助。

Ⅶ

附录

2017 年全国年鉴工作大事记

■ 杨卓轩

1 月

4 日 上海市志办印发《关于贯彻落实〈上海市地方志事业发展规划纲要（2016—2020 年）〉的通知》。

6 日 浙江省政协副主席、杭州市市长张鸿铭对杭州市志办呈报的《杭州市地方志办公室 2016 年工作总结和 2017 年工作思路》做出批示，指出《杭州年鉴》屡获荣誉，成绩应予充分肯定。

11 日 江苏省志办召开全省地方志工作会议。

11 日至 12 日 浙江省各市方志机构负责人年度工作会议召开。

13 日 青海省副省长杨逢春对省志办呈报的《关于全省市州地方志机构主任工作会议情况的报告》作出批示，希望 2017 年再接再厉，推进“两全目标”如期完成。

13 日至 15 日 中国社会科学院院长、中指组组长王伟光，中国社会科学院副院长、中指组常务副组长李培林一行到海南调研地方志工作并在海口召开海南省地方志工作座谈会。

16 日 广东省地方志工作机构主任会议召开。

22 日 西藏自治区党委常务副书记、政法委书记，自治区政协党组书记邓小刚到自治区志办检查指导工作。

23日 山东省委常委、常务副省长孙伟对史志工作作出批示，要求尽快完成第二轮修志、综合年鉴“一年一鉴”全覆盖、方志馆建设等目标任务，为加快经济文化强省建设作出应有贡献。

是日 山东省副省长王随莲对史志工作作出批示，各项工作取得新的明显成绩。

26日 山东省副省长赵润田对《山东省史志办关于2016年工作总结和2017年工作打算的报告》作出批示，祝贺《山东年鉴》获得全国最高奖项，山东史志工作走在全国前列。

2月

3日 广西壮族自治区副主席黄伟京到自治区志办调研。

6日 江苏省《政府工作报告》中要求，“实施文脉整理与研究工程，做好地方志和年鉴的编修工作”。

8日 重庆市副市长屈谦到市志办慰问调研。

21日 河南省全省地方史志工作会议召开。

23日 山西省政府办公厅转发省志办印发《关于进一步加强地方志工作的实施意见》。

24日 中指组印发《关于制定到2020年实现“两全目标”“时间表”“路线图”及转发西藏、青海相关材料的通知》。

27日 西安市政府办公厅印发《关于做好我市地方志事业发展工作的通知》。

3月

2日 贵阳市地方志工作会议召开。

3日 宁波市政府印发《关于加快推进宁波市地方志事业发展的若干意见》。

10日 山西省政府办公厅印发《关于全省修志编鉴工作“两全目标”完成情况的通报》。

20日 中指组印发《全国地方志优秀成果（年鉴类）评审活动实施方案》。

24日 江苏省政府副省长张敬华调研省地方志工作。

4月

6日 福建省地方志机构主任会议召开。

7日 中国社会科学院副院长、中指组常务副组长李培林分别听取宁夏社会科学院副院长刘天明、宁夏回族自治区志办主任贠有强一行和辽宁省志办主任鄢钢城一行的工作汇报并提出要求。

10日 甘肃省史志办印发《关于进一步规范地方综合年鉴编辑审核工作有关问题的通知》。

20日 辽宁省政府办公厅印发《关于加快地方志编修进度的通知》。

26日 西藏全区地方志工作推进会议召开。

27日 宁夏回族自治区政府办公厅印发《宁夏回族自治区地方志事业发展实施方案（2016年—2020年）的通知》。

5月

4日 山西省地方志志鉴"两全目标"推进会召开。山西省副省长王赋出席并讲话。

是日 山西省地方志工作机构负责人会议召开。

10日至11日 黑龙江省地方志机构主任工作会议召开。

17日 中指办印发《中国年鉴精品工程实施方案》。

是日 中指办印发《关于启动民族地区与贫困地区年鉴资助工程的通知》。

18日 中指办印发《关于公布入选中国年鉴精品工程"中国精品年鉴"的通知》。

18日 广西壮族自治区主席陈武到自治区志办调研并召开座谈会。

31日 云南省志办印发《关于进一步加强和推进地方志工作的意见》。

6月

9日 山西省志办印发《山西省地方志办公室志鉴质量检查办法》。

27日至29日 2017年辽宁省年鉴编纂业务培训班举办。

28日 黑龙江省委办公厅、省政府办公厅印发《关于开展全省第二轮修志工作和地方综合年鉴编纂工作督查的通知》。

28 日至 29 日 福建省地方综合年鉴编辑培训班举办。

28 日至 30 日 吉林省年鉴业务研讨班（2017）举办。

7 月

7 日 厦门市政府办公厅印发《厦门市地方志事业发展规划纲要（2016-2020 年）》。

10 日 江西省志办印发《江西省志办贯彻落实〈全国年鉴事业发展规划（2016—2020 年）〉实施意见》。

11 日 山西省志鉴编纂培训班举办。

是日 西藏自治区人大常委会副主任许雪光主持召开地方志专题会议，研究部署并推进《西藏自治区志·人大志（2001—2010 年）》和《西藏人大年鉴（2017 年）》编纂工作。

17 日至 23 日 第二期援藏志鉴编纂业务培训班在西藏山南市举办。

31 日至 8 月 2 日 全国地方志系统“两全目标”工作推进会暨援藏援疆工作座谈会、“继承中华传统，弘扬方志文化”论坛暨 2017 年全国地方史志期刊工作会议在新疆伊宁市召开。

8 月

1 日 山东省全省各市史志办主任工作会议召开。

5 日 中指组印发《关于对全国地方志优秀成果（年鉴类）的通报表扬》

8 日至 9 日 2017 年全国年鉴工作会议暨年鉴研究会年度会议、精品年鉴与年鉴编纂创新研讨会在黑龙江齐齐哈尔召开。

23 日 重庆市全市“两全目标”滞后区县工作促进会召开。

9 月

1 日 中国社会科学院院长、中指组组长王伟光，中国社会科学院副院长、中指组常务副组长李培林听取浙江省及丽水市地方志工作汇报并讲话。浙江省副省长成岳冲出席汇报会。

5日 黑龙江省推进“两全目标”任务落实志鉴编纂业务培训班举办。

6日 广州市第九次地方志工作会议召开。

7日至8日 重庆市志办印发《关于印发重庆市地方综合年鉴编纂出版细则的通知》《关于印发第二轮重庆市志出版指导意见的通知》《关于印发重庆市综合志书志稿评审量化标准的通知》。

8日 2017年辽宁省“两全目标”推进会暨志鉴编纂业务培训会议召开。

22日 青海省副省长杨逢春到西宁市城北区专题调研地方志工作。

10月

19日 湖南省副省长向力力到省地方志编委会调研地方志工作。

28日 云南省州市地方志机构主任会议召开。

29日至31日 第二期全国年鉴主编培训班暨《中国年鉴研究》创刊发布座谈会在江苏常州举办。

是月 青海省省长王建军对按时保质完成地方志“两全目标”工作作出批示。

11月

2日 广西地方志工作推进会召开。

6日 中指办印发《关于民族地区与贫困地区年鉴资助工程2017年首批资助的通知》。

是日 青海省地方志编纂“两全目标”工作推进会召开。青海省副省长杨逢春出席会议并讲话。

是日 青海省政府办公厅印发《关于全省地方志编纂“两全目标”进展情况的通报》。

12月

7日至8日 安徽省年鉴编纂业务培训班举办。

14日 山东省省长龚正对史志工作作出批示，要求尽快完成第二轮修志、综合年鉴“一年一鉴”全覆盖、方志馆建设等目标任务。

18日 山东省政府办公厅印发《关于全省第二轮市、县（市、区）志编纂工作进展情况的通报》《关于第二轮〈山东省志〉编纂工作进展情况的通报》。

20日 青海省副省长杨逢春听取省志办工作汇报并提出要求。

21日 中指组印发《地方综合年鉴编纂出版规定》。

21日至22日 首届全国年鉴论坛暨《中国方志发展报告（2017）》《中国年鉴发展报告（2017）》出版座谈会在广东深圳举办。

23日 山东省史志编纂委员会印发《山东省地方综合年鉴编纂出版业务规范》。

26日 2018年全国地方志机构主任工作会议、第二次全国地方志工作经验交流会暨中国名山志文化工程启动仪式在济南召开。中国社会科学院副院长、中指组常务副组长李培林出席会议并讲话。

27日 山东省全省各市史志办主任工作会议召开。

2017年全国年鉴论文索引

杨卓轩

一、综论

转型升级中的年鉴事业发展思考　刘传仁　《史志学刊》2017年第6期

年鉴实用性述论　莫秀吉　《中国年鉴研究》2017年第2期

创意学术年鉴集合出版　开拓学术存史新境界——"中国社会科学年鉴系列"出版综述　张昊鹏　《中国年鉴研究》2017年第2期

转型升级　创新发展——2016年年鉴理论研究成果综述　范锐超　《中国年鉴研究》2017年第2期

浅谈年鉴落实《规划纲要》修志为用原则　许辰君　《黑龙江史志》2017年第2期

关于志书"沉淀说"的商榷——兼及志书、年鉴和史书的区别　姚敏杰　《广西地方志》2017年第1期

我国年鉴出版历程与发展态势　冷晓玲　中国社会科学报2017年5月23日

论年鉴规范、创新与传播　刘德元　《新疆地方志》2017年第2期

中美地方综合年鉴的语类差异比较研究　陈敏　《中国年鉴研究》2017年第1期

清末预备立宪时期年鉴编纂活动考察　牟国义　《中国年鉴研究》2017年第1期

地方综合年鉴定位与创新思考　刘新　《天津史志》2017年第3期

简述地方综合年鉴的创新性　庄倩倩　《天津史志》2017年第6期

近代中国年鉴的特征与启示　方书生　《上海地方志》2017年第4期

综合年鉴与地方志资料年报关系实证研究——兼论综合年鉴文献属性的实现路径 刘新峰 《羊城今古》2017 年第 2 期

编纂地方志书和年鉴需商榷的几个问题 黄卓生 《重庆地方志》2017 年第 1 期

二、地方综合年鉴编纂

年鉴条目撰写应避免“四化”倾向 詹跃华 《广西地方志》2017 年第 1 期

年鉴条目撰写认识 马塾琴 《天津史志》2017 年第 6 期

论地方综合年鉴条目的立体性 詹跃华 《广西地方志》2017 年第 6 期

浅谈年鉴条目内容的编辑 武晓敏 《黑龙江史志》2017 年第 8 期

浅谈概况条目在湖南科技年鉴中的编撰应用——以产业园区及基地为例 谢华 刘赛宇 《科技创新导报》2017 年第 26 期

浅谈年鉴条目的规范化 刘金恩 《云南史志》2017 年第 2 期

略述地方综合年鉴条目编写的基本方法 王文生 《甘肃史志》2017 年第 4 期

浅谈年鉴综合性条目 李淑建 《天津史志》2017 年第 5 期

论如何加强县级地区综合年鉴条目设置的规范化 罗捷 《宁波史志》2017 年第 2 期

关于区级综合年鉴条目设置规范化问题的思考——以《北京东城年鉴》编纂为例 王钦双 《北京地方志》2017 年第 3 期

综合年鉴条目编写质量把关要做到“八项注意” 高常立 《广东史志》2017 年第 5 期

地方综合年鉴编纂的整体性思维 桑荟 《江苏地方志》2017 年第 5 期

地方综合年鉴编纂必须坚持以人为本 张新贵 《江苏地方志》2017 年第 2 期

地方综合年鉴记述年度地情的思考 颜小忠 《中国年鉴研究》2017 年第 2 期

综合年鉴编纂工作的关键——以《招远年鉴(2011)》为例 郭翠凤 《新疆地方志》2017 年第 4 期

地方综合年鉴编纂必须坚持以人为本 张新贵 《江苏地方志》2017 年第 2 期

浅谈如何突出地方综合年鉴的地方特色——以《大田年鉴》编写为例 陈源发 《福建史志》2017 年第 3 期

县(区)年鉴编纂中存在的问题及应对措施——以宁夏为例 王玉琴 《新疆地方志》2017 年第 3 期

论地方综合年鉴的编纂创新　刘树波　由岳峰　《黑龙江史志》2017年第22期

省级综合年鉴编纂的三重创新方向　李鑫　《史志学刊》2017年第5期

综合年鉴编纂要突出全面性、系统性、地域性和年度性　课题组　《天津史志》2017年第6期

提高年鉴信息含量的新思路　孙超　《哈尔滨史志》2017年第1期

综合年鉴编写：如何储备充足的“鉴能”　张福平　《哈尔滨史志》2017年第5期

试论地方综合年鉴事类条目　赵峰　《上海地方志》2017年第1期

年鉴资料搜集原理之浅议：资料搜集的先决条件——社谱全息格式化式认知模式建构　吕鲜林　《上海地方志》2017年第2期

区县年鉴凸显地方特色浅议　侯桂芳　《上海地方志》2017年第2期

地方年鉴体例的创新　郭大勇　《上海地方志》2017年第4期

年鉴编辑的功夫在“编外”　余显幕　《浙江方志》2017年第3期

创新编纂方法　打造精品年鉴——基于《嘉善年鉴》编纂实践的认识与思考　陆志荣　《浙江方志》2017年第5期

《江西年鉴》编纂工作的得与失　江西省地方志办公室年鉴处　《江西地方志》2017年第4期

《十堰年鉴》的规范创新发展之路　吴晓红　《湖北方志》2017年第3期

浅析年鉴编纂的现状和创新　李升宝　《广东史志》2017年第1期

省级综合年鉴编纂比较研究——以2015年卷《广东年鉴》《广西年鉴》为例　阳晓儒　《广东史志》2017年第3期

县级综合年鉴编纂常见错误及矫正举隅——以《紫阳年鉴（2016）》编纂为例　陈平军　《重庆地方志》2017年第2期

就“年鉴所署年份”的一点思考　王伟　《贵州史志林》2017年第2期

谈年鉴体例和编纂思路　唐建平　《甘肃史志》2017年第1期

谈年鉴地方特色的体现——以《张家港年鉴》为例　王丹薇　《史鉴》2017年第3期

三、专业年鉴编纂

《上海交通大学年鉴》20年实践与思考　章玲苓　《2017年地方志与地方史理论

研讨会论文汇编》2017 年 9 月

信息化背景下的高校年鉴编纂工作研究　鲍玲莉　理文　顾伟　李银银　李燕《办公室业务》2017 年第 19 期

基于现状分析的高校年鉴编纂情况述评　刘江霞　徐彦红　《兰台世界》2017 年第 6 期

论陕西学前师范学院文化系 2015 年年鉴编撰的实践意义　李媛　代益荣　潘小会　周雪　董媛　《新西部》2017 年第 18 期

中国高校年鉴研究的现状、问题及方向　黄梓根　何旭　《高教探索》2017 年第 8 期

试论高校年鉴新的生长点　盛况　《上海地方志》2017 年第 1 期

高校年鉴质量问题和发展对策研究　唐剑平　《浙江方志》2017 年第 2 期

浅谈水文年鉴汇编及其质量控制　王德维　冉四清　胡必要　《江苏水利》2017 年第 1 期

水文年鉴数据入库方法介绍　刘建军　邢小丽　郭宝群　田文君　《东北水利水电》2017 年第 11 期

关于进一步做好科协年鉴编纂工作的思考　冯钰　《科协论坛》2017 年第 11 期

企业年鉴编纂的研究与实践　杨波　《江苏科技信息》2017 年第 36 期

行业年鉴出版质量的流程管理研究——以《中国测绘地理信息年鉴》为例　程立海　《新闻研究导刊》2017 年第 23 期

浅析年鉴的作用和编纂——以《山东新闻出版广电年鉴》为例　汪昕　《现代视听》2017 年第 12 期

专业年鉴编写：如何储备充足的"鉴能"——拾零所阅专业年鉴内容为例　邢秋萍　《黑龙江史志》2017 年第 12 期

为未来征集今天——《陕西历史博物馆年鉴》编撰之现状与思考　白雪丽　《陕西历史博物馆馆刊》2017 年第 1 期

中国博物馆机构年鉴刍议　刘迪　《中国年鉴研究》2017 年第 1 期

博物馆年鉴与博物馆档案　范俊涛　《自然博物》2017 年第 1 期

能源市场处于转型期，长期转变正在进行中——2017 年世界能源统计年鉴解读　钱伯章　李敏　《中国石油和化工经济分析》2017 年第 12 期

基于烟草企业发展视域下年鉴编写工作探讨　黄谦　《经贸实践》2017 年第 6 期

国有企业年鉴编纂中存在的问题及对策研究　郭琳　《企业改革与管理》2017 年

第 20 期

企业年鉴的创新实践　杨波　《科技视界》2017 年第 13 期

企业年鉴编纂业务的研究　张长生　《北京地方志》2017 年第 3 期

四、年鉴框架设计、篇目、图照、附录、大事记及装帧

《南通年鉴》框架设计的自我演变与创新研究　焦学健　《江苏地方志》2017 年第 6 期

省级地方综合年鉴框架设计原则的理论思考——《湖北年鉴》框架设计创新实践启示　王钢　《湖北方志》2017 年第 3 期

地方综合年鉴框架创新对策研究　柳云飞　王达云　《哈尔滨史志》2017 年第 2 期

县级地方综合年鉴框架设计常见问题评析　杜育和　《江西地方志》2017 年第 3 期

用为续修志书服务的理念定位铁路年鉴框架设计　孙磊石　《黑龙江史志》2017 年第 5 期

谈地方综合年鉴框架设计　詹跃华　《新疆地方志》2017 年第 3 期

高校年鉴框架设计的比较分析　胡少诚　任一丁　《中国年鉴研究》2017 年第 1 期

《南通年鉴》框架设计的自我演变与创新研究　焦学健　《江苏地方志》2017 年第 6 期

地级市综合年鉴的“工业・重点企业”篇目编辑要领　朱彩云　《广东史志》2017 年第 4 期

地方综合年鉴综合情况篇目编写探析——以 8 部地市级综合年鉴为例　阳晓儒　《史志学刊》2017 年第 1 期

突出特色设篇目　探索创新出精品——《康乐年鉴》编辑中篇目设置的几点体会　马晓春　《甘肃史志》2017 年第 2 期

《山东水利年鉴》栏目编排优化调整思路　石红英　《山东水利》2017 年第 3 期

年鉴随文图照选编的实践与思考　殷国富　《江苏地方志》2017 年第 3 期

浅谈地方综合年鉴图片编辑与设计　余朝林　敖波　《贵州史志林》2017 年第 3 期

关于年鉴附录的考察与思考　叶建维　许家康　《广西地方志》2017 年第 2 期

年鉴大事记脞议　许家康　《广西地方志》2017 年第 3 期

年鉴的装帧设计——以《扬州年鉴》为例　葛玉峰　《苏州工艺美术职业技术学

院学报》2017 年第 4 期

五、年鉴质量

年鉴精品建设的实践探索与启示——以《福建科技年鉴》精品工程试点为例　郑雨苹　吴朝庭　《福建史志》2017 年第 6 期

编纂出版精品年鉴要论　李江　《中国年鉴研究》2017 年第 2 期

县市区综合年鉴精品化策略研究　余正道　张永兴　刘刚　《巴蜀史志》2017 年第 2 期

试论年鉴编校合一的可行性　王世伟　《江苏地方志》2017 年第 4 期

再论专业（行业）年鉴内容质量控制要领　许家康　《史志学刊》2017 年第 1 期

谈衡量年鉴编纂质量的几项重要指标　詹跃华　《新疆地方志》2017 年第 1 期

如何编写优质年鉴稿件　张小莲　《新疆地方志》2017 年第 2 期

提高地方综合年鉴质量的实践与思考　俞慧军　《黑龙江史志》2017 年第 14 期

行业年鉴出版质量的流程管理研究——以《中国测绘地理信息年鉴》为例　程立海　《新闻研究导刊》2017 年第 23 期

用新意识引领地方综合年鉴编纂质量提升——关于年鉴编纂意识与编纂质量问题的理性思考　孟亚男　《今古大观》2017 年第 1 期

浅谈如何提高年鉴的编校质量——以《桐乡年鉴》为例　俞富江　《广东史志》2017 年第 3 期

地方综合年鉴质量计划与控制研究　耿俊杰　《巴蜀史志》2017 年第 4 期

关于提高年鉴品质的实践与思考——以《武侯年鉴》编纂实践为例　成都市武侯区地方志编纂委员会办公室　《巴蜀史志》2017 年第 5 期

提高地方综合年鉴质量的实践与思考　俞慧军　《云南史志》2017 年第 2 期

六、年鉴信息化

浅议年鉴信息化的发展态势　林忠玉　《中国年鉴研究》2017 年第 2 期

网络年鉴创新途径的探索　崔震　《中国年鉴研究》2017 年第 2 期

浅析互联网信息背景下年鉴的编纂出版　齐凯　王爱凤　《中国集体经济》2017

年第3期

“互联网+”思维对提升科技年鉴编纂质量和信息资源利用率的研究　王永超　严文强　汤淏　孙琳　王雪芬　《江苏科技信息》2017年第7期

互联网环境下年鉴营销之思考　张巍　《出版参考》2017年第22期

浅析互联网信息背景下年鉴的编纂出版　齐凯　王爱凤《中国集体经济》2017年第3期

一种新的水文年鉴数字化方法　陈婉婉　李士进　胡金龙　高祥涛　《计算机与现代化》2017年第1期

高校档案数字化建设与年鉴编纂关系探析　张莹　刘迎春　《沿海企业与科技》2017年第2期

用互联网思维破解年鉴资料整理难题的思考——以高校年鉴编纂为例　王岩　《北京地方志》2017年第4期

大数据思维方式对地方综合年鉴工作创新的启示　游桃琴　《史志学刊》2017年第4期

以《世界年鉴》和《南非年鉴》为例谈谈年鉴电子书的出版　崔震　《北京地方志》2017年第3期

强化云平台对志鉴编纂的基础性支撑　赵淑萍　《天津史志》2017年第1期

七、年鉴工作经验交流

第二届北京市年鉴编校质量评比述评　姜坤　《北京地方志》2017年第1期

对年鉴统稿工作的几点认识　王旭英　《天津史志》2017年第4期

高效指导年鉴业务之我见　马艾民　《今古大观》2017年第3期

浅谈如何做好市级综合年鉴组稿工作——打好提高年鉴时效和质量基础　孙志红　《福建史志》2017年第1期

地方性社科年鉴组稿工作中遇到的问题与对策探析　郭嘉　《新疆社科论坛》2017年第4期

编撰企业年鉴建好“微型档案室”　杨文宇　《中国石油企业》2017年第11期

高校年鉴工作可持续性初探　郑锦　《中国年鉴研究》2017年第2期

浅谈高校年鉴编纂工作——以《沈阳农业大学年鉴》编纂为例　王丽莎　李鹏

《文化学刊》2017 年第 11 期

《上海交通大学年鉴》20 年实践与思考　章玲苓　《上海地方志》2017 年第 4 期

地方综合年鉴的组稿和编审　林忠玉　《福建史志》2017 年第 2 期

浅谈年鉴的组稿约稿工作——以《杭州年鉴》《杭州文化年鉴》为例　吴铮　《浙江方志》2017 年第 6 期

抢抓机遇　开拓创新　全面推进年鉴编纂工作　张月　《图们江报》2017 年 6 月 13 日

坚定信心　提升质量　推进我市综合年鉴编纂上水平　唐旗　《天津史志》2017 年第 1 期

再谈天津市各区综合年鉴的公开出版问题　徐勇　《天津史志》2017 年第 1 期

坚持质效齐抓　致力打造精品年鉴——《南昌年鉴》编辑工作的几点体会　邓水龙　《江西地方志》2017 年第 4 期

英文版年鉴编纂发行工作中存在的问题与对策论析——结合海南的实践　田润宇《史志学刊》2017 年第 4 期

从服务金融业改革发展大局出发　做好期刊年鉴出版工作　林佐明　《黑龙江金融》2017 年第 9 期

坚持年鉴编纂正确方向　推动郭沫若研究蓬勃发展　张勇　王静　《中国社会科学报》2017 年 11 月 14 日

关于进一步做好科协年鉴编纂工作的思考　冯钰　《科协论坛》2017 年第 11 期

树立供给侧意识　创新综合年鉴编纂——《滨海年鉴（2016）》编纂工作的实践与思考　蒋华　潘道德　《江苏地方志》2017 年第 1 期

将年鉴做大做新做美　郭大勇　《广西地方志》2017 年第 2 期

对年鉴编纂队伍建设的调查与思考——以吉林省地方志工作机构从业人员为调查对象　马艾民　《中国年鉴研究》2017 年第 2 期

年鉴主编应把握的几个重要数字　马艾民　《新疆地方志》2017 年第 4 期

提高年鉴编辑群体素质　俞富江　《黑龙江史志》2017 年第 8 期

年鉴数字编辑“七巧”　郑锦　《新闻传播》2017 年第 5 期

年鉴撰稿人如何编写优质年鉴稿件　张小莲　《广东史志》2017 年第 2 期

八、年鉴资源开发利用

地方史料价值的认识与研究——《上海年鉴（1854）》整理与研究述要　王继杰　《中国年鉴研究》2017 年第 2 期

浅谈年鉴的内实与外用——以《宝坻年鉴 2016》为例　范海红　《天津史志》2017 年第 4 期

我国基础教育资源配置的省域差距研究——基于《中国教育统计年鉴》2013 年数据分析　金久仁　《黑龙江教育学院学报》2017 年第 1 期

年鉴在"一带一路"建设中的意义及助力探究　周训安　《新西部》（理论版）2017 年第 1 期

科技年鉴在地方科技志编修中的作用与思考　汤淏　王永超　孙琳　严文强　《甘肃科技》2017 年第 6 期

如何提高地方年鉴的实用价值　王淑红　《黑龙江史志》2017 年第 20 期

提升地方综合年鉴文献价值的思考　桑荟　《江苏地方志》2017 年第 1 期

关于省级地方综合年鉴资源开发利用的思考——以海南省的年鉴情况为例　田润宇　《广西地方志》2017 年第 5 期

浅析年鉴为续志提供基础资料的依据和途径——以桂林续志和同期年鉴为例　曾志明　《广西地方志》2017 年第 5 期

提高地方综合年鉴实用价值的途径——以桂林市为例　张凯　《广西地方志》2017 年第 5 期

年鉴编纂对高校建设发展的意义及做法——以西安航空职业技术学院为例　吴玮　《郑州铁路职业技术学院学报》2017 年第 1 期

扎实做好盐改形势下年鉴编纂工作　更好发挥存史资政育人功能——《中国盐业年鉴》编纂出版工作十年回顾　张君　《中国盐业》2017 年第 8 期

我国基础教育信息化发展的区域差异研究——基于中国教育统计年鉴 2011 年 ~ 2014 年数据分析　汪建中　韩维柱　《内蒙古科技与经济》2017 年第 10 期

基于四川省统计年鉴的城镇职工基本养老保险参保情况及相关指标研究　宋林佳　《四川劳动保障》2017 年第 5 期

职业培训发展的省际差异、关联因素及对策建议——基于 2014 年中国教育统计年鉴数据分析　闫志利　侯小雨　刘燕　《河北科技师范学院学报》（社会科学版）

2017年第2期

我国义务教育信息化基础设施建设城乡差异性研究——基于《中国教育统计年鉴》的统计与分析 梅桂花 汪建中 宋文超 《科技经济导刊》2017年第20期

国家审计机关地位与审计功能的实现——基于《中国审计年鉴》的分析 吴勋 王雨晨 高黎力 《西安财经学院学报》2017年第4期

劳动力成本变动与我国制造业产品的出口竞争力——基于WTO数据库和各统计年鉴数据库的匹配数据 朱克朋 樊士德 《产业经济评论》2017年第4期

我国成人高校教师队伍的现状分析及对策研究——基于《中国教育统计年鉴》相关数据 李积鹏 叶长文 《西北成人教育学院学报》2017年第4期

关于省级地方综合年鉴资源开发利用的思考——以海南省的年鉴情况为例 田润宇 《广西地方志》2017年第5期

省级综合年鉴与生态环境保护——以《江苏年鉴（2014）》《山东年鉴（2014）》《广西年鉴（2014）》为例 阳晓儒 《中国年鉴研究》2017年第1期

科技年鉴在地方科技志编修中的作用与思考 汤淏 王永超 孙琳 严文强 《甘肃科技》2017年第6期

我国民用建筑时间序列面积统计年鉴数据分析 那威 孙永宽 侯静 武涌 《暖通空调》2017年第11期

基于统计年鉴的深圳市建筑终端能耗发布模型与计算方法 马晓雯 刘雄伟 《暖通空调》2017年第11期

基于统计年鉴和MODIS的中国区域土地利用/覆盖变化特征研究 韩云环 郑子彦 肖宇 马柱国 《气候与环境研究》2017年第6期

2016年世界能源供需情况分析与未来展望——基于《BP世界能源统计年鉴》与《BP世界能源展望》 代晓东 王余宝 毕晓光 路用瑞 梁继航 《天然气与石油》2017年第6期

对强化地方综合年鉴实用性的思考——以《廊坊年鉴》2015年卷为例 缴世忠 《今古大观》2017年第5期

专业年鉴如何服务“名城名都”建设——以《宁波检验检疫年鉴》为例 周燕华 《宁波史志》2017年第4期

提升年鉴应用价值的几点思考——以《深圳年鉴2014》为例 薛文谦 《史鉴》2017年第1期

增强地方综合年鉴可读性的途径研究　贺坤　《羊城今古》2017 年第 4 期

九、年鉴评介

论《中国互联网年鉴》的出版价值、框架设计与编纂组织　李新祥　曾静平　《出版科学》2017 年第 1 期

山东大学历史上的第一本年鉴——1936 年《山大年刊》的出版及其特色　张立华　《山东档案》2017 年第 6 期

开中国新闻传播教育史先河——读《中国新闻传播教育年鉴（2016）》杨丹玫　周钢　牛景琳　《新闻前哨》2017 年第 2 期

记录中国新闻传播教育历史与现实的著作——评《中国新闻传播教育年鉴（2016）》　陈强　《新闻与写作》2017 年第 7 期

体系完备且具有史家精神的信史——读《中国新闻传播教育年鉴（2017）》乔云霞　《出版参考》2017 年第 22 期

能源市场处于转型期，长期转变正在进行中——2017 年世界能源统计年鉴解读　钱伯章　李敏　《中国石油和化工经济分析》2017 年第 12 期

民国《美术年鉴》的编辑特色述评　郭淑敏　《设计艺术》（山东工艺美术学院学报）2017 年第 1 期

用照片记录城市发展——评《中国建筑设计年鉴（2016）》　杜丙旭　《全国新书目》2017 年第 7 期

事业蓬勃发展　文献特色鲜明——读《山西师范大学年鉴（2013、2014）》点评　陆奇　《黑龙江史志》2017 年第 9 期

三十年打造一块靓丽的文化品牌——评《山西年鉴（2016）》　王志超　《史志学刊》2017 年第 3 期

品牌再铸方志辉煌——评《山西年鉴（2016）》　徐补生　《史志学刊》2017 年第 3 期

生态批评视阈下的《沙乡年鉴》山水意象解读　张陈艳　张星霞　《安徽文学》（下半月）2017 年第 14 期

《哈尔滨年鉴》和张宏雷美丽的三十年　宋春秀　刘启鹏　《哈尔滨史志》2017 年第 4 期

以工匠精神铸就精品年鉴——试论《武汉年鉴》的编纂创新 《武汉年鉴》编辑部 《湖北方志》2017 年第 6 期

从专业年鉴的规范性评析《江苏卫生年鉴》(2014 卷) 朱彩云 《广东史志》2017 年第 1 期

《中山年鉴·2016》(稿)评议 陈义 《广东史志》2017 年第 3 期

一部值得推崇的精品年鉴——《大理州年鉴》(2016)编撰特色评介 车光杰 《云南史志》2017 年第 2 期

优秀年鉴的发展设想——读《昭通年鉴》(2016)的启示 周能汉 《云南史志》2017 年第 4 期

十、其他

反射机制下半智能报表实现年鉴智能排版技术的研究与应用 李庆 郭慧 《电脑迷》2017 年第 2 期

水文年鉴复刊过程中的数据处理 张泉荣 谢运山 姚允龙 《人民长江》2017 年第 12 期

关于志鉴的作品性质与著作权属问题 梁滨久 《今古大观》2017 年第 3 期

民歌与年鉴 刘德元 《巴蜀史志》2017 年第 2 期

全国2017年卷三级综合年鉴启动编纂统计排名表

表 1

排名	行政区划	省级		市级		县级		合计		覆盖率
		应编纂	启动编纂	应编纂	启动编纂	应编纂	启动编纂	应编纂	启动编纂	
1	北京	1	1	—	—	16	16	17	17	100.00%
1	天津	1	1	—	—	16	16	17	17	100.00%
1	山西	1	1	11	11	119	119	131	131	100.00%
1	吉林	1	1	9	9	60	60	70	70	100.00%
1	上海	1	1	—	—	16	16	17	17	100.00%
1	福建	1	1	9	9	84	84	94	94	100.00%
1	山东	1	1	17	17	137	137	155	155	100.00%
1	广东	1	1	21	21	121	121	143	143	100.00%
1	海南	1	1	4	4	23	23	28	28	100.00%
1	重庆	1	1	—	—	38	38	39	39	100.00%
1	四川	1	1	21	21	183	183	205	205	100.00%
1	贵州	1	1	9	9	88	88	98	98	100.00%
1	青海	1	1	8	8	43	43	52	52	100.00%
1	宁夏	1	1	5	5	22	22	28	28	100.00%
15	云南	1	1	16	16	129	127	146	144	98.63%
16	湖北	1	1	13	13	103	101	117	115	98.29%
17	江苏	1	1	13	13	96	93	110	107	97.27%
18	广西	1	1	14	14	111	107	126	122	96.83%
19	河北	1	1	11	11	168	160	180	172	95.56%
20	甘肃	1	1	14	14	86	81	101	96	95.05%
21	浙江	1	1	11	11	89	82	101	94	93.07%
22	湖南	1	1	14	14	122	108	137	123	89.78%
23	安徽	1	1	16	16	105	86	122	103	84.43%
24	江西	1	1	11	11	100	77	112	89	79.46%
25	西藏	1	1	7	7	74	57	82	65	79.27%
26	河南	1	1	17	17	158	120	176	138	78.41%
27	内蒙古	1	1	12	12	103	75	116	88	75.86%
28	黑龙江	1	1	13	13	128	86	142	100	70.42%
29	陕西	1	1	10	10	107	61	118	72	61.02%
30	新疆	1	1	14	10	96	52	111	63	56.76%
31	兵团	1	1	14	7	—	—	15	8	53.33%
32	辽宁	1	1	14	14	100	7	115	22	19.13%
合计		32	32	348	337	2841	2446	3221	2815	87.40%

说明：1. 本表“启动编纂”数据来源于各省（自治区、直辖市）地方志编委会（办公室）根据《关于实行“两全目标”工作进度季通报制度的通知》（中指组字〔2018〕2号）报送的统计结果，时间截至2018年11月30日

2. 本表“应编纂”数目依据《中华人民共和国行政区划简册（2017）》（中国地图出版社，2017年6月）

全国 2017 年卷三级综合年鉴公开出版统计排名表

表 2

排名	行政区划	省级		市级		县级		合计		覆盖率
		应编纂出版	公开出版	应编纂出版	公开出版	应编纂出版	公开出版	应编纂出版	公开出版	
1	北京	1	1	—	—	16	16	17	17	100.00%
1	上海	1	1	—	—	16	16	17	17	100.00%
1	广东	1	1	21	21	121	121	143	143	100.00%
4	福建	1	1	9	9	84	83	94	93	98.94%
5	山东	1	1	17	17	137	133	155	151	97.42%
6	江苏	1	1	13	13	96	91	110	105	95.45%
7	海南	1	1	4	3	23	22	28	26	92.86%
8	贵州	1	1	9	8	88	78	98	87	88.78%
9	广西	1	1	14	14	111	89	126	104	82.54%
10	浙江	1	1	11	11	89	71	101	83	82.18%
11	吉林	1	1	9	9	60	47	70	57	81.43%
12	云南	1	1	16	16	129	101	146	118	80.82%
13	四川	1	1	21	20	183	138	205	158	77.07%
14	安徽	1	1	16	16	105	69	122	86	70.49%
15	甘肃	1	1	14	13	86	57	101	71	70.30%
16	山西	1	1	11	11	119	77	131	89	67.94%
17	河南	1	1	17	17	158	101	176	119	67.61%
18	西藏	1	1	7	6	74	41	82	48	58.54%
19	湖北	1	1	13	12	103	55	117	68	58.12%
20	河北	1	1	11	11	168	87	180	99	55.00%
21	兵团	1	1	14	7	—	—	15	8	53.33%
22	重庆	1	1	—	—	38	19	39	20	51.28%
23	宁夏	1	1	5	3	22	10	28	14	50.00%
24	湖南	1	1	14	12	122	52	137	65	47.45%
25	天津	1	1	—	—	16	6	17	7	41.18%
26	陕西	1	1	10	8	107	38	118	47	39.83%
27	江西	1	1	11	8	100	30	112	39	34.82%
28	青海	1	1	8	4	43	5	52	10	19.23%
29	内蒙古	1	1	12	7	103	14	116	22	18.97%
30	辽宁	1	1	14	14	100	4	115	19	16.52%
31	黑龙江	1	1	13	7	128	14	142	22	15.49%
32	新疆	1	1	14	1	96	4	111	6	5.41%
合计		32	32	348	298	2841	1689	3221	2019	62.68%

说明：1. 本表“公开出版”数据来源于各省（自治区、直辖市）地方志编委会（办公室）根据《关于实行“两全目标”工作进度季通报制度的通知》（中指组字〔2018〕2 号）报送的统计结果，时间截至 2018 年 11 月 30 日

2. 本表“应编纂”数目依据《中华人民共和国行政区划简册（2017）》（中国地图出版社，2017 年 6 月）

全国2018年卷三级综合年鉴启动编纂统计排名表

表3

排名	行政区划	省级		市级		县级		合计		覆盖率
		应编纂	启动编纂	应编纂	启动编纂	应编纂	启动编纂	应编纂	启动编纂	
1	北京	1	1	—	—	16	16	17	17	100.00%
1	天津	1	1	—	—	16	16	17	17	100.00%
1	山西	1	1	11	11	118	118	130	130	100.00%
1	吉林	1	1	9	9	60	60	70	70	100.00%
1	上海	1	1	—	—	16	16	17	17	100.00%
1	江苏	1	1	13	13	96	96	110	110	100.00%
1	福建	1	1	9	9	84	84	94	94	100.00%
1	山东	1	1	17	17	137	137	155	155	100.00%
1	河南	1	1	17	17	158	158	176	176	100.00%
1	湖北	1	1	13	13	103	103	117	117	100.00%
1	广东	1	1	21	21	121	121	143	143	100.00%
1	广西	1	1	14	14	111	111	126	126	100.00%
1	重庆	1	1	—	—	38	38	39	39	100.00%
1	贵州	1	1	9	9	88	88	98	98	100.00%
1	西藏	1	1	7	7	74	74	82	82	100.00%
1	甘肃	1	1	14	14	86	86	101	101	100.00%
1	青海	1	1	8	8	43	43	52	52	100.00%
1	宁夏	1	1	5	5	22	22	28	28	100.00%
19	四川	1	1	21	21	183	182	205	204	99.51%
20	浙江	1	1	11	11	89	88	101	100	99.01%
21	安徽	1	1	16	16	105	103	122	120	98.36%
22	湖南	1	1	14	14	122	119	137	134	97.81%
23	河北	1	1	11	11	168	163	180	175	97.22%
24	海南	1	1	4	3	23	23	28	27	96.43%
25	云南	1	1	16	16	129	121	146	137	93.84%
26	江西	1	1	11	11	100	86	112	98	87.50%
27	陕西	1	1	10	10	107	92	118	103	87.29%
28	内蒙古	1	1	12	12	103	87	116	100	86.21%
29	辽宁	1	1	14	14	100	82	115	97	84.35%
30	兵团	1	1	14	11	—	—	15	12	80.00%
31	黑龙江	1	1	13	11	128	96	142	108	76.06%
32	新疆	1	1	14	14	96	65	111	80	72.07%
合计		32	32	348	342	2840	2694	3220	3067	95.25%

说明：1. 本表“启动编纂”数据来源于各省（自治区、直辖市）地方志编委会（办公室）根据《关于实行“两全目标”工作进度季通报制度的通知》（中指组字〔2018〕2号）报送的统计结果，时间截至2018年11月30日

2. 本表“应编纂”数目依据《中华人民共和国行政区划简册（2018）》（中国地图出版社，2018年3月）

编后记

编纂出版《中国年鉴发展报告》是全国年鉴事业发展的创新之举。本报告力争全面反映当前年鉴事业的发展形势，在科学实践与调查研究的基础上针对年鉴现状展开分析和预测，并提出具有较强针对性、可行性的对策建议。《中国年鉴发展报告（2018）》由2篇总报告、10篇区域报告、8篇专题报告，以及若干篇子报告和附录组成。

2017年12月，《中国年鉴发展报告（2017）》出版座谈会在深圳市召开，总结交流编写经验，并就《中国年鉴发展报告（2018）》选题策划设计进行了讨论。2018年1月，新时代新使命新征程：精品志鉴与地方志编纂创新研讨会在张家港市召开，谋划《中国年鉴发展报告（2018）》编纂工作。会后，中指办组建《中国年鉴发展报告（2018）》编委会，主要依托中指办年鉴处成立编辑部，组织编写撰稿方案，确定撰稿单位和人员。3月，中指办印发《关于开展〈中国年鉴发展报告（2018）〉编写工作的函》。随后，各撰稿单位和撰稿人开始撰稿。8—9月，稿件陆续收齐，中指办年鉴处组织力量就稿件的撰写主题、框架结构、主要内容等进行初步审读，就稿件提出修改意见或建议，并反馈给作者。10月上旬，收集作者修改稿并进行编辑加工。11月中旬，中指办年鉴处安排专人进行统稿，主要就体例格式等问题进行统一规范。12月，稿件报中指办领导终审。随后，送交方志出版社。

《中国年鉴发展报告》是全国地方志“一体两翼”用志工程中的重要一翼(“一体”为《中国地情报告》,另一翼为《中国方志发展报告》)。《中国年鉴发展报告(2018)》是第二部年鉴发展报告类图书，在前期策划、组织、编纂过程中，中指组秘书长、中指办主任冀祥德高度重视这项工作，多次就编纂工作提出要求，对全书提出指导意见，并审定全书。中指办党组书记高京斋、副主任邱新立十分关心本报告的编纂进展情况，多次召开会议，研究推进编纂工作。各级地方志工作机构和各类专业年鉴单位负责人也大力支持编纂工作，为有关撰稿人员提供了很多便利条件。

在各级领导的关心和帮助下，各位撰稿人和编辑部人员齐心协力，不忘初心，克服了很多困难，认真收集资料、撰写稿件并不断打磨修改，保证了《中国年鉴发展报告（2018）》顺利编纂出版。在此，向有关人员一并表示诚挚的谢意！

受资料所限，加上编者的经验和水平有限，本报告一定还存在不少问题，恳请广大读者、年鉴界同仁批评指正，以便我们更好地做好下一年度的《中国年鉴发展报告》编纂出版工作。

《中国年鉴发展报告》编辑部
2018 年 12 月